新闻学与传播学“十三五”规划教材·案例型系列教材

广播音响报道实用教程

危羚/著

（第3版）

中国传媒大学出版社
·北京·

图书在版编目(CIP)数据

广播音响报道实用教程/危羚著．—3版．—北京：中国传媒大学出版社，2018.1

(新闻学与传播学“十三五”规划教材·案例型系列教材)

ISBN 978-7-5657-2091-8

Ⅰ.①广…　Ⅱ.①危…　Ⅲ.①广播工作—录音报道—教材　Ⅳ.①G222.2

中国版本图书馆CIP数据核字(2017)第198782号

新闻学与传播学“十三五”规划教材·案例型系列教材

广播音响报道实用教程(第3版)

GUANGBO YINXIANG BAODAO SHIYONG JIAOCHENG(DI-SAN BAN)

著　　者	危　羚
责任编辑	黄松毅　李唯梁
责任印制	阳金洲
封面设计	拓美设计
出版发行	中国传媒大学出版社
社　　址	北京市朝阳区定福庄东街1号　　邮编：100024
电　　话	86—10—65450528　65450532　　传真：65779405
网　　址	http://www.cucp.com.cn
经　　销	全国新华书店
印　　刷	北京玺诚印务有限公司
开　　本	787mm×1092mm　1/16
印　　张	20.75
字　　数	492千字
版　　次	2018年1月第3版　2018年1月第1次印刷
书　　号	ISBN 978-7-5657-2091-8/G·2091　　**定　价**　56.00元

前　言

“音响报道是什么?”“广播会消亡吗?”“音响报道需要专门学吗?”这是我在高校中被问到的最多的几个问题。

坦率地讲,今天高校对广播的陌生程度令人吃惊。

音响报道是什么? 这个问题,我在绪论开篇就有专门的说明,这里不再赘述。

第二个问题,的确有很多人担心,即使不认为其消亡,也觉得广播可能会长期低迷。但就在前不久,我获得了这样一个信息:据北京市一家权威机构的广播电视收听率收视率调查,广播的收听率大幅回升,由百分之十几上升到二十几;而电视的收视率大幅下跌,由百分之八十几下跌到四十几。

实际上,近二十多年来,中国广播取得了巨大发展,特别是互联网的出现,使广播如虎添翼,而且数字技术、通讯技术也使广播新闻中的科技含量与日俱增,今天的广播新闻早已不是一个“新闻写作”所能解决的问题,因为在今天的广播新闻中,80%以上要使用音响,要运用多种高新技术。因此,其采制技术与方法不仅需要专门学习,而且非得反复练习才能真正掌握。所以,就广电新闻专业而言,音响报道就不应当仅是作为一般的知识传授或一般的专业了解,而应放在与电视新闻采编技术同等重要的位置,要当做一项重要的技能来学习。

说来也许有点奇怪,同样是接受高等教育的大学生,但他们对技能的重视程度却很不相同。比如学美术或学音乐的大学生,假如他大学四年只学了一堆理论而没摸过画笔或乐器,毕业后不会画或不会唱、不会演奏,人们一定会觉得奇怪;但广播电视新闻专业的学习几乎就是这样,却无人诧异。我一直在想,为什么一个学艺术的大学生在学期间就能画出像《父亲》那样优秀的作品,或登上世界的领奖台(谁说中国培养不出世界级人才?),而同样技能性很强的广电新闻专业的大学生,专业竞争力却很弱,甚至进入业界后往往需要接受最基础的专业培训。我以为,除缺少必要的师资、设备外,重理论而轻技能,以及缺少一种以创作优秀作品来带动学习与训练的教学机制或许也是重要原因之一吧?

几年来,随着我对更多高校的关注和了解,开始在力所能及的范围内呼吁,希望高校能借鉴艺术院校的培养模式,转变办学机制。同时,我也建议,广电新闻专业应加强广播师资的引进与培养,加强与广播的联系,在联合中实现双赢。同时,广电新闻专业应将校园广播利用起来,将其当做学生练习音响报道采编播的平台。我一直期待这一天的到来:广电新闻专业的学生在毕业应聘时不仅拿着论文,而且还有获奖作品,那该有多好!

值得欣慰的是,本书出版后被越来越多的高校列为教材或教学参考书,有的院校已接受我的建议,将广播数字采编设备纳入购置计划,有的甚至已开始与电台联合,走双赢之路;而更令人高兴的是,越来越多的学生通过学习本课,喜欢上了广播,也初步了解了音响报道。

总之,广播不会消亡,广播文化需要传承,我希望本书能为此尽一份力。但愿本书修订后能更好地反映这一学科的全貌,更系统、更准确,让学生和教师都感到实用。当然,因水平所限,问题仍会不少,不当之处,敬请批评指正(邮箱:weiling5917@sina.com)。

作者

2011年12月8日

目　录

绪论　音响报道与中国广播

第一节　音响报道的概念

音响报道，就其内涵与外延而言，主要是指**一种广播新闻的报道方式**，有时，也可专指课程，即讲授广播音响报道采写方法的专业课程。

一、音响报道是学习广播新闻报道的主要方式

音响报道是广播新闻中使用声音（人或物的声音）进行报道的一种广播新闻方式。它是广播新闻中区别于文字新闻（只有文字稿而无采访音响的新闻）的所有**带音响的广播新闻报道的总称**。音响报道是目前广播新闻中最重要的报道手段，**一般可以分为录音报道和直播报道两种形式**。其中包括两个问题：

一是广播新闻为何要使用音响？这是因为，有采访音响的新闻，因其更能体现广播特点，而逐渐成为广播新闻的主流。

二是为何要叫"音响报道"？原因有二：

（1）音响的自身含义。因为音响即声音，同时也含有声音所产生的效果之义，故研究音响报道，主要是研究音响的效果与使用方法。

大家知道，音响即声响，它包括世间万物发出的一切声音。广播新闻借助记者采录到的声音，再加上播音者的播音，构成了广播传播的唯一手段，也形成了其重要特色。

从专业角度讲，广播或广播新闻中的音响可分为两大类，一类为**主体音响**，再一类为**客体音响**。主体音响可以指播音员播送新闻稿件的声音（口播声），有时也可指记者的报道声。而客体音响可以是记者经过采访获取到的音响，也可以是记者在现场讲述时的背景声（环境声响），或是主持人、编辑在节目中安排使用的音响，如插入的音乐等。

一般讲，**音响报道中所指的音响多为客体音响，因此学习音响报道主要是学习客体音响的使用方法。但有一点要注意，即主体音响与客体音响不是绝对的，有时会因为音响的发出者所处的位置不同而发生转化。**

广播中使用客体音响，不外乎两种办法：一是直接使用（直播）；二是间接使用（录播）。

（2）音响报道具有涵盖性。随着广播的发展，特别是随着直播方式的出现（严格讲是复归），仅用录音报道一种形式已无法完整诠释广播新闻的所有报道方式，于是，一个能涵盖直播报道和录音报道两种报道方式的名称——音响报道应运而生。

二、音响报道是学习广播新闻采写的核心专业课程

音响报道是广播新闻专业中的一门核心技能课程。它以一般的新闻和评论写作方法为基础,以诸多高新技术为发展平台,其中融入了数字录音技术、提问技巧、报道策划、电脑写作、音频编辑、网络多媒体应用以及广播语言方式等多种知识与技巧,因此是广播记者(包括编辑和主持人)必须掌握的一项内涵十分丰富、科技含量很高的专业技能,也是编辑、制作其他广播节目的重要基础。

第二节 广播的诞生与录音技术的产生

说到广播诞生,必须先介绍一下"电磁波"的诞生。

图0-1 海因里希·赫兹

1887年,一位年仅31岁的年轻人将他的名字留在了科学史上,他就是电磁波的发明者——德国物理学家海因里希·鲁道夫·赫兹(Heinrich Rudolf Hertz,1857—1894)。虽然他仅活了36岁,但他首先用实验证实了电磁波的存在,对电磁学作出巨大贡献,故频率的国际单位赫兹以他的名字命名。

有了电磁波,才有可能产生无线电,才有了无线电发报。1895年,俄国物理学家波波夫成功地发射和接收了无线电讯号。1901年,意大利无线电工程师伽利尔摩·马可尼(1874—1937)发射的无线电横越大西洋……这些都为广播的诞生奠定了基础。

1906年12月24日,一个不同寻常的圣诞之夜。航行在新英格兰近海的几条船上,平时听惯了电报"滴滴"声的无线电报务员,忽然从耳机中听到了播讲"圣经故事"的声音、播放音乐唱片的声音和祝听众圣诞快乐的声音,一时惊奇万分。他们不知道,这是美国匹兹堡大学物理学教授(一说是工程师)雷金纳德·奥布里·费森登(R. A. Fessenden,1866—1932)用他发明的一套采用调幅波可传递语音的设备,通过马萨诸塞州一家电器公司128米高的无线电塔成功地进行了人类第一次无线广播。而人们更不会想到的是,这一天,也意味着广播音响报道的诞生——因为,人们不仅听到了广播中的播音,也听到了广播者使用的音响。

图0-2 早期的电台实验室

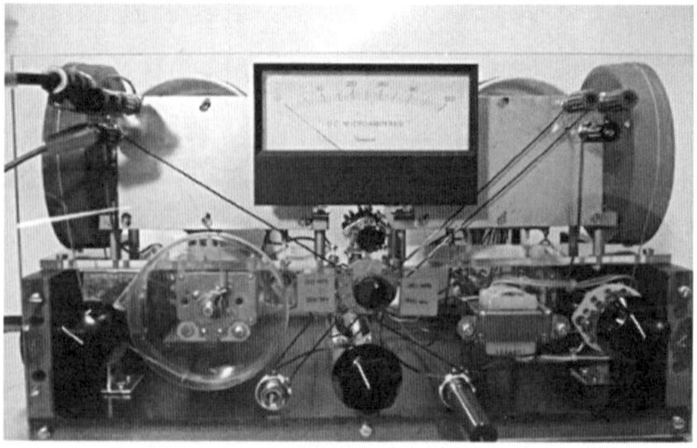

图0-3 早期的矿石收音机

1910 年，美国的邓伍迪和皮卡特发明了世界第一台矿石收音机，这标志着广播的发射与收听技术已全部具备。

1920 年 11 月 2 日，美国匹兹堡 KDKA 商业广播电台开播，它是由当时美国三大电器公司之一的西屋（Westinghouse）公司创办的，目的是为了推销收音机。开播前 KDKA 电台向联邦政府申请了电台执照，开播之日又正好是总统大选揭晓之日，因而引起公众关注。它不仅成为世界第一家正式注册的无线广播电台，也标志着广播事业的正式诞生。

图 0-4　中国第一家广播电台正在广播

1923 年 1 月 23 日晚，上海广东路 3 号大来洋行楼上，中国第一家广播电台开始播音。它是由中国无线电公司经理、美国人奥斯邦与《大陆报》合作创办的，名为“中国无线电公司”，当时的发射功率为 50 瓦，波长 200 米（图 0-4）。

1928 年 8 月 1 日，中国国民党中央执行委员会广播无线电台在南京开播，简称“中央广播电台”。这是国民党官办的第一座广播电台，发射功率为 500 瓦，播出时间为上、下午各 1 小时，内容主要是演讲和新闻。

1940 年 12 月 30 日，中国共产党领导的人民广播事业诞生于延安窑洞（图 0-5），是为延安新华广播电台。当时，抗日战争正进行得如火如荼，建台初期，发射功率只有 300 瓦，每天仅广播一次，每次 2 小时。因条件极其简陋，当时只能采取直播方式。1949 年 3 月 25 日开始在北平播音，使用呼号为北平新华广播电台。同年 12 月 5 日，更名为中央人民广播电台，成为新中国的国家电台，当时每天播音 5 小时。1984 年发展到 6 套节目，每天播音 96 小时。1990 年增至 107 小时，2001 年起每天播音 156 小时。

1948 到 1949 年，伴随着解放战争的步伐，人民政府先后接管了 40 多家地方广播电台。

图 0-5　左图为延安新华广播电台在王皮湾最早的播音室旧址；右图为电台机房旧址（岩壁题词为：中国人民广播诞生地，1940 年 12 月 30 日，延安新华广播电台在此开始播音，这两孔石窟洞是动力间和机房，播音室设在河对岸的一孔土窑洞里）

新中国成立后,人民广播事业得到飞速发展,特别是改革开放后,伴随着世界科技浪潮的巨大洪流,中国的广播事业发生了翻天覆地的变化。根据中国新闻传播业的统计数据,到2002年,全国广播电台达到306家,广播人口覆盖率达到93.21%。目前应不止这个数字。① 与早期广播相比,今天的广播无论内容、广播方式还是节目质量,都是过去所无法比拟的。

如果要了解广播的新闻写作,仅了解广播的发展是不够的,还必须了解与广播息息相关的录音技术的发展历程。

1877年秋,举世闻名的美国科学家托马斯·爱尔瓦·爱迪生(Thomas Alva Edison,1847—1931,见图0-6)发明了一种录音装置,可将声波变换成金属针的震动,然后将波形刻录在圆筒形腊管的锡箔上。当针再一次沿着刻录轨迹行进时,便可重新发出留下的声音(图0-7)。爱迪生用该装置录下他朗读的《玛丽有只小羊》的歌词:“玛丽抱着羊羔,羊羔的毛像雪一样白。”总共8秒钟的声音成为世界录音史上的第一声。

1887年,旅美德国人埃米尔·伯利纳(Emil Berliner)研制出平面式留声机(图0-8)和圆片形(也称碟形)唱片,从此,留声机逐步进入商用。

图0-6 托马斯·爱迪生

图0-7 爱迪生发明的留声机

图0-8 平面式留声机

1925年,唱片由外商经销到中国,并开始在中国建厂生产。

但是,由于留声机刻录出的声音一经刻成即不可改变,且无法反复刻录,故不便用于广播新闻的采制与播出。因此早期广播中传递客体音响的主要方式,除了安排“广播讲话”,就是使用留声机,即唱片,来播放音乐、戏曲等。

1898年,丹麦科学家瓦尔德曼·波尔森(Valdeman Poulsen,1869—1942,图0-9)首先发明了以钢丝为磁性体的原始录音机(图0-10),从此揭开了人类使用磁记录声音的历史。

1928年前后,德国科学家弗里茨·波弗劳姆(Fritz Pfleumer)发明了涂有铁粉的纸质磁带录音机(图0-11)。

1935年前后,德国AEG(通用)公司研制出世界最早的以BASF塑料基作为磁带的商用磁带录音机(图0-12),带速为76.2cm/s。

1963年,荷兰飞利浦公司研制成功了世界第一台盒式录音机,同时生产出了盒式磁带。

可以说,录音技术的出现,特别是随后经过几十年的不断发展,使其逐渐成为广播新闻采制和广播节目制作不可或缺的重要技术手段。

---

① 西藏日喀则广播电台于2011年5月23日西藏和平解放60周年之际开播,这是目前我国最年轻,也是海拔最高的广播电台。

图 0-9　丹麦科学家波尔森

图 0-10　波尔森发明的钢丝录音机

图 0-11　德国科学家弗里茨·波弗劳姆和他发明的纸质磁带录音机

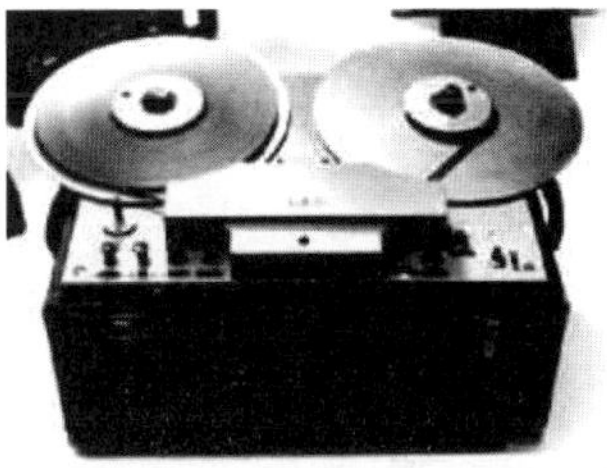

图 0-12　磁带录音机

第三节　中国广播中录音技术及音响报道的发展

从中国广播中音响报道的发展历程来看，自有其规律可循，大体可分为三个阶段：

一、音响使用萌芽期(中国广播诞生—20 世纪 50 年代后期)

这一时期的中国广播处于发展早期，录音设备简陋，因此广播的特点是：**以简易直播为主，新闻以口播文字稿为主。**

就世界范围而言，录音技术此时已开始应用，但抗战期间诞生于延安窑洞的人民广播却条件异常艰苦，录音设备缺乏，故只能采取直播(简易)方式，新闻以口播(文字稿)为主。如要插播新闻当事人的讲话，需请当事人到电台进行直播。因此，最初的人民广播，直播方式的广播讲话或实况广播成为使用较多的方式，如 1946 年延安新华广播电台播出了原国民党上尉刘善本弃暗投明后发表的广播讲话《赶快退出内战漩涡》。北平解放后人民广播的条件有所改善。1949 年 2 月 13 日和 10 月 1 日，天津台和北平新华广播电台先后直播了庆祝天津解放的情况和开国大典的盛况(图 0-13)。北平新华广播电台用美国产 Webster 钢丝录音机(见图 0-14)留下了开国大典的珍贵录音资料。1951 年，中央台派记者赴朝鲜战场，携带钢丝录音机进行采访，听众后来在广播中听到志愿军战士挖坑道、唱歌的声音，甚至在停战当天听到金日成发表演说以及现场群众的欢呼声。

图 0-13　北平新华广播电台正在实况直播开国大典盛况

图 0-14　美国 Webster 牌钢丝录音机

但总体讲,当时广播记者进行录音采访有诸多不便,一是录音机不便携;二是受电源束缚(自身无电源);三是录音质量不高,故当时以录音方式进行新闻报道还不可能成为主要方式。据文献记载,早期引进的录音设备,主要用于广播节目的录制(如戏曲、曲艺节目等,图0-15),而国内电台在建台初期播送音乐、戏曲时,多数情况是播放唱片,或是请演员直接到播音室演唱(图 0-16),再或者是将广播设备运到剧场,通过专线把剧场演出实况传送到电台控制室直接播出。

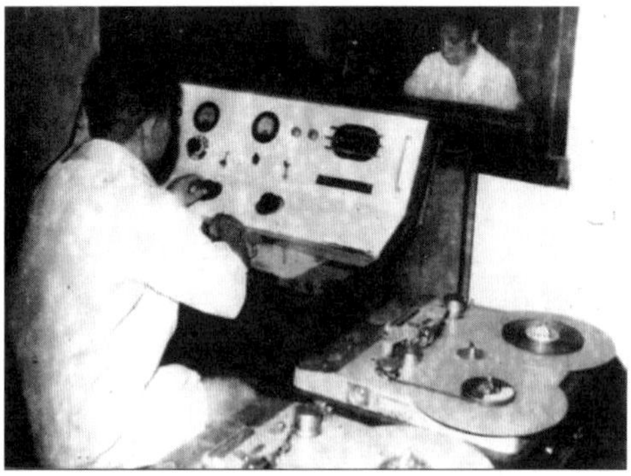

图 0-15　新中国成立初广州电台在录制文艺节目

图 0-16　新中国成立初期天津台在直播。播出设备简陋,只有话筒、简易调音台和留声机

在青海人民广播电台的历史文献中有如下记载:1952 年,中央广播事业局给青海台调拨了两台原东德产 SJ－100 型录音机、两台 D 型机(用于外出采访录音等)、两台苏联产 MAG8 型录音机、两台青涅波尔录音机、几只苏联产动圈话筒,建了一间录音室可供录制一些平弦戏等简单的节目,但由于设备缺乏,经常是播音时将机器抬到播音室,播音结束后再抬回录音室。那时外出录音主要是到几家电影院录电影。D 型机非常重,加上当时用电很不方便,故只要外出录节目或采访,都需配一台发电机,汽车又很少,所以每次外出录音都用人力车拉,条件相当艰苦。再比如上海人民广播电台,解放初期,记者外出采访没有能随身携带的采访机,必要时需由录音员搬上笨重的钢丝、胶带录音机和传声器、电源等设备到现

场配合采录素材，或组织被采录对象来电台播音室录音。故这一时期的新闻节目，除口播新闻外，只能对一些极个别或极重要的新闻采用录音方式进行报道。例如，1949年5月27日上海解放不久，上海台采制了《欢乐的周末》，在解说词中插入录音片段，6分多钟的报道被称为“录音通讯”，成为上海台的第一个录音报道。1953年起上海台陆续添置了一些国外各类民用杂牌小型便携式磁带录音机，能让记者外出采访时随身携带使用，但由于不同机种之间规格、性能以及磁带形式、磁带面向、带速不同，因此录音素材的剪接、播出和重放只能用同一台机器，故制约了录音报道的发展。

图0-17　1956年，天津台记者开始使用背包录音机到现场采访

再看广东台，新中国成立前记者采访新闻全部是手写文字稿，经编辑后，由播音员直接广播。1955年开始装备磁带录音机，记者能够做录音报道了，但当时的录音机重达二三十公斤，携带不便，故很少用于外出采访录音。1960年开始使用稍微轻便些的录音机，每台重量几公斤。1961年引进轻便的半导体录音机，从这时起，广播记者可大量制作带音响的报道。

因此总体看，上世纪60年代前的中国广播，受录音设备和录音技术的限制，在新闻中使用音响还处于萌芽阶段。

二、录音报道发展期(20世纪50年代后期—20世纪80年代中后期)

1957年3月，全国录音报道工作会议在北京举行，这次会议对广播录音报道的发展起到了推动作用。

新中国成立后，随着录音技术的不断改进，录音方式趋于简便，质量也不断提高。同时，随着“反右”等政治运动的开展，社会舆论氛围趋紧，各广播电台直播的节目逐渐减少，到20世纪50年代末，大部分已改为**录播**。这直接或间接地促进了以录音方式报道新闻的发展。

图0-18　LY—635型国产录音机

1959年，中央广播事业局广播设备制造厂研制出我国第一台LY—596型电子管开盘式磁带录音机，后经过改进，于1963年5月定型为LY—635型(图0-18)。该机技术指标达到广播电视部规定的乙级水平，一直沿用到20世纪80年代。

1972年，我国研制生产出720电子管开盘录音机(图0-19)，80年代，又研制生产出807国产立体声开盘录音机(图0-20)。

图0-19　上世纪70年代,广州台录音师在录制节目

图0-20　807国产立体声开盘录音机

除大型录音机外,20世纪50至60年代,也开始出现体型较小的采访机(图0-21、0—22),记者外出采访的条件逐步改善,故录音方式的报道也开始逐渐增多。例如1957年7月29日,上海台记者蒋孙万利用一部飞利浦牌手提式录音机完成了上海台第一个录音访问《周小燕谈音乐事业今昔对比》,1958年又完成了录音特写《好啊,外滩》和《人民广场的故事》等,成为采用录音方式探索特写的较早的一批广播作品。

图0-21　50年代的背包机

图0-22　60至70年代的箱式录音机

十年"文革"期间,广播同其他媒体一样,成为"阶级斗争"和"无产阶级专政"的工具,录音报道的发展也受到一定影响,数量减少。此间比较有影响的作品有1970年4月24日中央台播出的录音新闻《中国第一颗人造地球卫星发射成功》等。

1978年,中国共产党第十一届三中全会召开,十年"文革"结束,我国开始实行改革开放政策,党的中心工作开始转移到经济建设上。

随着社会的发展,小巧的盒式(又称卡式)磁带录音机传入我国(图0-23),记者外出采访更为简便。盒式磁带录音机是1963年由荷兰飞利浦公司研制成功的,后来在日本索尼、建伍等公司的推动下,快速进入家庭,也方便了广播记者采访。因此到上世纪80至90年代,录音新闻、录音通讯、录音讲话、实况新闻录音剪辑、录音特写以及录音方式的现场报道等蓬勃发展起来。如1980年上海台记者赵文龙采制的现场报道《迎

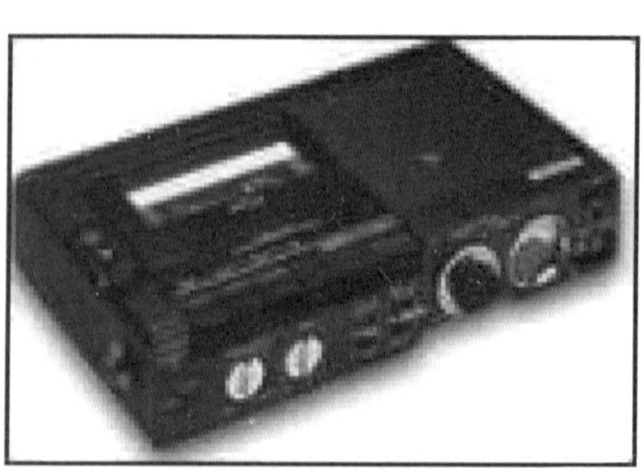

图0-23　80至90年代的盒带采访机

春展销会》在台内外受到赞扬，被认为是改变以往新闻报道固定格式的作品。还有天津台1987年4月26日采制的实况新闻录音剪辑《市长办公会实况录音剪辑》，可以说将录音方式的新闻报道发挥到了极致。

三、音响报道兴盛期（上世纪80年代中后期至今）

上世纪80年代中后期，由于广播节目中直播方式的复归和主持人的出现，广播变得丰富多彩起来，新闻报道方式也更加多样，其特点是：**直播和录播并存或相结合，进入音响报道时代。**

伴随着中国经济体制改革由乡村转入城市，1986年12月15日，广东"珠江经济广播电台"开播，同时创造了四个第一：中国第一家经济广播电台；中国第一家以直播板块节目为框架的电台（说明政治生活重回宽松）；中国第一家将电话引入直播间的电台（开广播与听众互动之先河）；中国第一家采用主持人直播形式的电台（主持风格与播音方式不同，给人以清风拂面之感），因此很快在全国掀起一轮经济广播热：1987年5月，上海经济广播电台开播；1987年10月，辽宁经济广播电台开播；1989年1月1日，天津经济广播电台开播……到90年代，各省级电台几乎都开设了经济台。经济广播热潮带动了其他频率，到90年代末，全国所有广播电台都基本改为主持人直播或直、录相结合的形式。因此，珠江台的开播具有里程碑意义，它开启了中国广播的新时代。

在此之前，广播主持人虽已诞生（如徐曼主持的《空中之友》于1981年1月1日开播，这是中国广播史上的第一个主持人节目），但当时是录播形式。直播形式的主持人节目则始于珠江经济台。

1988年9月，邓小平提出"科学技术是第一生产力"，这一论断成为中国经济飞速发展的决定因素。从此，电脑数字技术、移动通讯技术和网络多媒体等高科技在全国迅速普及应用，这不仅给中国广播注入巨大活力，也使新闻报道的方式、方法发生很大变化：

（1）一些过去很活跃的新闻报道方式，因直播方式的复归和主持人的出现而逐渐销声匿迹。如新闻实况录音剪辑、广播讲话等，前者由现场直播所取代，后者逐渐由主持人访谈所取代。而新的报道方式，如直播的现场报道、现场访谈等开始活跃起来。

（2）录音报道因"直播"方式的复归而不能涵盖所有的新闻报道形式，于是，**音响报道应运而生，它包括录音报道和直播报道两种形式，**这也意味着，从此，录音、直播两种报道形式并存，新闻报道的构成方式更为多样，也更为复杂。例如，过去做现场报道只有录播一种形式，因此在旧的教科书中有这样的定义："现场报道是录音报道的一种"。但随着直播和移动通讯方式的出现，现场报道已有两种形式。另外，"广播评论"也出现了录播与直播两种形式；"连续报道""系列报道"也都有"录播"和"直播"的区别。这种"直""录"并存的现象，使当代的广播音响报道变得丰富和复杂，同时也增加了我们对其进行分类研究的难度。

（3）新闻解说方式以及语速也在逐渐发生变化。此前，新闻解说主要由播音员担任，是"播"新闻，语调正式，语速缓慢。而从这一时期开始，新闻的解说逐渐多由记者本人担任，是"说"新闻，语调更加自然，语速也与日常语速相当（录音专稿还多为播音员播送，但语速加快了）。这种变化，不仅是形式上的变化，也是生活节奏的变化和广播理念的变化。

（4）音响运用更丰富。

（5）技术手段也更先进。

总结起来，在这一历史时期，伴随着世界经济和科技浪潮，中国经济迅速崛起，中国的广播事业也进入到发展最快、变化最为巨大的一个历史阶段，音响报道亦愈加丰满和成熟。

总体看，中国广播经历了一个由直播到录播再到直播的螺旋上升过程，中国广播的音响报道也经历了一个由初创到录音报道繁荣再到音响报道兴盛的历程，故颇具中国特色。

第四节 中国当代广播的巨大飞跃

如果说，上世纪50年代，录音技术在广播中的逐步使用是中国广播的第一次技术飞跃，70年代中后期出现调频立体声和立体声双轨录音技术，是中国广播的第二次技术飞跃，那么，上世纪末开始应用的数字技术、移动通讯技术、电脑技术和网络多媒体技术，则是中国广播的第三次技术飞跃，对中国广播产生了巨大影响。

说到数字技术，不得不先介绍一下计算机的发明。

传统教科书认为，世界上第一台计算机于1946年2月15日诞生于美国宾夕法尼亚大学，当时命名为ENIAC(电子数字积分计算机的简称，英文全称为Electronic Numerical Integrator And Computer)，中文译做"埃尼阿克"。

ENIAC长30.48米，宽1米，占地面积170平方米，有30个操作台，约相当于10间普通房间的大小，重达30吨，耗电量150千瓦，造价48万美元。它包含了17468个真空管、7200个二极管、70000个电阻器、10000电容器、1500个继电器、6000多个开关，每秒执行5000次加法或400次乘法，是继电器计算机的1000倍、手工计算的20万倍。曾有人形容其耗电量之大，说该计算机启动时，整个费城西区的电灯都为之一暗。

图0-24 埃尼阿克

图0-25 阿塔纳索夫一贝瑞计算机

但最近，这个被奉为经典的结论受到质疑。有人提出，世界第一台计算机诞生于上个世纪30年代末到40年代初的美国爱荷华州立大学，发明人是保加利亚裔的阿塔纳索夫。这台计算机被称为"阿塔纳索夫一贝瑞计算机"(Atanasoff-Berry Computer，简称ABC)。

第一台台式计算机诞生于上世纪70年代。1971年，《科学美国人》杂志上出现了第一个销售计算机的广告。这台名叫"Kenbak一1"的个人电脑由约翰·布兰肯巴克(John V. Blankenbaker)使用标准的中规模和小规模集成电路设计，由于缺少一个微处理器，存储容量为256字节，其唯一的输出就是一系列闪烁的灯光。据当时的编程人员介绍，由于可用的内存实在太少，用户在玩完游戏时，计算机根本无法显示玩家的输赢状况，用户只有通过自己才能辨认。Kenbak一1当时的售价是750美元，仅售出40台。

而另一款早期个人电脑是 Datapoint 2200，也是于 1971 年开始销售，当时的售价是 5000 美元。但 Datapoint 2200 在商业上比 Kenbak－1 更成功，其 CPU 至今畅销不衰，因此被称为个人电脑的“鼻祖”。

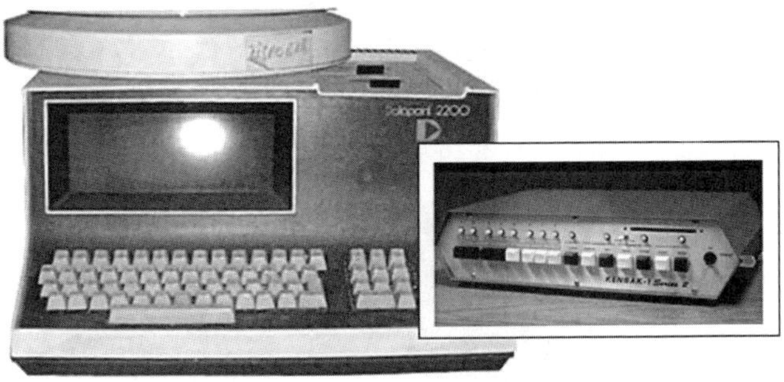

图 0-26　Datapoint 2200 电脑

1976 年，乔布斯和沃兹尼克设计出一种微型计算机。它装在一个木盒子里，有一块较大的电路板，8KB 的存储器，能发声，且可以显示高分辨率图形。1977 年，沃兹尼克设计出世界上第一台真正的个人计算机——AppleⅡ，并“追认”他们在“家酿计算机俱乐部”展示的那台机器为 AppleⅠ。1978 年初，他们又为 AppleⅡ增加了磁盘驱动器。

图 0-27　Apple Ⅱ

图 0-28　IBM PC

1981 年 8 月 12 日，IBM 正式推出 IBM 5150，其 CPU 是 Intel 8088，主频为 4.77MHz，主机板上配置 64KB 存储器，另有 5 个插槽供增加内存或连接其他外部设备用。它还装备了显示器、键盘和两个软磁盘驱动器，而操作系统是微软的 DOS 1.0。IBM 将 5150 称为 Personal Computer（个人计算机），后缩写为“PC”，成为所有个人计算机的代名词。

可以说，我们今天所运用的数字录音技术、数字通讯技术以及互联网技术，都与数字计算机技术的发展关系非常密切。

一、数字技术对中国广播的巨大影响

广播数字化，主要体现在采、编、播三大系统中。

1. 采访设备数字化

20 世纪 80 年代，出现了数字磁带录音机（DAT 录音机），90 年代，出现了准数字光盘录音机和全数字固态采访机，使录音音质发生了质的飞跃。

MD 采访机（MiniDisc Player）是一种采用数字压缩技术、可重复刻录的微型光盘录放机，光盘直径为 64 毫米，1992 年由日本索尼公司生产。其最初的设计理念是一种 Walkman（随身听）的替代品。由于它采用数字压缩技术，音质优于磁带式采访机，加上小巧轻便、易于操作、存储量大,故成为广播记者的主要采访设备(图0-29)。

半导体数字采访机采用了全数字技术,不仅克服了MD需多次数模转换,以及拷贝速度慢等缺点,可实现瞬间拷贝,而且录音质量更加优良,存储量更大,转存比MD更便捷,故成为广播记者的常用采访设备(图0-30)。

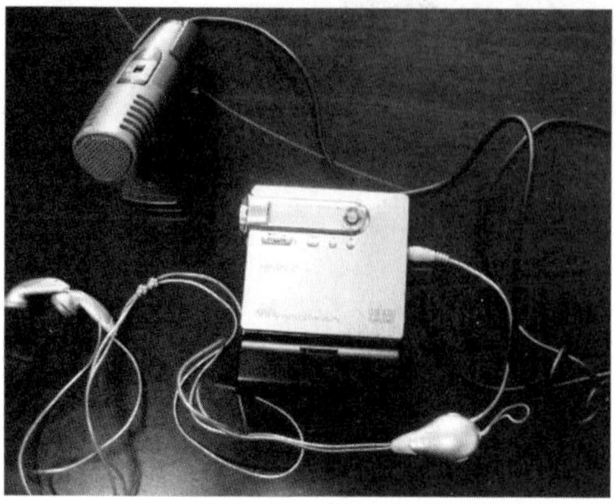

图0-29 MD采访机

图0-30 数字采访机

2.广播编辑制作系统的数字化

中国广播的编辑制作技术在上世纪90年代之前,一直是以录音磁带为载体的模拟信号技术,到了90年代,计算机技术被用于广播,广播的编播系统逐步实现数字化(图0-31)。

图0-31 数字化直播间

1981年8月12日,世界第一台个人电脑(PC机)在美国IBM公司诞生。美国《时代》周刊当时预测,"2000年将会有8000万台个人电脑投入使用",但实际上,21世纪初全球个人电脑总数已达5亿台。更重要的是,个人电脑开启了人类生活的新时代。

过去,记者用卡座式磁带录音机剪裁录音很难做到精确(图0—32),只能凭感觉和经验,且信号易衰减,效果不好。而多轨声音合成就更麻烦,需几台大型录音机同时工作(见图0—19),并需要经验非常丰富的录音师与编辑、播音员密切合作才能完成。进入上世纪90年代,国内各广播电台开始引进数字技术,到上世纪末,磁带式录音机逐渐由数字音频(立体声)工艺系统所替代(见图0-33)。广播采编由模拟技术转变为数字技术,这是一个巨大飞跃,实现了音频信号的可视、精确和无损剪裁,也实现了强大功能下的多层次简捷合成。

图 0-32　双卡座式编辑机

图 0－33　数字广播录制工艺系统

3. 广播播出系统的数字化

数字音频广播，简称 DAB(Digital Audio Broadcasting)，是继调幅广播(AM，1920 年诞生)和调频广播(FM，1940 年诞生)之后的第三代广播技术。早在 1981 年，德国 IRT(广播技术研究所)便开始了 DAB 相关编码技术的研究，1987 年成为欧洲高科技重点开发项目之一(EUREKA－147 计划)。经过多年试验和不断改进后，1995 年秋英国和瑞典等国家首先正式投入商业运行，EUREKA－147 成为很多国家的数字广播标准(我国也采用该标准)。目前，全球已有超过 40 个国家和地区的 3.3 亿人能收听 600 多套数字音频广播节目(图 0-34)。

图 0-34　欧洲产数字音频广播收音机

数字音频广播是将音频信号进行数字化编码、调制等处理后，再通过闭路系统或卫星发射的一种新的广播制式。它具有以下优点：第一，音质纯净，可与 CD 媲美；第二，抗干扰能力强；第三，能自主控制播放进程，如暂停或快进数字广播节目；第四，适合便携和快速移动收听等。

就世界范围而言，数字音频广播已进入“数字多媒体广播”(Digital Multimedia Broadcasting，简称 DMB)时代。DMB 基于 DAB 的传输平台，可传输包括音频、视频和数据等在内的多媒体信息。我国最早推出这种多媒体机的是北京电台——1039 新媒体机，它不仅能看电视、能收听 DAB 数字音频广播，还能接收实时路况导航，接收各种政务、新闻、生活、娱乐信息(图 0-35)。

图 0-35　1039 新媒体机

目前国内多数广播电台的采、编及播控均已实现数字化，但发射仍多采用调频或中波技术(即仍是模拟信号)，实则技术上已无问题。早在上世纪 90 年代初，原国家广播电影电视部就着手进行了DAB广播的立项研究,1996年,DAB项目被正式列人国家重点科技产业工程之一;2000年,我国先后建成广东珠江三角洲DAB先导网和京津塘DAB先导网。2005年4月18日,北京人民广播电台试播《世界音乐》节目,这是我国第一个数字音频广播节目。

目前,中国第三代手机——3G多媒体手机(数字接收机)正日益普及,这标志着我国"数字多媒体广播"普及的时代已经到来。

二、移动通讯技术对中国广播的巨大影响

1902年新年,美国肯塔基州农民内森·史特布菲在自家果园里建了一根40多米高的天线杆,用它将人的语音从一部电话传递到另外一个使用磁场的人那里。尽管该装置有垃圾箱那么大,有效通讯范围只有800米,但却是世界上第一部移动电话。

1908年,内森·史特布菲第一个申请了"无线电话"专利。

图0-36 内森·史特布菲在试验移动电话

图0-37 内森·史特布菲

1956年,瑞典爱立信公司和瑞典特利亚—索内拉电信公司用北欧合作网络系统制作出了移动电话。该"手机鼻祖"重量达40公斤,按照今天的物价指数,价格高达7万瑞典克朗(约合9500美元)。以此为开端,爱立信公司逐步发展出今天在世界各地都在使用的全球移动通信系统(GSM),奠定了手机大众化的基础。

1973年4月3日,一名男子站在美国纽约街头,掏出一个约两块砖头大的无线电话,打给贝尔实验室(竞争对手,当时也在研究手机),引得过路人纷纷驻足侧目。这个人就是"大哥大"的发明者马丁·库帕。当时,库帕是摩托罗拉公司的技术人员。

1983年"大哥大"上市,当时重约2磅,售价3995美元,是名副其实的最贵重"砖头"。

1992年,手机发出第一条短信,内容是:圣诞快乐!

1. 移动通讯技术的影响

1987年11月18日,中国第一个移动电话局在广州成立,这标志着我国大容量蜂窝公用移动通讯系统正式开通使用。

1993年9月,中国第一个数字移动电话网开通。

2008年4月1日,中国第三代手机——3G手机网(3rd Generation)开通。

短短十几年间,中国的移动通讯,从最初的"大哥大"到小巧玲珑的智能手机,再到3G,发展极为迅速。据中国工业和信息化部公布的统计数字,到2011年8月,中国手机用户总量已达9.4亿人,其中,3G用户突破9412万人。可以说,移动通讯技术对中国广播的影响

是巨大而多方面的。

过去广播记者做新闻报道，只能先录音，即使是搞“现场报道”，因受通讯技术的制约，也只能先录下来。但随着移动通讯技术的快速发展，广播记者可以在任何一个有手机信号的地方发回现场报道。

同时，移动通讯中的短信功能，催生和促进了广播与听众的互动。目前，国内各广播电台均建立了短信互动平台。

伴随着中国移动通讯技术的飞速发展，中国广播进入了“移动”和“互动”的新时代！

2. 卫星通信技术的影响

1997 年 5 月 12 日，中国成功发射了一颗“大容量同步轨道通信卫星”——东方红三号。这是我国第一颗商用通信卫星，它满足了我国电视、广播、电话、电报、传真以及其他数据传输的急需，也标志着我国卫星通信技术走向应用与成熟。

2005 年 12 月 22 日，我国新一代全球移动卫星通信系统——BGAN（宽带全球局域网）海事卫星新干线在北京正式开通，这标志着我国能进行移动实时视频直播等多媒体节目传输，并兼容 3G 的新一代全球移动卫星通信系统正式投入使用，到 2006 年底已覆盖全球。

卫星通信技术的应用，使广播的触角伸向了过去难以到达的区域。2006 年 7 月 1 日，青藏铁路胜利通车之际，中央人民广播电台举行了前所未有的超远距离、超时空和超大型的现场直播——“穿越青藏高原”，首次将直播间设在行进的列车上，也是首次采用卫星技术进行移动直播，开了中国卫星广播的先河。

三、网络技术对中国广播的巨大影响

互联网技术诞生于上世纪 60 年代。1968 年，美国国防部高级研究计划局（ARPA）为了便于美国军方研究人员通过计算机交换信息，开始研制用于军方内部使用的计算机实验网 ARPANET。其最初的设计理念是：网络要能经得住故障考验而维持正常工作，当网络一部分受攻击而失去作用时，网络其他部分仍能维持正常通信。该网络于 1969 年建成。后来，它逐渐用于国际，成为全世界最大的计算机网络，被称为 Internet。

1994 年 4 月 20 日，中国国际互联网正式开通。迄今短短二十多年，中国网民人数已跃居世界第一。数据显示：到 2008 年 6 月底，中国网民人数达 2.58 亿，首度超过美国，跃居世界第一；到 2011 年 12 月底，网民人数达 5.13 亿；手机网民人数截至 2011 年底达 3.56 亿。

1. 互联网改变了广播的覆盖

1995 年 4 月，位于美国西雅图的“进步网络”（Progressive Networks）在其网页上放置了一个 Real Audio System 的试用版软件，提供“音频点播”（Audio On Demand）服务，这一举措标志着网络广播的诞生。随后，全球许多国际广播公司纷纷与网络联姻，将广播连接到网上。1997 年 3 月 18 日，上海东方广播电台与国内某网站合作，在网上推出《东广信息网》，开我国网络广播之先河。此后，国内各电台相继推出网上广播。据中国广播调查网在线广播点击数据显示，2009 年中国提供在线收听链接的电台达 467 个。

以往，广播依靠无线发射，覆盖地区有限，听众也有限，而通过国际互联网——登录电台网站，或通过网络收音机（图 0-39），即可听到全国甚至世界各国的广播，实现无疆域覆盖。

2. 互联网改变了广播转瞬即逝的特点

传统广播信号具有转瞬即逝的弱点，除非采用随录方式，听众是无法进行回顾收听的。

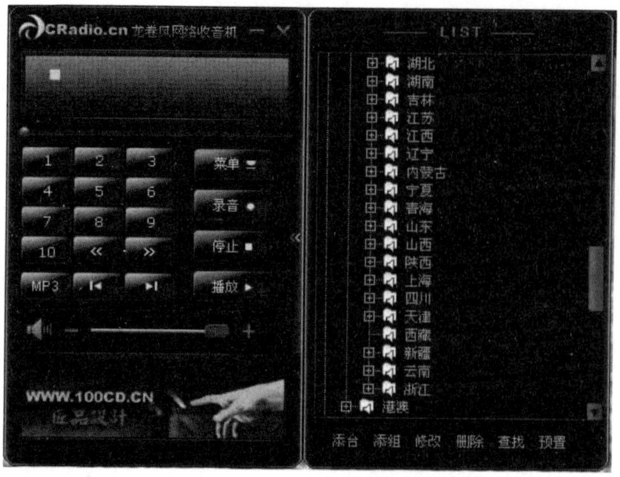

图 0-39　龙卷风网络收音机

但随着互联网的诞生，特别是随着网上“音频点播”技术的应用，克服了广播无法留存与做不到可控的弱点，一些播过的广播节目可在网上长期留存，听众可在网上随时点播。这使得广播像纸媒一样具有了长久性。

3. 互联网改变了广播的运作方式

(1)通过互联网，改变了广播记者的采编及信息传递方式。如今，广播记者无论身在何处，只要登录本台的网上采编系统，即可在网上写稿，然后，不仅能将稿件，而且能将音频文件直接传回电台，这大大加快了广播新闻的播出速度。同时，编辑也可直接在网上编稿。

(2)通过互联网，实现了全国广播资源共享。现在全国省、市间的城市广播已能通过互联网实现城际合作，各城市电台可将录音报道上传到网上，也可将其他电台的录音报道下载下来，实现了广播资源的全国共享。这不仅丰富了各台的新闻资源和节目资源，也形成了一种新的广播运作方式。

(3)通过内部网络，实现了广播节目的远程上单。过去，广播节目做好后，要将磁带送至播音间才能播出。现在只需轻点鼠标，做好的数字节目就可通过局域网直接上单，然后在计算机的控制下准时播出，既节省了人力，也减少了差错。

4. 互联网对未来广播的巨大影响

1995年，加拿大魁北克一名叫萨斯·伯顿的中学生，依靠流媒体软件Realplayer所特有的rm压缩格式直接在网上开办了第一家私人网络电台，这标志着世界第一个真正意义上的“网络电台”正式诞生。目前这样的网络广播已风靡世界。

2004年，美国苹果公司将MP3播放器(iPod)和广播进行嫁接，推出了一种新型的网络广播——播客，又称“播客广播”或“有声博客”。

2004年12月，加拿大广播公司(CBC)开始在网上播出《技术狂人》播客节目，播客听众以每周15%的速度持续增长。据一项权威统计，到2005年5月，全球播客站台已超过5300个，半年间增长率达到2400%。

继**博客**诞生不久出现的**播客**(Podcasting，即Personal Optional Digital Casting的缩写)，原意为个性化、可自由选择的数字广播，**是由个人制作音、视频文件，上传至互联网，供人在网上收听、收看或免费下载的一种信息传播方式**，后来又出现了**微博**(微型博客)和**语音微博**(带音响的微博)等。

网络上兴起的**播客**或**博客**，与传统媒体的不同之处在于：它**是所有人对所有人的传播**——每一个人都既是受众，也是传播者，它打破了传统广播单向或自上而下的传播过程，成为一种传播者与受众之间一起互动的“网播”(Intercast)过程，它标志着世界进入**“自媒体”**(We Media)时代。美国苹果公司前任总裁史蒂夫·乔布斯显然看到了下一代电台的商业前景，他说：“播客是下一代的广播。”

总之，中国广播自20世纪80年代中期进入发展快车道以来，实现了一次质的飞跃：进入了“直播时代”“数字时代”“移动互动时代”和“网络时代”，已成为一种无所不在的全方位、高品质的大众传播媒介。

第五节　对中国当代广播发展的辩证认识

中国广播经历了飞速发展，也面临许多挑战和机遇，对此，必须保持清醒。

一、辩证认识直播的复归与高科技的关系

广播三十多年飞速与巨大的发展，离不开电脑、通讯技术和网络多媒体技术的迅猛发展，但同时不可忽视直播复归的作用。可以说，直播的复归，是社会生活与发展的需要和必然结果，其内在动力不可小觑。有趣的是，广播的这种内在变革在先，而种种高科技手段的产生和应用在后。可见，种种高科技只是作为外力，使广播音响报道呈现出异彩纷呈的局面。这里，二者的作用均非常重要，我们的认识要全面。

二、辩证认识互联网对中国广播的影响

互联网的诞生，特别是随着网上博客（微博）、播客等新传播形式的发展，已使传播理念与传播方式发生重大改变：

其一，网络媒体具有自选性强、省时简便和海量储存等特点，听（观）众由等待节目变为节目等待听（观）众——受众可以根据需要和爱好在网上点击，也可以反复阅读或收听，而且正在向可移动和便携接收方向发展。可以说，其具有传统媒体所不具备的优势。

其二，网络媒体的诞生，使传播进入自媒体时代。通过网络，传播者与受众的互动是更大范围的，更为便捷的，而听众与广播的互动则相对受到局限。

在这种形势下，广播必然会受到冲击。但任何事物都具有两面性，只看到一面是不对的。

一方面，网上博客或微博会成为广播的新资源。如中央人民广播电台就开办了《刷新博客》节目，将网络竞争变成了节目资源。

另一方面，语音微博的兴起对广播而言更是天赐良机。制作出微小的音响作品并上网，或将好的语音微博下载下来成为新的广播资源，这必将为广播开辟出新天地。

在电视、互联网的冲击下，广播成了弱势媒体，这或许是技术进步和产业发展的必然，也是广播自身局限的必然。但媒体的发展不是排他的，而是叠加的，这就为广播的继续生存与发展提供了可能。广播便捷快速、信息量大、伴随性和无疆域传播的特性及优势依旧存在。今后，广播借助网络不仅会长久生存，而且一定会在拓展与互联网的关联、发展新型移动收听终端和交互式点播等方面取得新飞跃。

三、辩证看待音响报道的全面发展

今天的广播新闻，不仅有录音报道，也有直播报道，二者缺一不可。而且，随着直播的出现，广播新闻的报道方式也愈加丰富，新闻体裁也更加多样，甚至复杂。同时，一些相关的新闻理论也在发生变化，因此，要充分认识这种丰富性和复杂性。

第六节　广播音响报道的分类

今天,广播新闻中的音响报道可以分为录音报道和直播报道。

一、录音报道

录音报道是记者将实况音响采录后,加上文字解说制作而成的广播新闻报道。它是所有采用录音方式进行报道的广播新闻体裁的总称。

按照报道内容的单一、时间的长短、新闻事实挖掘的深浅以及局部的放大,录音报道可以分为录音新闻、现场报道、录音专稿、录音特写、录音专访、连续报道(包括系列报道)等(图0-40)。

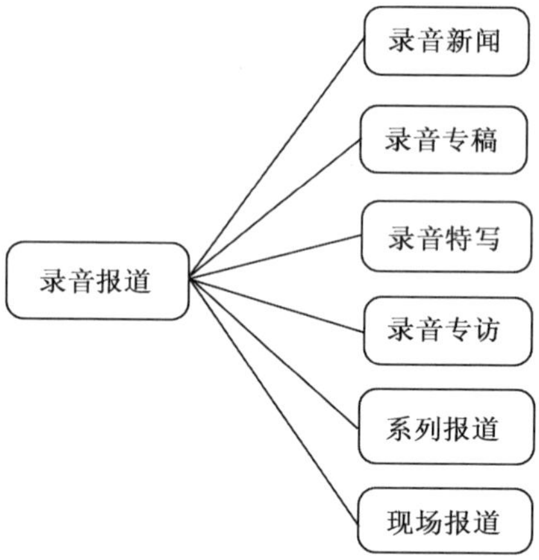

图0-40　录音报道结构图

二、直播报道

直播报道是与新闻同步的报道。它没有录音制作过程,直接广播出去,是音响报道中有别于录音报道的另一个大类的总称。

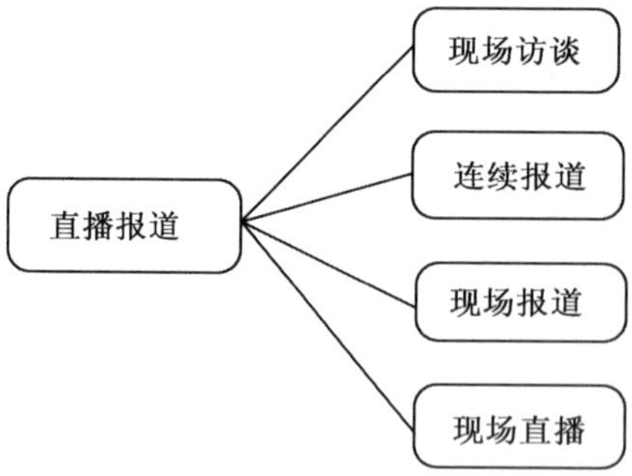

图0-41　直播报道结构图

图 0-41 中,除“现场直播”是名副其实的直播报道之外,“现场报道”“现场访谈”和“连续报道”也名列其中,但“访谈”前加了“现场”二字,说明是直播方式;系列报道变成了连续报道(只有连续报道才可能是直播形态,请见第十章“连续报道与系列报道”)。

实际上,直播的广播新闻方式远不止上述四种,目前还在不断发展之中。比如与现场直播非常相似的“现场特别节目”(见第三章第七节),以及突发事件中主持人的连线直接采访(见第十一章第一节),就是新出现的音响报道方式。为节省篇幅,这里未一一列举。

总体看,广播音响报道中实际存在的种种复杂情况,为广播音响报道的分类带来了一定难度(图 0-42)。图中可以看到一些交叉,如连续报道(系列报道)、访谈和现场报道就既属于录音报道范畴,也属于直播报道范畴。

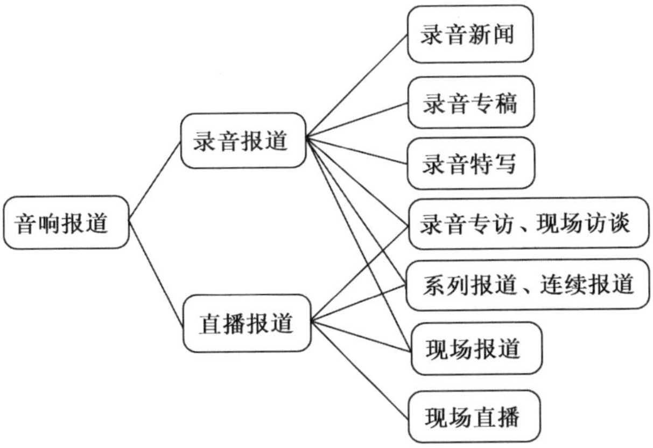

图 0-42 音响报道结构图

三、音响评论

音响评论是借助采访音响表达作者观点的一种广播论说文体。采用录音方式进行写作的音响评论主要包括:录音评论、录音综述、录音述评。

总之,在广播新闻中加入音响,这是本书讲解的重点;而直播还是录播,又成为本书学习的一个难点。

思考与练习

1. 如何认识中国广播音响报道所特有的发展规律?
2. 当代广播具有哪些重要特征?
3. 怎样评价高科技和“直播”对中国当代广播以及音响报道的影响?
4. 互联网对广播有哪些重要影响?
5. 坚持收听中央人民广播电台的《新闻和报纸摘要》节目或当地的广播新闻节目。

第一章　录音新闻

从狭义讲，新闻就是消息。学习新闻写作，首先是学习消息的写作。

通常情况下，新闻（消息）可分为事件性新闻和非事件性新闻；也可分为人物新闻和事件新闻；还可按行业来划分，分为工业新闻、农业新闻、军事新闻等等。本书所讲的，是在新闻中加入音响，这是广播新闻特有的一个门类，它与上述分类并不矛盾，主要是为区别于文字消息。本章重点介绍录音新闻写作时音响与文字的结构关系，以及音响的采录要领。

第一节　录音新闻的定义、特点及采制流程

录音新闻是带采访音响和解说语言的消息，它是音响报道中最常见的新闻体裁之一。

一、录音新闻的特点

（1）录音新闻是消息，具有消息的主要特征——有导语，有新闻主体，有新闻背景，有的结语采用音响方式；有 When（何时）、Where（何地）、Who（何人）、What（何事）、Why（何因）、How（何果）新闻六要素。

其中，导语简洁、实用，多采用概括式、评论式，在新闻中连同后面的“介绍格”，对新闻主体起引导作用。

新闻主体更多采用纵向结构，也有倒金字塔结构或横向结构。

录音新闻中，通常不播标题，故在文案写作时可不写标题（标题通常写在稿签上，如内容重要可用于“内容提要”）。

（2）录音新闻因为是用“音响”说话，因此可感性、可听性更强，可信度比一般文字新闻高，且信息量大为增加。

二、录音新闻的一般要求

（1）要尽量选择有音响特点的新闻事件。这是由广播音响报道的特性所决定的。

（2）一事一报。这与一般新闻消息的要求完全相同。

（3）音响要典型，即具有不可替代性。

（4）无论采用何种叙述结构，一是结构要有逻辑，要严谨；二是要考虑给音响的使用留下空间。

（5）注意长度。录音新闻以短小精悍见长，若按照中国新闻奖的评奖规定，广播新闻一

般分为长消息和短消息，长消息在 4 分钟以内，短消息在 1 分半钟以内。

三、录音新闻的采制流程

录音新闻的采制流程，如图 1-1：

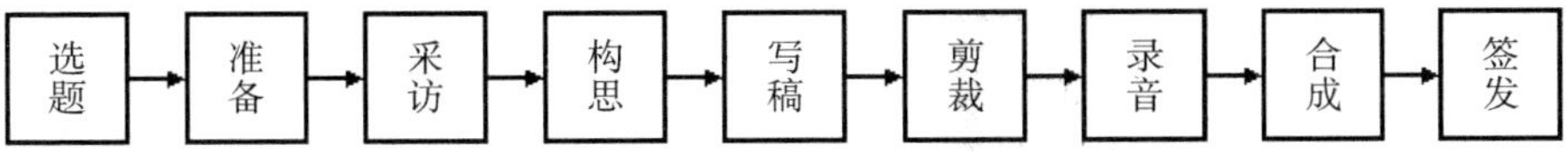

图 1-1

1. 选题

选题是写好录音新闻的重要前提。当获悉一条新闻线索时，首先要做出如下两个判断：

第一，该新闻线索的新闻价值如何。

第二，是否适合做成录音新闻。

关于怎样判断新闻价值，我们先来看一个例子。有这样一篇广播新闻《香港热土祭洒社稷坛》（作者文立军，北京台），虽说这不是一篇录音新闻（是文字新闻），但从中可以看到记者对新闻价值进行有效判断的重要性。

> 今天上午，在中山公园社稷坛这个祭祀国家土地山河的地方，90 岁高龄的文物专家单士元和侯仁之、张开济、罗哲文等，把一罐从香港带回来的热土轻轻地洒在了五色土祭坛上。单老边洒边对身边的小学生们说："香港之土已经融于祖国大地了。"
>
> 香港回归，普天同庆。首都文物界的老人们不会忘记 136 年前在九龙尖沙咀举行的一个仪式。当时英国驻广州领事巴夏礼从地上抓起一把泥土，放在一个袋子里，交给在场的清朝官员，然后，再强迫这些官员把这些泥土交给英国人。屈辱的场面深埋在中国人的心里。
>
> 7 月 1 号香港回归以后，参加香港交接仪式的中国政府代表团成员带回来了香港的热土。今天上午，单士元等文物专家在首都各界人士的热烈掌声中登上社稷坛。在社稷坛的东南端，单老伸出颤抖的双手，慢慢躬下身去，从一个精致的木罐中捧出了香港的热土，凝神注视了一会儿，然后，和两名小学生一起把这些热土一点、一点地洒在了五色土祭坛上。

当时有关香港回归的新闻很多，但一捧回归祖国的香港热土却容易被人忽略，而正是这样一条新闻，成就了一项中国新闻大奖。据说，当时很多老记者都不愿去，以为一个普通仪式没什么可写的，但它却成就了一名年轻记者的成功梦想。其成功原因在于记者做了细致的案头工作，并抓住了具有鲜明对比的新闻背景。

关于第二个问题，只有能录制到典型新闻音响的新闻，才适合做录音新闻，否则，就不应硬做。

2. 准备

这里的准备，指的是采访前的准备工作，包括采访内容、新闻背景、相关知识等，还包括采访设备——采访机、话筒、电源（电池）是否完好可用，以及硬盘（光盘）是否清空等。

3. 采访

采访是录音新闻产生的重要环节。一篇录音新闻的优劣，很大程度上取决于音响的捕捉,而采访又是其中的关键。

4. 构思

构思一般指从采访之初到动笔之前的酝酿过程。事实上,一个有经验的广播新闻记者,在他开始采访时,构思就开始了,当他关闭采访机那一刻,就应胸有成竹了。当然,构思要巧妙,视角要独特。

这里有一个例子:2008 年北京奥运会上,中国女足首战以 2:1 击败瑞典队,实现“开门红”。赛后,有纸媒记者以《美妙的夜晚,全队的功劳——商瑞华赛后三谢队员》为题进行了报道。记者的导语是这样写的:

两度攻破瑞典队大门后,中国女足主帅商瑞华表情平静,而当记者赛后向他求证时,他笑着“辩解”说:“刚才我好像是蹦起来了呀!”当然,此时此刻谁也不会对这个细节较真,所有人都希望后面的比赛中再看到他跳起来,更多的跳起来……

——《今晚报》2008 年 8 月 7 日(记者杨先华)

这篇报道,记者没有去写赢球后商瑞华指导如何兴高采烈,而是选取了一个与众不同的角度。其中可以看出记者独特的观察、独特的视角和独特的新闻切入点,也显示出新闻写作构思的巧妙和重要。

5. 写稿

写稿就是将最终的录音新闻写成文字,现在当然大多是在电脑中敲出来,所以,文稿要包括“文字”和“录音”两部分——录音打算采用哪一段,应该先将其“变成”文字。

6. 剪裁

如果稿件没有问题,就可以进入这一程序——按照稿件的设计,开始剪裁录音素材。现在剪裁录音很方便,可以在数字音频工作站进行剪裁,甚至可以在笔记本电脑中进行。

7. 录音

这里的录音指的是请播音员录制稿件中的串词——解说词。需要指出的是,现在国内很多电台都提倡或要求记者自己出声——特别是录音新闻——即记者自己在音频工作站中自播、自录,将录音新闻制作完成。

8. 合成

指将事先剪裁好的采访录音和录好的串词进行合成。合成后,一篇录音新闻才算制作完成。

9. 签发

将制作好的新闻文稿与填写好的“新闻稿签”交领导签字后提交编辑部。新闻稿签上应注明:稿件的时间长度是多少,存在音频工作站的哪一个文件夹中,怎样快速检索等。本书后面介绍的文体,在写稿完成或制作完成后(直播是播出之前)都有这一程序。

第二节　录音新闻的采访方法

录音新闻的采访,离不开“录音”这一环节,因此也就离不开“录音采访”。

一、到新闻现场后做好三件事

一是观察现场，尽快确定典型的现场音响，并找到最佳录音位置；二是尽快确定要采访的相关新闻当事人；三是了解事实经过。这是录音新闻采访的重要步骤。这意味着广播新闻记者到达新闻现场后，要眼观、耳听、思考，要迅速观察现场情况，确定采访对象以及要录的音响在哪里。因为有的音响可能转瞬即逝，所以要反应迅速、行动敏捷。

所谓**典型音响，就是无法替代的，能充分说明新闻内容和意义的音响。**这样的音响，录到与否，效果大不相同。如报道一场火灾，记者到达火灾现场时，大火早已扑灭，消防人员也早已离开，这时，即使找到目击者，谈了救火过程，也不如及时赶到，录到消防车的鸣笛声、救火现场的紧张呼喊和指挥员的现场指挥声等更加真实。

二、学会提问，做好录音采访

广播采访不同于报纸采访，没有录到的音响是“编”不出来的。那么，如何录到想录的内容？一是现场抓录所需的音响，二是通过提问录到所需的内容。

就采访而言，广播记者提问一怕问不到点上——对方不好回答；二怕问半天，对方只是“嗯”、“啊”一个字——这样的录音根本无法使用；三怕提问“犯傻”——问了不该问的问题让自己尴尬。所以，掌握一定的提问技巧，是完成采访的重要保障，这需要不断地学习，积累经验。

通常情况下，记者的提问不外乎有两种：一是“漏斗式”，二是“倒漏斗式”。前者是从“开放式的问题”开始，后者是从“闭合式的问题”直接进入主题。很多老记者的体会是，专题性访谈多采用前者，而新闻事件的采访多采用后者，但也要看具体的采访对象和采访内容，要因人而异，因事而异。

在采访前，记者要对提问有所准备和设计，提问要具体、要有针对性，避免肤浅和空洞。肤浅、空洞的提问会使被访者失去回答的兴趣，或者感到不好回答。这里给大家一些建议：

首先，问好第一个问题。这往往是引起被访者兴趣的关键。

其次，用“表示同感”的方法引起下文。通常情况下，表示同感是以“感”代“问”的好方法——因为，采用“刨根问底”的方法容易引起对方的反感。

再次，用好正面提问法和追问法，尽量避免“诱导式”提问，如“你回到家乡，一定很高兴吧”，“你受伤了，一定很疼吧”等等。

最后，要善于倾听，善于抓住细节。

三、新记者在采访中容易出现的问题

(1)只盯着“嘴”，只知道“录讲话”，忽略了其他同样很有新闻价值的音响。

(2)缺乏预见性，导致该录的内容没有录到。新闻的发生、发展、变化是不以采访者的意志为转移的，比如报道奥运会开幕式，结果主持人“宣布开幕”的音响没有录到，那岂不是有缺憾？

(3)不管有用没用，录了一大堆，给后期剪裁增加了工作量(仅就一般新闻而言)。一个好记者应知道话筒该伸向何处，同时也知道何时该开话筒，何时该关话筒。

(4)容易忽视一些“小环节”(其实未必小)。如被采访人的确切职务，甚至未将姓名(把字写错,广播人容易忽略这一点)、单位名称以及一些重要数据核实。

(5)未找到最佳录音位置。新闻现场的音响可能很多,有的与新闻事件有关,有的则无关,因此要找到最能反映新闻事实的最佳位置,否则,易导致主要音响不清,次要音响反而超过主要音响的后果。

(6)话筒使用不当。距离太近或太远,都易造成音响失真——录音出现"扑、扑"的喷话筒声或声音太小。一般讲,采录人声时,话筒距讲话人(嘴)的距离在20—30公分之间。

(7)采访时抢话,给后期剪裁造成困难。有的年轻记者,在对方还没有讲完时,就急于提下一个问题,结果使双方的话部分重叠。出现这样的情况,剪裁时,即使再先进的编辑设备也无法使双方的话分开,给使用带来麻烦。

(8)提问肤浅或空洞,让对方不好回答。新记者最容易犯的毛病是喜欢"诱导式"提问,如"你是不是感觉很痛苦","你一定很难过吧","你觉得很幸运吧"之类,这样的提问显得草率,缺乏设计和深度,所以应尽量避免。

(9)不敢出声。不知道该问什么,所以采访时信马由缰,任凭对方东拉西扯,自己却不吭一声。

这说明,记者采访时的提问需用心思考,现场采访本领是需多加磨炼的。有关采访技巧的问题,可参看本书第八章第四节。

第三节　录音新闻标题的写作方法

很多人以为,广播新闻不用写标题——因为播音员或主持人在播报广播新闻时通常不念新闻标题。其实,不念不等于没有。

一般而言,当代广播新闻中,因体裁不同,标题的写作方法和使用方法也不尽相同。

广播音响报道可细分为录音报道和直播报道。其中,录音报道又可细分为录音新闻、录音专稿、录音特写、连续(系列)报道以及广播(录音)评论等。

按照标题的写作与使用方法,可将其大致分为"消息类"与"专题类(包括评论)"两大类。其中,录音新闻是最基本的报道方式,也是使用最多的形式之一。

一、广播消息类稿件的播出形式(使用方法)

1. 录音新闻

录音新闻的正规播出形式是:主持人或播音员播完导语后,接着会说一句介绍语:请听本台记者采制的录音新闻,然后是记者制作好的录音新闻。不过,当今更流行的是一种简化的介绍方式:请(来)听记者某某的报道;或:请听某台记者某某发来的报道,然后播放记者的录音报道(或录音新闻)。

一般而言,上述方式通常均不播报标题。

例如《万里长江第一条过江地铁今天运营》(武汉台2012年12月28日播出,获第23届中国新闻奖一等奖):

主持人:今天上午十点,长江第一条过江地铁——武汉轨道交通2号线一期工程开始运营。**请听记者刘群、赵阳采制的录音新闻：**

记者：武汉轨道交通2号线一期工程开通仪式的会场设在汉口中山公园站。很多市民都早早来到这里，准备亲眼见证令人激动的时刻：

【采访录音】：

市民：我早晨八点钟就来了，高兴、高兴！

市民：感觉蛮幸福，很幸福！蛮自豪啊！

【现场声压混】……

上例中，主持人在播完导语后，采用了比较正式的介绍语：请听记者某某采制的录音新闻。但即使介绍语很正式，也不播标题。

为什么要说介绍语，而又不播标题？主要原因是：广播新闻标题通常由新闻要素组成，这与导语内容具有某种相似性，倘若导语后播标题，就会与新闻中的导语重复，故逐渐简化了。如上例中，如果说完前面的导语，再说“请听记者某某采制的录音新闻《万里长江第一条过江地铁今天运营》”，会感觉缀余。

2. 文字消息

广播文字消息的播出方式一般有二：

一是在消息前加“本台消息”，然后直接播送稿件。例如消息《天津站为迎接实名制售票调整车票预售期》的实际播出是这样的：

主持人：本台消息：为迎接火车实名制售票，以及时做好新运行图的调整准备工作，天津站将对车票预售期做出调整，具体为：……

二是直接报“本台记者报道”。如：

播音员：本台记者某某报道：为迎接火车实名制售票，以及时做好新运行图的调整准备工作，天津站将对车票预售期做出调整，具体为：……

文字消息之所以会形成这样一种播出方式，原因是，通讯员一般没有采访机，也未受过专业训练，故写不成录音新闻，这样，文字稿的播报就逐渐简化成“本台消息”，而不说“请听通讯员发来的报道”。若是记者所写，因无采访录音，便直接报是谁报道，久而久之，形成一种惯例或约定俗成。

当然，不播新闻标题并不意味着广播记者不写标题。一般而言，**广播消息的标题是以“新闻提要”的形式出现在新闻节目的开始处的（如果重要的话）。**

在日常工作中，记者（编辑）通常会将录音新闻（包括文字消息）的标题写在“稿签”上。至于稿件上是否写题目，则两可。

所谓“稿签”，是广播记者写完稿件送审时必填的一个表。其中主要项目有：节目名称或稿件题目、来源与编号、字数或时间（通常填写制作好的时长，而非字数）、记者签字、领导审核意见和播发日期等等。其中，“稿件题目”是需要记者认真思考后填写上的，它有两个作用：

(1)让领导在最短时间内了解新闻内容,以判断其新闻价值,决定是否播出。

(2)如内容重要,该标题会被用于"新闻提要"之中。因此,广播新闻的标题不仅很重要,而且要做到内容清楚、准确,同时更要适宜广播。

概括起来,广播新闻的标题写作,既具有一般新闻标题的共同特征,又具有广播特点。

二、消息类新闻标题的写作方法

1. 新闻标题的一般写作方法

新闻标题,无论是报纸新闻标题还是广播新闻标题,都是新闻内容的高度概括。

具体讲,一个好的新闻标题,应该是"新闻点"的高度概括或突出体现,或者说,是围绕"新闻要素"(即围绕5个"W"和1个"H"),将最重要的新闻要素"汇聚"与"构建"的结果。

例如:2014年5月28日,著名评书艺术家田连元遭遇车祸,某通讯社是这样报道的:

5月28日20:30许,沈阳市青年大街皇朝万鑫酒店南300米处发生一起5车连环相撞的惨烈车祸。一辆长春牌照黑色吉普车由南向北越过中心护栏驶入逆向车道,与一辆出租车及3辆轿车相撞,造成一轿车驾驶人当场死亡、车内一乘客受重伤,出租车驾驶人及车内一名乘客轻伤的后果。轿车内伤者是坐在副驾位置的著名评书表演艺术家田连元,死者是他的小儿子田昱。肇事司机逃逸。

在上述事件中,如果按照新闻要素的"五个W"和"一个H"标准,该新闻的"要素"为:

(1)When(何时):5月28日20:30许;(2)Where(何地):沈阳青年大街;(3)Who(何人):田连元;(4)What(何事):遭遇车祸;(5)Why(何因):不清;(6)How(何果):田连元受伤,小儿子死亡。

将上述新闻中的各项要素进行"构建",就抓住了该新闻的"新闻点",于是标题可以是:评书艺术家田连元遭遇车祸受重伤(Who + What + How)。

很显然,这是抓住新闻中最重要的Who(何人)、What(何事)、How(何果)三个要素,用最精练的语言对新闻主题进行了概括。

因此可以这样说,无论采用何种方式来写作新闻标题,如陈述式、概括式、因果式等等,其实说到底,新闻标题都是重要新闻要素"汇聚"或"构建"的结果。

如:

陈述式:十二届全国人大三次会议昨天在北京闭幕(Who + When + Where + What);

概述式:四类人群不宜接种疫苗(Who + What);

因果式:刹车失灵,大货车险撞加油站(Why + Who + What)。

2. 新闻标题写作中易出现的问题

新闻标题写作中易出现的毛病很多,这里主要谈几点:

(1)缺少新闻要素或新闻要素不准

例如:新闻标题《盘山高高》,这样的标题就不知所云:"盘山"显然不是新闻要素中的"何人"(Who),只能是"何地"(Where);而"高高"也不可能是"何事"(What)。因此,这样一个题目根本看不出发生了什么。

又如：新闻标题《环卫外来工张文华》，这样的标题只有"何人"（Who），而没有"何事"，显然，这也不能成为新闻事件的标题。

再如：新闻标题《天津开发区工业总产值突破5000亿》，这个标题看上去新闻要素很清楚，有"何人"（天津开发区），有"何事"（工业总产值突破5000亿）。但进一步分析会发现，标题中缺少了一个非常重要的新闻要素——"何时"（When）：究竟是何时突破了5000亿？今年？去年？上半年？这个月？还是今天？显然，这条新闻中的时间要素非常重要，省略不得。

（2）新闻要素模糊不清

例如：新闻标题《您的满意微笑是他们工作动力》，且不说题目中是否有语病，单看新闻要素："您"指谁？"他们"又指谁？显然，这样的题目，新闻要素模糊不清。

再比如：新闻标题《习惯这样坚守的人们》，这样的标题既看不出"人们"到底在"坚守"什么，也弄不清其中的"这样"指的到底是怎样？要素模糊不清。

可见，新闻标题要注意新闻要素，而且要多用实词，慎用虚词、代词，这是避免标题模糊的良方。

（3）标题不精练

新闻标题不精练，常常体现在语言的拖沓和缀余上。

例如：《丰富本市文化演出市场，让更多市民愿意亲自走进影院剧场》，这样的标题几乎看不出何时，只有"何事"，其中"亲自"一词显然多余。

再比如：《新年将至，生肖兔饰品上市受热销》，标题中要素虽基本清楚，但"受热销"缀余，记者又想写"受热捧"，又想写"热销"，结果二者杂糅。

（4）标题有歧义（不准确）

新闻标题要准确反映新闻内容，不应存有歧义，即有多种理解。这应是新闻记者的基本功，但这一点往往被忽略。

例1：2012年4月，某媒体报道了一则消息，题目是：《产妇死去婴儿停尸费超过10万》。

看到这样的标题，读者一定会糊涂，弄不清到底是谁死了？

有媒体将题目改成《高龄产妇痛失幼子，再遇"天价停尸费"》，歧义立消。

例2：2014年4月5日，某报刊登一则消息，题目是：《区长办公室坠亡女教师曾称区长另有两情妇》。

如此标题，到底是谁坠亡？有媒体转载时，前面加了个"从"字，歧义立刻消失。

例3：2006年1月26日，南方某报刊登消息：《我国南极陨石拥有量近一万块》。

如此写作标题，南极岂不成了中国领土？而有的媒体将标题写成《中国拥有南极陨石近万块》，就很严谨。

可见，标题写作准确与否，既能反映记者的概括能力与文字水平，也很能体现一家媒体的整体水平。

三、广播消息类标题的个性特征

广播新闻标题由于是口播形式，故应遵循广播特点。概括起来有以下几点：

1.不用引题和副题形式

报纸标题是可视的，因此在视觉上要有所讲究，例如可以分行排版，从上至下可分为引

题(眉题、肩题)主题和副题。如:

本市今年小学招生入学工作实施意见出台

人户分离　孩子三种方式入学

外来务工人员随迁子女入学前一年须申请登记

而广播则无需如此,只要写好主题即可。一般讲,广播中的新闻标题(新闻提要)可长可短(当然应以尽量节省字数为好),但无论多长,都无需分行排列。

如:2010年3月29日,天津交通广播《新闻早班车》节目中,前5条新闻提要是这样的:

(1)周末大批市民走出家门祭奠故人,第一、二殡仪馆共接待60万市民祭扫,创近年清明节单日祭扫人数新高;

(2)铁路部门迎来扫墓客流高峰;

(3)清明节公交推出42条扫墓专线,增车加班;

(4)3月1号机动车停放专项治理,提高市中心停车利用率;

(5)吉利18亿收购沃尔沃,建设新工厂实现国产化。

上例中,第一个标题(提要)字数多达43字,但无需分行。

2. 采用概括性的陈述语气,不用特殊语气

报纸为了醒目,常采用一种特殊口语,有意把题目做得显眼。如:

河北涿州影视城建成开业,某报在主题中使用了惊叹句:《去影视城玩穿越啦!》

某房地产开盘时,某报使用了疑问句式:《楼市拉开"跳水"序幕?》

广播录音新闻通常使用概括性强的陈述句,让听众在收听时清楚了解新闻内容,通常很少使用特殊语气。这是因为,用特殊语气的句子做标题,听起来要么不像标题,要么语气怪异,显得不够正式。

如:录音新闻《万里长江第一条过江地铁今天运营》《元上都遗址成功列入世界文化遗产名录》《武钢全面淘汰日本"一米七"硅钢技术》《陡坡村用上了自来水》等,均采用的是概括性很强的陈述句。

3. 慎用拗口或不易听懂的词

汉语中有一些词汇是适合阅读但不宜收听的,故使用时需特别注意。

例1:《64岁电脑盲成鼠绘"高手",众网友索要当作"桌面"》。其中,"鼠绘"不易听懂。

例2:《机构养老距家"一碗饭"》。何为"距家一碗饭"? 广播中不易听懂。

例3:《我国首款医疗级可穿戴设备滨海首发,"私人医生"模式将实现》,其中,出现两个带"首"(首款、首发)的词,读起来会觉得别扭。同时,"医疗级""可穿戴"等词汇都比较陌生,而且,"私人医生模式"究竟是什么,在广播中也不易听明白。广播中若不使用其作为新闻提要,或可改为:国内第一款医疗级可穿戴设备日前在滨海新区研制成功,今后将进入社区成为居民的私人保健医生。

4. 慎用"简称"

简称是一个完整词汇的缩写或略称。报纸为节省版面经常会使用简称,但它不适合广播。

例 1：

北京西城与河北廊坊签署合作发展协议

“动批”迁址未明确提及

——《渤海早报》2014 年 4 月 4 日

其中，“动批”是“北京动物园批发市场”的简略称呼。

例 2：

冀为遗体捐献者建纪念碑

——《渤海早报》2014 年 4 月 5 日

其中，“冀”为河北省简称。

例 3：

今年“三支一扶”招 221 名高校生

——《渤海早报》2014 年 4 月 5 日

其中，“三支一扶”为支医、支农、支教和扶贫工作的简略说法。

5. 慎用谐音

谐音词为音同义不同的词，这是汉语特有的现象。谐音词用在广播中，或体现不出其奥妙，或妨碍理解。

例 1：广州市将选拔球童去世界杯举办地巴西，报纸采用的主标题是：《六名球童将“麦”向巴西》。此活动因是麦当劳赞助，故用了一个“麦”，而此中奥妙，广播中无法体现。

例 2：某报报道某市为迎接巴西世界杯，在高校中选拔形象大使，采用的主题为：《嗨选校园形象大使》。标题中的“嗨”，用在报纸上可以，用在广播中则毫无意义。

例 3：某报在国际护士节到来之际，报道了某医院男护士为患者服务的事迹。报纸标题为：《国际护士节，我是“男”丁格尔》。这样使用，在报纸上很好，在广播中则无意义。

有些谐音甚至会引起误解。

例如：某电视台给某新闻配上的新闻标题（字幕形式）为：《对违法者实行市场禁入》。其中，“禁入”与“进入”字音完全一样，意思却相反，这样的标题用于报纸，或在荧屏上打字幕可以，如用于广播，可能会妨碍理解。

6. 适当注意音韵

广播新闻标题最终是要播（念）出来的，因此要适合听、适合播，这一点也非常重要。

例如 2013 年 4 月 3 日央广《天下财经》中的一段内容提要：

（1）全国景区再现涨价潮，游人玩不起。

（2）公墓价高还限售，活人死不起。

（3）湖南蔬菜收购价低，菜农叹息伤不起。

“玩不起”“死不起”和“伤不起”,同样的句式,而关键字绝不重复,意思也绝不相同。这样写提要,不仅准确表达了内容,也很好体现了汉语的韵律和魅力。

如何判断自己写的标题是否适合广播,只有一个方法——写好后反复念念,是朗朗上口,还是佶屈聱牙?是言简意赅,还是意思含混有歧义?如是后者,那就坚决改。

第四节　录音新闻导语的写作方法

新闻导语即消息的开头,它应以简洁的文字,写出消息中最重要和最新的事实,提纲挈领,牵引全文,吸引读者(听众)。

一、广播录音新闻的导语形式

1. 前置式

前置式导语就是将导语放在新闻的最前端,然后是介绍语。这种导语形式,准确地说是一种组合——即“导语+介绍语”,构成“导语部分”。

前置式导语是目前广播录音新闻中最常用的形式,也被认为是最标准的形式。

例如湖北台2013年11月6日播出的录音新闻《国内野外救助淡水江豚首获成功,娇娇今天“回家”了!》:

播音员:我国首次野外成功救助淡水江豚,这也是国内多学科、多部门、多领域联合救助江豚的首个成功范例。今天(6日)上午,被救治的江豚娇娇在石首天鹅洲保护区放归长江。湖北之声记者李丽、曹曦晴、骆文德报道:

【出放归江豚的现场音】记者:各位听众,现在是上午10点50分,放归江豚的渔政船停在天鹅洲的江边。保护区的工作人员和中科院水生所的专家正在给被救助的江豚娇娇做放归前的体检。中科院水生所副研究员郝玉江:

【出录音】从今天的体检来看各方面指标都非常好,所以我们觉得应该适合可以把它放到野外了,正常生活应该没问题了。

……

上例中,播音员播报的第一段即为新闻导语部分。前面是导语:我国首次野外成功救助淡水江豚……被救治的江豚娇娇在石首天鹅洲保护区放归长江。后面是介绍语:湖北之声记者李丽、曹曦晴、骆文德报道。从第二段开始是记者的具体报道(新闻主体部分)。

这样的导语形式在当代广播新闻中比比皆是,如甘肃台2013年12月22日播出的录音新闻《空气质量明显改善,兰州市摘掉“全国十大重污染城市”黑帽子》:

播音员:截至今天,兰州市空气质量优良天数达到292天,优良率82.5%,标志着兰州市正式退出全国十大重污染城市行列。甘肃台记者王成梧、曹煊、师建荣报道:

记者:在兰石集团厂区,一座建于1958年的中央供热锅炉房曾经是兰州城区最大的燃煤锅炉房,而如今,这座运行了半个多世纪的锅炉房已经完成了它的历史使命,正在申请报废。

【兰石集团董笑莉】目前我们采暖的是把我们兰石集团的二级管网全部并入兰州市西热东输的一级管网。

记者：兰石集团采暖并入西热东输管网后，一个采暖期就可以少烧燃煤 3 万吨，减少排放烟尘 75 吨、二氧化硫 282 吨。

为了让市民呼吸上干净的空气，兰州市实施了燃煤锅炉“双清零”、工业企业深度治理、机动车尾气污染大整治、网格扁平化管控低空面源污染、全民洗城扮靓兰州等一系列“铁腕”措施，打响了大气污染治理整体战、攻坚战。

【兰州市副市长严志坚】把兰州市城区划分为 1869 个无缝隙、全覆盖的网络，做到大气污染监管“无空白、无盲区”，形成全民治污的大格局。

记者据了解，今年是自 2001 年有监测记录以来兰州市优良天数最多的一年，提前 11 天完成了市委、市政府向广大市民承诺的全年天气优良率 80%的任务。

广播录音新闻的导语为什么是由“导语＋介绍语”构成？或者说，导语后为什么还要加上一个介绍语？这是因为：广播新闻不同于报纸和电视——报纸可将采写者（记者或通讯员）标注在新闻前或后；电视新闻也可用打字幕的形式让观众“看到”采写者，而广播只能通过“介绍”告知听众消息来源。需要注意的是，这种介绍语会随着报道体裁的不同而不同——故可以称其为“介绍格”。关于这一点，后面还将讲到。

2. 内置式

内置式导语是将导语放在记者报道的开始部分，播音员或主持人在引入新闻时只说介绍语而不说导语。如：

播音员：下面播送由闵行广播电视台选送的广播长消息《老人被撞不求偿　一封书信唤良知》：

记者：今天，一个姓王的小伙儿给我们打来电话，说他几天前骑车撞伤了一位老人，当时在旁人的推波助澜下，他没有承认过失。可是现在，他要借助媒体公开认错，并且还要向警方承认自己的过失。

一大早，小王带着记者以及当时负责事故认定的警官来到陈奶奶家。看着被自己撞成骨折的陈奶奶躺在病床上，小王满脸愧疚，连连道歉。

【小王同期声】这件事发生之后心里面太愧疚了，对不起。

记者：原来，三天前，小王骑着电动车不小心将陈奶奶带倒在地。

……

上例中，播音员只播送谁采写的新闻，然后记者播报时才介绍新闻导语。

再比如：新疆台 2013 年 12 月 15 日播出的录音新闻《叶城县农民布合力且木摘下面纱，实现致富梦》：

播音员：请听新疆台记者王春、李隆、阿不力克木采制的录音报道《叶城县农民布合力且木摘下面纱，实现致富梦》。

记者:昨天(14 号)一大早,叶城县伊提木孔乡 15 村农民布合力且木·吾买尔,开着三轮摩托将自己大棚里 125 公斤油白菜卖到巴扎上,揣着 470 块钱刚回到家,等在她家门口的县委宣传部常务副部长廖祖富,就告诉了她一个好消息。

【出现场音】我们县委决定授予你为"最美叶城人"荣誉称号。

记者:为什么会授予布合力且木"最美叶城人"称号呢?今年 44 岁的布合力且木是当地远近闻名的致富带头人,现在她家里有 3 个 100 米长的大棚,每年大棚收入 7—8 万元,还经营着一家饲料加工厂,养了 150 只羊,今年她家花 12 万元盖起了 180 平米的新房,日子过得红红火火。

……

今天来看,内置式导语更多出现在新闻评奖中,而日常播出则更多采用前置式导语。

一般认为,前置式导语开门见山,上来就为听众概括新闻主要内容,然后引出记者报道;而内置式导语,播音员只介绍新闻来源,听众要听了后面的内容才能了解新闻。因此前者更符合听众的收听习惯,也更容易抓住听众,是现在业界流行的主要方式。

作为专业学习,建议同学们以掌握前置式导语的写法为主,内置式导语作为一般了解即可。

二、录音新闻导语的特点

1. 简洁

广播录音新闻导语的简洁主要体现在:

(1)导语精练。用最精练的语言概括事实,告诉听众发生了什么。

(2)介绍语精练。用最简洁的语言,引出记者报道。这个细节有逐渐简化的趋势,如过去比较正式的介绍语是:请听某某台记者某某采写的录音新闻(请听+台+记者+报道方式+体裁);后简化为:请听某某台记者某某发回的报道(请听+台+记者+报道方式+报道),忽略新闻体裁;后又简化为:请听某某台记者某某的报道("发回"省略);再简化为:某某台记者某某报道("请听"和"发回"也省了)。

2. 概括

广播录音新闻的前置式导语常用"概括式",而较少用描写式、引语式、提问式、悬念式,也较少使用对比式、典故式、假设式等。

例如,报纸上的新闻导语可以写成这样:

本报讯 多么威武神气的猫头鹰!一对大眼睛正在扫射着什么,翅膀微微耸起,看来它准备振翼飞扑过去,抓住那狡猾的大田鼠。这只用棕榈树桩因材施艺而雕琢成的人工猫头鹰,最近飞越太平洋,在美国旧金山的中国上海民间艺术展览上栖息。

这样的导语写在报纸上,会让人觉得生动,增加阅读兴趣,但若用于广播新闻,就会让人觉得是在卖弄,或有种"先知先觉"之感(因正式新闻还未开始,导语的作用其实是引出记者的报道)。故一般来讲,广播记者不会如此"设计"导语,通常会写成这样:

中国上海民间艺术展览昨天在美国旧金山开幕。请听上海台记者的报道。

将精彩内容放在记者的报道中，而非放在主持人导语中，这大概是任何一个广播记者都会有的想法。久而久之，也就形成了广播新闻的风格。

3. 多用正句式（不用倒装句式）

广播新闻导语多用正句式，不用倒装句式，也少用简称、缩略句。例如，在报纸上常常会看到这样的导语：

《渤海早报》大连讯　“早餐煮了俩鸡蛋，其中一个切开后发现里面没黄，全是蛋白”。3月22日一早，家住大连奥林匹克广场附近的卢女士说。因为不放心，这个鸡蛋她没敢吃。

上例中，先是引语，然后才是谁说，这是报纸上常见的倒装句式。这样的表达方式显然不适合广播，广播记者写的新闻导语应是这样：

昨天，大连市场上发现假鸡蛋，引发市民担忧。请听记者某某的报道。

4. 适合收听

广播新闻的语言、句式要适合听众收听，要逻辑清楚，听得明白（详见第十二章）。

三、广播新闻导语中常见的问题

1. 缺少新闻要素

广播新闻导语起着引导收听的作用，因此导语中的时间、地点等新闻要素不可缺少，有些年轻记者在写新闻导语时就忽略了新闻要素。如：

播音员：按照教育部推进高考综合改革的要求，市教育招生考试院以维护教育招生考试公平公正为主线，以确保试卷安全万无一失、考务管理滴水不漏为工作目标，稳步推进普通高校招生考试制度改革。今年重点对高考志愿填报办法、部分院校录取批次设置和考试科目评卷方式进行改革和调整。请听记者的报道。

上例中缺少了重要的时间要素。修改后：

昨天，记者从市教育招生考试院获悉，今年本市高考将实行公布高考成绩之后再填报志愿的办法，同时，将对部分院校录取批次设置和考试科目评卷办法进行改革和调整。请听记者的报道。

2. 只有叙述，缺少概括

新闻导语之所以难写，就难在将复杂的新闻事实用最精练的语言概括出来。有些新闻导语，缺少的就是概括。如：

播音员:记者从津洽会暨PECC博览会组委会了解到,由市商务委及河东区政府主办的“聚焦海河东岸——天津CBD发展高峰论坛”即将于5月28号津洽会暨PECC博览会开幕当天在天津梅江会展中心举办。作为这次国家级大型展会的核心活动之一,大型央企、金融机构高层参与会议,深入探讨天津海河东岸CBD的定位特色及发展规划,分享和借鉴世界CBD建设的成功经验,为天津海河东岸CBD的成功建设发展献计献策,进而推动天津向“世界城市”的方向大步迈进。

修改后:

播音员:由市商务委及河东区政府主办的“聚焦海河东岸——天津CBD发展高峰论坛”,将于5月28号在天津梅江会展中心举办。论坛将为天津海河东岸CBD的成功建设和发展献计献策。请听记者的报道。

3.错将新闻背景当成导语

有些年轻记者分不清什么是导语,什么是新闻背景,故经常错将新闻背景当成导语。如:

播音员:近日,第十五届全国英语辩论赛在北京外研社国际会议中心举行。来自南开大学APEX英文辩论社的两名本科生——外国语学院2009级英语专业的方易与商学院2009级会计专业的李慧玲组成的南开大学代表队在比赛中荣获第一名,从而获得了代表中国参加明年在德国柏林举行的世界大学生英文辩论赛的资格。请听记者发回的报道。

修改后:

播音员:昨天在北京举行的第十五届全国英语辩论赛上,南开大学代表队荣获第一名,将代表中国参加明年在德国柏林举行的世界大学生英文辩论赛。请听记者的报道。

4.追求精彩,忽略精准

很多年轻记者想把导语写精彩,但却事与愿违。如:

主持人:在延安王家坪革命旧址的后院广场上,记者遇到了一位老人,他尽情地向游客们表演着陕北民歌和安塞腰鼓,透着一股令人振奋的精气神儿。他的自我介绍非常有趣:姓朱,朱德的朱,名贺平,贺龙的贺,邓小平的平。十几年来他走南访北,参加国家各种大型活动,展现延安革命老区人民的艺术和生活,并通过这种方式,宣传延安精神,被冠以“延安第一鼓王”的美称。请听小分队记者从延安发回的报道。

广播的新闻导语应该精练,上例修改后:

主持人:昨天,在延安王家坪革命旧址的后院广场上,记者遇到了有“延安第一鼓王”美称的朱贺平。十几年来，他走南访北，通过表演安塞腰鼓和陕北民歌，宣传雁南精神。请听小分队记者发回的报道。

可见，广播新闻的导语有其自身特点，初学者应该充分熟悉和了解广播特点，只有这样，才能掌握好广播新闻导语的写作方法。

第五节　录音新闻的一般结构方法

录音新闻由导语、新闻主体构成。新闻主体的结构一般讲有多种，如倒金字塔结构、纵向结构、横向结构以及点面结构等。录音新闻与一般文字新闻最显著的区别在于，其主体结构中要考虑音响如何使用。

一般的广播消息（文字消息），通常在播报前加上“本台消息”，不报采访记者，而录音新闻或其他音响报道则需介绍。但广播新闻不像电视新闻，不能采用打字幕的方式，也不像报纸，可在消息前或后写上记者的名字。录音新闻需有专门的介绍格式，通常由播音员或主持人在导语后完成，一般的表述为：“请听本台记者某某发来的报道”或“请听本台记者某某采制的录音新闻”等。录音新闻的结构如下图：

录音新闻的结构框架示意图

1. 导语 ＋ 介绍格（由播音员或主持人介绍）
2. 新闻主体（解说词 ＋ 音响，含新闻背景）（由记者或播音员解说）
3. 回报（以上是记者某某的报道，多数情况可省略）

需注意的是，导语中不使用音响，因为导语是用作播音员或主持人对下面新闻主体的介绍，故音响只在记者发来的新闻主体中出现。

以下介绍几种新闻中使用音响的方法（请注意导语与新闻主体的关系）。

一、音响导入法

音响导入法，就是新闻主体从音响开始。具体讲，就是在导语后，先出音响，然后“压混”[①]，开始解说。

如《城际铁路开通一周年，京津两特大城市“半小时经济圈”效益明显》（天津台 2009 年 8 月 1 日播出，获第 20 届中国新闻奖广播消息二等奖）：

男播：今天，京津城际铁路通车运营一周年。一年来，京津城际铁路共计运送旅客 1870 万人次，京津间的总体客流比开通前增长 86%，巨大的客流量不仅带动了京津两地旅游消费市场，更使得京津两座特大城市半小时经济圈效应明显，产业合作增多，资源进一步优化整

① “压混”为广播术语，意为压低混录。

合。请听本台记者王瑞、范屹、张峥的报道：

【音响】(车站广播声：各位旅客你们好，乘坐2015……压混)

女播：武清是京津城际铁路中途唯一的停靠站，到北京只需20分钟，到天津市区才不过10分钟……

上例中，男声播出的部分是一个概括式导语，接着是介绍格："请听本台记者某某的报道"，之后进入新闻主体：先出音响，数秒钟后压低混录，记者开始解说。

该结构方法，具有开门见山、先声夺人的特点，故适合做有新闻现场的录音报道。

要特别注意的是：导入的音响要具有典型性，且不宜过长，通常以3—5秒即压混为宜。

二、文字导入法

文字导入法，即新闻主体从记者的解说开始，然后才使用音响。如《信阳农民工在武汉看病可直接享受医保》(武汉台2007年11月18日播出，获第18届中国新闻奖二等奖)：

播音员：今天上午，河南省信阳市与湖北省新华医院签署协议，信阳市所属的八县两区参加新型农村合作医疗的农民在武汉看病，可以直接享受信阳当地新型农村合作医疗的待遇，湖北省新华医院因此成为湖北地区第一个受理异地新型农村合作医疗的定点医院。请听武汉台记者苏红、吴凯、李高翔(音)的报道：

记者：河南省信阳市在武汉地区务工的农民有30多万人。过去，一些参加了新型农村合作医疗的农民工在武汉看病的医疗费经常是自己先垫付，然后再返回家乡报销，因此他们当中一些生活并不宽裕的人只能是大病扛、小病拖。实行定点医院后，信阳农民工在武汉看病，凭新型农村合作医疗证和身份证，就可以在湖北省新华医院，按照信阳当地的标准，只付自己应该支付的费用，余下的医疗费，由湖北省新华医院垫付后，再与信阳市结算。湖北省新华医院院长涂远超说：

【音响】……

采用此种结构方式需注意，导语和记者的开始解说部分不宜过长，否则有"皮厚"之嫌。

三、音响结束法

音响结束法，即用音响做录音新闻的结尾。如前面天津台的报道：

女播：……在全球金融危机不断蔓延的形势下，2009年上半年，京津两市国内生产总值分别增长10.1%和16.2%，远远高于全国平均水平。南开大学经济与社会发展研究院刘为林(音)老师表示，这和京津城际铁路对于两地经济密切往来的促进、对于消费增长的拉动是分不开的，而更重要的是，京津城际铁路还将进一步促进环渤海地区之间的产业协作：

【音响】城际快速铁路的开通，能够更好地优化和整合两地的资源、产业链上下游之间纵向的协作，企业把它的研发中心、制造中心放在我们的滨海新区，然后把它的经营中心和行政中心放在北京，京津城际的开通无疑拉近了时空的距离，京津乃至整个环渤海地区的产业协作水平会上升一个新的台阶。(完)

再如录音新闻《联想收购IBM个人计算机业务》(北京台,获2004年度中国广播电视新闻奖短消息优秀奖)的结尾:

……

记者:至今创办已经有20年的联想,从2003年开始,逐步推进企业国际化的进程,从2003年更换标志,2004年成为国际奥委会TOP合作商,到今天与IBM形成战略联盟,联想正一步步地走向世界顶级企业的行列。对联想成长全过程极为了解的北京市副市长范伯元(音)先生更是觉得,联想的成长,必将成为更多中关村企业发展的范本:

【音响】联想集团发展成了中关村科技园区的一面旗帜,今天新的联想的诞生,也标志着中关村科技园区的高新技术产业开始了国际化的新阶段。(完)

上两例均采用音响作为结尾,且均发挥了很好的概括、总结作用。

还有结尾音响颇为耐人寻味的,如录音新闻《耗水大户"水疗城"竞相出现在缺水边城乌鲁木齐》(新疆台2005年12月18日播出,获第16届中国新闻奖二等奖):

……

女播:一边是城市用水紧缺,社会各界献计献策建设节水型社会;另一边耗水量巨大的豪华洗浴城纷纷上马。面对记者的疑问,前来参加金海湾水疗餐饮广场开业典礼的乌鲁木齐市政府官员不置可否。

【音响】这个我……我说不好,我说不上这个。(完)

如此音响结尾,批评之意尽在其中。

四、文字结束法

文字结束法即结语法。此类例子很多,如录音新闻《中国第一组实用超导电缆在昆明普吉变电站正式并网运行》(云南台,2004年):

……

记者:云南省副省长吴晓青:

【音响】它的投入运行,标志着云南科技兴业取得了重要进展。

记者:专家介绍,超导电缆电流输送能力是常规电缆的3到5倍,电力损耗只是常规电缆的一半,而且运行中没有任何污染。中国第一组超导电缆无论在电压还是电流等级上,都高于世界上已经并网运行的美国、丹麦超导电缆,表明我国超导电缆技术跻身世界前列。

采用结语方式,有的是因为音响中缺乏点睛、总结概括的内容,需记者加以概括;也有的是采用了倒金字塔结构,故将新闻背景等放在结尾。

五、音响夹心法

音响夹心法是在录音新闻的主体部分中,分段加入录音音响。它可以是单一的,也可以是多层的,这取决于新闻内容是单一还是丰富,以及新闻视角是单一还是多维。就当代广播录音新闻而言,单段音响已不多见。

请看单段音响的例子:录音新闻《农民尤明富教子忠心守边关》(获1985年全国好新闻一等奖)。

本站记者×××报道:今天上午9点多钟,东坝镇四村七组61岁的农民尤明富,急匆匆地来到县广播站编辑室对记者说:"我大儿尤永强,在云南边防前线当兵。他最近来信说,很快又要上战场了,记者同志,我有很多话要对强儿说,我专门来,请你帮忙买盘磁带,把我给他说的话录成音寄到边防去。"

尤明富大爷一边说一边从衣兜里掏出5块钱,塞在记者手里。记者请他坐下,问他为啥不写信,要寄录音去。大爷激动地说:"信,我倒是经常给他写,这录音么,和写信又大不一样啰!我说啥,强儿就能听到啥,连我的声气都不得变,就像我们两爷子在一堆摆龙门阵,娃儿听了,一定很高兴。"记者满足了尤大爷的要求,当场录下了老人家对儿子说的一番心里话。我们征得老人的同意,下面就把对他儿子的谈话播放给我们的听众。

【出录音】

"强儿呀,'八一'建军节快到了,爹有很多话想对你娃娃说,我今天要说的话,也是你妈的意思,我的声音,你可能听得清楚吧?你要好好给我记在心头。前天,县上专门派小汽车接我参加座谈会。会上,书记呀、县长呀都在夸奖你们在边防前线打得好,要全县人民都要向你们学习。爹听了,心里头硬是欢喜呀!

强儿呀,家里的事,你就不要挂在心上,你是晓得的哟,这几年政策对头了,家里也不愁吃不愁穿了。今年的日子,比去年还要好多啰!政府给我们家解决了一百多斤化肥,还发了一百五十多块钱的优抚金,帮助我们解决生产。小春收成好,大春的谷子、红苕、包谷又长得很好。圈上还有四头猪,我看年前出槽是十拿九稳的。你在家里栽的那些广柑树哇,枝枝丫丫都是挂满了果果的,看来硬是逗人爱呀,这一下,吃不愁、穿不愁,用也不愁啰!

强儿呀!我们从信上来看,你是在想爹妈,爹妈也在想你娃娃!爹妈老了嘛,有你在家,我们就要少操点劳,好倒是好,不过话又说回来,这小道理总要服从大道理管嘛!国家有事,我们咋个能够丢心落肠?先有国,后才有家嘛!没有国,哪有我们这个家呢?我和你妈,一辈子勤耙苦挣,舍不得吃,也舍不得穿,送你上学堂念点书,就是望你知书识理,长大了有个出息呀!你那年去当兵,爹妈心里头是欢喜的。你说你要超期服役,爹妈是实心实意支持你的,你已经打过两回仗了,立过功,我们全家都欢喜,乡亲们也欢喜,都说你硬是一个有出息的娃娃,这回再上前线,你千万要记住我们的话:忠心保国、守好边关。敌人来了,你就下狠心,主动给我打!叫它狗东西今后不敢再来捣乱!我和你妈,啥也不望,就望看到你娃娃的立功喜报。"

(录音完)

听众朋友,听了尤明富大爷给儿子的录音,你有什么感想呢?一个普普通通的老农民,在关系到祖国安危、人民幸福的严峻考验面前,毅然将儿子送到前线,并且一次又一次鼓励儿子不怕苦、不怕死,英勇杀敌。一颗火红的爱国心,多么令人感动啊!

上例中,尤明富大爷的录音从文字上看分三段,但音响是完整一体的,故实际是一层夹心。

随着广播的发展，只有一段音响的录音新闻已少见，更多的是多段式，且每段音响都不长，有的甚至只有几秒。

多段式“音响夹心法”，又可细分为以下两种：

1. 相同声源的“夹心”——音响采自同一个采访对象

如录音新闻《温家宝驳斥所谓中国在非洲搞新殖民主义论调》（中国国际广播电台，获第17届中国新闻奖二等奖）：

播音员：正在埃及进行访问的中国总理温家宝18号在开罗举行的记者会上回答本台记者提问时指出，中非石油贸易是公开透明的，也是正常的和互利的，新殖民主义的帽子绝对扣不到中国的头上。

温家宝在回答记者问：有些媒体称“中国同非洲国家发展关系就是为了石油，攫取非洲的能源，搞所谓的新殖民主义”的问题时说：

【音响】谁都知道，中国同非洲几个国家有石油贸易，这是公开的、透明的，也是正常的、互利的。我可以说，这点贸易额不及某些大国的三分之一。

播音员：温家宝还对所谓中国在非洲搞新殖民主义的说法做了特别阐述：

【音响】新殖民主义的帽子绝对扣不到中国头上。从1840年鸦片战争开始，中国遭受了大约110年的殖民统治，中华民族在灾难中懂得殖民统治给人民带来的苦痛，也深知要同殖民主义作斗争。这就是我们长期以来之所以支持非洲民族解放和振兴的主要原因。

播音员：温家宝说，中国在自己困难的时候，帮助非洲人民修建了像坦赞铁路那样的工程，今天，中国的经济发展了，更不要忘记老朋友。中国有一句古话：路遥知马力，日久见人心。让历史去证明吧！

上例中一共采用温总理的两段录音。显然，声源相同，但讲述内容或讲述角度、深度不同。

2. 不同声源的“夹心”——音响采自不同的采访对象

如录音新闻《20年，1000亿，世界的海尔》（青岛台2004年12月26日播出，获第15届中国新闻奖二等奖）：

播音员：今天从海尔集团传出喜讯：2004年海尔全球营业额一举突破1000亿元，超过上年世界500强108亿美元的入围线，成为中国家电业第一个千亿级规模的自主品牌。请听记者刘金波的报道：《20年，1000亿，世界的海尔》。

记者：上午召开的海尔集团创业20周年纪念大会上，海尔集团总裁杨绵绵向与会代表宣布：2004年海尔全球营业额突破1000亿元。杨绵绵说：

【录音】海尔在中国家电市场的整体份额已经达到21%，在白色家电市场份额已经达到34%，大大超过了国际公认的垄断线，海尔在小家电市场上后来居上，已经超越小家电传统强势品牌而位居第一。

记者：在国外，几年前很多人还拼不出海尔的英文名称，而现在美国的家电零售商没有一个不知道海尔，因为海尔已经把30个工厂和制造基地建在国际名牌的家门口，产品也进入欧美地区众多的大连锁卖场。从砸冰箱到美国建厂再到成为世界百强品牌,20年国内国外的苦心经营,海尔达到了1000亿,而这1000亿的背后又是什么呢?海尔集团首席执行官张瑞敏:

【录音】企业一定要根据外界市场的变化不断提出新的理念,但不管怎么说,一定要有一个核心不能变,核心就是我们自己的真诚到永远,就是永远贴近用户,与用户零距离来解决他的需求。

记者:20年的发展,海尔创造了许多著名的管理经验,像日清日高、流程再造。在这些管理模式下,5万名员工将一年的目标分解到每一天,每天又不断战胜自我、主动创新,海尔也由此一步步走向成功。

【录音】如果按照很慢的速度来跑,我们永远和国际化先进企业的差距不可能缩小,但是如果以百米冲刺的速度去跑,我们没那么大的力量。我们就把它这样来界定,每年对海尔来讲都是一个马拉松,每天都是一个百米冲刺。

记者:应邀参加海尔创业20周年纪念大会的著名经济学家樊纲认为,海尔作为改革开放时代成长起来的优秀企业,它的1000亿正是中国工业发展的一个新标志:

【录音】海尔的好处呢,它确实做强、做大,很快,但它是经过这20多年来逐步、逐步长到今天的,因此它各方面的后劲很足,基础很扎实,所以说它标志着中国制造业的发展到了一定的新的阶段。

记者:海尔诞生在中国,却成长在世界。已经跨越1000亿门槛的海尔又站在新的起点上,继续它的世界名牌之路。海尔集团首席执行官张瑞敏:

【录音】那么这个新的起点,对海尔就意味着从一个中国的企业变成一个国际化的企业,从一个中国的品牌变成一个世界的品牌,从所有员工只习惯于运作国内市场变成为最后可以驾驭复杂的国际市场,当然这个目标对我们来讲非常艰难,但是我们有决心努力坚持不懈地去奋斗。

上例由文字开头,音响结尾,选取的音响很能反映新闻主题。其中,记者采用了多声源音响,是一种“会议式”的(像是会议发言)。

当然,如何运用音响,主要由新闻内容决定。

在新闻实践中,还有一种录音报道,从内容上看,它似乎更像录音专稿,但由于比较短小,我们还是将它归入“长消息”范畴。这类报道,由于采用了多声源,其表现力更为丰富,如《令农民生厌的“双亿元村”》(黑龙江台,2000年度中国广播电视新闻奖获奖作品):

【音响】这不是扒瞎吗?亿元村,配吗?也不嫌砢碜?欠了一屁股饥荒都没着落,还双亿元村呢!那是吃柳条拉粪筐——肚子里编出来的!哪有这巴球事?!

播音员:讲话的农民叫孙国友(音),有40多岁,他很激动,在黝黑的脸上,也能看到涨红着的血色。记者是今天上午随同全省乡镇企业会议来到胜利村的,村委会主任孙平中(音)向大家介绍情况时,村民孙国友也在场。记者发现,他听了村委会主任的话直撇嘴。村委会主任究竟和大家讲了些什么呢?请听一段录音:

【音响】村办企业,年产值超亿元;农业总产值超亿元——双亿元!现在我们村,人均收入4500元!村里的老百姓都入了医疗保险,老头儿老太太有养老金,小学生上学免费。

播音员：按照常理，农民巴不得富裕起来，但胜利村的村民却讨厌给他们戴上的虚假“双亿元村”的红帽子。60 多岁的李泰荣(音)老汉在胜利村是上等户，记者来到了李泰荣的家。

【音响】记者：大爷，您是村子里有名的蔬菜大户，一年能收入多少钱啊？

李：有一万多块钱儿。我一家是 6 口人，10 来亩地儿，人均收入也就是 2000 多块钱儿。(音响止)

播音员：记者又走访了贫困户吴玉芬(音)。

【音响】记者：大姐，现在日子过得咋样啊？

吴：我们没法说现在。孩子上学也真是上不起，电视台的记者什么玩意儿采访，都领到商品楼领到当官的家去，他们的楼住着那么豪华，可瞅你这困难的，他从来没说领过来上这来看看……(音响止)

播音员：听说有记者来了，一些村民找上来谈情况。

【音响】记者：大娘，您一年能领多少退休金啊？

大娘：上哪儿领啊？谁给啊？没给硬说给了！保险？保什么险啊？看病还得自己掏腰包！(音响止)

记者：记者找到了村会计李长春(音)，了解胜利村的外债情况。

【音响】记者：咱们村里有多少饥荒？

会计：1000 多万。该建筑公司的 136 万，该绝缘材料厂、胶版厂，还有乡镇企业……欠个 1600—1700 万吧。

记者：那就是说从 95 年到 98 年，这笔欠款一直有是吧？

会计：那可不对呀！这个账一直在这搁着呢！他得承认事实啊！

记者：也就是说村里边从 95 年就已经负债累累了，为什么还成为“双亿元村”呢？

会计：(沉默。数秒后音响止)

播音员：据村民反映，胜利村村办企业中，大部分亏损，农业总收入顶多也就五、六百万元，“双亿元村”从何谈起呢？

记者来到村党支部书记邢建军(音)的家了解情况，他的住处很气派，一栋豪华的 5 层小楼，邢建军不在家，记者拨通了他的手机：

【电话音响】记者：我是省电台《早餐前后》的记者，想跟您核实一下情况，这个……

邢：(打断)你啥意思？

记者：这个产值是亿元是怎么核算出来的？是怎么回事？

邢：这个事你不要问我好不好？

记者：为什么不问你，因为您是支书，最了解情况……

邢：(打断)我得报到上级党委去！各级政府，你找各级政府去问去！他那都有那个什么玩意儿，都有档案。行不行？

记者：就是，您是怎么报出来的呢？

邢：你管这事干啥呢？我不管那个事！(音响止)

播音员：记者又来到所辖胜利村的哈尔滨市道里区新发镇政府，想看看胜利村的财务报表，却遭到镇长印立新(音)的拒绝。

【音响】你们哪儿的？看啥看呢？那都是上面让报的！愿意找，找上面去！我没工夫！

播音员：镇长说，胜利村“双亿元村”是上面让报的，村一级的上面是乡镇，镇长说的上面又是谁呢?记者将跟踪报道!

这是一篇批评性报道,记者通过走访胜利村村民,揭穿了"双亿元村"的假把戏——是村干部为了所谓"政绩",有意造假。该报道让我们学到很多东西:首先,从使用音响角度来看,记者问话简练,选用村民的话也非常典型,没有一点多余的东西。其次,批评性报道很难把握,但记者通过村民的一个眼神敏锐地发现了问题,并最终采访成功。这里,能录到村会计、村支书以及镇政府负责人的几段有一定难度的录音,是记者成功的关键。可见,记者光有责任感不够,还要有智慧。再次,音响的使用也很值得我们学习。除了前面讲的典型与精练之外,还有记者对村会计的采访,会计答不上来,音响这时是沉默,记者并不是继续追问、非要一个答案,而是空了数秒——此时,无声也是答案,无声胜过有声。最后,记者没有一句批评的话,完全是客观报道,但目的非常明确,其中体现了记者的经验和智慧。

六、综合法

综合法即上述几种方法的综合运用。如《联想收购IBM个人计算机业务》即采用了"音响导入法"和"音响结束法"。

第六节　录音新闻需捕捉的音响

一般讲,录音新闻中应注意抓住以下音响:

一、捕捉住最能反映新闻特点的现场音响

捕捉具有典型意义的现场音响,这是录音新闻最不可或缺的。抓得好、抓得准,可以让听众产生身临其境之感,让听众更深入、更准确地了解新闻事实。

例如录音新闻《耗水大户"水疗城"竞相出现在缺水边城乌鲁木齐》,在新闻开始即展现了两个完全不同的新闻场景,一边号召节水,而另一边却是耗水:

现场报道1:

(记者在现场)

记者:听众朋友,大家好,我是记者赵萌(音),我现在在乌鲁木齐友好国际图书城。

【现场音响】欢迎大家参加由乌鲁木齐市水务局主办的"我为节水出点子"现场颁奖活动。

乌鲁木齐市水务局局长王魁武(音)在活动现场呼吁:

【现场音响】乌鲁木齐市是一个水资源极其缺乏的城市,节约用水是我市发展的迫切需要,我们的目标是:2008年把乌鲁木齐市建设成为全国的节水型城市。

(紧接)现场报道2:

(记者在现场)

记者:各位听众,我是记者乌拉木(音),您现在听到的是金海湾水疗餐饮广场开业仪式。

【现场音响】我宣布,金海湾水疗餐饮广场剪彩仪式正式开始。今天前来参加庆典的市

委领导有，市委副书记……

记者捕捉到对比强烈的两个现场的音响，为后面新闻事实的展开做了铺垫。

再比如录音新闻《见证生命的奇迹——69名矿工兄弟成功获救现场直击》（河南台2007年8月1日播出，获第18届中国新闻奖二等奖）中，现场音响就贯穿了整个新闻的始终。

（现场音响，声音持续）

记者：听众朋友，这里是发生“7.29洪水淹井事件”的陕县支建煤矿，现在是上午10点半，由于井下救援顺利，已经被困76小时的矿工们即将升井，在这动人心魄的时刻……小小的井口承载了太多的期望。

【音响】大家让开通道！让开通道……

记者：11点38分，双眼蒙着黑布、身上还沾着煤灰和泥浆的蓝建倪（音）第一个出现在了井口，现场顿时响起一片掌声和欢呼声。（掌声）

此时，距蓝建倪和他的68个兄弟被困井下已经过了76个小时，极度虚弱的他深深地吸了一口新鲜空气，面对里三层外三层的救援人员，感激得将要双膝跪地……

可见，抓住新闻现场中具有典型性的音响，可以充分发挥广播新闻的声音优势。

二、捕捉住最能反映新闻本质意义的典型音响

仅捕捉住典型的现场音响是远远不够的，要想反映新闻的意义，还需要捕捉最能反映新闻本质和意义的音响。如上例中，记者在现场捕捉到69位矿工升井的现场音响之后，又录到了这样一段音响：

记者：河南省省委书记徐光春深情地说：

【音响】我非常激动，69位矿工全部从危险地带出来了，这的确是一次了不起的成功，这是我们经过了70多个小时顽强拼搏的结果，体现了我们在困难面前，在遇到这样的挫折面前，是完全有力量能克服这些困难的。

徐光春的这段讲话对揭示新闻的意义具有点睛作用，少这一笔，新闻的力量会减弱。

还有一些音响，看似不重要，故易被忽略，但如能抓住，会产生神奇的效果。如录音新闻《农民女代表顾双燕对话温家宝总理》（内蒙古台2009年3月10日播出，获第20届中国新闻奖一等奖）中，记者抓住十一届全国人大二次会议上一位农民女代表面对面向总理提意见以及总理坦诚回应的音响，表现了普通群众积极参政议政和敢于直言，以及国家领导人亲民和善的形象。该消息体现了记者的新闻敏感和职业素养。

三、捕捉住具有证据作用的重要音响

用音响寻求事实依据，就是用最能反映新闻事实的音响来“说话”，这样的音响可以起到一般文字新闻所起不到的“证据”作用，从而使新闻产生出令人信服的力量。如《令农民生厌的“双亿元村”》中有这样一段音响：

播音员：村委会主任究竟和大家讲了些什么呢？请听一段录音：

【音响】村办企业，年产值超亿元；农业总产值超亿元——双亿元！现在我们村，人均收入4500元！村里的老百姓都入了医疗保险，老头儿老太太有养老金，小学生上学免费。

这段音响，显然具有重要的事实依据作用。假如记者没有捕捉到这段音响，那么，村支书是否真的说过这些话，就缺乏根据了。

可见，在采访中抓住具有事实依据的音响非常重要。

四、捕捉住那些看似无用却能反映深层次问题的音响

有些采访，看似不成功，但不成功的采访音响有时却能说明大问题。如《令农民生厌的“双亿元村”》：

【音响】记者：我是省电台《早餐前后》的记者，想跟您核实一下情况，这个……

邢：(打断)你啥意思？

记者：这个产值是亿元是怎么核算出来的？是怎么回事？

邢：这个事你不要问我好不好？

记者：为什么不问你，因为您是支书，最了解情况……

邢：(打断)我得报到上级党委去！各级政府，你找各级政府去问去！他那都有那个什么玩意儿，都有档案。行不行？

记者：就是，您是怎么报出来的呢？

邢：你管这事干啥呢？我不管那个事！

记者显然为这次电话采访做了录音准备，采访遭拒，这样的录音看似不成功，但实际上更能反映问题。再比如记者采访村会计，当问到既然背了一身债，怎么还说是双亿元村呢？村会计无言以对。这样的音响似乎无用，但记者也用了。类似情况在采访中会经常遇到，有时不成功的采访中蕴藏着“宝贝”，记者要善于发现，变“废”为宝。

总之，记者捕捉上述音响，有的比较容易，有的则有难度，这对记者的采访能力、采访技巧、遇到问题的处置能力、随机应变能力以及采访后对音响的运用等等，都是不小的考验。

第七节　录音新闻的一般写作与制作要求

录音新闻的写作及制作一般有下列要求：

一、写作格式要正确

不要写成“节目”形式；导语不能忽略；音响要标注清楚；解说人要统一(详见本章第九节)。

二、介绍格的要求

录音新闻的介绍格一般只介绍记者和体裁（如“请听记者某某采写的录音新闻”），一般不报标题。此外，介绍格也有放在消息后面，以回报方式出现的，如“以上是记者某某报道的”，可根据所在电台的习惯而定。

三、只制作新闻主体

录音新闻的合成制作，通常只需制作新闻主体部分，前面的导语部分不用录制——留待播音员在该新闻播出时口播即可。

四、音响使用要求

（1）音响是记者解说（文字）的补充、延伸和深化，而不是简单重复。这一点在构思、写稿和剪裁素材时就要注意。

（2）音响要典型，即具有不可替代性。

（3）音响要精练。录音新闻时间有限，例如记者的问话，在新闻中通常很少出现，如非出不可，也一定要非常简短（可参考《令农民生厌的“双亿元村”》中的音响使用），总之，可有可无的音响要坚决剪掉。

（4）音响要清晰。说话有口音或口齿不清楚以及背景过吵的音响使用时要注意。

（5）音响与解说的音量应尽量一致。因录音环境与条件不同，录音音响有的强、有的弱，因此在合成时，要对其进行调节，尽量与解说的音量均衡。

（6）音响出现越早越好。用广播人的“行话”讲，就是别“皮儿厚”——咬了半天，还没吃到“馅”（音响）。广播新闻讲究“先声夺人”。如录音新闻《钱其琛表示：大陆欢迎除极少数“台独”顽固分子之外的台湾民进党员来大陆访问》（中国国际广播电台）：

播音员：钱其琛表示，大陆欢迎除极少数“台独”顽固分子之外的台湾民进党员来大陆访问。

北京各界今天下午举行座谈会，纪念中国国家主席江泽民《关于台湾问题的八项主张》发表七周年。中国国务院副总理钱其琛在会上发表了颇具新意的讲话，其中引人注目之处，是他把台湾民进党广大成员与极少数顽固的“台独”分子区别开来，并表示欢迎民进党广大成员以适当的身份来大陆参观访问，增进了解。以下请听详细报道：

播音员：中国国家主席江泽民有关台湾问题的讲话，是1995年1月30号发表的。在讲话中，江泽民就发展海峡两岸关系，推进中国和平统一进程，提出了八项主张，其核心内容是，以“和平统一，一国两制”的方针解决台湾问题。自此以后，中国政府每年都在一月下旬举行纪念这篇纲领性讲话发表的座谈会，并在座谈会上，重申中国政府解决台湾问题的主张，或提出新的具体建议。钱其琛在今天的讲话中，向台湾同胞表达了诸多善意，他说，大陆对台湾同胞在特殊历史背景下形成的复杂心态充分理解，并重申大陆方面尊重台湾同胞的愿望和要求。他首次表示，欢迎民进党广大成员以适当的身份来大陆参观访问。他说：

【音响】广大台湾同胞要求当家做主，与极少数人搞“台独”是有本质区别的。广大的民进党成员和极少数的顽固“台独”分子是有区别的。我们欢迎他们以适当的身份前来参观访问,增进了解。

……

上例若从纯技术角度看,有“皮厚”之瑕——报道在开始450多字后(约85秒)才出音响。假如记者将新闻背景后移,让钱其琛的讲话音响早一点出现,感觉会不一样。

五、主题要突出

录音新闻的写作要突出中心内容,不要面面俱到。因为新闻的篇幅有限,想面面俱到不容易,如果想面面俱到,反而可能会影响中心,影响主题的深度。

第八节 录音新闻的主题提炼

凡新闻均有“新闻眼”。所谓“新闻眼”,即是一个新闻事件中最具新闻价值的那个“点”。在一个新闻事件中,新闻眼或许有几个,但必定有一个是最重要的。因此,只要抓住这个最重要的点,就是抓住了本质,抓住了主题。因录音新闻的容量有限,故不宜贪多。

2005年3月11日,中国内地第一家民营航空公司“奥凯航空”实现首航。天津人民广播电台新闻频道和滨海频道都派出了记者,也都采回了录音新闻,我们来比较一下这两篇作品。

奥凯首航,中国民营经济的破冰之旅

【音响】(飞机起飞声)

记者:昨天上午9点45分,一架波音737—900型客机在天津呼啸升空。机身上,闪耀着紫色的四个大字:“奥凯航空”。奥凯航空是中国内地第一家民营航空公司,昨天是奥凯的首航。它标志着由国有航空公司垄断长达50年之久的国内民航业的格局被正式打破。

就在此前半个月,国务院发布了《关于鼓励支持和引导个体私营等非公有制经济发展的若干意见》,其中第一条就是“放宽非公有制经济市场准入”。于是,奥凯的起飞被人们比作“报春第一枝”。

望着自己的飞机融入蓝天,奥凯总经理韩晶感慨万千:

【音响】我们这次能够在3月11日飞起来,是非常幸运的。市场准入里过去没有民营的概念,我现在要进去,也要面临很多困难,包括规章上的困难,所以政府在这方面也是运用了很多智慧的,至少到目前为止,让我们进来就已经是巨大的突破了。

记者:南开大学民营经济研究所主任李亚认为,今天的奥凯航空不单纯代表自己,也不仅仅局限于资本层面上的突破,它所蕴涵的意义深远:

【音响】这标志着中国的民营资本将陆续进入过去被视为禁区的领域,特别是垄断行业,这标志着中国的民营经济发展的天地更加广阔。

民营航空冲破垄断坚冰,在天津完成首航

播音员:3月11号,民营航空公司奥凯在天津机场实现了成功首航。请听滨海台记者发回的报道。

【音响】(飞机起飞的声音,压混)

记者:伴随着轰鸣声,早上9点50,一架印有"奥凯航空"标志的波音737飞机从天津滨海国际机场飞上蓝天。这次由中国第一家民营航空公司进行的首航,标志着中国民航市场维持了几十年的,由国有控股航空公司、地方航空公司一统天下的格局终于被打破。

2004年,中国民航总局开始进行市场化改革,批准了民营资本筹建航空运输公司,在这样的大背景下,2004年5月26号,奥凯航空公司孕育而生。总裁高级助理韩晶①认为,奥凯的首航可以称得上是破冰之旅。

【音响】我们这次,农历二月二,龙抬头,非常幸运。奥凯的出现给政府出了很多难题,政府的管理部门甚至为了民营这两个字都要进行调整。因此今天让我们进来就是巨大的突破。

记者:低成本航空模式被认为是民营航空公司与国有航空公司的最大区别,但这次的旅途,并没有像早先传言的那样,是"无空姐、无饮料、无快餐"的"三无航空"。

【录音】我觉得一进来挺干净的,服务态度也挺好。经过试飞,一个是安全,一个是经济实惠,坐着舒服放心呗。

记者:有航空行业的专家把民营航空公司比喻为民航业的鲇鱼,可以激活国有航空公司主导下的沉闷局面,提升整个行业的效益和竞争力,而且奥凯所开的航线大部分覆盖了传统航空公司没有涉及的市场,从而可以带动整个航空市场优化。

把竞争带入,促进行业服务发展,服务受众,提升质量。

这两篇录音新闻体裁一样,题材一样,手法也差不多(都采用"音响导入法"),写得也都不错,但前一篇内容相对集中,它集中报道了奥凯首航这一新闻事件,同时,画龙点睛并一语中的地认为,这一事件标志着国有航空一统天下的坚冰被打破,民营经济的天地更为广阔。而后一篇,所涉及的问题似乎要多一些,诸如打破国有航空一统天下的局面、引入服务竞争、私营经济具有拾遗补缺带动市场优化的特点等等,但恰恰是这样写,哪个也没突出(事实上,要想说清这么多的"点",只有专稿的容量才有可能)。

录音新闻的主题提炼问题,简单归纳起来有两点:

第一,火力要集中。在篇幅有限的录音新闻中,所谓"主题突出",就是要内容集中,集中火力"攻"其最致命、最本质的一点。而面面俱到,受篇幅的限制,则往往写不深、写不透,落下了一个"主题分散"的毛病。

第二,向纵深开掘。像第一篇,在采访奥凯负责人后,又请专家谈了奥凯首航的意义,这一笔挖掘得好,它是沿着"国有航空的坚冰被打破"这条思路继续深入,认为民营经济的天地更加广阔。它抓住了事物最本质的一面,且言简意赅、很有力度,也使主题得到突出。

① 两篇录音新闻中,韩晶的身份出现差异,一个说是"总经理",一个说是"总裁高级助理",说明至少有一位记者采访不够细致。作为新闻记者,必须谨记:被采访对象的职务必须搞清、弄准。

第九节　录音新闻写作中易出现的毛病

初学录音新闻写作,文案中易犯以下毛病:

一、漏写导语

上来就是记者的解说(新闻主体),这是很多初学者极易出现的毛病。

二、漏掉或说错介绍格

导语没忘,但导语后忘写介绍语,或说得不正确、不规范,如写成"请听我台记者带回的报道"(一般说"本台",说"发回"),或写错体裁"请听本台记者的现场报道"(现场报道与录音新闻是两种体裁,使用中应注意区分)。

三、将录音新闻写成"节目"形式

写作者想追求一种"完美",以为新闻是这样的:

(开始曲)

主持人:各位听众朋友大家好,欢迎大家收听我们的节目。最近智利圣何塞铜矿发生的矿难事件受到全球广泛关注。据最新消息,最后一名被困矿工已经于当地时间13日晚成功升井并获救,下面是本台记者发回的报道:

(片花:记者目击,正在发生的新闻,现场报道)

记者:各位听众,我是记者××,就在刚才,"凤凰2号"搭载着最后一名被困矿工路易斯·乌尔苏亚缓缓露出地面,现场的救援人员和围观群众都很激动。

【音响】(现场欢呼声)

记者:智利总统皮涅拉迎上前去,对乌尔苏亚表示了亲切的问候:

【音响】现在你可以交班了。你最后一个离开矿井,是一名合格的领班,祝贺你圆满完成任务。

记者:乌尔苏亚说:

【音响】我希望这样的事情不再发生,感谢所有人,感谢所有救援者,感谢全国人民。我为我是一名智利人而骄傲!

【音响】(现场欢呼声,高唱国歌声)

记者:此时此刻,人们都很激动。到现在,救援工作全部结束。人们已经弹奏起欢快的音乐,泪水充满每个人的眼眶,所有的人都高呼:"智利万岁"!

【音响】(欢呼声"智利万岁"……)

主持人:真是激动人心,希望被困矿工能早日康复,和家人团聚。感谢听众的收听,下次节目见。

该文案中间部分不错,但两头"穿鞋戴帽"外加"片花",这明显多余。**新闻节目不同于一**

般的广播节目。新闻节目由一个个新闻报道构成，而广播节目通常由一个个栏目或小专题构成。无论新闻节目还是广播节目，不可能只有1分钟，所以，记者发回的报道只要将导语、新闻主体、音响等写清楚即可，其他（如“你好”“再见”）均无必要。

四、搞不清哪是音响，或标注不清楚

录音新闻的文稿中，哪里是文字解说，哪里是音响，一定要写清楚。如：

【音响】各位听众，我是记者××，就在刚才，“凤凰2号”搭载着最后一名被困矿工路易斯·乌尔苏亚缓缓露出地面，现场的救援人员和围观群众都很激动。

智利总统皮涅拉迎上前去，对乌尔苏亚表示了亲切的问候：现在你可以交班了。你最后一个离开矿井，是一名合格的领班，祝贺你圆满完成任务。

【音响】（现场欢呼声）

这说明写作者对音响的概念不清。“音响”指的是记者采录到的声音，记者的解说不标注为音响。因此，解说词前面应标注解说者，即“记者”或“播音员”，而智利总统问候（讲话）的具体内容前，才应标注为“音响”。再比如：

【音响】智利总统皮涅拉迎上前去，对乌尔苏亚表示了亲切的问候：现在你可以交班了。你最后一个离开矿井，是一名合格的领班，祝贺你圆满完成任务。

这也是初学者易犯的毛病——将“谁谁迎上前去对谁说”这样的介绍性语言放在了“音响”中。音响只能是声音的记录。

五、错用音响导入法

音响导入法通常用在新闻主体中，而非用在导语前。如：

【音响】（现场欢呼声）

播音员：最后一名被困矿工已经于当地时间13日晚成功升井并获救，下面是本台记者发回的报道：

记者：……

记者的正式报道尚未开始，音响怎么就开始了？这样设计，除非播音员先知先觉。

六、写成现场报道格式

新记者往往喜欢采用这样的开头方式：听众朋友，我是记者某某，现在我是在某某地方为您做报道。却不知这是现场报道的惯常开场方式。在新闻实践中，的确有将现场报道的报道方法活用到录音新闻中的，但现场报道和录音新闻毕竟是两种报道方式，最好应在掌握了二者的异同之后再使用，否则容易张冠李戴。

七、写成对话——“访谈”格式

访谈是一种专门的文体或广播形式,不是消息。

八、在录音新闻中添加衬乐

如写到被救矿工升井,忽觉情之所至,于是“音乐起,压混”。需注意的是,录音新闻不是抒情诗,只是报道新闻,故无需添加衬乐,除非采录到的音响中本身有音乐。

九、解说人混乱

新闻的解说人一会儿是“记者”,一会儿是“播音员”,这是不了解广播新闻制作程序所致。无论该录音新闻是由记者本人介绍,或请播音员播报,应一致。

十、写成电视新闻稿

如写成“观众朋友”,或标注“同期声”“画外音”等等。

还有“皮厚”现象,即导语和新闻主体部分开始的解说语过长。

十一、只顾音响使用,忽略文字内在逻辑

主要表现在以下两方面:

(1)文字交代不清。

(2)时空、逻辑混乱。

如:

记者:在河北省平泉县头道沟村的一个香菇棚里,女主人段秀华高兴地告诉记者:

【音响】算上今天卖的1080块钱,俺家今年的蘑菇已经卖了8万多块钱啦,这个中秋节可丰收啦!

记者:平泉县食用菌产业发展办公室副主任白中龙介绍说,为了鼓励群众扩大种植规模,县、镇两级出台了扩建补助的鼓励政策。王林感慨地说,要是没有政策带动,他根本没胆量扩建:

【音响】我建这10亩香菇棚一共花了3万多块钱,政府给补了1万多块钱……

上例中,记者在解说的一开始就交代说是在“香菇棚里”,但莫名其妙地插入了一段平泉县食用菌产业办副主任的话,接着又没头没脑地写“王林感慨地说”。这种时空与逻辑混乱、交代不清的写法,是录音新闻的大忌。

思考与练习

1. 什么是录音新闻?怎样进行结构?
2. 录音新闻应捕捉哪些音响?
3. 录音新闻该怎样突出主题?
4. 在教师的指导下练习采访,并制作出一篇录音新闻。

第二章　现场报道

现场报道过去叫“口头报道”，也有叫“电话报道”的。过去广播主要采用录音方式，故现场报道也曾被认为是录音报道的一种。但随着通讯技术的发展，目前多采用通过手机直接报道的方式。

需说明的是，记者的现场报道，从记者角度讲是主体音响，但若从直播间主持人的角度讲，则是在主持人的“安排”下从电话中传来记者现场解说声的，因此也可看做是客体音响。加之现场报道中也需注意背景音响问题，以及录音方式的现场报道仍在使用，因此，现场报道仍属于音响报道的范畴。

第一节　现场报道的定义

现场报道是记者在新闻现场将音响采集（包括对现场当事人的采访）与解说同步完成的一种广播新闻样式。现场报道具有很强的现场感。

请看下面这个例子：《翱翔雅典，跨越历史——刘翔夺得男子 110 米栏金牌》（中央台 2004 年 8 月 28 日播出，获第 15 届中国新闻奖一等奖）。

记者：各位听众，我现在正在雅典奥运会的主体育场为您报道。男子 110 米栏的决赛就要开始了。我国选手刘翔在前三轮比赛中，一路过关斩将，轻松顺利地进入了决赛。现在运动员都在起跑线上做着最后的准备，刘翔是排在第四道。刘翔做了个深呼吸，给自己鼓了鼓劲儿。好，现在运动员已经在起跑器上准备起跑。（发令枪声）起跑！第一个栏！我们看到刘翔和旁边的选手并驾齐驱！（越来越激动）第八个栏！第九个！最后一个！（兴奋得大喊）刘翔第一个冲过了终点！中国选手刘翔第一个冲过了终点！他以 12 秒 91 的成绩获得了男子 110 米栏的冠军！刘翔刚才的成绩也是平了这个项目的世界纪录！刘翔今天晚上真的太出色了！这个成绩超过了他以往所创造的个人最好成绩，刘翔为中国田径夺得了本届奥运会的第一枚金牌，也为中国田径和亚洲田径夺得了第一个奥运会短跑项目的金牌！现在的刘翔身披着五星红旗正在绕场奔跑着！刘翔向场下的观众挥手致意！并不断地把我们的五星红旗展示给全世界的人民！现在刘翔身披国旗绕到了我所在的看台的前面，他自己也忍不住哭了起来！（哽咽）确实太让人激动了！（全场高喊：刘翔！刘翔！）【接刘翔音响】我自己也没想到自己能够跑进 13 秒里面，我可以说，在黄皮肤或者中国人或者亚洲人来说，我实现了一个不大不小的奇迹吧！

这是一篇当场叙述、当场录音(主述音响与背景音响当场自然合成),事后剪裁播出的“现场报道”。刘翔此次比赛的成绩是12秒91,但细心人会发现,该报道从枪响到记者喊出“最后一个!刘翔第一个冲过了终点”,时间只有9秒,而且后面的时间(刘翔绕场奔跑)显然也有所压缩。很明显,作品是做过剪裁的(当然也有这样的可能,即原作是直播的,在报评中国新闻奖时,对作品进行了一些剪辑、压缩)。

一般来讲,因为是录播,记者对过程做一些剪辑,从技术角度上说这是可以的。因为:

第一,新闻事件与新闻本质是真实的。其中,音响真实——采自现场,解说真实——与现场情景相符,只是为节省一些篇幅,压缩或节省了某个过程,这是允许的。

第二,主观音响(记者主述音响)和客观音响(背景音响)的关系是真实的,主观音响的情绪与现场气氛是吻合的,是不可剥离和紧密相关的。我们可以明显感受到现场那种紧张激烈的气氛和胜利后激动人心的情景,记者的叙述随着全场的欢呼声和刘翔的胜利变得愈加高亢和兴奋,甚至近乎哽咽,把听众带进了激动人心的那一刻。

现在,直播类型的现场报道越来越多,如获第19届中国新闻奖一等奖的《挺进映秀》(中央台2008年5月14日播出):

主持人:现在我们中央台的记者王亮已经进入了汶川映秀镇的该区最震中的地方,我们马上接通王亮的电话,因为这些天他不断地和我们连线,他的电池已经快不多了,赶快接通王亮。王亮!

记者:主持人好!好的,现在我们已经到达了这次地震的最震中的部分,也就是汶川县的映秀镇。冲锋舟登陆之后,我们又徒步前行了两个多小时。这两个多小时确实特别地艰难,可以说一路上面只要稍有不慎,我们就可能会掉到岷江里边,岷江的河流特别地湍急。在前往映秀镇的路途当中,我们的右侧就是贡嘎山,我们的左侧就是岷山,整个的山体滑坡已经把这个公路全部给覆盖和掩埋了。而且桥梁呢,我们看见有一座大桥叫做百花大桥,也已经是整体地坍塌了,我们就是从这个夹缝当中,从这个峡谷里边给爬过来的。现在我们浑身都是泥,而且有的战士陷在泥潭里边,这个泥已经都到了他的腰的这个地方,就是我们一起把他给拉上来。如果说再陷下去的话,他可能生命就保不住了。这一路确实是非常非常地艰难。总而言之,不管有多么艰难,现在我们已经到达了这次地震的震中的中心区,就是汶川县的映秀镇。我们看到这边有很多房屋已经倒塌了,而且地上躺了很多的伤员。就在我们到达映秀镇的同时,我们看见有两架陆航的直升机,也已经飞到了映秀镇的上空,而且在映秀镇开辟出了一块比较空旷的场地,画了两个直升机的停机坪,两架直升机刚才都已经降落,而且拉走了第一批的伤员,所以说我们看到了希望。

直播的现场报道是当今广播新闻的主要形式,这无疑是对传统现场报道方式的拓展,但录播方式的现场报道仍在使用,其原因,一是取决于技术条件;二是要看报道时间与广播的新闻时间是否吻合。

第二节 现场报道的主要特征

一、现场报道的主要特征

1. 主述音响与背景音响具有同步性和不可分割性

所谓同步性，就是记者的报道与新闻的发生在时间上同步。就形态而言，或就听众听到的感觉而言，无论是现场报道中的主述音响——记者解说的声音，还是背景音响——新闻现场的背景音响，二者必须同步，是不可能剥离开的，因此也不可能是时有时无的——除非现场的音响本身就是时断时续的。

之所以做出这样的判断，主要是就录音形式的现场报道而言的。也就是说，不能一听记者表述“我现在是在某某现场”，就立即下结论说，这是现场报道。请看这样一个例子：《防火成放火——黑河林区盲目点烧防火带引发森林大火》。

播音员：今天下午2点，我省黑河市嫩江县嘎拉山林场点烧防火线时跑火，下午5点，山火已经蔓延到大兴安岭韩家园林区。请听黑龙江台驻黑河站记者刚刚发回的报道：

【音响】（现场机械马达声，人喊声：“后面注意点啦，都往左边点啦……”）

记者：听众朋友，我是记者×××，我现在在嘎拉山林场。林场63000公顷林地中，过火面积已经超过了三分之一，我前方的山坡上，就是一条带状的火龙，浓烟笼罩着整个小镇，火点在不断扩大，几百名林场职工和当地群众与赶到火场的武警官兵正在控制山火，打隔离带。

林场职工告诉我，这次山火是点烧防火线时不慎跑火引起的，眼睁睁地看着成片林木葬身火海，林场职工关树仁（音）又气又恨：

【音响】你说禁烟期还没过呢，我们进山连一点火星都不敢带，这下可倒好，防火成放火了。

（这时，背景音响消失）

记者：点烧防火线是通过烧除林区原有防火带上积存的可烧物，来预防火灾发生，减缓火灾蔓延。林区点烧防火线有严格的气象条件要求。按操作规程，大兴安岭北部地区都是在落第一场雪后，采取跟雪点烧的办法，防止跑火的。在落雪之前点烧防火线，造成了目前大火难以控制的局面，指挥扑火的场长冯玉林（音）对此有苦难言：

【音响】（无背景音响）这不前天上午嘛，省里开了一个森林防火的电视电话会，然后呢，市政府就要求我们各林场都要统一行动，必须在今天下午一点钟，同时点火。

记者：据了解，每年的9月25号到10月25号是我省森林防火的禁烟期，在这段时间里禁止一切野外用火。对防火禁烟期内组织防火线的做法，黑河市防火指挥部副指挥林生（音）的理由很充分：

【音响】（无背景音响）省里的防火会上啊，我们黑河市呢，做了计划烧除。这个点烧防火线的现场规范演示，也受到一致好评，会后，我们决定要趁热打铁，统一行动，目的呢，就是要有一个气势，让人们重视防火。至于这次跑火，我个人认为，完全是天气原因，是嘛，突然刮大风造成的。

……

上例中,记者的介绍很像现场报道:听众朋友,我是记者某某某,现在,我是在某某地方。这样的表述方式完全符合现场报道的特征。但细听就会发现:报道中的背景音响在第一段采访之后消失,后面记者的话以及采访,背景都很"安静"。记者不是在现场吗?现场音响怎么会消失了呢?显然,这只能有两种可能:一是地点变了;二是事后合成。

记者在报道时,有时为了体现新闻的时效性和现场感,借用现场报道的报道方式,这是完全可以的。关键问题是,记者应知道自己做的是什么,学习者应准确地判别出它是什么。

在广播新闻实践中,张冠李戴的现象并不少见,例如下例:《广播声声越昆仑》。

【音响】(青藏线工地施工声,马达声——)

播音员:请听青海人民广播电台记者×××刚刚发回的现场报道:《广播声声越昆仑》。

记者:听众朋友,你们好,我是青海人民广播电台的藏族记者×××,我现在在青海省格尔木市昆仑山下的南山口为您做现场报道。大家知道,南山口车站是青藏铁路第二期工程的起点,现在这里已经成为建设青藏铁路重要的物资基地。这里虽然远离城镇,海拔高度达到3000—4000米,但是我们依然可以清晰地听到中央人民广播电台和青海人民广播电台的广播节目。

【音响】(由工地施工声转换成广播中的音乐声,呼号:中央人民广播电台新闻进行时!刚刚发生的新闻!)

记者:听广播已经成为青藏铁路建设者和当地农民了解国内外、省内外重要事件,丰富业余文化生活的重要途径。施工现场的工人师傅告诉我(广播音响消失,施工现场的杂音也消失),从实施"西新工程"以来,广播的收听效果是越来越好,而到哪里都能收听到!在青藏线上,我还遇到了一位藏族商人,他给我说起了广播对他致富奔小康的好处。

【音响】(出藏语,几秒后压混)

记者:他告诉我,他叫嘎藏丹巴(音),来自黄南州尖扎县。他做生意经常来往于青藏线,他获得致富信息的就是这小小的半导体,虽然现在家里有了电视,有了VCD,但是出门在外做生意,广播还是不能离手(这时藏语原声消失)。他还告诉我,他最早知道"西新工程"就是从广播中知道的。他还告诉我,这个工程搞得好,对我们老百姓有好处。

该作品明确说是"现场报道",但合成的痕迹非常明显。首先,现场音响出现在导语前,犯了一个常识性错误,同时也暴露出合成的痕迹;其次,现场音响在报道中消失;最后,商人的藏语中混入了记者的翻译,这显然都是合成的结果。

事实上,该报道源自大型现场特别节目《西部广播的春天》,起初的确是一篇现场报道,但后来在报评中国广播新闻奖时重新制作了,而问题也恰恰出在重新制作上。

现场报道中,解说与背景音响不应剥离,这看似简单,却极易被忽视。因此,应引起职业广播记者和学习者的重视。

2.地点不可变性

现场报道决定了现场是不可能有大跨度的。因此,并不是所有的新闻事件均适宜做现场报道，不适宜的，就不要硬做。

3. 即时性

现场报道中使用的时间要素一定是“现在进行时”，一定是“现在的时间是几点几分”，“我现在正在××地方”。而且，这种要素特点还体现在，无论该新闻何时播出，它永远是“现在”，是“正在”。从这个意义上说，现场报道是广播新闻中时间感最强的报道方式之一。

4. 直观性与描述性

现场报道时，因为记者是在新闻现场，因此，他可以很方便地进行观察，进行描述，把现场的感受传递给听众。这与一般的新闻要求有所不同。

5. 主观性

现场报道与录音新闻不同，具有很强烈的主观色彩与感情色彩，这是由现场报道这种新闻样式的特性所决定的。

二、现场报道的长处与短处

任何新闻报道方式都既有长处，也有短处，现场报道也不例外。

现场报道的长处概括起来有以下几点：

(1)有利于发挥广播短、平、快的优势，在时效性上，无疑具有简便、快捷的优势。

(2)有利于发挥广播的音响优势，能产生很强的现场感。

(3)可以大大增强广播新闻的可听性。

(4)有利于广播记者深入一线，制作出短小精悍的新闻作品。

现场报道的短处有：

(1)一些地域跨度或时间跨度大的新闻内容，不适宜采用此方式。

(2)易表象化——一般观察易，深入分析难，这是现场报道体裁自身的局限。

因此，在了解了现场报道的长处和短处之后，就应该扬长避短，根据其特点，寻找适合它的新闻题材，用好它，用活它。

第三节　现场报道的采制要求

一、现场报道对体裁自身的要求

现场报道不同于录音新闻，对报道本身和对记者的要求也不尽相同。概括起来主要有：

1. 现场报道一般没有写作过程，是记者边看边“说”出来的

这是现场报道与录音新闻的最大区别。因为，现场报道是没有写作过程的一种广播新闻样式，无论是当场叙述、当场录音、事后剪辑，还是当场叙述、直接播出，现场报道都是记者在新闻现场边看边“说”出来的。

2. 现场报道只能有一个新闻现场

这是由记者的报道与新闻发生时间的同步性决定的。其中道理很简单：一名记者是不可能在同一时间，或者在短时间内出现在两个新闻现场的。但记者在现场报道过程中，地点发生一些小的变化，比如从站台走到列车上，这种空间的变化是可以的，因为这是完全可以

做到的(他可以边走边观察边说),是真实的。

3.现场报道主述人的身份必须是记者

现场报道采取的是记者在现场描绘、叙述的方式,因此决定了它不可能由别人转述。录音新闻可以在记者采访回来之后由播音员或主持人来播,但现场报道绝对不行。

4.现场报道的长度要求

一般来讲,现场报道的长度与录音新闻相同,但在广播实践中,其长度具有很大的灵活性。

二、现场报道对记者的要求

(1)现场报道对记者即时描述的要求是很高的。作为一名广播记者,如果不能做现场报道,那是不可思议的。记者在现场报道中应该发挥看、听、闻、摸,甚至是尝等一切感官手段,抓住新闻现场稍纵即逝的东西,最终通过“口说”,把新闻事实报道出去。

(2)现场报道要求记者有敏锐的观察力和准确、流畅的叙述能力。

(3)现场报道要抓住真实的、典型的音响,不能搞虚拟的音效或合成。真实永远是新闻的生命。

(4)现场报道中,要选好报道位置,要注意背景音响对解说的影响。

三、现场报道的结构要求

现场报道是没有写作过程的报道,这也就决定了其报道结构上有些独特之处。其一,若是直播方式,则不仅新闻主体无稿,且导语也不大可能在直播前写好(记者此时还在新闻现场),故导语多是与编辑沟通后由编辑代劳。因此,直播的现场报道,主持人的引导方式也会更加简洁和直接,介绍语也会更具现场感。其二,若是录播方式,则记者有补写导语的时间,故方式与录音新闻相同。请见下图:

现场报道的结构框架示意图

1. 导语 + 介绍格。通常有两种方式:(1)直播方式:下面我们来连线前方记者;(2)录播方式:下面是记者发回的现场报道。两种方式都不报题目。 2. 新闻主体:(1)自报家门,所在地点、当地时间(可视具体情况报其中几项);(2)介绍新闻事实(描述);(3)现场采访(视情况而定,注意与录音新闻的区别:录音新闻是“某某说”,后直接出讲话录音;现场报道则是“某某现在就在我身边,让我们来现场采访一下他,您好……”)(4)结语:我的报道就到这里(直播方式)。

第四节 现场报道与录音新闻的异同

一般讲,现场报道与录音新闻的区别是比较明显的,但有的录音新闻,在手法上借鉴了现场报道,故有时容易混淆。为了明确区分,在此做一下对比。

一、现场报道与录音新闻的相同点

(1)都属于广播新闻范畴,都是消息。

(2)音响都要求真实、典型。

二、现场报道与录音新闻的不同点

1. 对时间表述不同

现场报道:记者永远使用"正在进行时"——直播的就不用说了,即使是录播方式的现场报道,主持人在导语中说"请听记者昨天(或'刚刚''上午')发回的现场报道",后面记者在报道中依然是说"现在""正在"。

录音新闻:一般来讲,记者在录音新闻中对时间的表达是不固定的,是随着播出时间的变化而变化的。比如常用"过去时"——昨天、今天上午、日前——都是从新闻播出的时间推算过去的。

2. 对新闻现场要求不同

现场报道:要求有新闻现场,而且现场不变。

录音新闻:不要求一定有新闻现场,也不要求新闻现场固定不变。

3. 对音响要求不同

现场报道:背景音响如果有的话,就不能时断时续。所以,现场报道中的背景音响不同于"压混"这个概念,因为背景音响是一直存在的,不是"压混"出来的。

录音新闻:音响使用灵活,可断可续,可"压混"。

4. 对口播的要求不同

现场报道:解说必须是记者本人,别人不能代替。而且,现场报道必须是"说"。在一些特定的新闻现场——例如比赛现场,记者的描述还可以带一些感情色彩。

录音新闻:可以是记者本人解说,也可以是播音员、主持人解说。录音新闻可以"说",也可以"播"。录音新闻的播报一般采取客观的、不带感情色彩的语调。

5. 对人称的表述不同

现场报道:用第一人称——我。

录音报道:用第三人称——记者。

这里需做一点解释:大家都知道,新闻报道中有一条客观性原则,即新闻中一般不使用第一人称,也不使用修辞格,不发表议论,甚至避免使用"我看到"这样的表达方式(一般要改成"记者看到")。但在广播的现场报道中,这一原则被打破了,记者要自报家门,要使用第一人称,要议论,甚至要有真情流露……这是广播新闻中"现场报道"的特性使然。

6. 出人物采访录音的方式不同

现场报道:常采用这样的方式:"某某(被采访对象)现在就在我的身边,现在我们就来采访一下他(她)……"这样的方式更突出现场感。

录音新闻:出采访录音的方式更灵活简单,如"某某说"后即可出录音。

7. 对主观或客观色彩的要求不同

录音新闻:要求客观。一是通常使用第三人称,如:"记者看到""某某告诉记者",而不说"我看到""某某告诉我们"。二是叙述中一般不带感情色彩,形容词的使用要慎重。

现场报道:具有主观色彩。一是必须使用第一人称。二是现场描述中可以加入一些感情色彩。这是由现场报道这种体裁的特性所决定的。

需补充的是:在中国新闻奖的评奖规则中,现场报道不是一个单独的评奖类别,而是与录音新闻一起,同置于"广播消息"之中。1分半钟以内的现场报道为短消息,4分钟以内的现场报道为长消息。本书是从专业角度和职业需要,对其进行了专门介绍。

第五节 现场报道与录音新闻的结合

现场报道与录音新闻有很大不同,但任何事物都不是绝对的,这里有一个灵活运用的问题。

随着当代音响报道的不断发展,新闻报道的方式也更加灵活、更加多样。比如有的录音新闻为了突出现场感,在录音新闻中有意识地运用了现场报道的某些元素。请看下例:《我国自主知识产权轿车首次大规模出口发达国家》(辽宁台,获第17届中国新闻奖二等奖)。

播音员:请听录音新闻《我国自主知识产权轿车首次大规模出口发达国家》:

【音响】我们有请华晨汽车副总裁何国华先生和德方代表……交接钥匙。让我们用掌声向他们表示祝贺。(掌声、音乐,声音持续……)

记者:各位听众,我是记者李崇(音),现在是12月22号上午10点,这里是中华轿车出口德国交接仪式的现场。在我身边,3000辆崭新的中华轿车即将启程,从大连港直接运往德国。

根据沈阳华晨汽车集团与德国哈姆斯集团签署的协议,5年内,将有总计15.8万辆的中华轿车出口德国,这是我国拥有自主知识产权的轿车首次大规模出口发达国家。沈阳华晨汽车集团董事长祁玉民:

【音响】中国汽车做出口梦已经做了50多年了,我们轿车打入德国这样的高端市场,我们其实是圆了一个50多年的梦想。

记者:(背景音响消失)德国是汽车市场准入门槛最高的国家,此次出口德国的中华轿车外形圆润大气,体现了东方文化的审美特点,特别是以一个醒目的"中"字作为车标,更凸显了这款车的中国特色。在核心技术方面,这款轿车搭载华晨集团自主研发的1.8T涡轮增压发动机,燃油经济性超过国外同类产品的15%。原德国宝马公司高级副总裁、现任华晨集团首席品质顾问施佩尔:

【音响】……(德语原声,压混出译音)在这款车上,有很多中国公司的独特设计……

该新闻导语中明确说是"录音新闻",但记者在报道中却采用了现场报道的手法:我是记者某某,现在的时间是几月几号几点几分,这里是什么现场等。但后面,在记者介绍"德国是汽车市场准入门槛最高的国家"时,背景音响消失,这显然是在告诉我们,这不是现场报道;还有,后面出施佩尔的讲话,先是原声,然后"压混"出译音,这显然也是合成的,是录音新闻。

在实际运用中,像这样把录音新闻做得很像现场报道,在当代广播新闻中似乎是越来越多了,如前面提到的《防火成放火——黑河林区盲目点烧防火带引发森林大火》等。应该说,记者采取这样的方法，是想突出新闻的现场感和时效性，将新闻和听众拉近，因此不仅无可指责，反而应该提倡。只是应注意：不要把概念搞错——它仍是“录音新闻”，而不是“现场报道”。

将录音新闻与现场报道相结合，通常有两种方法：

一是借用法，即在录音新闻中借用现场报道的一些元素，如《我国自主知识产权轿车首次大规模出口发达国家》以及《防火成放火——黑河林区盲目点烧防火带引发森林大火》等。

二是包含法，即录音新闻中包含有现场报道，如《中国第二次载人航天飞行获得圆满成功》（中国国际广播电台，获第16届中国新闻奖二等奖）。

播音员：经过5天的飞行，中国自主研制、载有两名航天员的“神舟”六号飞船，于北京时间17号凌晨，在预定区域顺利着陆，两位航天员身体状况良好。中国载人航天工程总指挥随即宣布，中国进行的第二次载人航天飞行获得圆满成功。下面请听本台记者的详细报道：

【音响】（北京航天飞行指控中心大厅内响起的欢呼声）

记者：听众朋友们，我是记者耿庆庆。我现在是在北京航天飞行指控中心为您做现场报道。今天凌晨4时33分，我在指控中心的大屏幕上看到，“神舟”六号载人飞船已经在位于中国北部内蒙古自治区的主着陆场顺利着陆了，航天员费俊龙和聂海胜现在正在自己走出舱门。现在，我所在的指控大厅已经是一片沸腾，人们热烈鼓掌，庆贺中国进行的第二次载人航天飞行获得了圆满成功。

播音员：在飞船着陆地点，数百名搜寻、救援人员以及记者亲眼见证了飞船和两位航天员的归来。

【音响】（着陆现场音响）

播音员：当看到航天员费俊龙和聂海胜安然走出舱门时，人群爆发出欢呼声。尽管经历了5天的太空飞行，两位航天员仍面带微笑，不断向人群挥手。随后进行的医学检测显示，两位航天员的身体状况良好，各项生理指标正常。

中国全国人大常委会委员长吴邦国在北京航天飞行控制中心观看了飞船着陆全过程。在飞船安全着陆之后，他代表中共中央、国务院、中央军委宣读了贺电：

【音响】“神舟”六号载人航天飞行的成功，标志着我国在发展载人航天技术、进行有人参与的空间实验活动方面取得了又一个具有里程碑意义的重大的胜利。

播音员：贺电还表示，中国将继续发展载人航天技术，积极开发太空资源，造福人类。

经过短暂的地面适应和身体检查，两位航天员由直升机送离了着陆地点。随后，他们换乘专机飞抵北京。

本台记者蔡靖蟲一大早就守候在北京天安门广场。以下是他发回的报道：

【音响】听众朋友，现在是北京时间5点47分，我现在的位置是在北京天安门广场。天安门广场是世界上最大的城市广场，位于北京的中心位置。每天早晨太阳升起的时候，这里都要举行升国旗、奏国歌的仪式，来自中国各地的许多老百姓都会自发地前来观看。我们注意到，现在虽然离升旗时间还有将近一个小时的时间，但是广场上已经聚集了数也数不清的人。（报道止）

播音员：当听到收音机传来“神舟”六号飞船顺利着陆的消息时，来自山东省的男青年及光晖（音）说：

【音响】“神六”的成功还有咱们国家能看到的进步,让我充满希望和充满信心。希望国家能变得越来越好,国家的经济、科技实力越来越提高,然后在国际上的声音越来越响。

播音员:伴随着初升的太阳,伴随着中国的国旗——鲜艳的五星红旗冉冉升起,来自河北省的女青年袁海娜(音)对记者说:

【音响】(背景是国歌声)国旗呢是一个国家的象征,国歌响起的那一瞬间,心里的感觉无法用语言来形容的,特别自豪。作为中国人,我感到非常地骄傲。

播音员:中国的载人航天工程开始于十几年前,两年前首次实现了载人飞行。当时,“神舟”五号飞船搭载一名航天员在太空飞行了近一昼夜之后在预定着陆场安全返回。本次“神舟”六号载人飞船是于北京时间12日上午9时发射升空的,飞船环绕地球飞行了77圈,历时5天,从而在中国的航天历程中首次实现了多人多天飞行。同时,飞船还进行了生命科学、材料科学等领域的实验,并取得了初步成果。

按照中国此前公布的计划,今后中国载人航天事业的目标是实现航天员在太空出舱活动、掌握空间飞行器对接的技术,并建立永久的空间实验室。

这是一条综合消息。新闻本身有多个新闻现场,本来是不能采用现场报道的,但通过“包含法”,即在录音新闻中穿插了两个记者的现场报道,这样,不仅克服了现场报道不能有多个新闻现场的束缚,而且充分保留了现场报道的长处,增加了报道的现场感,因此结构比较巧妙。

再比如,录音新闻《耗水大户“水疗城”竞相出现在缺水边城乌鲁木齐》也采用了“包含法”。

思考与练习

1. 什么是现场报道?其主要特征是什么?
2. 现场报道重点要学好哪一种技能?
3. 现场报道与录音新闻的主要区别在哪里?
4. 在教师的指导下做现场报道的实地练习。

第三章　现场直播与现场特别节目

如果说“录音新闻”是学会如何“录”和“写”，“现场报道”是学会在无稿情况下如何“说”，那么本章的学习重点是要学会如何“策划”与“组织”，这既是本章的学习要点，也说明学习音响报道并不单纯在“写”，也与编、导密不可分。

第一节　现场直播的定义、特点及一般要求

现场直播过去叫实况转播。随着科技的进步与时代的发展，广播的报道手段不仅更为先进，也更为多样。与旧名称相比，现场直播这一概念的内涵及外延更准确，其方法也越来越多。

一、现场直播的定义和特点

现场直播是对一个正在发生的新闻事件同步进行报道的大型广播新闻形式。它以新闻现场的实况为主要声音信号源，以新闻现场发生的事件为主要报道内容，在与新闻事件同步的情况下，由主持人或记者按照新闻事件的发生、发展过程，边报道新闻现场的所见所闻，边对新闻事件进行必要的介绍与评述。

现场直播的基本条件和重要特征，可概括为“一个基础”和“三个为主”。

“一个基础”即**以重大的新闻事件为基础。**其有两层含义：

第一，不是只要有现场，或只要在户外举行直播就叫“现场直播”。举行现场直播是有前提条件的——要看有没有一个正在发生的新闻事件。

第二，光有新闻事件还不够，还要看是不是重要的新闻事件，或是不是社会比较关注的新闻，说得更明确些，就是看该事件值得不值得进行现场直播。可见，现场直播不是随意举行的。

“三个为主”包含：

(1)**以新闻现场为主。**其有两层含义：

第一，必须要有新闻现场。有的新闻事件可能很重要，但因没有新闻现场，故无法进行现场直播。

第二，播出内容应以新闻现场为主，可适量穿插新闻现场以外的内容，但不能喧宾夺主，现场以外的内容在总量上不应超过新闻现场的内容。

(2)**以新闻事件为主。**应围绕重大新闻事件进行报道。

(3)**以直接播出为主。**其也有两层含义:

第一,必须是直播。

第二,在直播的过程中,可适量插播一些录播的内容,即提前“预制”好的内容,比如说一些背景介绍,或者是一些相关资料的介绍。

除此之外,现场直播还具有以下几个一般特征:

1.现场直播具有很强的时效性

现场直播向听众报道的是正在发生的新闻事件,因此它与新闻事件的发生、发展是同步的,也是广播新闻中最快的方式之一(与直播方式的现场报道一样)。

2.现场直播具有完整性

所谓完整性,就是现场直播必须完整报道一个新闻事件,而不可能有头无尾。

3.现场直播的预知性

一般来说,现场直播的新闻都是事先知道的,因此一般是有备而来的(也有特殊情况,请参见第十一章第三节)。

4.现场直播时间的有限性

所谓时间有限,是指现场直播的时间长度是有限的,不能是无限制的。所以,这一点也限制了现场直播的新闻事件是有选择的,不是任意的。一般来讲,现场直播的长度是一到两个小时。这当然要与新闻事件过程的完整性相吻合,也要和听众的收听习惯和收听耐受力相一致。

5.现场直播具有不可重复性

现场直播因为与新闻事件发生的时间同步,因此它具有不可重复性。若再次播出的话,那叫做“重播”。

6.现场直播的集体性

现场直播可以说是广播新闻中少数需要集体行动的一种体裁,它需要采、编、播、技术等众多人员密切协作,因此是一种大型的广播新闻样式。

二、现场直播的一般要求

(1)现场直播是对一个重大的新闻事件或社会比较关注的新闻事件进行直播报道,所以选题很重要。

(2)现场直播要根据新闻事件的特点和现场特点,采取适当的直播方法,要有创新思维。

(3)现场直播的结构应以新闻的发展、变化为顺序。

(4)现场直播一般讲要考虑新闻现场的音响,要听众也能听到现场的情况。

(5)现场直播要有必要的情况介绍或铺垫,但不宜太长,要尽快进入现场,进入主题。

(6)现场直播必须完整报道新闻事件,让听众了解事件的全过程。

第二节　现场直播的种类

随着广播的发展,现场直播的种类越来越丰富,但不管它怎样变化,仍有几种基本类型。

一、基本型——电台直播间与新闻现场串联

这种类型的现场直播，其主要特点就是直播间和新闻现场相连。当然，新闻现场可以有一个，也可以有两个或多个。请看示意图 3-1：

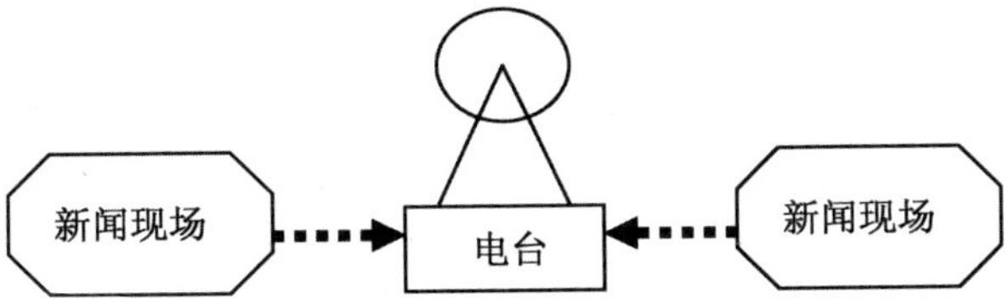

图 3-1

例如现场直播《嫦娥奔月》(中央台 2007 年 10 月 24 日播出，获第 18 届中国新闻奖一等奖)：

(《东方红》乐曲起……中央人民广播电台“中国之声”倾力推出嫦娥一号绕月探测卫星发射特别报道《嫦娥奔月》。飞天庆盛世，千里共婵娟！)(音乐止)

女播：收音机前的听众朋友！

男播：香港特别行政区同胞，澳门特别行政区同胞，台湾同胞，海外侨胞们！

女播：这里是中央人民广播电台“中国之声”，欢迎您收听嫦娥一号绕月探测卫星发射特别报道《嫦娥奔月》。

男播：还有不到半个小时，长征三号火箭就将托举着嫦娥一号绕月探测卫星飞上太空，奔向月球。中华民族千年的奔月梦想即将从这里启程。这是令亿万华夏儿女期盼已久的时刻。

女播：“嫦娥奔月”这个流传中国几千年的美丽传说即将从这里实现，这是让欣欣向荣的中华民族激动、自豪的时刻。现在我们看到，导播向我们示意，在前方，也就是距离发射场最近的我们中央台记者王亮又再一次打来电话，说发射塔的回转平台现在已经全面展开了。我们来接通王亮的电话。王亮你好！请给我们说说那里的情况。

王：主持人你好。好的。现在是北京时间的 17 点 44 分，在两分钟之前，三号发射塔的五层回转平台已经全部打开。这标志着火箭从测试状态转入了发射状态。托举着嫦娥一号绕月探测卫星的、承载着几代中国航天人光荣与梦想的长征三号甲火箭，终于在世人面前展示出了她秀美挺拔的身姿。火箭上端，中国探月的标记和箭体上“中国航天”的四个大字显得格外醒目……它承载了华夏儿女的太多期盼。好的，主持人，关于现场的情况就是这样的。

女播：好的，谢谢王亮。让我们共同期待这一历史时刻的到来。

(片花)

男播：好，下面呢我们就把信号切换到中央台在西昌卫星发射中心的记者佳慧那里。请她和听众朋友我们共同来见证这一历史时刻。佳慧你好！(电话接通，可清晰听到现场声)

记者：雨亭你好！现在是北京时间的 17 点 45 分，应该说，嫦娥一号卫星发射已经进入

到了20分钟准备的时间。刚才我已经听到记者王亮说回转平台已经全部打开了,从我们现场大屏幕上也可以看到这样的景象,现在乳白色的星箭组合体已立于塔架之畔,直指苍穹。那么担任这次发射任务的三号发射塔,它大约是高85米,塔体分为固定平台和回转平台两个部分。通过大屏幕我们可以看到,固定平台是白色的,靠近上方的位置赫然地写着"西昌卫星发射中心"八个大字。回转平台是天蓝色的,塔顶的顶部还安装了一部巨大的橘红色的吊车。过一会儿嫦娥一号将从85米高的三号发射塔起飞,奔往38万公里之外的月球。那么现在我也非常高兴地向听众朋友介绍我身边的两位嘉宾。一位是中国航天科技集团公司总工程师孙为刚孙总,孙总你好!(孙:你好。)另外一位是中国航天科技集团空间技术研究院副院长刘强,刘院长你好!(刘:你好,听众朋友们好)那么我们也请两位嘉宾就一些技术上的问题给我们做一些解答。刚才我们提到,三号塔架是由固定平台和回转平台两个部分组成的,那么哪位专家能给我们介绍一下,这两个部分的作用?

孙:我来讲一下……(略)

记者:好的,谢谢孙总的解答。

女播:好的。下面我们再来看看在北京航天飞行控制中心的记者吕锡成、陶宏详和郭静他们那里的情况怎么样?郭静你好!

记者:你好,庞莹!听众朋友,现在北京航天飞行控制中心已经是进入了最后发射前12分钟的准备阶段,刚才4号显示屏显示的是,西昌卫星发射场长三甲火箭紧紧拥抱嫦娥一号的一个远景镜头,远处的青山,近处的塔架,只露出白色整流罩的嫦娥一号被映衬得异常秀美。现在我们看到的4号显示屏显示的西昌的实时画面是一个近景镜头,特写,是塔架的摆杆,刚才专家告诉我,一旦这个摆杆打开,火箭和卫星就没有任何的附属物了。一旦点火,马上就可以腾空而起,飞上云天。现在遍布全球的各个观测站点正在按照操作规程有序地向北京飞控大厅报告它们此刻的准备情况,大家听到大厅里不时响起总调度和各个站点联络的口令声。今天在北京飞控大厅担任总调度的正是两年前指挥神舟六号圆满完成任务的31岁总调度肖龙。从卫星发射380秒开始,肖龙就将代表北京飞控中心向嫦娥发出第一个指令。来问一下我们的技术顾问黄浩,现在是准备时间进入了倒计时的11分钟了,从现在的情况来看,各方准备是不是一切正常呢?

黄:对,目前看来,一切都正常的。

记者:好了。我们的1号显示屏现在不断切换的是发射场以及远望2号船目前的一些天气情况,天气看来是非常符合发射的技术条件的。万事俱备,就等最后发射时刻的到来了。在这里呢,让我们为嫦娥祝福,祝她旅途顺利……

男播:好的,谢谢佳慧,让我们共同等待这个时刻的到来。

(现场音响)

女播:听众朋友,您现在正在收听的是中央人民广播电台"中国之声"嫦娥一号绕月探测卫星发射特别报道《嫦娥奔月》。很多听众朋友都给我们发来了手机短信,说"盛世又逢喜事,这是中华民族的又一历史创举。祝贺嫦娥一号能够发射成功,祝中国航天事业新腾飞!"现在我们听到的是前方的信号……好的,现在呢我们来连线佳慧,听听佳慧的报道。佳慧你好!

记者:哎,庞莹你好!现在我看到大屏幕上显示的倒计时时间已经是2分49秒,任务进程是4分钟准备,系统状态是控制系统准备好了,测量系统已经准备好了,动力系统也准备好了，应该说，火箭发射之前的一切准备工作都已经准备好了，就等着那个最关键的状态，现在我们从大屏幕上还可以看到乳白色的星箭组合体已立于塔架之畔，直指苍穹，长征三号甲运载火箭的二级箭体上，蓝色的"中国航天"四个大字分外地引人注目。火箭顶部整流罩中包裹着嫦娥一号绕月探测卫星，同样为蓝色的卫星标志也是清晰可见。那么现在大厅下面的工作人员已经做了最后的准备，他们现在目前的工作状态非常地紧张，每个人脸上的表情非常地严肃。

男播：嗯，能够听到刚才已经喊出"2 分钟准备"这个口令了。

女播：嗯，给大家报一下时，现在的时间是 18 点零 3 分零 10 秒钟。

记者：嗯，距离卫星发射还有 1 分 48 秒。

女播：我们一起等待这 1 分 48 秒的到来。这是一个非常激动人心的时刻。在短信平台上，已经有很多听众朋友都在表达着同样的心愿。

男播：是的，手机尾号 3915 的听众是一名大学生，他说，我同时还是一位天文爱好者，一直关注今天的嫦娥奔月的特别报道，预祝火箭发射成功。

……

女播：好的，听众朋友，如果您想继续参与我们的节目，可以通过编辑短信的方式继续加入。现在我们听到前方的信号是在做倒计时的准备，已经还剩 40 秒的时间。

记者：确实是这样的。也许平常 40 秒的时间比较地短暂，但是现在我们觉得非常地漫长，我们每个人的心都非常地激动，现在我手心都出汗了。

男播：马上要等到 30 秒了。

【现场音响】30 秒！

记者：29 秒、27 秒、26 秒(【现场音响】嘟——)，现在是 24 秒，我们每个人的神经现在非常地紧张(【现场音响】20 秒！)，现在时间显示的是倒计时 14 秒！

男播：让我们稍后共同来倒计时！

【现场音响】10、9、8、7、6、5、4、3、2、1，点火！点火！嘟——起飞时间幺八时洞五分洞四秒，开始转弯，开始转弯……

男播：好的，现在火箭已经起飞了，我们再把信号切到正在发射现场的中央台的记者王亮那里，王亮你好！

记者：(背景声很大)听众朋友们，18 点 05 分，火箭点火了，带着一声震天巨响，火箭底部喷射出了橘红色的火焰，火焰把整个山谷照亮了，映红了整个天空！火箭已经起飞了，在腾起的巨大白色烟雾中直插苍穹。火箭的轰鸣声非常大，我感觉脚下的山峦都在剧烈地震颤，火箭巨大的轰鸣声好像要把天空都撕裂了，它向世界宣告，嫦娥一号卫星从这里起程，飞向月球！让我们一起为嫦娥一号祝福，祝她一路平安！

这是典型的基本型现场直播：主持人坐镇直播间，特派记者分赴新闻现场——由一个个从新闻现场发回的报道构成现场直播。这样的现场直播方式，相对简便而实用。

二、临建型——临时直播间与新闻现场串联

这种类型的现场直播，就是把直播间移出电台，在新闻现场搭建临时直播间。该类型的现场直播，由于直播间前移，主持人和前方记者都在现场，因此能够有更强烈的现场感

(如图 3-2)。

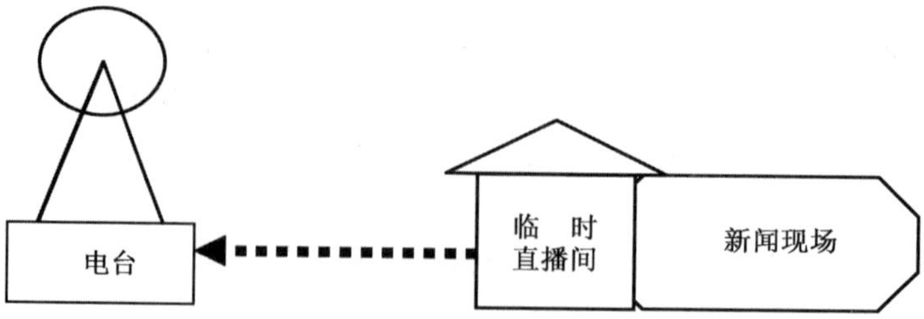

图 3-2

如《超越梦想——三峡导流明渠截流二期工程》(中央台、湖北台、海峡台 2002 年 11 月 6 日播出,获 2002 年度中国广播电视新闻奖优秀现场直播奖)。

(开始曲)

大卫:中央人民广播电台!

郭静:湖北人民广播电台!

大卫:海峡之声广播电台!

郭静:各位听众,现在我们是在湖北宜昌市三斗坪镇三峡工程建设工地为您现场直播长江三峡工程导流明渠截流仪式。我是湖北台记者郭静。

大卫:我是中央台记者大卫。再过几分钟,导流明渠截流工程将要开始最后的冲刺。三峡工程在建设 10 年之后,长江三峡河段将被彻底截断。"截断巫山云雨,高峡出平湖",将由梦想变为现实!

大卫:各位听众,三峡工地秋意正浓,今天是一个多云的天气,天气预报说最高气温是 18 度,最低气温是 11 度,另外还有一点点薄雾。

郭静:那么我们眼前可以看到已经建好的三峡的左岸大坝,非常地雄伟,今天在薄雾当中显得更加神奇,因为是自然的伟力和人类的创造力共同呈现在我们面前。我们的直播现场就设在长江南岸的一个高坡上,我们的右侧就是临时搭建的主席台,过一会儿出席导流明渠截流仪式的党和国家领导人就将在主席台就座。

大卫:各位听众,我们直播的是长江三峡导流明渠截流的最后冲刺。但是实际上截流工作从 10 月 21 号就已经开始了,特别是从 10 月 31 号上午 8 点正式开始龙口进占,经过了连续几个昼夜的连续施工之后,原来宽 350 米的导流明渠上游龙口水面,目前已经束窄到了 7.8 米,下游龙口是 19.3 米。

郭静:现在整个的施工现场,我们一共安排了 5 位记者,他们分布在龙口上下游围堰和主席台,上游围堰有湖北台记者李伟(音)和红艳(音),他们将在整个直播过程当中不断从上游围堰发回最新的情况。

大卫:那下游围堰的记者是——

郭静:湖北台记者周盛(音)和海峡之声广播电台的记者曹新玉(音),现在就在下游围堰的戗堤上。现在我们就接通他们的电话,请他们给我们介绍一下下游围堰的准备情况。

(电话铃声)

大卫：喂，你好周盛！

周盛：你好。

郭静：现在下游围堰的情况给我们介绍一下好吗？

周盛：好的……（以下现场报道下游围堰准备情况：目前各项准备工作已经就绪。略）

郭静：各位听众，在我们今天转播①的截流的过程当中呢，有一些专业术语，可能大家理解起来会有一些困难，所以我们现场也请到了一位技术顾问，他就是中国三峡工程总公司工程信息部主任、高级工程师丁琦华先生。

……

大卫：听众朋友，三峡工程的导流明渠截流工程启动仪式很快就要开始了，几十个巨大的氢气球悬着横幅也在空中飘荡，为三峡整个工地营造了一种浓厚的节日气氛。

郭静：各位听众，导流明渠截流的启动仪式马上就要开始了，现在党和国家领导人以及湖北省、重庆市，还有长江三峡工程总公司、武警水电部队的领导们已经在主席台就座了。中央台记者郭亮（音）现在就在主席台，我们请她给我们介绍一下有关的情况。

（电话铃声）

郭亮：各位听众，现在我就在主席台的右侧，我看到今天在主席台中央就座的是李鹏委员长、吴邦国副总理和邹家华副委员长，现在主席台前面围满了来报道这次会议的记者……我想大会马上应该开始了。

【切入大会现场音响】

仪式主持人：同志们，朋友们，长江三峡工程导流明渠截流仪式现在开始……（以下介绍参会领导，介绍三峡工程的意义和 1994 年工程开工以来，在各方努力下，枢纽工程、输变电工程和移民工程都取得了很大成绩。然后是有关人员发言，汇报截流准备情况。略）

仪式主持人：现在请中共中央政治局委员、国务院副总理吴邦国下达截流合龙令！（掌声）

吴邦国：现在，我宣布：长江三峡工程导流明渠截流龙口合龙开始！（掌声）

（现场施工开始，机械的轰鸣声）

大卫：我们听到，随着吴邦国的一声令下，那么现在上下围堰已经同时开始施工了。同时，彩色的气球已经飘舞在了三峡工地的上空，原来整装待发的三峡工地，一下子变成了千军万马大会战的场地。

（机械的轰鸣声）

大卫：现在大家可以听到，轰隆隆的装载机载着大块大块的石块，正向江堤进发，那么我们现在请上游围堰的记者李伟为大家介绍一下现在施工的情况。

李伟：（现场报道）听众朋友，大家好。我现在距龙口的位置很近，还不到 20 米……今天担任导流明渠截流"第一车"的是葛洲坝集团一公司的朱显清（音）师傅，他也是 97 年大江截流的"第一车"……现在一切显得井然有序。好，我的播报先到这。

（机械轰鸣音响，渐弱，出节目开始的片头：一条江，一个梦想……）

（后略）

---

① 这里主持人使用了"转播"这一概念，这是不准确的。详请参阅本章第六节。——作者注

上例中,电台直播间前移到了新闻现场。该直播具有现场感强的特点,是目前比较常用的一种现场直播方式。当然,由于直播间外移,就需要更多的技术支持,故运行成本要高些,组织工作和准备工作也相对复杂和麻烦一些。

三、移动型——跟踪直播与电台直播间相连

这种类型的现场直播,就是把直播间设在直播车上,或设在其他移动的交通工具上,追随着新闻事件进行直接播出。请看示意图3-3:

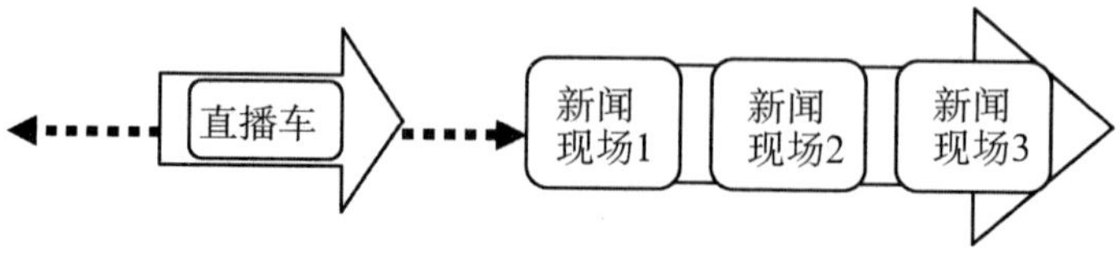

图 3-3

例如现场直播《雅典奥运火炬北京激情传递》(北京台2004年6月9日播出,获2004年度中国广播电视新闻奖优秀现场直播奖)。

(电台直播间)

(片头音乐,压混)

男主持人:象征和平的奥林匹克圣火光临五大洲的34座城市!传播奥林匹克精神的火炬,在北京激情传递!公元2004年6月9号,一个普通平凡的日子,北京将完成一次举世瞩目的神圣接力!

女主持人:今早8点30分到傍晚18点30分,从人民大会堂到颐和园,历史、现实和未来的意向,将穿越时空,精彩演绎!在148名火炬手的接力中,雅典奥运火炬将被激情传递!我们北京人民广播电台以最朴素的方式记录奥林匹克史诗中又一段抒情的华彩!

男主持人:雅典奥运火炬,北京激情传递!北京体育广播中波927千赫、北京文艺广播调频87.6兆赫、北京广播网bjradio.com.cn音视频全程移动直播!北京新闻广播、经济广播、音乐广播、交通广播、北京电台国际部、技术中心协作直播!10小时创纪录纪实报道,超大型全程移动现场直播,敬请收听!

(音乐扬起,片头止)

男主持人:听众朋友们,早晨好!您现在收听到的是大型新闻现场全程移动直播节目《雅典奥运火炬北京激情传递》,我是主持人杨程(音)。

女主持人:听众朋友们,早晨好!我是主持人燕子(音)。一个激动人心的历史时刻就要到来了。2004年雅典奥运会火炬在中国北京的传递仪式将在人民大会堂东门广场举行了……现在雅典奥运火炬在北京传递的启动仪式的时间就要到了,我们马上连线雅典奥运火炬在京传递仪式现场的主持人红薇(音)和李凯(音),请他们为我们做仪式现场的报道。

(切入奥运火炬在京传递起跑仪式现场的音响)

【现场音响】大会主持人(北京市市长王岐山):今天,我们在这里举行隆重仪式,由此开始雅典奥运会圣火在北京的传递之旅!(掌声)首先,我介绍一下出席今天活动的领导和来

宾……

（以下略）

【现场音响】

王岐山：请国务委员陈至立同志为雅典奥运火炬在京传递起跑活动鸣枪发令！

（音乐起。砰！发令枪声响。）（掌声）

王岐山宣布：仪式到此结束！谢谢大家！

（音乐起——压混）

李凯：好，听众朋友，那么现在火炬已经熊熊燃烧了，笑意写在火炬传递手、护跑手和广场一千名学生的脸上。那么，过一会儿，传递车队将缓缓地驶上长安街，迎着北京的朝阳汇入欢腾的人群！融入了古老而又现代、传统而又浪漫的城市！

红薇：我们看到第一名传递手、国际奥委会委员、中国奥委会副主席、北京奥组委副主席于再清已经手持火炬出发了！

李凯：嗯。应该说，今天的传递线路是一条精心设计的线路，从人民大会堂到颐和园，全长是50多公里。线路呢，经过北京市的西城、东城、崇文、朝阳和海淀五个区，途径天坛、建外大街、隆福寺、景山、北海、什刹海、鼓楼、亚运村、北京奥运主体育场工地、民族园、海淀剧场、清华和北大校园等。应该说，雅典奥运圣火将在古老的古城风貌、美丽传说、现代风采和浪漫气息的衬托下，释放出更加炫目动人的光彩。

……

红薇：下面我们要请进的是体育广播的记者王毅（音），为我们在直播车上发来最新的动态报道。王毅你好！

王毅：现在我们是在天安门广场的北侧，已经跑完了第一个接力点。第一个火炬手是于再清，他持着奥运会的圣火，从人民大会堂的东门外广场出发，到天安门广场的门前——毛主席像前，全长是400米。在这里，他将会将火炬交给第二位——国旗护卫队的战士阮野。那么刚才我们看到，在火炬交接仪式的过程当中非常地顺利，于再清将自己的火炬的火苗对准了阮野的火炬，随后阮野也是把自己点燃的熊熊圣火举起来，向在场周围的所有人进行展示……我们看到，很多的武警战士一直在他的身旁，给他照相、留念，记录下这珍贵的一刻！

红薇：嗯，那你是在离火炬手最近的直播车上，给我们发来的现场报道，那此外呢，还有另外一辆现场的直播车，这是我们体育广播的另外一位记者小丽（音），我们来看看她是怎么介绍现场的情况的。小丽你好！

小丽：哎，你好燕子！我们现在是在王毅的身后，也是在火炬手身后大约四到五辆车距离的地方。据说这个火炬的设计是模仿了橄榄叶的线条和形状，它里面的燃料是丁烷和丙烯的混合物，所以如果大家要是看的话，可以产生一种明艳的、橙色光辉，是很好看的。我们已经经过了天安门广场，马上就要到菖蒲河公园的附近，也会经过公安部门前的群众活动点了……

红薇：好的，谢谢小丽为我们发回的现场报道……

（以下略）

上例中，虽节目制作者在“现场直播”的名称前加了很多定语（“超大型全程移动”），但中心词是“现场直播”，而最鲜明的特征是“移动直播”——因新闻现场在火炬点燃仪式后就变成“移动”的了。为适应这种移动新闻现场的需要，北京人民广播电台动用了两台直播车，全程移动直播长达八个多小时的雅典奥运火炬在北京传递的盛况。这样的直播方式,显然与新闻事件本身具有移动的特点相一致。

可见,移动直播具有跟踪及时和灵活机动的特点。当然,这种直播方式因为要动用汽车甚至是飞机,所牵涉的人力、物力要多一些,而节目的联络、衔接也会增加一些难度,其运行成本和节目运作难度会高很多。

四、联播型——多家电台联合现场直播

随着广播的发展,目前现场直播的规模越来越大,手段越来越先进。其中,多家广播电台联合进行现场直播,已成为经常被采用的一种现场直播方式。请看示意图3-4:

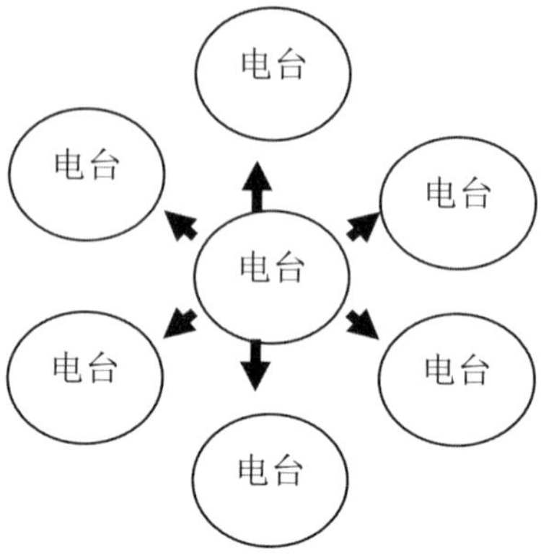

图3-4

如现场直播《站在9+2最前沿》(2005年7月26日播出),这是获第16届中国新闻奖二等奖的作品,由四川台联合广东、福建、江西、湖南、广西、海南、贵州、云南、香港和澳门共11家电台同时进行现场直播。

(节目开始曲)

吕丹:泛珠区域的各位听众朋友,大家好!这里是四川成都世纪城新国际会展中心。

贾亮:这里是"第二届泛珠三角区域经贸合作洽谈会"开幕式现场,您现在收听到的是由泛珠三角区域11家电台联合推出的大型广播直播节目《站在9+2最前沿》,我是节目主持人贾亮。

吕丹:我是主持人吕丹,我们将与11家电台的主持人一起,为您共同主持这次直播节目。

(各台主持人依次亮相)

(宣传词用普通话,问候语和自我介绍语用各地方言)

四川台:"峨眉天下秀,青城天下幽,剑门天下雄。"大家好,我是四川电台主持人张洁,欢迎来到我们"天府之国"!

广东台:"日啖荔枝三百颗,不辞长作岭南人。"大家好,我是广东电台的节目主持人景艳,欢迎大家来到广东,广东欢迎你!

福建台:请接受来自东海之滨、海峡西岸的问候,我是福建电台主持人刘晓倩!

江西台:"物华天宝,人杰地灵。"美丽的江西欢迎你,开放的江西欢迎你。大家好,我是江西人民广播电台的主持人尹民!

湖南台:"悠悠湘江,八百里洞庭。"收音机前的各位亲爱的听众朋友大家好,我是湖南台主持人卢静!

广西台:"桂林山水甲天下。"广西电台主持人杨华向您问好!

海南台:我是来自海南电台的主持人陈卓。请到天涯海角来,这里四季春长在!

贵州台:"品茅台美酒,观黄果树瀑布。"欢迎大家到苗乡来,贵州电台主持人丹宁向大家问好!

云南台："苍山洱海，彩云之南。"大家好，我是来自云南电台的主持人秋玲，欢迎大家到云南来！

香港台："东方之珠，动感之都。"大家好，我是来自香港电台的陈笺，欢迎大家来香港！Welcome to Hongkong！

澳门台：澳门是一个中西文化融汇的城市，我是龚惠芬，欢迎到澳门来！

吕丹：好，听众朋友们，现在是北京时间 8 点 57 分，"第二届泛珠三角区域经贸合作洽谈会"的开幕式马上就要开始了！

贾亮：我们的直播现场设在充满现代气息的成都世纪城新国际会展中心，这座气势恢弘的建筑呈扇形展开，九个主展馆足以装下二十多架大型客机。它是目前中国功能最完善、最现代化的会展场馆。

吕丹：那么，今天的成都世纪城新国际会展中心绿树掩映、花团锦簇、彩旗飞扬，来自泛珠三角区域各省区的数千名嘉宾已经步入会场，静候着开幕时刻的到来。

贾亮：好，听众朋友，现在是北京时间 8 点 59 分，"第二届泛珠三角区域经贸合作洽谈会"的开幕式马上就要开始了。

（仪式信号切入）

大会司仪（男）：下面我们有请中共四川省委副书记、常务副省长蒋巨峰先生主持今天的开幕仪式。

大会司仪（女）：有请。

蒋巨峰：现在举行开幕式启动仪式，有请 11 个省区的行政首长上前，准备启动"第二届泛珠三角区域经贸合作洽谈会"开幕式的按钮，让我们以热烈的掌声请中共四川省委书记、省人大常委会主任张学忠先生宣布"第二届泛珠三角区域经贸合作洽谈会"开幕。

张学忠：现在我宣布："'第二届泛珠三角区域经贸合作洽谈会'开幕。"（现场音响……）

蒋巨峰：现在我宣布："'第二届泛珠三角区域经贸合作项目集体签约'开始。"（现场音响……）

蒋巨峰：各位领导，各位嘉宾，女士们，先生们，"第二届泛珠三角区域经贸合作洽谈会"开幕式及集体签约仪式到此结束。

（信号切出仪式现场）

贾亮：好，听众朋友，现在是北京时间 9 点 16 分，"第二届泛珠三角区域经贸合作洽谈会"开幕式已经结束了。我们现在看见各省区行政首长正通过"合作之门"，踏着红地毯步入了展馆。

（现场直播总版头）

吕丹：潮起珠江，浪涌天府！泛珠区域各路嘉宾乘潮踏浪来到天府之国四川，聚首此次区域合作、共谋发展的盛会，四川省委书记张学忠的一番致辞浓缩了四川对本次大会的期盼之情。

【录音】（张学忠讲话。略）

贾亮："9＋2"动起来，泛珠三角区域经济撼动了南中国！对于"合作发展，共创未来"这个主题，国务委员兼国务院秘书长华建敏对此作了精彩点评：

【录音】（华建敏讲话。略）

（片花）

吕丹:收音机前亲爱的朋友大家好,感谢您和我们一起站在“9+2”最前沿,放眼泛珠11省区,直击精彩大碰撞。

贾亮:吕丹啊,我发现咱们各个台的美女主持人好像已经跃跃欲试了,是不是该请她们上场,把各自省区参加这次盛会的最新动态介绍给大家呢?

吕丹:贾亮,我今天要在这里卖个关子,你想让她们出场啊,恐怕还得先过我这一关,今天我可是设置了11个谜局喔。

贾亮:是嘛,还设了谜局,而且是11个。

吕丹:那当然了,你想想,咱们泛珠三角区域的11个省区,既有着深厚的历史与文化底蕴,同时又充满生机、朝气蓬勃,它们本身就是一个个各具特色、充满魅力的美丽谜局。听众朋友和我们一样,只有猜破了这些谜,11个省区各自蕴藏的巨大财富才会展现在我们面前,让我们去了解、让我们享受。贾亮,你该不会是害怕猜谜吧?

贾亮:说到害怕倒是不会,猜谜是从小就会,现在你就开始说吧。

吕丹:那好,你可听好啦。这第一个啊,是司马迁在《史记》中的一句话:“水旱从人,不知饥馑。时无荒年,时人谓之……”贾亮,这个“谓之”之后的内容就需要你来补上了,答案呢也就在这段话里。

贾亮:我想这个也不是特别难,因为大家都知道,这段话就是司马迁对都江堰建成以后,川西平原富庶景象的描述。所以说“水旱从人,不知饥馑。时无荒年,时人谓之”,这后头叫做“天府之国”。我觉得我第一关过得还不错吧。

吕丹:是的,很顺很顺。

贾亮:好,下面我们就请东道主四川电台的节目主持人。

张洁:大家好,我是四川电台的主持人张洁,欢迎你走进我们天府之国。

(播四川台预制好的节目,9分钟)

(出《变脸》音乐)“在天府之国哟,我们四川哎,有一种绝活,既神奇又好看哎,那就是舞台上的川剧,川剧中的变脸……”(压混)

(出介绍。略)

张洁:听众朋友,一曲《变脸》让我们感受到了天府大地前进的步伐,而一处展馆也让人们看见了今日四川最新鲜的容颜,在今天的展厅里有730个展位,其中就有291个展位是属于咱们四川的。现在我们四川台前方记者杜玲正在四川展馆,下面就请她带我们大家来参观一下。杜玲你好!

(现场报道)

杜玲:张洁你好,各位听众大家好!我是记者杜玲,我此刻就漫步在四川展馆的红地毯上,装扮展板的每一个细节都体现了它所展示的四川风貌。下面咱们就一起来分享吧……(以下略)

张洁:听众朋友,我们四川的情况就为你介绍到这儿了,下面我们把话筒交还给总主持人吕丹、贾亮。

贾亮:好,感谢四川台主持人。各位听众,您现在收听的是泛珠三角区域11省区电台大型广播直播节目《站在9+2最前沿》。吕丹啊,下面又是什么谜局?我们都等着呢。

吕丹:接下来这个谜局是唐代诗人杜牧的一句诗:“一骑红尘妃子笑,无人知是荔枝来。”请问这诗中的荔枝从什么地方来的呢?

贾亮：我想这个谜也是比较简单的，这荔枝啊是从岭南来。广东在唐代便是荔枝富产之地。下面我们就把时间交给广东电台。

（广东台节目版头）

（广东台预制的节目。以下略）

这台现场直播，既是直播间外移，也是多家电台联合，这意味着多家电台共同筹划和组织广播内容，而且在同一个时间同步播出。这种直播方式，其幕后的组织、协调工作会更复杂，但其影响范围也更大。

五、天地串联型

“天地串联型”现场直播，通常根据新闻现场距离超远，无法实现有线联系的实际情况，通过卫星连线进行现场直播。这可以说是一种最新式的、采用高科技手段实现的现场直播（见图 3-5）。

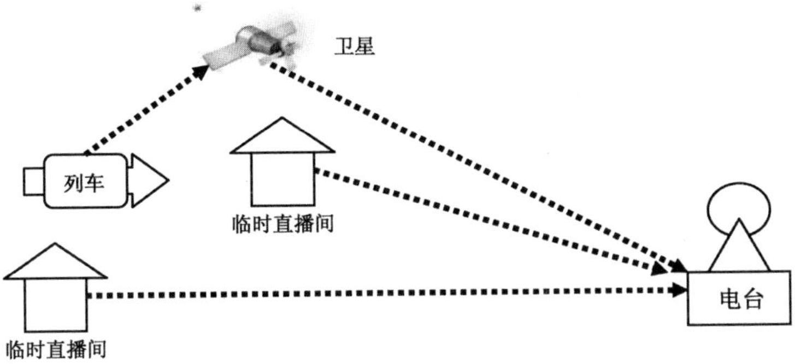

图 3-5

例如现场直播《穿越青藏高原》（中央台 2006 年 7 月 1 日播出，获第 17 届中国新闻奖一等奖）。

（片头。略）

【音乐】（歌曲《天路》）

苏阳：中央人民广播电台！

王莹：中央人民广播电台！

苏阳：收音机前的朋友们大家好！您正在收听的是中央人民广播电台特别节目《穿越青藏高原》，这里是北京直播间，我是主持人苏阳。

王莹：我是主持人王莹。

（移动直播间信号）

雨亭：朋友们大家好！这里是《穿越青藏高原》特别直播节目的列车直播间，我是主持人雨亭。

庞莹：听众朋友好！我是庞莹。我们正在即将从拉萨火车站发出的首趟列车上为您传递来自青藏高原的“中国之声”。

(格尔木现场信号)

于芳:听众朋友们,大家好!这里是“青藏铁路通车庆祝大会”格尔木会场的直播间,我是主持人于芳。

徐强:我是主持人徐强。

(拉萨现场信号)

大卫:听众朋友,大家好!这里是拉萨直播间,我是主持人大卫。

佳慧:大家好,我是佳慧,我们现在在拉萨火车站向听众朋友问候!

(歌曲扬起——压混)

(北京直播间信号)

苏阳:听众朋友,伴随着耳边熟悉的歌曲,我们的思绪飘荡在遥远的青藏高原,神圣的雪峰和空旷的原野正在敞开胸怀,它们将和我们一起见证今天这样一个激动人心的历史性时刻!

王莹:今天是7月1号,中国共产党迎来了建党85周年的纪念日,在85年的光辉历程中,一代又一代中国共产党人团结带领全国各族人民,在艰难困苦中奋起,在艰辛探索中前进!

苏阳:今天是7月1号,青藏铁路这条世界第一钢铁巨龙在决策者和建设者们的奋斗下,翻重山、越峻岭、跨戈壁、过荒漠,划破青藏高原千万年的沉寂,今天将迎来它在青藏高原上的首次穿越!

王莹:我们中央人民广播电台今天也将在四个半小时的直播行程当中,多角度、全方位聚焦青藏铁路,并将和您一起来见证首日全线开通试运营的每一个激动人心的时刻!

苏阳:刚才我们听到了来自中央人民广播电台四个直播间的问候,下面我们将再次请出格尔木直播间、列车移动直播间、拉萨直播间的主持人。首先我们请出列车移动直播间的主持人庞莹。庞莹你好!

(通过卫星传送的移动直播信号)

庞莹:苏阳、王莹,你们好!收音机前的听众朋友,欢迎大家光临中国广播史上第一个列车直播间。我是主持人庞莹,我和雨亭现在是在列车上向您问候。即将从拉萨开出的第一趟列车,此时正静静地停靠在崭新的拉萨火车站,现在我们车内的所有座位都已经进入了待运状态,再过一段时间,随着列车的启动,我们将通过海事卫星设备带您领略青藏铁路沿线独有的高原风光,为您传递来自世界第三极的声音……各位听众,火车开行之后,我们再见!

(卫星信号止)

(格尔木直播现场信号)(主持人于芳、徐强介绍青藏铁路通车庆祝大会的准备情况。略)

(拉萨直播现场信号)(主持人大卫、佳慧介绍拉萨火车站庆祝通车典礼的准备情况:再过两个小时,庞莹他们乘坐的列车将从拉萨站启动。)

(后略)

上例中,既有电台内的正式直播间(基本型),也有设在格尔木庆祝大会现场和设在拉萨火车站的临时直播间(临建型),还有设在列车上的移动直播间(移动型),但更有创新意义的是租用了卫星线路,这是中国广播史上前所未有的。如此大规模、超远距离和采用高新技术手段进行的现场直播，其组织难度、衔接的复杂程度可想而知。但从整个过程看，几路信号衔接流畅、音质清楚，导播调动紧张而有序，称得上是一场超远距离、超大规模和具有高科技含量的高水平的现场直播，为中国广播开创新的现场直播方式树立了里程碑。

另外，在当代现场直播中，与听众进行互动已成为常用的手段。具体互动方式主要有以下三种：(1)拨打热线电话；(2)发送手机短信；(3)网上参与讨论或观看在线直播。

如中央台的嫦娥一号绕月探测卫星发射特别报道《嫦娥奔月》在三个半小时直播的同时，就运用了网上视频直播、网上图文等手段。

总之，多媒体技术、移动技术和卫星通信技术使广播的现场直播如虎添翼，成为广播创新的不竭源泉。

第三节　现场直播的人员分工、文案写作及运作流程

现场直播是一种需要密切协作的集体报道方式，因此其运作流程相对讲也比较复杂。

现场直播的运作流程如下(图 3-6)：

图 3-6

1. 确定选题

确定选题非常重要。它包括该选题都有哪些具体内容？是否受社会关注？能否进行现场直播？怎样进行现场直播？作为一名新闻编导或组织者，首先要对选题进行判断，有的要经过集体研究，并上报领导批准后才能最终确定。

2. 了解新闻内容

选题确定后，接着要了解新闻内容，其中涉及新闻的发生、发展过程怎样？新闻背景如何？新闻中的知识点、难点在哪里？新闻涉及的人物是谁以及涉及的部门、范围都有哪些等等，都要做到心中有数，了解要细。

3. 研究直播方案

了解新闻内容后，即可确定直播方案：采用何种方式直播？是否需要请嘉宾？需要与哪些部门协调？需准备哪些设备？这当然要根据新闻事件的特点来研究确定。一般讲，直播方案也要上报领导批准。

4. 勘查现场

勘查现场主要是就外移直播方式而言的。因为离开了广播电台，很多问题都需要特别解决，例如具体的直播位置、周围环境、电源、电话线路(包括电话机的准备)、音频信号传送方式等等，都需要在勘查现场后具体研究确定。因此，勘查现场需要多部门(传音、网络等技术部门)协同进行。

5. 确定人员分工

上述问题做到心中有数后，便可以研究和确定人员分工了。一般来讲，现场直播的人员

大致有如下分工:(1)总撰稿;(2)总串联主持(如果有几个直播现场的话,还需要更多的主持人);(3)前方记者;(4)直播现场总编导(可以由总撰稿担任,因为他对直播方案最清楚);(5)热线导播(负责热线电话的接听);(6)音频信号传送(技术人员);(7)现场监听(现场有信号不等于广播中有信号,因此需要有现场监听人员,一旦广播中无信号或信号突然中断,能够在第一时间发现并及时采取措施)。

现场直播是一项需要团队密切协作的工作,有时甚至需要调动全台力量。比如前面提到的《穿越青藏高原》,在报评中国新闻奖时,作者名单就达60多人,估计没上名单的幕后英雄还有很多。可见,现场直播需要非常细致的分工和全体采编播以及技术人员的密切合作。

6. 文案准备

对前面我们所举的五种现场直播的基本类型仔细研究的话,可以发现,现场直播的文案准备大致有以下几个方面:

第一,开场白。开场白主要包括节目的呼号,介绍现场直播的主旨——新闻事件的主要内容、意义,介绍现场直播涉及的有关人员、嘉宾等。

第二,介绍有关新闻背景和有关的知识点。

第三,进入正题。一旦进入正题后,文案准备倒相对简单了,因进入正题后,即切入新闻现场的信号,或穿插记者报道、嘉宾现场解答以及接听热线、插播短信等,这时,主持人的灵活性也就体现出来了。所以,这一部分的文案设计,只要按照新闻事件的发展,有一个大概的时间安排及内容要点就可以了。

第四,准备必要的点评(可以做成卡片,让主持人灵活穿插使用)。

第五,结尾。结尾包括对当天现场直播的总结——事件的点评、意义的概括、主题的升华等等。特别需要注意的是,有的新闻事件可能会有不同的结果,因此要准备两套方案。例如卫星发射就既有成功的可能,也有失败的可能,一旦失利,直播怎么办?所以要有预案。

现场直播文案的结构框架示意图

1. 开始语(介绍新闻由头、现场环境、新闻背景、直播方法等)
2. 届时切入新闻现场实况音响
3. 按照新闻的进展顺序进行介绍、评述
4. 与前方记者连线
5. 现场访谈直播顾问
6. 结束语(有多种结尾可能的,要有不同预案)

现场直播的文案写作要点:一是写"话",即不是写文章,要适合主持人"说";二是要看"单播"还是"对播",将文稿写成男女对播或一人主持形式;三是除文案外还需一张导播表,即现场直播流程表,以便让全体编播人员知道每一个环节的时间及内容,做到心中有数。

7. 预制件准备

所谓"预制件",是指提前做好的"录音报道"(如录音专稿等),提前做好的片头、片花、广告宣传带等。一般来讲,在现场直播中,事先预制好的"录音报道"所占比例(所占时间长度)

不宜超过“现场”直播（否则有喧宾夺主之嫌），而且，对需要提前录制的内容一定要提前做好，不能马虎。另外，就是要认真准备片头、片花以及宣传带等，这也是很费时、费事的工作，但很重要，必须提前做好。

8. 直播现场布置

如需搭建临时直播间，就更需提前选址，提前搭建，周密布置，包括线路、照明、通讯、直播台甚至会标，还要考虑防风、防雨雪等等，都要提前准备好。如果要租用卫星线路，那工作就更需提前申请，提前准备。

9. 直播

上述所有准备工作完成之后，即可静候直播。一般讲，直播当天，全体相关人员在带齐所有必要直播器材、物品的前提下，至少要提前一至两个小时到达现场，进行直播前的最后准备——包括直播台的摆放、线路连接、设备调试（技术人员必须到场）等等。设备安装调试完成后，主持人要试音，然后是最后的“备稿”（熟悉稿件）、认识要采访的嘉宾等。一旦直播开始，就必须按照分工各就各位，各负其责，保证现场直播圆满完成。

第四节　现场直播的策划

现场直播的策划指的是对现场直播内容的谋划和对现场直播形式的组织筹划。

关于现场直播的策划问题，在理论界或许会引起一些讨论。因为，说现场直播的内容能够策划，似乎等于在说新闻事实能够策划。

有专家认为，新闻策划这一概念不甚明确，因为新闻事实不能策划，能策划的只是新闻报道活动，因此，有必要对这一概念进行修正和重新界定，应把研究对象确定为“新闻媒介策划”。

也有专家认为，“新闻策划”广义上可以包括公关策划、广告策划、经营策划、竞争策划等，狭义的新闻策划要慎用。

还有专家认为，新闻的发生虽是客观的，但新闻又是社会生活的产物，它是在人类社会中发生的，也是要由人来传播的，在大多数情况下，新闻事实是人类活动的结果，因此它既可被动发生，也可主动产生，即对新闻事件进行人为的干预和利用，应该是可以也是可能的。

尽管这一问题目前还没有定论，但事实上，在新闻实践中，对新闻的策划在有些媒体中是客观存在的，特别是在广播电视中，说得更具体一些，是在广播与电视的现场直播这一特定形式中，这和其他媒体有显著不同。

唯物辩证法告诉我们，事物的发展变化是内因和外因共同作用的结果，其中，内因是事物产生与发展变化的根据，决定着事物发展的性质和方向，外因是事物发展变化的条件，外因通过内因起作用，它对事物的发展起着加速或延缓的作用。从这个角度说，我们可以通过抓住内因或调整外因这两方面的因素，或者使事物的内涵更丰富，或者让事物的形式更利于我们报道。

事实上，广播中的现场直播，在绝大多数情况下，其所要直播的新闻事件都是预知的，而且都是重大的或是社会比较关注的，因此在现代传媒条件下，如何对它进行报道，这其中可能会涉及新闻的形式，甚至也可能会涉及内容。这里，现代传媒的技术特点和现场直播本身所具有的特点是其决定因素。

这里有两点需特别注意,一是不要把“新闻策划”片面理解为“制造假新闻”,这是一种偏见和误解。“新闻策划”是在新闻属概念里的种划分,只有那些具有创造性思维、精心谋划的报道才能称之为“新闻策划”。二是新闻策划是在完全理解和尊重新闻事实的前提下进行的,不是制造假新闻,也不是随意改变新闻事件的内涵。

这里不想过多沉溺于理论的探讨,而只想告诉大家,理论界对新闻策划存在不同看法,同时,也应知道广播中的“现场直播”的确有一个如何策划的问题。

广播现场直播的策划主要包括以下几个层次:

第一,挖掘新闻内在的重大意义,在不改变新闻事实性质的前提下,将其内容加以充实,使之成为可以进行现场直播的重大新闻。

当记者获悉一条新闻之后,没人会告诉他这条新闻适合做成什么——是适宜做录音新闻,还是适宜做现场报道,或是现场直播,这要靠记者自己去判断。而且,有的新闻事件是需要“加工”或“包装”的,然后才能“为我所用”。这里的“加工”或者“包装”,其实就是策划。

例如,2005年天津生活广播的一位资深记者偶然从天津市少年宫获得一条新闻线索:联合国要在天津开通一条“儿童维权热线”——当时是国内第一条儿童维权热线,热线电话就设在市少年宫。

这条新闻的分量有多大?有人会觉得,它要多大有多大,要多小有多小。因为联合国要在中国开通第一条“儿童维权热线”,这意义还不重大吗?可说到底只是设了部电话,有了一个电话号码,因此也很小,除了发条消息,还能做什么文章呢?

天津生活广播抓住这一新闻线索,通过发挥集体智慧,最终策划成了一个大型现场直播:在天津市少年宫设立了主会场,在全市中小学设立了150个分会场,同时请来了全国少工委领导和天津市委领导,请来了联合国的官员,搞了个“联合国儿童维权热线开通仪式”。显然,通过策划,使原本看不见、摸不着的新闻在未改变其性质的前提下,变成了一个看得见、摸得着的重大新闻事件,这样也就具备了现场直播的条件。这应当就是“新闻策划”的功劳,是人的主观能动性发挥作用的结果。

抓住新闻中意义重大的那一部分,然后将其放大,将其表象化、具体化,把比较虚化的新闻事件具体化,将内容空泛的新闻事件填充实,让它从不具备现场直播的要素到具备进行现场直播的条件,这就是“新闻策划”的真实意义。

第二,想方设法在新闻事件中加入现场直播的要素,从而进一步加大该新闻事件本身的分量,使新闻的意义更加重大。

这里有一个不争的事实,即广播不比电视,在一个重大新闻事件面前,有关部门很容易想到电视,而不一定能想到广播。所以,即使是面对一个重大的新闻事件,广播人也必须去主动争取——必须有一个非常好的策划方案,才能够得到有关部门的认可。

例如,2002年9月26日,天津市一个标志性建筑——鼓楼(包括鼓楼商业街)落成,同时,历经七年之久的“天津市危房改造重点工程”圆满完成。这一天,天津市委、市政府要举行鼓楼落成和鼓楼商业街开街仪式,还要举行天津市“危改”成果展揭幕仪式。天津生活广播的记者获悉这一新闻线索后,马上与市有关部门联系,最终把现场直播安排进了当天的主要活动内容之中(原来未列入),并在当天举行了“看‘危改’成果,创世纪伟业——天津鼓楼落成暨世纪‘危改’纪念”现场直播,成为当天唯一一家为天津市七年危房改造重点工程圆满结束进行现场直播的新闻媒体，不仅得到了听众的好评，也受到了市领导的表扬。这一节目也获得了当年的中国广播电视新闻奖。这前前后后的一系列工作，说到底，离不开策划的功劳。

第三，新闻报道方式的策划，即现场直播方式的选择与策划。

这是现场直播策划中最基本也最低端的组织和谋划形式。只有将上述两者策划成功，才会进入到这一步——具体直播方式的策划。

具体讲，就是选择哪一种直播方式。是移动直播，还是临建方式？是多台联播，还是卫星连线？具体流程如何？怎样组织进行等等，这里都有大量的工作要做。

第五节　现场直播过程的把握

在现场直播过程中要把握好以下几点：

1. 把握好内容

要紧扣主题，突出重点。因为在现场直播过程中，主持人的机动性、灵活性比较大，所以作为直播的总编导（导播），要时时注意把握好内容，防止偏离中心，尤其不能出现导向性错误。

2. 把握好时间

一是要掌握好总的时间——什么时间开始，什么时间结束。二是要注意掌握好各个小环节的时间——如果小环节超时，那很有可能会影响对现场直播的整体把握。因此，时间的掌控应该在稿件上体现出来（通常是要有一张导播表，标注出时间安排），让大家心中有数。

3. 把好热线关

热线是连接直播现场与听众的桥梁，也是比较容易出问题的环节之一，所以要严格把关。一是要注意防止接进与节目不相关的热线，二是要注意防止热线电话内容冗长或者偏离主题。

4. 衔接好各直播环节

在整个现场直播过程中，一是工作人员多，涉及的方面也多，有技术、记者、编辑、主持人，还有前方记者甚至是外场主持人等等，所以，各个岗位必须衔接好。二是直播过程中的内容衔接点多，比如在直播过程中，有可能要先插入新闻现场的信号，然后是记者的现场报道，随后是接听热线，再念手机短信，还要与网上互动，插播必要的节目宣传带以及广告，甚至还要及时处理广播信号问题等等，这些环节常常环环相扣，内容庞杂。所以，作为现场直播的组织者、指挥者，必须头脑清楚，将所有问题处理好，将所有环节衔接好。

5. 密切关注新闻事件的变化

要注意新闻事件和新闻现场的变化，有的现场直播要有几套预案，防止情况发生变化时措手不及。

第六节　转播、实况转播和联播的区别

在前面的举例中大家已经看到，有的主持人在“现场直播”过程中，一会儿说“现场直

播”,一会儿又说“转播”,一会儿又说“特别直播节目”,这说明这几个概念的确比较容易混淆。应该讲,将“现场直播”说成是“特别直播节目”,这没什么不对,因为凡是“现场直播”,都是正常节目时间表以外即打乱正常播出秩序所特别安排的节目。但是,将“现场直播”与“转播”相混淆就有些问题了。

转播就是转用其他广播电台的音频信号进行播出。

例如各地方台每天“转播”中央人民广播电台的《新闻和报纸摘要》节目,广播中介绍得非常明确:是“转播”。这里的转播有两种情况:同步转或不同步转(先录下来再转播),都叫“转播”。如中央台每天早晨的《新闻和报纸摘要》播出时间是6点30分,地方台7点播,也是转播。

“实况转播”曾经指的就是今天的“现场直播”。但随着广播的发展,“实况转播”出现了两种情况:使用本台信号进行直播和使用外台信号进行直播。倘若两种情况都叫“实况转播”,显然易引起混乱。为规避概念上的混乱,现在,使用自家直播信号对新闻事件进行播出的叫“现场直播”,而**使用外台现场直播信号进行播出,则称为“实况转播”。**之所以采用“实况转播”方式,通常是因地点较远,本台无法达到;或因为有所限制,本台不能进入现场,才进行实况转播。

联播是数家电台联合进行播出。这里有两种情况:一是共同策划,共同组织,同一时间联合播出(采用主办台信号),如《站在9+2最前沿》;二是多家电台使用一家电台的信号进行播出,但只联合播出,不参与内容的编辑,如每天的《全国新闻联播》。

需指出的是,有的广播形式(如每天的《全国新闻联播》),既是转播也是联播,二者并不矛盾。

第七节　现场特别节目

前面已经介绍过,判断是不是“现场直播”,最重要的特征之一就是看它是否符合“一个基础,三个为主”的条件,尤其要看它是不是对重大新闻事件进行直播,换句话说就是,没有新闻事件的户外直播,一般不能称为“现场直播”。目前,后者尚无正式名称,这里姑且称之为“现场特别节目”或“现场广播”。

现场特别节目是从新闻现场直播中逐渐分离出来的一种直播样式,它**不以报道新闻为主要目的,而是广播电台举办的某项活动,或是由电台自己策划的一个在台外进行的现场广播。**

现场特别节目(现场广播)是20世纪90年代前后才出现的新形式。在“办看得见的广播”的理念逐渐兴起之后,现场特别节目被认为是拉近广播与听众之间距离的有效方式之一。但是,由于种种原因,在相当长一段时间内,该形式与有新闻事件的直播相混淆,也一直被称为“现场直播”。近年,随着广播新闻的细化以及广播研究的深入,它被逐渐从“现场直播”中分离出来。

请看《庄户人家的笑声》(湖北台2004年12月31日播出,获2004年度中国广播电视新闻奖)。

（开始曲）

女：各位听众朋友，大家好！我是湖北人民广播电台的节目主持人文娟。

男：各位听众朋友，您好！我是湖北人民广播电台的节目主持人小宇（音）。

女：今天是 12 月 31 号，2004 年的最后一天！我们现在是在枝江市安福寺镇桑树河村农民曾祥华（音）家的院子里给您做现场报道。

男：对了，我们今天的话题呢，是与广大的农民朋友有关。据我们了解，我省今年农村出现了多年来少有的好形势，粮食生产一举扭转了七年下滑的局面，总产量达到了 217.5 亿公斤，增产了 25 亿公斤！农民的人均纯收入增加了 330 元以上，达到了 2900 元左右，并且，首次超过了城镇居民的收入增幅！这也是 1997 年以来，收入增幅最高的一年！所以，在今年的最后一天，我们湖北人民广播电台的采编播人员，愿意与满载着丰收喜悦的农民朋友们一起度过！

女：今年中央一号文件下达以后，我们湖北人民广播电台始终关注着三农话题，我们推出的大型系列报道《记者的农情日记》就引起了强烈反响，深受广大农民朋友的喜爱！所以呢，今天我们把直播现场搬到庄户人家的院子里来了。今天啊，我们还请来了一位特邀嘉宾，他就是湖北省农业厅副厅长余胜伟（音）。余厅长您好！让我们与农民朋友一起共享丰收的喜悦！

余：你好！广大农民朋友们好！非常高兴在今年的最后一天，我们来到枝江市安福寺镇这个风景秀丽的农家小院，与大家分享这丰收后的喜悦！

男：听众朋友，现在的时间是上午的 9 点 38 分。一直以来的阴雨天气，昨天下午就开始转晴了。我们现在所在的这个院子，我给您介绍一下……（介绍院子的布局。略）

女：对了，曾祥华家的大门上还贴了一幅新对联呢。让我看看。上联是：总理临门，党的关怀进家门！下联是：农家降福，人寿年丰皆是福！横批是：托党的福！

男：（念邻居家的对联。略）

女：对了，今天桑树河村党支部决定将一年一度的年终总结会也搬到这个小院里来开，村支书于瑞涛（音）还说，今年这一年对于桑树河村来说，意义很不一般，所以，要借我们在这直播的机会，把大伙召集起来，热闹热闹，庆祝庆祝！你看，现在村民代表正在陆陆续续地往这赶呢！我想再过一会儿，村里的年终总结表彰会也就要开始了。

男：除此之外，我们的记者也已经赶到了全省各地，现在，他们也正在走村串户地进行采访，那么过一会儿呢，我们还要跟他们取得联系，跟大家报道我省其他地方的情况。

女：同时呢，现场还开通了一部热线电话，欢迎全省各地的农民朋友打进来，分享这份快乐！我们的热线电话号码是……

男：同时，湖北广播网也正在同步直播我们的这次特别节目——《庄户人家的笑声》！您也可以在网上点击收听。

（片头重复）

（以下略）

上例中，广播的播出现场搬到了农家院，从这一点来看，与现场直播无异，而且在直播过程中，有记者从多地发来现场报道，也有网上互动和热线电话参与等等，这些都很像现场直播。但仔细研判会发现：该直播无重大新闻事件——虽直播中提到桑树河村党支部决定将年终总结会搬到直播现场来召开,但一个村的年终总结会不能算重大新闻;主持人在开场白中介绍,全省农业获得丰收,这是个新闻,但在直播中被当作了新闻背景。因此从性质上说,它不是一个新闻现场直播,但又确是一个在现场的直播,而且是特别节目(节目时间表以外特设的节目),所以被划入"现场特别节目"是准确的。

如归纳起来,现场直播与现场特别节目有以下显著不同:

1. 产生方式不同

现场直播是对一个重大新闻事件的报道,是先有新闻,后有现场直播。

而现场特别节目则不同,由于没有新闻,所以直播"由头"往往是广播电台的编播人员自己创意的,是自找"由头"。

2. 角色不同

现场直播因为有新闻事件,因此是对新闻事件的报道,是在为重大新闻事件服务,是配角,其流程要受新闻事件的制约。

而现场特别节目则不同,由于没有新闻事件,因此,举办方是主体,是主角,其运作流程可以不受新闻事件的制约。

除此之外,现场特别节目中的一切播出手段,包括组织方式等,都可以和现场直播相同,比如前方记者的现场报道、嘉宾的现场解说、互联网互动、热线电话、短信参与等等。

总之,现场直播呈现为新闻性,而现场特别节目则呈现出专题性。后者常被用来进行广告宣传,或者是进行某项公益活动,如募捐、公益演出,再或者就是选在某个特定的日子来举行,如"3·15消费者权益保护日"、"世界地球日"(4月22日)、"世界环境日"(6月5日)、"世界艾滋病日"(12月1日)等。当然,要想搞好现场特别节目,也需要事前精心地准备、精心地策划(具体方式可参考现场直播的策划)。所以,怎样搞好一个有特点、有轰动效应的现场特别节目,要充分发挥电台编、采、播人员的智慧。

第八节 现场直播的长处、短处及与现场报道的区别

一、现场直播的长处与短处

1. 现场直播的长处

(1)适宜规模和场面宏大的新闻体裁。

(2)具有完整性。

(3)具有强烈的现场感。

2. 现场直播的短处

(1)不方便。

(2)运作成本高。

二、现场直播与现场报道的相同点与不同点

1. 相同点

(1)都是发自新闻现场的报道。

(2)都是直播(指直播形式的现场报道)。

(3)都有强烈的现场感。

2. 不同点

(1)现场直播的报道对象必须是重大新闻;而现场报道则未必。

(2)现场直播是对新闻的全程报道、全面报道或多方面、多角度的详细报道;而现场报道只报道一个点,是一个局部。

(3)现场直播是大型报道;而现场报道则相对比较短小。

(4)现场直播是集体的报道行动;而现场报道只是记者个人的行动。

(5)现场直播的新闻一般讲都是预知的;而现场报道则不一定。

另外,“广播直播奖”是中国新闻奖1997年(第8届)起设立的一个奖项,它包含新闻性现场直播和现场特别节目两个方面。可以说,将广播节目办到新闻现场或节目现场,已成为当代广播的一种新做法。

思考与练习

1. 现场直播主要培养和锻炼哪方面的技能?与录音新闻、现场报道有何不同?

2. 如果让你策划一个现场直播或现场特别节目,你觉得应该重点把握好几个方面?如果让你担任组织者,你会怎样设计?

3. 试搞一个现场特别节目的策划。

第四章　录音专稿

一般的新闻写作中，通讯有几种划分方法。一是按内容划分，可分为“人物通讯”“事件通讯”“工作通讯”“风貌通讯”和“社会观察通讯”等；二是按形式划分，可分为深度报道、纪实、追踪、调查、寻访、侧记、札记、散记、游记、巡礼、故事以及特写等。

录音专稿是广播界特有的称呼。除此之外，它也有很多别称，比如新闻专稿、新闻专题、专题报道、录音通讯等，是目前中国广播音响报道中使用最多的文体之一。

录音专稿按其是否有新闻性，常被分为“新闻类录音专稿”（新闻专稿）或“社教类录音专稿”。若按记述对象来划分，又可分为“人物专稿”或“事件专稿”（“事件专稿”不像前者那样常被单独提起）。

第一节　录音专稿的定义、特点及一般要求

一、录音专稿的定义

录音专稿，简单说就是**带音响的通讯**。具体来说，指的是**运用真实、典型的音响，采用叙述、描写、抒情和议论（包括夹叙夹议）等多种手段，深度报道或形象报道具有新闻性、知识性、教育意义以及审美意义的事件（事物）与人物的一种广播文体。**

二、录音专稿的特点（与录音新闻的不同）

（1）报道形态不同。录音新闻常报道一个“点”，多注重结果（发生了什么）；录音专稿则是报道一条“线”，注重事件的过程（怎么发生）。

（2）报道层次不同。一般的录音新闻可以是“点”到为止；而录音专稿的报道则更为深入，是深度报道，因此更详尽、更深刻。

（3）使用语言不同。一般新闻语言要求简单明了、通俗易懂，少用议论、描写，更少使用抒情手段；录音专稿则要求丰富感人，更多描写、议论，甚至是抒情。

（4）音响使用不同。录音新闻的音响一般比较简练；而录音专稿中音响的使用，无论内容还是方法都更为丰富多样。

三、录音专稿的一般要求

（1）时效性。录音专稿的时效性一般讲不如录音新闻，更不如现场直播，但录音专稿可

以通过倒叙的方式，将时效性大大提高。

(2)真实性。录音专稿可以使用一些艺术性的语言、艺术性的方法，但无论是新闻性强的录音专稿，还是新闻性不强的社教类录音专稿，从如实反映社会生活这个角度讲，它们都属于新闻的范畴，因此其内涵，无论事实还是音响，都必须真实，这是原则。

(3)长度要求。录音专稿的长度，一般讲，短者5—6分钟，长者20—30分钟。按照目前中国新闻奖的评奖要求，录音专稿的长度不超过30分钟。

第二节　录音专稿的采访与制作流程

一、录音专稿的采制流程

录音专稿的采制流程与一般录音新闻的采制过程大致相同。请看图4-1：

图4-1

1. 确定选题

录音专稿的选题非常重要。实践中，很多有经验的广播记者可能并不发愁怎么写，而是发愁写什么。一般来说，发现或挖掘出一个好的选题，可以说就成功了一半。目前，很多电台都有新闻专题的选题报告制度（这与一般消息类选题不太相同，一般消息强调时效性，所以有时候来不及报选题），有的选题还需经过讨论、策划，这些都说明选题很重要。

2. 录音采访

因为是录音专稿，因此录音是必须做的。一个经验丰富的广播新闻记者，当他关上采访机的那一刻，就应该胸有成竹了。

3. 素材整理

素材整理是将采访素材录入音频工作站，并将素材再听一遍的过程。因为专稿的采访，录音素材会比较多，所以这一过程对构思、对确定音响使用会有重要作用。

4. 稿件写作

构思成熟即可进入写作阶段。其一，要写导语；其二，要写串词（解说词）；其三，要有音响内容的使用设计。

稿件中音响的来源有：主要音响——指记者的采访录音（不能用模拟音响）；辅助音响——指被访人过去的音响资料或相关音频资料（音乐资料在新闻专稿中使用要慎重）。

5. 素材剪裁

稿件完成（经审阅修改）之后，就可以对录音素材进行剪裁了。与录音新闻一样，剪裁录音素材可以在录制工作站（音频工作站）中进行，甚至可以在一般的个人电脑中完成（可以在办公室，也可以在家中使用音频编辑软件进行音频编辑）。

6. 稿件录音

录音素材剪裁完成后，就可以请录音师和播音员(或主持人)将录音专稿中的串联词录下来。当然，现在很多电台要求记者“出声”，因此记者完全可以在音频工作站中自播、自录，独立完成。

7. 整体合成

以上全部完成后就可以合成了——将串联词与剪裁好的录音音响合在一起，如需要，再加上辅助的音乐，一篇录音专稿就完成了。

二、录音专稿的写作要求

录音专稿的写作可以总结为以下六句话：

事实准确，内容真实——真实和准确是最重要的；

主题鲜明，选材精当——主题要反复提炼，在选材上下功夫；

角度新颖，构思巧妙——赢在一个“巧”字上；

脉络清晰，中心突出——中心不突出是大忌；

内涵丰富，语言生动——专稿很见语言功底；

音响典型，制作精良——音响制胜，制作决定录音专稿的质量。

录音专稿的结构框架示意图

1. 导语 ＋ 介绍格 ＋ 标题(录音专稿中可以报题目，如：请听本台记者某某采写的新闻专稿……)

2. 新闻主体：解说(新闻背景、事件过程)＋ 音响(解说可由播音员播报，可运用插叙、倒叙等多种手段，语言丰富、音响丰富，还可使用片花①)

第三节　录音专稿的构思

录音专稿因其篇幅长，脉络和结构复杂，因此如何构思是个难点。

《现代汉语词典》对构思的解释是：做文章或制作艺术品时运用心思。这显然是就所有艺术作品构思而言的，与新闻写作构思有明显区别。新闻作品必须是对新闻事件的真实叙述，不允许虚构，但这并不等于说新闻作品就不需要构思。另外，如仅把构思说成是“运用心思”，这多少有些简单，因为究竟该怎样“运用心思”，似乎还是不得而知。

新闻写作中的构思，指的是记者在对新闻事件(新闻人物)进行深入了解过程中所捕捉到的主题立意和相应产生的写作想法，它包括记者为真实表现这一内容所采取的一切手段、一定的切入角度和一定的表述方式。

录音专稿(包括所有音响报道)的构思，应主要注意以下两点：

① 片花也称Jingle，通常指朗朗上口且配有音乐的广告语，广播中常起着介绍作品或提示听众注意收听的作用。

(1)**不能简单套用一般的写作方法**,即所谓先将事实采访到手,然后再进行思绪的整理和构思。**广播记者应边采访边构思**,最重要的是,**要根据具体采访中的新发现及时修正构思,直到将与主题相关的所有内容了解清楚为止。**

例如:2007年10月15日,著名音乐家王莘逝世。记者容易想到的构思是介绍王莘的生平事迹,谈他对中国音乐的贡献。大家在报纸、电视和网络上看到的也大多是此类内容。但天津电台一位年轻记者采访后拿出的选题让大家眼前一亮:《他的歌,我唱了一辈子》。

这显然是个好题目,既不同凡响,且充满深情。显然这是记者在采访时抓取到的一句话,是记者在采访前不可能想到的。

记者在采访前心里没数,这很正常,关键是要在采访的过程中及时抓住那个稍纵即逝的好主题。这是构思中最重要的一步。就上例而言,一是要抓住"他的歌"——王莘的歌;二是"我唱"——是王莘夫人"唱";三是"一辈子"——不是只唱一天、一次。这三个关键点只有在确定主题后,才能把握好录音角度。由此可见:

第一,构思何时开始?上例说明,或许在采访之初记者曾有个初步想法,或根本就没想法,这时记者可能是边举着话筒,边倾听、思考。当听到被采访人说:"他的歌,我唱了一辈子!"记者便如获至宝,一下子兴奋起来,思维突然清晰起来!这也许就是采访与构思的关系。很多老记者其实就是边采访边寻找,边采访边构思,直到找到一个全新的、令人满意的角度为止。这说明,构思是与采访同步的,是不可能与采访完全分开的。

一般的新闻写作教科书认为,通讯的写作过程是先将大量事实收集到手,然后对这些事实做详细分析,抽出可以贯穿各事实的意义线索,再判断这些意义线索(链条)哪条更具有传播价值,最终确定主题。原则上说,这个过程是不错的,但广播的录音采访和一般的笔录采访不同:倘如此划分先后的话,则很可能会出现因主题后确定(甚至改变)而导致所有录音不能用的情况(因为采访角度不同)。

第二,采访中抓到了好角度、好题目还远远不够,还要立即抛开原有想法,顺着新角度、新思路开掘下去。所谓老记者会采访、会构思,其实奥秘和关键就在于,他会按照新的发现进行采访,用事实来充实记者的新发现和新构思。就这篇专稿而言,就是要把"唱了一辈子"中的这个"唱"和"一辈子"采访到,只有到这时,采访才算完成。

(2)**录音专稿的构思,不仅包括结构方法、语言、主题,还包括音响的选用,甚至音乐(片花的设计)的运用等等。**

要运用一切手段,紧紧围绕主题,进行深入刻画。2006年,天津台有位年轻记者写了篇报道,题目很新颖:《镜头下的故宫百年》,写的是一位年轻摄影家拍摄故宫的故事。但大家在看(听)过了作品之后,不免有些失望:记者的兴趣点似乎停留在介绍拍摄花絮和发生的一些趣事上,比如,他如何想方设法进入故宫,如何早出晚归,相机如何意外丢失等等。给人的印象是,专稿中所讲述的那些轻松内容与标题《镜头下的故宫百年》没什么密切联系。

大家后来才知道:一位日本摄影师在一百年前曾用相机拍摄过故宫,但在那个国贫民弱的时代,镜头下的故宫是黑糊糊的(黑白照片),故宫中的人物是佝偻、留着长辫子的,镜头中的天空是昏暗的。这些老照片在百年后被这位年轻的中国摄影家偶然看到了,他的心一下子被刺痛,不由得心潮澎湃,下决心一定要到故宫去,要找到这些镜头,一张一张原角度、原模原样地把故宫再重拍一遍!他说,这回,我要拍出故宫真正的内涵和气质,拍出今天中国人的精神面貌,要让世人看看今天的故宫,看看今天的中国!

《镜头下的故宫百年》竟有这么厚重的沧桑历史和思想内涵！这不能不令人感慨和遗憾——感慨于抓到了一条好“鱼”，遗憾于如此深刻的思想内涵，落在纸上，竟变得轻飘飘不知所云了。

仔细分析，问题仍出在构思上。

写新闻专稿，不能介绍完“由头”便撒手不管——后面的内容全然与主题无关。如果不紧紧围绕主题去讲述，让故事内容游离于那位年轻摄影家深厚的爱国情怀之外，那么听众就不会理解一位年轻摄影家为什么会对百年前的几个老镜头耿耿于怀。因为很显然，这位中国青年摄影家重拍故宫肯定不是为了好玩，也不是单纯为了艺术，其背后的思想内涵，记者不去挖掘，听众是不会领悟的。

假如我们真正理解了这位摄影家，作品的主体结构应该是这样的：从一组组对比强烈、令人震撼的照片入手，引出一段段幕后故事：摄影家是怎么找到这一张张照片的原拍摄地点的？他是怎样用原角度来体现故宫的宏伟气势和时代风貌的？这其中究竟有多少鲜为人知的幕后故事等等？只有将一个个对比强烈的镜头及背后精彩的故事挖掘和串联起来，故事才不会游离于“主题”之外，而只有这样来构思，也才不枉“镜头下的故宫百年”这个独特的立意。而最重要的是，主人公那些看似轻松随意的行动才会被赋予深刻内涵，而不是仅停留于摄影家拍摄故宫的表面，介绍一点摄影的花絮或皮毛。

也许有人会说，一部作品，一百个人写，会有一百种构思，一百种写法。这话没错，因为在主题未确定前，一百个人会有一百种考虑，一百种选择。但这是在主题确定之前，一旦确定了主题，那么就是选择了某一个表达角度，即在主题和构思以及结构之间达成了某种契合，不能再天马行空、自由驰骋。这就是主题与构思之间的关系。

什么是一个好的构思？我们常说，内容决定形式。其实，这里所说的构思与主题紧密相关，而且与结构的关系密不可分。当大家学完本章第七节“录音专稿的谋篇布局”之后就会发现，一个特定的内容，必定会有一个最好的形式去表现它。所以要重视构思，要紧紧围绕主题来构思，这一切无不体现了记者的智慧和功力。

第四节　录音专稿的常用采写手法

录音专稿的常用采写手法，可从其与一般文字通讯的区别中去把握。

大家知道，通讯是新闻的发展与补充。新闻用最快速、最简短的文字告诉人们发生了什么，而通讯则告诉人们事情是如何发生的，其过程怎样，意义如何。因此，通讯的采访一般要比新闻的采访更深入细致一些，尤其是人物通讯的采访，其中会有大量的细节描写，因此采访要更深入、更细致。

从这一点来说，广播录音专稿与一般文字通讯完全相同。

那么，录音专稿与一般文字通讯的区别主要在何处？除明显的前者使用音响，后者不使用音响外，更重要的是，**由是否使用音响而派生出结构方式和语言方式上的不同。**例如：

一个风雪交加的夜晚，李月华出诊回来，远远听到小冠军和小金叶都在啼哭，赶紧加快了脚步。但是她没有回家，而去敲赵二姐的门：“二姐，开门呀！”赵二姐听到李月华的声音，一骨碌爬起来点上了灯。看着李月华背着药箱子走进来，便激动地拉住李月华的手说："他李姨，你家小冠军也在哭呢！"李月华笑着说："没啥，有她姥姥哄着哩。"一边说，一边给小金叶喂奶。赵二姐望着渐渐入睡的小金叶，感动得伏在李月华的肩膀上哭了，泪水把李月华的衣裳润湿了一大片……

——《人民的好医生李月华》(《安徽日报》1972 年 12 月 18 日)

严冬，一个风雨交加的夜晚，焦裕禄召集在家的县委委员开会。人到齐后，他并没有宣布议事日程，只说了一句："走，跟我出去一趟"，就领着大家到火车站去了。

当时，兰考车站上，北风怒号，大雪纷飞，车站的屋檐下，挂着尺把长的冰柱。国家运送兰考一带灾民前往丰收地区的专车，正在这里开过，也还有一些灾民穿着国家救济的棉衣，蜷曲在货车上，拥挤在候车室里……

焦裕禄指着他们，沉重地说："同志们，他们绝大多数人……是灾区逼迫他们背井离乡的，不能责怪他们，我们有责任。党把 36 万群众交给我们，我们不能领导他们战胜灾荒，应该感到羞耻和痛心……"

从车站回到县委，已经是半夜时分了，会议这时候才"正式开始"。

——《县委书记的好榜样——焦裕禄》(《人民日报》1966 年 2 月 7 日)

这是上世纪六七十年代非常著名的两篇通讯的片段，采用的均是典型的新闻笔法，即通过典型事例的捕捉以及准确的叙述和描写，刻画人物特征。

那么，录音专稿可以这样写吗？其实不行。因为通讯也好，录音专稿也罢，其中记述的新闻事件往往不是正在发生的事情，尤其是人物通讯，其人物言行绝大部分都是"过去式"，而这些过往的语言是无法用音响再现的(新闻因真实性要求而不能模拟)。

因此，一般的文字通讯可不受任何约束直接进行叙述或描写，但录音专稿则因音响的局限，做不到如此"直接"。

于是二者产生了差异，即广播中的录音专稿常采用**转述**或**间接叙述音响**介绍人物或事件，这是录音专稿中惯常采用的手法。

所谓**转述**或**间接叙述音响，是记者无法录到新闻事发现场的真实音响，而通过第三方的介绍获得新闻事实的音响**。如：

孟二冬被称为"阳光教授"，即使在痛苦的时候，他的宽容、鼓励，也总是让学生们如沐春风。学生李晶：

【音响】今年的 1 月 1 号，那是老师做完第一次化疗很憔悴的情况下，然后他见了我的面之后，问了我两件事情，一个就是说，你的论文怎么样了？另外一件他就问我，你要找工作了，推荐信我给你写。我觉得老师在这样的一种病痛当中，继续能够设身处地地站到我的位置去为我想这么多的事情，我实在是不知道该怎么说……

——《"阳光教授"孟二冬》(中央台 2006 年 1 月)

播音员：陈海新是周家渡地段医院一名普通的中医师。在大家的记忆中，陈医生永远都是面带微笑、温婉而热心的，被病人称为"微笑的天使"。她的病人杨阿姨说：

【录音】她看病总是面带微笑的，病重的到她那里会轻的，晓得哇。(录音止)

播音员：浦南医院党委书记殷志发也这样评价：

【录音】她坚持以微笑，14 年面对病人。将近 30 万人次，没有红过一次脸，没有和病人发生过一次争执。(录音止)

——《人民的好医生陈海新》(浦东台 2007 年 2 月)

如非引用人物语言不可，而该人物又未留下相关音响资料，录音专稿当然也可以采用与一般文字通讯相同的方式。如：

播音员："为病人服务，我感到很开心。"这是陈海新说得最多的一句话。然而谁又能想到，在微笑的背后隐藏着她多少痛苦呢……

当然，能找到人物当时的讲话录音资料，那是最好的。如：

播音员：对于去和留，沈浩心里也十分矛盾。他上有 80 多岁的老母亲需要照料，下有上中学的女儿要照顾。几年来，为了工作，他不是一个好儿子、好丈夫、好父亲。每当谈起家庭，他总有深深的内疚。但是又一想，小岗的事业才刚刚起步，他又怎能辜负小岗人民的信任呢？沈浩：

【音响】我是作为省直的选派干部，被选派到小岗村，小岗人又按下了手印，把我留下来，这是对我工作上的认可。我对这块土地也怀着深深的感情。小岗村它毕竟是一个名村，能够把我放在这个地方，实际上也是组织对我的信任，更主要的是小岗人想过上富裕生活的那种企盼。

——《小岗村的好书记沈浩》(安徽台 2009 年 11 月)

这段音响显然是沈浩生前留下来的。

虽说因时过境迁，录音专稿中多以间接音响为主，但想方设法录到**直接事实音响**仍是我们的追求。**所谓直接事实音响，是记者在新闻现场直接录到的新闻事件本身的音响。**这就要求记者有时间和速度意识并且善于捕捉典型音响。如：

(音乐声渐变成手术室里各种仪器声和手术器械声，压混)

女播：2004 年 9 月 30 号上午 7 点半，上海中山医院手术室。田世国静静地躺在手术台上，看着医生们紧张地进行手术前的准备。昨晚，他彻夜未眠。由于怕母亲在做手术时见不到儿子起疑心，田世国专门来到母亲病房，为母亲编织起第二个谎言。他说，有个案子需要他出庭辩护，明天一大早就动身。

【音响】田世国对母亲：7 点 50 的火车，6 点多就赶过去了。

母亲：是吗？明天早晨？

田世国：早晨。我看我工作安排好了，就……

母亲：行行，让你弟弟勤给你通点消息。

女播：老人丝毫没有怀疑，反而安慰田世国在外面好好工作，不要挂念自己……

——《爱心编织的谎言》(山东台 2004 年 10 月)

上述片段(详见本章第七节)中，记者不仅录到了正在实施手术的音响，而且录到了儿子田世国向母亲撒第二个谎的现场真实音响。这对记者来说，是有一定难度的(易引起母亲怀疑)，故肯定是动了脑子的。再比如：

【陈晓刚现场讲述音响】(风声，边喘息边说)今天是 5 月 19 号，现在是早上 7 点多钟。我离开 7800 米营地，往上走，这是一个大冰洞(咳嗽、喘息)，又是一个大坡，脚往上一搭，一出溜，一搭，一出溜。(风声，碎石滚落声，喘息声)风吹在脸上，像刀割似的。冻出来的清鼻涕，总是抹不干净。啊，不行了，张不开嘴了，等会儿再说吧……

——《珠峰日记》(黑龙江台 2000 年 6 月)

这是黑龙江电视台记者陈晓刚跟随个体登山者阎庚华在攀登珠峰时录下的音响(详见第十一章第二节)，伴随着风声和碎石滚落的声响，在严重缺氧的情况下，陈晓刚艰辛的讲述非常真实。这是最真实的对新闻现场的直接记录。

通过以上介绍，录音专稿的采写要领可以总结如下：

(1)录音专稿中，能反映正在发生的新闻事实的，即能使用直接音响的，要尽量捕捉住；无法使用直接音响的，要用好转述音响或间接叙述音响。

(2)从某种意义上说，录音专稿是围绕采访到的音响进行构思和结构的，因此，能否采录到典型音响，并用好这些音响是关键。

(3)录音专稿中，不仅解说词担负着叙述、描写、议论和抒情的作用，音响也具有重要的叙述、描写、议论甚至抒情作用。

因此，应抓住录音专稿的结构特点，学会使用音响进行构思和谋篇布局。

第五节　录音专稿的标题写作及使用方法

广播新闻中，除了消息类新闻(文字消息和录音新闻)之外，还有很多体裁，如录音专稿(新闻专题)、录音特写、录音专访、系列报道，以及评论性稿件(录音评论、述评)等等，这些体裁的标题，在写法与使用上与消息类新闻(录音新闻)略有不同。

一、广播专题类新闻的标题写作方法

1. 意义揭示法

所谓意义揭示法，就是直接点出作品的主题。这是写作专题类新闻标题时运用最多的一种方法。

例 1：《玉树地震：无论你在哪里我都要找到你》(中央台 2010 年 4 月 15 日播出，获第 21 届中国新闻奖广播专题一等奖)；

例 2：《我不能让我的孩子流血》(新疆台 2006 年 12 月 30 日播出，获第 17 届中国新闻奖

广播专题三等奖);

例3:《北京,请下达命令》(山东台2003年5月27日播出,获第14届中国新闻奖广播新闻三等奖)。

此类标题中,时间、地点等新闻要素都显得不那么重要,重要的是揭示新闻意义。

此类揭示主题的标题写法,在广播评论中使用也很广泛,因为评论的标题就是要告诉听众,你要评什么。

例1:《善待民工才能够缓解民工荒》(浙江台2010年3月24日播出,获第21届中国新闻奖广播评论一等奖);

例2:《呜呜祖拉吹响“中国制造”警音》(福建台2010年7月5日播出,获第21届中国新闻奖广播评论二等奖);

例3:《政府“拍脑袋”决策　好事也难办好》(广东台2010年11月7日播出,获第21届中国新闻奖广播评论二等奖)。

2. 诘问法

所谓诘问法,就是在标题中提出问题,借以引发听众进行思考。

此类标题,在广播评论中使用比较多。

例如:《一张道歉条,触动了我们什么?》《未来,我们需要怎样的行业协会?》等。

3. 词组法

广播录音新闻常用概括性强的陈述句,很少用“词组”做标题;而录音专稿、录音特写或专题性的系列报道等广播新闻体裁,则常会采用更为凝练的标题,即使用词组形式作为标题。常用到的有以下两种方法:

(1)偏正词组法

偏正词组又叫偏正短语,通常由修饰语和中心语组成,结构成分之间有修饰与被修饰关系,前面的修饰成分即为偏的部分,后面的被修饰部分即为正的部分。

例1:1999年,为庆祝新中国成立50周年,中央人民广播电台采写了一组讴歌中国科技事业飞速发展的报道,题目是:《废墟上崛起的中国科技》。该题目采用了一个“偏正词组”(“的”字结构)作为标题,这种风格的标题尤为适合新闻专稿。

例2:新闻专稿《爱心编织的谎言》(山东台2004年10月28日播出,获第15届中国新闻奖广播专题二等奖),标题也是偏正词组。

还有:《大墙内的声音》(天津台1999年)、《“大桥经济热”中的“冷思考”》(江苏台1999年)、《一支没有点燃的火炬》(天津台2008年)等等。

(2)同位词组法

同位词组又叫复指短语,多由两部分组成,前后各部分词语不同,但复指同一个事物,例如:首都北京、好工人许振超。广播专稿中,常采用这样的命题方式。

例1:新闻专题:《新疆好巴郎阿里木》(新疆台2010年12月31日播出,获第21届中国新闻奖广播专题二等奖);

例2:新闻专题:《“阳光教授”孟二冬》(中央台2006年);

例3:新闻专题:《人民的好医生陈海新》(浦东台2007年);

例4:新闻专题:《小岗村的好书记沈浩》(安徽台2009年)。

4. 对偶法

对偶又叫对仗，是字数相等、结构形式相同、意义对称的一对短语或句子，常用来表达相对或相近的意思，是汉语中常用的修辞方式。

广播录音新闻中很少用对仗形式的标题，而录音专稿、录音特写等形式的广播新闻则不受此局限。

例如：1999 年 12 月 19 日，北京台为迎接澳门回归，专访了著名爱国诗人闻一多的儿子闻立雕，并写出了新闻专访，题目是：《前辈泣血换七子，今朝欢歌迎澳门》。

再如：新闻专稿《离家百年，钟回故里》（天津台 2005 年）。

概括而言，录音新闻的标题写法是叙述事实，录音专稿（通讯、特写）的标题写法是宣示意义，录音评论的标题写法是概括观点。

总之，广播新闻记者或广播编辑应有较高的主题概括能力，有高超的文字技巧，同时也应掌握不同广播新闻体裁的写法和风格，这样才能写出更具广播特点的、精彩的新闻标题。

二、专稿类稿件中标题的播出形式

专稿类（包括录音特写、录音评论）体裁中的标题，其正规播出形式是：在导语＋介绍语结构中要报标题，如：**请听本台记者采制的录音专稿（录音特写或录音评论）**……然后再播放记者制作好的录音专稿或录音特写、录音评论。

例如，内蒙古台采制的广播专题《破解沙产业盈利难题——一家沙漠电厂的低碳之路》（2012 年 4 月 8 日播出，获第 23 届中国新闻奖广播专题二等奖）：

男播：2012 年 3 月 26 日，世界第一家沙区生物质电厂、内蒙古毛乌素生物质热电有限公司董事长李京陆，作为唯一的中国企业代表，出席了当天在纽约联合国总部举办的里约可持续发展大会预备会议。李京陆以生物质发电拉动沙漠绿化，打破了长久以来中国企业在生态领域的沉默，他利用生物质培育螺旋藻的“三碳经济”发展模式，更破解了沙产业盈利难题，使中国看到了生态建设由“政府为主”转为“企业为主”的曙光。**请听内蒙古台记者蝉铓、陈冰凌采制的新闻专题《破解沙产业盈利难题—— 一家沙漠电厂的低碳之路》。**

（音响压混：各国记者向李京陆提问）

记者：纽约时间上午 10 点钟，李京陆结束了他在里约可持续大会预备会议上关于“三碳经济”模式的发言，马上被来自洛杉矶广播电台、《华盛顿邮报》等媒体的记者团团围住，他的“三碳经济”模式，也受到里约可持续发展大会秘书长、联合国主办经社事务的副秘书长沙祖康的高度评价。国家林业局造林绿化管理司总工程师吴坚告诉记者，“三碳经济”模式受到国际认可，是因为“能实行、能复制、能推广”，更重要的是，这种模式让企业成为生态建设的主体，将明显拉动企业参与生态建设的积极性。

【录音】从国家的角度来看……

（以下略）

再比如，黑龙江台记者采写的广播评论《群体狂欢背后的社会之痛》（2012 年 3 月 24 日播出，获第 23 届中国新闻奖广播评论二等奖）：

男播:昨天下午4点,哈尔滨医科大学附属第一医院发生一起恶性伤害案件:一名患者持水果刀追砍医护人员,导致1死3伤。事件本身震撼人心,而更令人震惊的是,某网站调查显示,竟有六成以上网友看到这一新闻后表示"高兴"!被救者怒杀施救者,网络缘何掀起群体式狂欢?为暴力喝彩,社会怎会如此充满戾气?**请听本台新闻述评《群体狂欢背后的社会之痛》。**

记者:2012年3月23号下午,一名少年突然闯入哈医大一院风湿免疫科医生办公室,抡刀疯狂砍向正埋头工作的医生和实习学生。硕士研究生王浩坐在门口,来不及躲闪,被刺中颈动脉,后因抢救无效死亡。其余3名医生受到不同程度伤害。

【目击医生】不太高的一个小孩,就开了一下门,我就看了他一眼,当时觉得他眼神稍稍有一点点不对劲……

(以下略)

可见,广播专稿类新闻(评论)与消息类新闻在标题的播出与否上存在不同。

之所以会出现这种不同,原因是:新闻类专稿往往是深度报道(或评论),即它不是简单地报道发生了什么,而是报道事件是怎样发生的(或为什么发生),因此,其标题就不是一般新闻要素的简单汇聚,而常常是新闻主题的高度概括,带有很强的"点睛"作用,故不省略。

第六节　写好录音专稿的四要诀

录音专稿的关键是写好人物、写好事件。与报纸等纸媒上的通讯不同,广播录音专稿要想写好人物和事件,就要从音响这个角度抓好以下四方面:

一、用音响展现环境

1. 用音响展现背景

背景是对人物、事件起作用的历史情况或现实环境。任何人物的出现和事件的发生,都有其深刻的历史背景和现实环境,因此,广播作品在写好人物和事件之前,要首先关注背景,同时要力争捕捉到音响去加以展现。

录音专稿《永不褪色的小英雄雨来》(唐山广播电视台2012年12月28日首播,获第23届中国新闻奖专稿三等奖),以评剧《小英雄雨来》的公演为切入点(作为背景处理),同时又敏锐地意识到这一剧目的演出正值日本宣布"购买"钓鱼岛,因此该剧的上演便具有了非同寻常的意义。之后,作品在这样一个大背景下,回顾了冀东抗日儿童团的抗日历史,阐释了爱国主义精神的深刻内涵。

男:听众朋友:2012年的9月注定是不平静的。全国各地以多种形式纪念"九一八"事变81周年。9月10号日本政府宣布"购买"钓鱼岛,激起全球华人的强烈愤慨!

女:9月10号晚,由唐山市丰润评剧团编排、演出,获得第二届全国戏剧文化奖、第七届全国儿童剧优秀剧目展演最高奖的评剧《小英雄雨来》,应邀在北京大学百年讲堂隆重上演。

【演出现场音响,歌声】……八路军,赶走鬼子侵略者……我们是中国人,我们爱自己的

祖国。一二三——四！（念白）注意了，今天该咱们站岗放哨……（压混）

男：芦苇花、红缨枪，儿童团把人们带进了抗日战争中战火纷飞的冀东大地。

【演出片段】哎，你们说，咱们在河堤上写几个大字怎么样？（群众：写什么呀？）写“我们是中国人，我们爱自己的祖国”。（群众：我们是中国人，我们爱自己的祖国。）（歌声起）我们是中国人……（压混）

女：抗日小英雄雨来那份浓浓的爱国真情深深打动了在场的每一位观众，现场时而掌声雷动，时而叫好声迭起……

录音专稿《大爱情怀，信仰本色——全国道德模范龚全珍的本色人生》（江西广播电视台 2013 年 9 月 28 日播出，获第 24 届中国新闻奖二等奖）深刻诠释了第四届全国道德模范、“感动中国”年度人物——90 岁高龄的龚全珍的大爱情怀，以及淡泊名利、忠诚奉献的本色人生。作品一开始就运用了习总书记的一段话，为故事的展开做了很好的背景铺垫：

主持人：9 月 26 号下午，在北京京西宾馆会议楼前厅，中共中央总书记、国家主席习近平亲切会见了第四届全国道德模范。在热烈的掌声中，习近平饱含深情地向一位“老阿姨”致敬：

【出录音】我刚刚看到那位老阿姨，就是我们的老将军甘祖昌同志的夫人，她今年已经 90 多岁了，我看到她以后啊，我心里就是一阵感动。甘祖昌将军是我们开国将军，江西的老红军，建国以后呢他当了将军，但是他呢回家当农民，现在半个世纪过去了，看到老阿姨她和甘祖昌将军一起艰苦奋斗过来的，看到她又被选为全国道德模范，我感到很欣慰。就是要把这样的革命传统精神弘扬下去，不仅我们这一代人要传承，我们的下一代，也要一代一代地传承下去。向老阿姨表示致敬。（掌声）（录音止）

主持人：这位“老阿姨”就是刚刚被评为全国道德模范的江西省莲花县离休教师龚全珍。56 年前，她追随信仰，与丈夫甘祖昌一道回到江西省莲花县坊楼乡沿背村，从此扎根乡村、倾情教育……

录音专稿《一辈子爱病人》（江苏省广播电视总台 2013 年 8 月 22 日播出，获第 24 届中国新闻奖专稿类二等奖）深入报道了我国著名肠道医学专家、中国工程院院士黎介寿从医近 70 年，“视人民为恩人、视病人为亲人”的事迹。年近 90 的黎介寿是“亚洲同种异体小肠移植的开拓者”，也是“全世界研究肠子时间最长的人”。作品一开始就抓住了黎介寿的一句话，然后又通过高铁、事迹报告会等一系列音响，生动展现了事件发生的背景。

【音乐起，压混出黎介寿院士的说话音响】病人，他把生命托付给了我们，我们就得要尽最大的努力，我觉着成为好医生的诀窍就是一辈子爱病人！

【高铁行进声，压混】

记者：这是南京开往北京的高铁。黎介寿院士先进事迹报告会一行 5 人乘着这趟列车到北京。我叫沈颖，是江苏电台《名医坐堂》节目的主持人，作为报告团里唯一的媒体代表，我将跟着黎介寿院士他们开始六天五地的“全国巡讲”。

【出中央台新闻节目音响】中国工程院院士、南京军区南京总医院副院长黎介寿同志先

进事迹报告会今天在北京人民大会堂举行……(会场音响,渐弱)

记者:从南京到北京,到8月6号第一场报告会,我一再熟悉着演讲稿,生怕出错……

2. 用音响展现环境

不是所有的新闻事件都有生动鲜活的音响环境,但如果有的话,一定要想办法抓住,表现好,这是将新闻专稿写活、写生动的制胜法宝。

如录音专稿《珠峰日记》(黑龙江台,获2000年度中国广播电视新闻奖一等奖):

播音员:暴风雪越来越大,陈晓刚的帐篷不停地摇晃着。阎庚华迟迟没有下来,陈晓刚和他失去了联系。

【陈现场讲述】(风声)现在是21号凌晨,暴风雪还没有停。我终于喊通了老阎了,可是刚说了一句话,我的对讲机就没电了。

播音员:和外界的所有联系突然中断,陈晓刚的处境更加艰难了。最后一块饼干也被就着雪吃掉了,虚弱的陈晓刚躺在帐篷里,思绪渐渐飘浮起来。

【陈现场讲述】(风声)我不知道能不能下去……家里有孩子、妈妈,还有她在等着我。刚到珠峰的时候,我对着电话跟她们说,我在这里挺好的,我一定,我一定活蹦乱跳地回到她们身边。我会把珠峰的一切都录下来,回去放给她们听。我那些可爱的战友们,我也不知道,咱们还能不能在一起,我想你们。

播音员:陈晓刚忍受着剧烈的高山反应,把吸氧的时间一再缩短,争取给阎庚华多留一些下山的氧气。与此同时,在海拔5200米,珠峰前方报道组大本营的同事们正焦急地呼叫着陈晓刚。

该作品采用记者现场讲述的方式,记录了记者跟随个体登山者阎庚华攀登珠峰的艰难过程。通过话筒,我们不仅听到了记者的讲述,也切身感受到了珠峰的艰险与气候的多变。

再如录音专稿《玉树地震:无论你在哪里我都要找到你》(中央台2010年4月15日首播,获第21届中国新闻奖专稿类一等奖),稿件通篇采用现场报道方式,因此透过记者的话筒,听众能够感受到非常真实的现场情况:

【现场音响】搜救队员3:马上就要出来了。

搜救队长:余震!闪开!余震!

众人:没事,没事,慢点,慢点,别动了,小心,小心。

众人:哎哟!又余震!

搜救队员:这个余震比较大的啊。

搜救队长:要创造奇迹啊,创造中国救援史的奇迹。

众人:又余震!闪开!闪开!小心啊!不要乱,不要乱!那边山塌方了……

众人:出来了,出来了!担架,担架!好!好!慢点,慢点,把眼睛挡着,眼睛挡着,把眼睛捂上!架起来,架起来,这边,这边,上担架,躺着!好,走,好!好!

众人:下一个,下一个,不要着急,队员不要撤,队员不要动。

记者:现在12点整,第一个被困的群众已经安全从洞口里边爬出来了!现在是12点02

分，第二个也已经出来了，他能够自己主动地爬出来，而且还能够站立起来，感觉他的状态很不错。

众人：趴下，趴下，好，不错，不错啊。第三个，第三个。

记者：现在第三个群众已经出来了！现在出来的三个群众都是自己爬出来的，而且他脸上还带着微笑，还能挥手！你太棒了！

众人：别激动，小伙子！慢点，慢点，闭上眼，闭上眼。

记者：现在第四位，第四位已经出来了！

众人：担架，担架，快上担架，第四个。

记者：现在第四位被困的群众也已经救出来了，他的身体状况相对于前三个可能稍微有点差，可能是有一些受伤，现在用一个简易的担架把他固定在上面，现在他已经被成功地抬出了废墟。今天，五个小时之前探测到的四个活生生的生命现在已经被全部救出来了！

这样的新闻报道，你能真实感受到记者所处的环境与所处的位置，能感受到他手中话筒与新闻事件的距离，能感受到周围环境的危险，因此很容易抓住听众，感动听众。

可见，想写好人物和事件，先抓好背景音响与环境音响。这是要诀之一。

二、用音响塑造人物

通讯离不开写人，录音专稿同样离不开写人。要想写好人物，报纸通讯靠文字，广播则要靠“采访音响”——用采访到的音响来表现人物品德，塑造人物形象。这是录音专稿的难点，也是成功的关键。

1. 用音响捕捉人物的生动语言

写人物离不开写人物语言，鲜活的人物语言对表现人物性格、人物思想具有重要作用。而用录音机抓录鲜活的人物语言并不是一件容易的事，因此要注意捕捉，一旦抓住，就不能让其轻易溜掉。

例如录音专稿《我不能让我的孩子流血》中，就抓住了一句人物语言：

女播：从2004年乌鲁木齐师范学校毕业分配到65中附小起，马瑞老师就担任起现在四年级三班班主任，三年来的朝夕相处，在马瑞眼里，每个学生都是她的孩子。这几天，她在病床上不断重复着一句话：我不能让我的孩子流血！

【音响】(吃力地)当时我心里想到的学生，我绝对不能让他伤害到我的孩子！他们才10岁、9岁。我要尽我最大的努力保护他们。我不能让我的孩子流血！

年轻的小学老师马瑞面对歹徒的砍刀，不顾个人安危，用身体保护了学生，自己却身受重伤——耳朵被砍掉，牙槽骨被砍断，掉了好几颗牙齿。而她却时刻惦记着孩子——在病床上，她吃力地说“我不能让我的孩子流血”——她把学生当作自己的孩子！这样的语言被记者抓住，并用作标题。这里，记者对录音细节的捕捉和对语言的敏锐感受是成功的关键。

再比如录音专稿《一辈子爱病人》是从黎介寿院士的一段讲话录音开始的：

【黎介寿说话音响】病人，他把生命托付给了我们，我们就得要尽最大的努力，我觉着成为好医生的诀窍就是一辈子爱病人!

“一辈子爱病人!”这是记者捕捉到的黎介寿院士最精彩的一段话,经过剪裁,不仅用到了作品中,而且也被用作标题。这足见录到人物的精彩讲话有多么重要。

2. 用音响捕捉人物的动作细节

用音响突出细节,这是每一个广播人都必须时刻牢记的。

例如录音专稿《维吾尔族群众离不开的汉族村官》(新疆台 2013 年 10 月 27 日首播,获第 24 届中国新闻奖三等奖),真实报道了新疆泽普县古勒巴格乡科克墩村党支部书记刘国忠的事迹。他家是维吾尔族村庄里唯一一户汉族人。他当村官 31 年,到了 60 岁退休年龄时,被村民要求留任,又做了许许多多可歌可泣的事,直至献出了宝贵的生命。生前他带领村里 284 名维吾尔族群众,把全县最偏僻、最贫困的村建成了“零上访、零刑事案件、零治安案件、零非法朝觐、零非法宗教活动、零重大安全事故”的和谐富裕村,被央视评为“最美村官”。记者在刘国忠生前曾两年四访刘国忠,积累了其生前大量丰富而珍贵的录音素材,对塑造人物起到了重要作用。其中有这样一个片段:

播音员:为完成这些承诺,62 岁的他(刘国忠)骑着摩托车成天穿梭在各个施工现场。

【出录音】记者:这个摩托车骑了几年了?

刘:这个摩托车(骑了)五年了。

记者:今年是不是比往年骑得多一些?

刘:今年最多,今年,每天都要骑上跑。

记者:为啥今年多呢?

刘:今年又是工程、又是水渠、又是柏油路,哎呀,你看就是一直在跟人家协调这些事情。

记者:但是像你这么大年纪的还骑摩托车的人不多了吧?

刘:不多,不多,不多,我是最老的一个。

播音员:记者坐着刘国忠的摩托车一路颠簸,先到幼儿园施工现场,他与教育局管基建的同志协调完篮球场变更位置和自来水管网建设后,又冒着滚滚尘土,来到科克墩村一组通往二组的修路施工现场……

这是一段直接事实音响,其中,记者抓住了一个细节——骑摩托车。通过骑摩托车,表现了刘国忠的奔波与辛劳。

再比如,录音专稿《用生命书写忠诚》(陕西广播电视台 2013 年 12 月 9 日首播,获第 24 届中国新闻奖专稿类三等奖):

播音员:陈绍洋刚到麻醉科时,为了掌握比别人更多的技术,白天都会守在急诊室,晚上则会坚持自学。与陈绍洋共事了 20 多年的西京医院麻醉科主任董海龙告诉记者,那时陈绍洋给他留下最深的印象就是——勤奋。

【出录音】我刚到科里的时候,给我印象最深的就是,他自己在一个很小的我们平常放器械的房间里头支了一张桌子,桌子上摆满了各种书籍、各种各样的参考资料,每天要学习到深夜的十二点以后,当时对我的触动非常大。

播音员：从医三十年来，早上七点前出现在办公室，晚上十二点之后才离开，成了陈绍洋的生活常态。在西京医院，身材高大的他每天都风一般地穿梭在各个手术室之间，通常一天要做七八台手术。西京医院移植中心护士长李琳：

【出录音】你啥时候见他，他都是一路小跑，你啥时候见他，他都是那个步伐就那样子，换得特别快。忙么，时间不够用么。

播音员：多年来，陈绍洋一直把麻醉当成一门艺术来追求……

这里的两段录音都是间接事实音响，是主人公陈绍洋去世后记者赶到第四军医大学西京医院采访后获得的。其中展现了两个细节，一个是“学到深夜”，一个是“一路小跑”。记者虽然未在主人公生前采访到本人，但通过事后的补救性采访，录到了近 4000 分钟的音响，最终从中剪裁出最精彩部分，用间接事实音响同样成功塑造了人物。

三、用音响讲好故事

录音专稿离不开写事。在现实生活中，人们生活在各种各样的矛盾冲突中：人与自然的矛盾、人与社会现实的矛盾、人与人之间的矛盾等等。生活中的很多事并非平淡无奇、一马平川，而是丰富多彩、跌宕起伏。因此，要想写好录音专稿，就要用好手中的话筒，在铺陈事实的同时，用音响展现出事件的丰富多彩。只有将人物所面临的艰难与矛盾冲突充分表现出来，其结果才会有分量。

1. 用音响展现事件细节

事件的细节展现，可以让听众更好地了解事情经过，也可以更好地展现主题。

如录音专稿《爱心编织的谎言》，就有一段儿子向母亲撒谎的真实录音：

女播：2004 年 9 月 30 号上午 7 点半，上海中山医院手术室。田世国静静地躺在手术台上，看着医生们紧张地进行手术前的准备。昨晚，他彻夜未眠。由于怕母亲在做手术时见不到儿子起疑心，田世国专门来到母亲病房，为母亲编织起第二个谎言。他说，有个案子需要他出庭辩护，明天一大早就动身。

【音响】田世国对母亲：7 点 50 的火车，6 点多就赶过去了。

母亲：是吗？明天早晨？

田世国：早晨。我看我工作安排好了，就……

母亲：行行，让你弟弟勤给你通点消息。

女播：老人丝毫没有怀疑，反而安慰田世国在外面好好工作，不要挂念自己……

转天的手术，儿子要在另一间手术室做摘肾手术，因此不可能出现在母亲身边，他只能骗母亲。这段录音看似平常，其实获取却有难度。因为一个普通的母子对话场面，记者不可能手持话筒出现在旁边，也不能事后模拟或还原，因为要真实，还必须录清楚。可见，记者为了获取这段录音费尽了心机。从效果看，这段录音对表现作品主题非常重要，因为作品的主题是“爱心编织的谎言”，其中儿子共向母亲撒了三次谎，而第二个谎，记者居然“抓”到了现场。

再比如录音专稿《我把光明先给你》(新疆台 2012 年 5 月 20 日播出，获第 23 届中国新

闻奖专稿类一等奖)中有这样一段录音:

主持人:手术后一个星期,巴依拉的左眼视力恢复到0.2。5月18号早晨,她出院后的第一件事就是到恩人笪秋香家里表达感激。她特地换上了最喜欢的民族服装,还给吴妈妈买了礼物。

【出录音】这是弟弟,这是二婶,二婶最喜欢秋香了。

二婶:好好地看这个世界。

笪秋香妈妈吴义平:做我的女儿吧,我一看到她就看到我的女儿。

巴依拉:嗯,我的现在妈妈了。

笪秋香妈妈吴义平:祝你早日康复!

巴依拉:嗯,我也以后看你们。我很感谢你们。

汉族女孩笪秋香得知自己身患绝症后,便提出要身后捐献眼角膜。这段录音细致展现了新疆女孩巴依拉接受捐献并恢复视力后去苏州看望笪秋香父母时的场面。记者静静地用话筒记录下当时的情况,没有任何提问或采访,但很真实,很细腻,也很震撼,令人动容。

2.用音响展现矛盾冲突

用音响将事件的矛盾冲突展现出来,往往会加深作品的主题。

如录音专稿《爱心编织的谎言》中有这样一段:

男播:怎么办?一边是生命走向尽头的母亲,一边是遥遥无期的等待。作为长子的田世国,当即做出了一个大胆的决定,他要捐献自己的肾脏去拯救母亲,用自己的身体去燃亮母亲那微弱的生命之火!

【音响】田世国:当时我就决定换我的。我本身就是她身上的肉,再回到她体内,总要比别人的肾好!

男播:没想到,田世国的决定被母亲刘玉环无意中听到了。这位性格倔强的老人当即表示,这样做她绝不允许!

【音响】你说你想给我换肾哪,我说,你要给我换肾,我就跳楼自杀!再大的痛苦我自己受!

一边是儿子要为母亲捐肾,一边是母亲坚决反对,这里的两段录音,展现了母子的尖锐对立。而难能可贵的是,母亲的这段录音不可能是公开采访录到的(因为不能让母亲发现媒体对此事的关注,在母亲看来,肾源只是来自一具尸体),只能采取“偷录”的方法,因此这段录音不够清晰,但经过技术处理,我们还是听到了母亲的心声。而这样一段录音,更反衬了儿子为母亲捐肾的坚定。

在录音专稿《选择》(江苏省广播电视台2012年8月22日播出,获第23届中国新闻奖专稿类二等奖)中,记者抓住盐城农民工在2012年7月21日北京发生的特大暴雨中不顾个人安危,见义勇为,一夜之间成为新闻人物的新闻事实,在报道中凸显了“民工”与“英雄”、“外来务工人员”与“城市人”的矛盾:

播音员：在召开了三次工地大会后，8 月 17 号，杜金荣代表盐城农民工救人团队发表声明：拒收一切物质奖励，请代表团队转赠灾区或者其他需要帮助的人。

【出录音】我们是通过自己的劳动，获得咱们自己应该得到的收获，如果我们一味地再接受别人的捐赠，实际上我们在做这件事的时候，已经违背了当初的初衷。

播音员：在何明看来，队长的声明来得正是时候，他终于可以不用再反复跟同学解释，救人真不是为了钱：

【出录音】我说，给我精神奖励，我要。给我物质奖励，我不要。物质的奖励我可以去赚钱啊，我四肢健全，我可以吃苦。人家更需要的你不给人家，精神奖励感觉上给自己一个支柱吧。

播音员：也有单位对年轻的民工兄弟抛出"橄榄枝"。不过杜建刚特别有主见：

【出录音】我觉得，我不适合在北京，北京高节奏的生活方式，我接受不了。这其实真的是一件很普通的事，看见了你必须得救，这样对得起自己的良心啊。

播音员：今年 41 岁的杜金荣是 1990 年来北京打拼的，22 年了，还没有北京户口，他笑着说自己是只"候鸟"，对北京感情挺深的：

【出录音】我觉得，我跟北京人没距离，觉得北京人跟我还是有距离的。这件事以后，就感觉大家把我真正当成身边的真正朋友。有一天我们打一车，出租车司机第一反应就是我们给钱他不要。他说兄弟啊，不是说我不收这钱，我觉得你做的事为我们北京人做了很大的贡献，我也要做点，认同你们的事儿。

播音员：在他看来，对民工群体的尊重，就是对他们救人的最好褒奖：

【出录音】咱们虽然是本能地做了一件事，社会对咱们的认同，确实是我觉得对我们来说是最好的回报，也是最高的回报。

这个段落中，音响只出现了民工的声音，但你能感受到他们内心的不平静。面对救人事件，面对舆论对他们的各种评价，他们内心实际上充满了矛盾、压力和诉求。

四、用音响升华主题

每篇作品都有记者的立意，即记者想表现的主题。而手段高超的记者，会通过手中的话筒让作品的内涵展现出来。

比如录音专稿《永不褪色的小英雄雨来》（唐山广播电视台 2012 年 12 月 28 日首播，获第 23 届中国新闻奖三等奖），其中关注的是如何引导青少年理性爱国。作者以评剧《小英雄雨来》的公演为切入点，选取了冀东抗日儿童团这一角度，充分阐述了爱国主义精神的深刻内涵，让后人铭记爱国主义是中华民族文化的核心。

男播：管桦先生生前曾接到过无数读者的来信，询问小英雄雨来的原型是谁？其实，我们知道谁是雨来并不重要，重要的是我们要永远铭记在民族危亡之际，有无数儿童团员献出了自己刚刚绽放的生命。"小英雄雨来"是他们共同的名字！是他们不朽的化身！

【管桦作词的歌曲：听妈妈讲那过去的事情……】（压混）

男播：这是观看评剧《小英雄雨来》之后，唐山 35 中初一一班举行的主题班会。

【现场音响】老师：同学们，大家说我们应该向雨来学习什么呢？

同学齐声:爱国主义精神!

老师:那么,同学们又是怎样理解爱国主义精神的呢?

同学甲:老师,我们虽然和雨来所处的环境、生活状态、思维方式都不同,但是我们和雨来一样,对家乡、对亲人那种真挚的感情没有变,所以,我觉得爱国首先就是爱家乡、爱亲人。

同学乙:老师,我觉得爱国就要做好我们自己力所能及的事,比如雨来送鸡毛信、站岗放哨就是力所能及的事,今天我们努力学习,遵守社会公德,尊敬师长,也是爱国。

同学丙:我觉得爱国是一种责任,一种担当。

老师:同学们说得都非常好!爱国主义是我们中华民族精神的核心,一代代中国人薪火相传,同学们知道这是为什么吗?

同学齐声:我们是中国人,我们爱自己的祖国!(反复)

这是作品的结尾段落,其中,“我们是中国人,我们爱自己的祖国”,与作品一开始舞台上曾出现的台词遥相呼应。这种“重复式”的蒙太奇音响表现手法,很好地展现了作品的“爱国”主题。

再比如,2013年底,实业巨头海尔与网络霸主阿里牵手,成为企业界一大新闻,海尔的“平台化战略”由此引发业界关注。但新闻专题《当张瑞敏遇上马云——海尔开启跨界融合的平台》(青岛市广播电视台2013年12月13日首播,获第24届中国新闻奖三等奖)没有简单对待这一新闻,而是通过大量采访,深刻揭示了海尔与阿里巴巴融合的意义:

【海尔集团董事局主席张瑞敏录音】“双十一”那天,我们在家电行业中是销量最多的,而且比第二名大出非常多。网络平台就是三大平台,第一个平台是交互平台,在网上用户可以和商家交互;第二个平台就是支付平台,我支付起来很方便;现在最大的短板就是配送平台,恰恰这个配送平台我们是做得很好的。我差不多9万辆卡车,我可以深入到村、深入到社区,到用户家里去。

播音员:在张瑞敏看来,海尔与阿里这种天然的取长补短促成了双方最终的合作。实际上,嗅觉灵敏的天猫已经重新评估了海尔的特殊价值:它不只是一个家电品牌。

海尔从1999年已经开始大力发展自己的物流,是最早进入物流行业的家电生产商,目前“日日顺”已在全国26000个乡镇建立专卖店,拥有19万个村级联络站。大件物流的三个短板:送货慢、不能上楼、不能安装售后,在海尔这里完全没有问题,遍布全国、深入村镇的物流网络,让它可以把商品送到消费者的“最后一公里”。

而将自己多年来潜心打造的日日顺渠道“和盘托出”,海尔显然想在电商时代获得更多。

对于2012年底提出互联网平台战略的海尔来说,与阿里合作,无疑是其在整体战略上迈出的关键一步。

目前,除依托天猫、京东等平台之外,海尔自己的电商平台海尔商城早已搭建完毕,在互联网化的道路上,可谓“万事俱备,只欠东风”。

《上海证券报》财经评论员刘海杰认为,海尔将借助阿里在信息流与资金流的现有优势,加速其互联网化。

【刘海杰录音】海尔的短板主要是信息流和资金流,也就是说它对整个互联网信息或者说电商信息的交汇处理,还有互联网第三方支付方面是它的最大短板,海尔利用与阿里的合作，正好在这方面得到了一个大幅的加强。

据阿里巴巴测算，到2015年，他们的销售额将突破三万亿，互联网普及、虚拟经济爆发式增长，这在拉动消费的同时，也对实体经济形成巨大冲击。

面对“压力休眠”危机，实体巨头们开始懂得与网络合作，线上线下正在融合起来。2013年，实体格力与电商小米拉开10亿对赌好戏、联想大力转向互联网品牌营销、万达电商平台万汇网低调上线，包括此次海尔与阿里强强联手，虚实结合的新商业生态正在萌芽和探索。

正如马云在双方签约仪式上的预言：没有实体支撑的电商没有未来，未来的电商一定属于那些有互联网精神的传统企业。

【马云录音】实体经济只有成长了，数字经济才有真正的意义。我也真正地认为，没有像海尔这样的企业的制造能力，互联网真正会变成泡沫。

种种解读，都在给海尔的互联网之路提供注脚：当人们分析这场投资背后的深意时，才发现海尔其实并不只是想做一个单纯的白电品牌。在这背后，海尔已经做了许多……

透过话筒，记者试图告诉听众，海尔与阿里的合作不是一个简单的联合，而是开启了具有中国企业发展模式的传统产业与新兴产业的跨界融合。

第七节　录音专稿的谋篇布局

录音专稿的谋篇布局，或者说结构，与一般文字通讯有相同之处，也有不同之处。主要表现在，在构思的同时，要兼顾音响的使用。录音专稿的谋篇布局大致有以下几种方式：

一、顺叙结构法

这是所有通讯类体裁（包括纸质媒体与电子媒体）最常见的一种结构方式。

所谓顺叙式，就是按照时间的先后顺序来叙述。这种方法，与事件的发展过程同步，平铺直叙，简单明了（图4-2）。

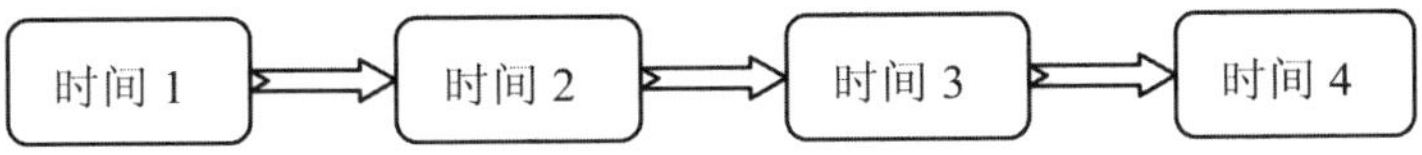

图 4-2

例如录音专稿《我不能让我的孩子流血》（新疆台2006年12月30日播出，获第17届中国新闻奖三等奖）。

女播：请听本台记者采写的新闻专稿《我不能让我的孩子流血》。

2006年12月20号中午，乌鲁木齐市65中学附属小学门口，发生了一起针对学生的恶性杀人案，造成两死四伤。在生死关头，年轻的女教师马瑞（音）为保护学生身受重伤。

【片花】（音乐，压混）

男播：面对歹徒，她临危不惧！

【音响】医生:刀子一下子砍下去,把牙齿都砍断了,掉了5颗牙齿,连牙槽骨一块断的。

男播:保护学生,彰显高尚师德。

【音响】马瑞:我绝对不能让他伤害到我的孩子!

男播:她用自己的勇气和鲜血,震撼着人们的心灵,谱写了一曲新时代的英雄赞歌!

(音乐扬起,止)

女播:12月20号,一个普通的上班日子。听到中午放学铃声,正在给学生们上课的乌鲁木齐市65中学附属小学四年级三班班主任马瑞合上了讲义。今天是她值周,要护送孩子们过马路。13点半,马瑞和她的学生们拉起了安全通道,组织同学们井然通过。就在大部分学生顺利离开的时候,意想不到的事发生了!路边林带里突然窜出一个中年男子,从腰间抽出一把明晃晃的砍刀,穷凶极恶地砍向毫无防备的孩子们。马路上顿时鲜血四溅。听到学生们的惨叫声,值周老师马瑞看到不远处的歹徒正举着血淋淋的砍刀,向一名吓呆了的学生挥去,情急中,马瑞一个箭步冲到这个学生跟前,俯下身子,把他紧紧抱在怀里,随即,马瑞感到脸上一阵剧痛,鲜血顺着脸颊往下流,身子不由得倒向地面。就在这时,马瑞看到马路中间还站着几个学生。怎么办?我不能让我的孩子流血。想到这,马瑞用尽全身的力气稳住自己,双手推着怀里瑟瑟发抖的孩子,冲着学生们大喊:快跑!快跑!大家快往学校跑!马瑞的喊声激怒了歹徒,话音未落,滴血的砍刀又一次朝马瑞狠狠地砍了下来!鲜血顿时喷涌而出。马瑞感到自己的嘴里全是热乎乎的液体。她顾不上疼痛,继续喊着:同学们快跑!快回教室!四年三班的马小贝(音)、马青云(音)一起回忆说:

【音响1】当天我和我们班同学刚过马路,听到一声喊叫,然后回头一望,一个女生,她跪到地上,捂着脸,在那哭,马老师刚好也看到了,叫了一声快跑。

【音响2】我就看到,马老师怀里一直搂着一个男同学嘛,然后,那个人就拿着大刀,往马老师的脸上挥了两刀,然后,马老师就把那个男同学推开,让他快点跑!快点跑!

女播:听到马老师的喊声,四年级三班的于洋(音)赶紧跑回了教室。他后怕地说:要不是马老师的大声呼喊,恐怕还有更多的同学受伤。

凶案发生时,乌鲁木齐天山区延安路街道办事处的两名干部张静栋(音)、冯德喜(音)正好经过现场,张静栋回忆说:当时,已经有几名小学生被砍,躺倒在地,鲜血染红了路面。他们被瞬间的惨剧惊呆了。

【音响】当时就看到这个歹徒挥着刀在砍那个老师!我冲他喊了一声,我说,你把刀放下!

女播:这时,冯德喜跟着冲了过来。

【音响】我也喊了一声:你把刀放下来。他来追我的过程中间呢,张静栋把他扑倒了。

女播:这时,120急救车也赶到了事发现场,马瑞和受伤的孩子们被分别送到了医院。乌鲁木齐友谊医院副院长古力敏热(音)看到血流满面的马瑞,惊呆了。

【音响】这个砍伤的程度非常残忍。我当大夫当了二十三、四年了,见过很多很多伤,但是像她这个伤还是比较重的。尤其出血比较多,当时创面也大,创面也不是太干净,她的外衣领子上都有很多毛,都裹上来了。

女播:医院立即成立了由口腔科、耳鼻喉科、整形美容科的四名专家组成的手术治疗小组,为马瑞会诊。口腔科专家阎跃斌(音)说:

【音响】我一看呢,面部吧,有三处刀伤,一侧是两个刀伤,一侧是在耳朵这块儿。这个耳朵整个就断裂掉了，还一个就是她这个牙槽骨都有骨折的现象，牙齿掉得比较多，掉了五颗牙齿吧。这个刀是这样砍下去的，一下下去，所以，一半的牙齿呢，砍断了，连牙槽骨一块儿断了，粉碎性的。还一个就是耳朵一侧这个，比较重，也比较深，出血部位主要在这块儿。

女播：医院迅速制订了详细的手术方案。专家们经过五个多小时的手术，尽全力把马瑞的身体损伤减小到最低程度。

夜幕降临了。马瑞被缓缓地推出了手术室。此时焦急地等在门外的父母、亲戚、学生家长全都围了上来。一看到女儿，马瑞爸爸马玉新的眼泪夺眶而出。

【音响】她眼睛闭着，我就说，马瑞啊，我是你爸爸。她就抓着我的手说：爸爸，学生们、学生们，我的学生们好吗？（抽泣）我的心太疼了！

女播：和马瑞送到一个医院治疗的，还有她的学生谢帅（音）。马瑞的目光扫到谢帅妈妈身上时，她用力睁大肿胀的眼睛，谢帅妈妈赶紧擦掉眼泪，走到马瑞跟前，安慰她说：谢帅没事，只是受了点轻伤。

【音响】她说，谢帅妈妈，孩子我没有带好。我说，这不能怪你。如果不是你挡住的话，我想可能当时伤亡的同学更多。

（片花，同前。略）

女播：12 月 25 号中午，65 中学附属小学四年级三班学生家长们把一面写有"师德高尚，英雄本色"的锦旗送到正在乌鲁木齐友谊医院治疗的马瑞的病床前。由于面部修复手术才做完五天，脸颊部还裹着厚厚纱布、脸色苍白的马瑞说话很困难，但见到学生家长代表马青云的妈妈时，她依然忍着疼痛，急切地问：

【音响】（吃力地）学生都好？（马青云母亲：好呢。）好、好就好，好、好我就放心了。（马青云母亲：我也跟马青云说了，你要拿最好的成绩来看马老师。）让他好好考试，等我好了我去看看他。

女播：透过病房玻璃门，看到躺在病床上的年轻女教师，家长们神色凝重。学生家长吴京新（音）痛心地说：

【音响】老师是为了娃娃，我们作为家长的，心情非常难受……

女播：从 2004 年乌鲁木齐师范学校毕业分配到 65 中附小起，马瑞老师就担任起现在四年级三班班主任，三年来的朝夕相处，在马瑞眼里，每个学生都是她的孩子。这几天，她在病床上不断重复着一句话：我不能让我的孩子流血！

【音响】（吃力地）当时我心里想到的学生，我绝对不能让他伤害到我的孩子！他们才 10 岁、9 岁。我要尽我最大的努力保护他们。我不能让我的孩子流血！

女播：同样作为孩子的母亲，马瑞妈妈穆秀娟（音）看着躺在病床上的女儿，既骄傲又心疼！

【音响】（哭声）哪有不心疼的……你说，在那些学生里面，她大，可是她也没多大，她才 21 岁！我说当时你没害怕？她说我没知道、没感觉。（抽泣）我不知道她哪来的那么大的勇气。其实她是胆子特别小的一个女孩，就在我们家自己的院子里，晚上出去，她就害怕。

（片花，同前）

女播：2006 年 12 月 21 号下午，乌鲁木齐市天山区检察院启动快步程序，以故意杀人罪批捕了当场抓获的犯罪嫌疑人阿布杜·哈里克·米吉提（音）。目前，案件正在进一步审理中。

乌鲁木齐市有关部门对马瑞等人的事迹进行了通报表彰，社会各界对他们临危不惧、见义勇为的行为表示赞誉。很多素不相识的人纷纷到医院看望和慰问马瑞。马瑞的病房里，摆满了五颜六色的鲜花。

【音响】我是一名高一的学生，我叫王晶(音)。看到关于马瑞老师的事迹，我觉得很敬佩她！听说马瑞老师长得特别漂亮，现在看到她这样子，心里面觉得挺难过的。

【音响】我是广告公司的一个设计师，叫谷运涛(音)。我是在网上看到这条消息的，实在是让我感动。所以今天我想来看一下马老师。我想给马老师一些祝福，祝她早日康复！而且我觉得，她是能够感动我们新疆的。很伟大、很伟大的老师！

女播：乌鲁木齐友谊医院副院长古力敏热动情地说：

【音响】她一直在惦着她的学生。她就问学生怎么样？学生怎么样？我觉得她的所作所为，任何人听了都会被感动的。作为一个女孩子能做到这一点，而且始终想着她的学生，特让我受感动！目前她的病情比较稳定，转移到一个比较温馨的病房，就让她修复心理上、生理上的创伤吧。

女播：虽然马瑞老师被歹徒的尖刀毁坏了青春靓丽的面容，但在孩子们的心中，她依然是最美丽的老师！这几天，乌鲁木齐市 65 中附小四年级三班的学生们学习更认真了，他们想用最好的成绩迎接马老师的归来。庹安宁(音)同学说：

【音响】马老师是我们学校最漂亮的老师。而这次，她的脸上被砍了三四刀，我很心疼马老师。每天做梦都梦见马老师跟我们快乐地在一起，高高兴兴地，一直带着我们，一直到我们上初中。我觉得马老师在我心目中是个英雄！

(音乐起)

这是一起突发事件，事发时记者并不在现场，所以作品在讲事发那一段时只有文字，或采用了间接事实音响(当事小学生和两名救人者的回忆)。当马瑞被送到医院后，很明显，记者赶到了，这时有了直接事实音响——马瑞在病床上与学生家长的对话。记者采录到的音响不仅有叙述，还有议论(医院院长、医生还有学生家长对马瑞的评价)，通过这些音响，真实再现了青年教师马瑞舍身保护学生的高尚品质。

值得肯定的是，作品题目来源于主人公的一段讲话。这再次印证了作者的构思过程，也说明了作品主题是如何产生的。

作品结构基本是按事件发生的过程、结果及产生的影响展开的，只有一两处小的插叙和补叙。专稿中可以看到明确表示时间的词语，如“几月几号”“中午”“下午”“夜幕降临”等，这是比较典型的顺叙结构。

二、倒叙结构法

所谓倒叙式，就是先讲故事(新闻)的结尾，然后再按照时间先后的顺序，从头讲起。这种讲述方法，可以提高作品的时效性(图 4-3)。

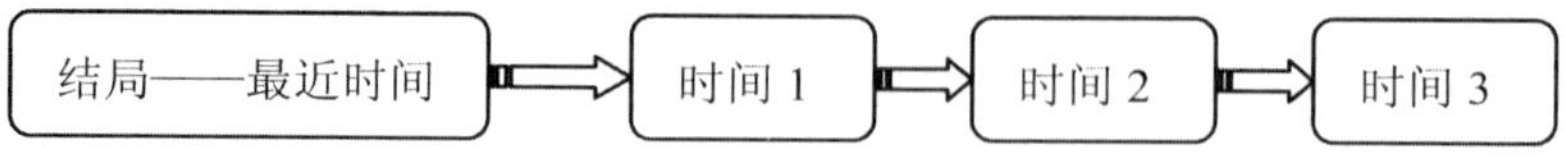

图 4-3

倒叙式的例子很多，如后文的《离家百年，钟回故里》《爱心编织的谎言》《强大了的中国是你的朋友》等，这里不再举例。

需指出的是，有的新闻事件时间跨度较大，记者为便于叙述，也为体现时效性，有意将新闻事件的结尾提到前面来叙述，这是典型的新闻手法。

三、插叙结构法

所谓插叙式，就是以顺叙法为主要结构，但在其中插入一些主时间轴以外的内容。这种讲述方法不仅灵活，而且能弥补事件本身单一的缺陷(图 4-4)。

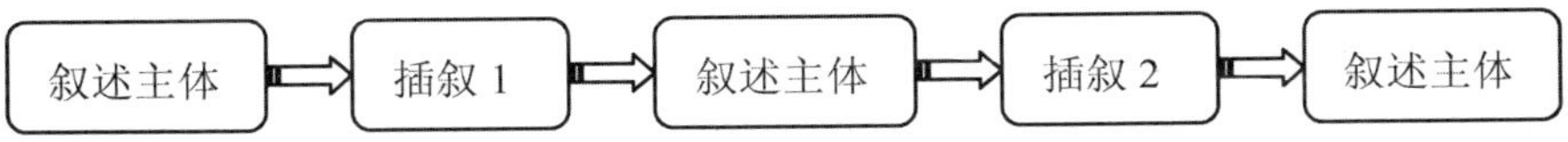

图 4-4

如《邓大姐回故乡》(天津台 1992 年 7 月播出，获 1992 年度中国广播奖二等奖)：

女播：海河，天津人民的母亲河，你哺育了多少英才骄子，你养育了多少津门后代呀！今天，你又张开那巨大的臂膀，迎接着一位伟人的到来。她就是我们可亲可敬、德高望重的好大姐邓颖超同志。

邓大姐回来了。这消息不像往常那么令人振奋，它在人们心头增添了万分沉痛，因为这次大姐来天津，不是匆匆地一过，而是永久地投入海河的怀抱！遵照她的遗愿，她的骨灰撒到海河！

1992 年 7 月 18 日，当护送邓大姐骨灰的灵车队驶进天津的时候，数万群众伫立街头，武警战士、执勤民警行军礼致意！街道两旁不时有“邓大姐，我们怀念您”“邓大姐，你永远活在我们心中”的挽幛出现。几乎每个楼房的阳台上都站满了人。

灵车队，万众心相随！从宜兴埠到塘沽，百里长街装不下天津人民对这位老大姐的无尽思念！

天津人民不会忘记，邓大姐曾经就读于天津直隶第一女子师范学校，并和周总理一起，创立了革命团体——觉悟社。天津是她投身革命、工作、生活、战斗的地方，邓大姐曾经把天津称为第二故乡！

【音响】邓颖超：我的童年，我的青少年，也都是在天津度过的。我对天津这个地方，我对天津各族人民和同胞是有深厚感情的。(掌声)今天，我不但是出现在你们南开中学全体师生、学生、同志们的中间，我还回到了我第二个故乡——天津！(掌声)……(压混)

女播：今天，她真的又回来了，而且不走了。她要和家乡的父老乡亲们永远地在一起！她要看着天津人民把自己的家乡建设得更美好！

天津人民敬重这位老大姐，因为她时刻关心着天津人民，她对天津人民有着特殊的感情。

1976 年，在敬爱的周总理离开我们的那个日子里，天津天红服装厂的 73 名工人看到大姐一个人守在总理的身边，她们的心都碎了。她们想，邓妈妈没有自己亲生的儿女，我们就是她的儿女和亲人！于是她们买来丝棉和布料，精心地缝制了一件丝棉袄，寄往北京。1984

年,当邓大姐来天津的时候,一下车就到处打听她的儿女们。7月4号这天,她们终于相见了。

【音响】邓颖超:你们在座的都结婚了吗?没有结婚的人举手。(没有几人举手)没有?有一个。这边还有。少数啊!多数人都结婚了。(答话:还有两个吧。)结婚的有小孩了吗?你们孩子有淘气的吗?(大家笑)(答话:现在是独生子女,淘气的多!)(笑)现在有打孩子的吗……(压混)

女播:您听,她和她的儿女们谈得多么高兴啊!天红服装厂的工人们说,跟她在一起,就好像是女儿见到妈妈一样!

凡是见到过邓大姐的人,都为她那高尚的品德所感动。罗云(音)同志就是其中的一个。她回忆起这样一段往事:

【音响】邓大姐非常关心我们干部,关心妇女儿童。具体到我这里,体验很深的一件事,就是1956年我带了一个28天的孩子到北京中国妇联去开会。因为中国妇联的通知上说,不要带孩子去开会,当时我没有办法,放不下孩子就带去了。我想法搁到朋友家——我的老朋友杨沫家。后来邓大姐发现了,开会的时候有我,吃饭的时候没有我。她就问别人,后来有人告诉她,妇联的通知里不让女同志带孩子来开会。邓大姐非常有意见对这件事。她说,妇联开会都不让女同志带孩子,那女同志在别的单位工作,她们能工作吗?女同志就是有孩子嘛!她说像罗云这样跑来跑去,多么累啊!快为她安排个房子,叫她搬到我们这来住。结果很快就给我安排了房子,我就住进去了,又宽敞又明亮的房子。邓大姐路过我门口的时候,还进去看了看,看了看孩子……(压混)

女播:今天,邓大姐再一次来到天津,再一次来到她的亲人中间的时候,人们再也看不到她那和蔼可亲的面庞,再也听不到她那亲切感人的话语了。曾经在邓大姐身边工作过的同志,最难忘与大姐朝夕相处的日子。

【音响】邓大姐很俭朴,而且我接触得比较多了,上厕所什么的,她都要穿一个大背心。我问,邓奶奶,您干吗要穿这么大一个背心呢?还有补丁,有破的地方。她说,这是总理(呜咽)留下的背心(抽泣)……就一直穿在身上。就说邓奶奶勤俭到哪种地步,就是连上卫生间用的卫生纸,每次我给她叠四折,她说太浪费!这样叠一折,这样叠一折,叠三折就行了。都是这样要求。后来,我就按照她的要求,在卫生间里叠了好多三折的。就说她细致到这种地步,连卫生纸她都不浪费……(压混)

女播:1984年的7月1号,党的生日,邓大姐正在天津视察工作。在大姐的提议下,组织了一个只有身边几个工作人员参加的小型庆祝会。老人家心情非常激动,即兴给大家唱了一支歌:

【录音】邓颖超:这个歌的歌曲是陕北的风格的歌曲,词是我们的陆定一同志写的,他写了好多段,我只记得一段了,比起你们的嗓音呢,也没法比了。(唱)明月遮星光……黄河上,中华民族英雄们,摩拳擦掌士气高,我们是抗日军。(掌声)

女播:这是一支深情的歌,一支难以忘怀的歌!更是老一辈无产阶级革命家留给我们青年一代、激励我们踏上新长征之路的歌!

时间在一秒一秒地流逝,灵车队离蜿蜒的海河越来越近了,人们多么想再多看一眼这位可亲可敬的大姐啊!

【音响】(轮船汽笛声)

汽笛一声长鸣，催促着灵船起航。邓大姐的警卫秘书高振普手捧大姐的遗像，赵炜秘书怀抱骨灰盒，从大姐生前的工作用车上走下来，登上新海门客轮，赵炜秘书望着这个骨灰盒，哀思无限！

【音响】今天，用的这个骨灰盒，是周恩来总理去世时用的骨灰盒。她说这样节约，等我死的时候，你还用这个骨灰盒来装我的骨灰。我们当时的确是按照她的交代，收藏起来。然后我们每年立了秋的时候，把骨灰盒拿到外面通通风。所以总理逝世已经16年了，我们的骨灰盒保护得很好……（压混）

女播：1992年7月18号中午12点15分，历史将记下这凝重的时刻。邓颖超同志的骨灰，合着天津市市花——月季花和花瓣撒向海河！她虽然没有亲生儿女，但是天津市900万儿女都是她的亲人！她虽然没有留下任何遗产，但是她的名字将和周恩来的名字一样，与江河同在！与日月同辉！

分析上面这篇录音专稿，不难看到，作品以邓颖超同志逝世后骨灰回归故乡天津和洒入海河这一事件为新闻主线，其中穿插了她生前的许多片段，如回到南开中学、与天津天红服装厂女工的欢聚、罗云同志的回忆、邓颖超秘书的回忆等。其中，值得称道的是多处插叙采用的间接音响或资料音响，生动勾勒出邓颖超同志平易近人、生活俭朴和忠于党、热爱人民的可亲可敬的形象。可见，保存好重要的音响资料并学会运用，对音响报道来说很重要。

可以说，插叙这种结构方式不仅能很好地弥补主线过于单一的不足，也能达到丰富和深化主题的目的。

四、总分总结构法

所谓总分总式，就是开头与结尾是"总"，是概括，而中间则是并列结构。这是"新闻综述"中常用到的具有总结性质的写法，其特点是写出一个新闻事件的"宽度"。这与顺序式结构写出一个新闻事件的"长度"是不同的（图4-5）。

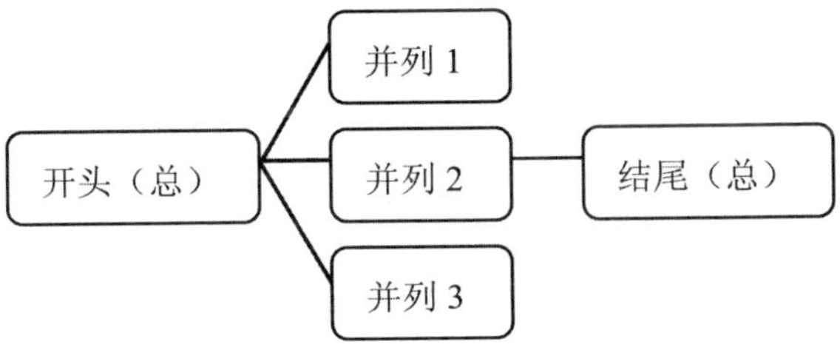

图4-5

如《北京，请下达命令》（山东台2003年5月27日播出，获第14届中国新闻奖三等奖），这是一篇典型的新闻综述：

男播：2003年4月，北京遭遇"非典"的猖狂进攻。"疫情如火似风，疫情就是命令，疫情把齐鲁大地牵动。"《风流歌》作者、老诗人纪宇用无法抑制的激情记录了山东人民支援北京抗击"非典"的一幕幕。（音乐起，压混）

女播:"北京,戴口罩的春4月,你使中国老百姓不敢……"

【录音】诗人纪宇:北京是心脏,我们就是北京,我们必胜的信心,似大海腾空!

女播:北京——山东,山东——北京!已到决战时刻。请你下达命令!

男播:请听新闻专题:《北京,请下达命令》(音乐止)

男播:4月23号上午8点,北京血站向山东求援,由于"非典"疫情迅速扩散,进入4月中旬之后,北京的日采血量从平常的900多袋锐减到30多袋,血液中心库存量突破了1000袋的警戒底线。北京血液中心调配处主任宫伟:

【录音】因为我们的库存血吧,应该是3000到4000袋左右,当我们库存血降到1000袋,我们就得紧急调动了!

男播:北京红十字血液中心主任高国静:

【录音】我们心急如焚,有许多等待着血液治疗的病人没有血液的供应,会威胁他们的生命。

男播:告急电话打了一个又一个,打到了山东省。山东省献血办公室主任王文秋刚刚听明白是怎么一回事就一口打了个包票:

【录音】现在看北京这个疫情啊,心里特别着急,千方百计想有一个帮助北京的机会,只要北京能够平安,全国就能稳定。

男播:其实当时的山东医疗用血同样紧张,这一点,王文秋比谁都清楚:

【录音】现在不是山东讲困难的时候,现在就是咱应该奉献的时候。再说,山东人比较有血性,沂蒙精神几十年来,大家这个奉献精神一直就没减弱!

女播:"爱中国那就是爱咱爹咱妈,说北京那如同说姐妹弟兄。"

男播:4月23号下午,王文秋把第一批支援北京急救用血的任务下达给了菏泽、邹城和枣庄三个血站。4月24号一大早,菏泽、枣庄的采血车全都开了出去,车身挂出了一道横幅:"捐献热血,支援北京!"看到横幅,人们陆陆续续地围拢过来,挽起袖子,举起了胳膊。菏泽市牡丹区烟草专卖局职工穆林(音)正和妻子在东方红大街上散步,看到采血车之后,穆林第一个走了上去。此时他绝不会知道,自己成了全省无偿献血帮助北京的第一人!

【录音】能够支援北京首都,能帮助北京用血的人,那很激动!

男播:除了这么几句话,不善言谈的穆林实在不愿多说什么,这是他两年之内的第三次无偿献血。

4月25号,菏泽的150单位的血浆抵达北京,这也是山东首批支援北京的血液。

4月26号,枣庄援京80单位,邹城支援北京450单位,整整9万毫升。然而,这些血液对于北京来说,只能算得上是杯水车薪。

女播:"1000多袋鲜血流淌向北京!人人是血库,任你随时抽用!"

男播:4月28号,省直各单位接到通知,为支援北京无偿献血。

4月29号上午8点,风雨中,山东省广播电视局的187名干部职工撑起雨伞,在采血车前排起了长龙。许多编辑、记者、主持人刚刚值完早班,便从办公室、从播音间直接赶到采血点。编辑阎燕(音)由于出门太急、穿得太少,第一次量血压时,工作人员告诉她,血压太低不能献血。可是我们的阎燕并没有走,她就这样在风雨中站着、等待着,一直等到最后,她走上前去,要求工作人员再为她量一次血压。这一次,血压正常了。阎燕最后一个走上了采血车,伸出了胳膊。

4月30号,“援助北京急救用血一日捐活动”首先在省城济南展开,随后,青岛行动起来了,临沂行动起来了,全省都行动起来了。

……

到5月5号止,山东省已经支援北京血液2472个单位,计49.8万毫升,占全国援京用血的49%!

此时北京血液中心又亮起了红灯!这红灯却是血库饱和的红灯!这红灯让北京血液中心调配处主任宫伟感慨万千:

【录音】山东省还有好几个血站,像淄博、济宁,都是给我们打电话一直说,你们有困难,我们一定支持你们!真的,真的,真得好好感谢山东省,给我们很大支持!

女播:“一辆辆大型汽车开往北京,一车车新鲜蔬菜日夜兼程。”

男播:5月12号凌晨2点30分,寿光市政府副市长王茂兴率领一支车队,将寿光市无偿捐送的22.5万公斤、价值50万元的蔬菜启程运往北京。司机曹志强(音)紧握方向盘,面部表情像平时往北京送菜一样轻松。在这支车队中,曹志强是第一个报名的司机,报名过程并不轻松,此时上北京,他的心里也有恐惧,他的妻子更是一百个不放心。但是就在一夜之间,他用这个道理说服了妻子,也说服了他自己。

【录音】我就跟她说,你看看,全国人民都在支持抗击“非典”。人家有钱的捐钱,有物的捐物,咱们也得有个好的态度啊!

男播:经过12个小时的长途跋涉,车队抵达北京大羊坊收费处,北京市民政局副局长吴文彦代表首都人民迎来了雪中送炭的运菜车队。

【录音】今天寿光给我们送来了新鲜的蔬菜,不仅仅是物质上的支持,更多的呢是让我们感觉到了寿光人民给予北京市人民战胜“非典”的信心和勇气。

男播:真情在危难之时更显出珍贵与崇高。在北京抗击“非典”的日子里,寿光市每天都有30多辆车将50多万公斤新鲜蔬菜源源不断地运进北京。

女播:“北京——山东,山东——北京。心连万户千家,上下左右牵动。”

【录音】战争年代,沂蒙老区的人民支前,牵挂着人民子弟兵……(压混)

男播:朱成荣(音),临沂市纺织系统一个普通的下岗职工,她致富后热衷于拥军等公益事业,赢得了“沂蒙新红嫂”的称号。这天晚上,朱成荣在电视上看到一个别人不注意的细节,一个白衣战士宿舍的床头旁放着一盒没有吃完的盒饭,朱成荣再也坐不住了。

【录音】小汤山医院抗“非典”,这么艰苦的条件还吃盒饭,生活可能不方便,特别都是一些战士,能吃上我的水饺,我就很高兴。人就是一种心情。

男播:朱成荣连夜行动,60多名职工组织起来,大家一起用手包起了水饺。一个,一个,一包,一包……两天两夜之后,60多个人硬是赶制出了2500公斤水饺!搓着发麻的手指,揉着发酸的腰,5月7号下午4点半,就像当年支前一样,朱成荣亲自带着煎饼、咸菜,揣着一面写有“沂蒙红嫂情系京都小汤山”的锦旗出发了。凌晨3点钟,赶到了北京。8点多钟,朱成荣她们进入了小汤山医院。

女播:得知北京需要防护用品,千万件口罩、防护衣立即启程。

男播:消毒液告急,急救医疗器械、防护用品紧缺!最紧张的时候,山东省经贸委经济运行局副局长丁志强办公桌上的四部电话此起彼伏、应接不暇。北京需要,上海需要,香港需要,深圳需要,内蒙古、陕西都需要!突如其来的灾害同样使山东省的防治物资一时紧张,但山东人从全国的大棋盘上,掂量得出自己这枚棋子的分量。

【录音】咱们山东有困难,自己克服,也要保证支援全国!支援那些比咱们严重的区域。

男播:作为全国医药生产基地的淄博,16家生产抗“非典”专用药品的企业自发组织起来,成立了联合协会,以无偿捐赠或只收成本费的方式,向北京等地区供应抗“非典”物资。新华医药集团无偿捐助了价值290多万元的抗“非典”药品,董事长贺端湜说:

【录音】只有把非典型肺炎压下去,全国的形势稳定,那我们的企业也会得到发展!所以在这个时候,社会效益和经济效益,我认为是一致的。

男播:山东省经贸委这一张物资调度表,详细记录着4月19号到5月19号期间,全省支援全国防治“非典”的物资:地塞米松和利巴韦林等药品,针剂2950万支,片剂1亿多片,消毒柜、焚烧炉100多台,口罩340万只,消毒液1100万瓶,防护用品6.2万套。国家发展和改革委员会防治“非典”协调小组的一位同志感慨道,跟山东的同志协调办事,就像在一个单位似的,不讲条件,不谈价钱。

【录音】在交物资的时候,首先问山东有没有。你有没有啊?我有!能不能帮我们解决多少?能!

男播:在自身防治“非典”的巨大压力面前,山东省委副书记、省长韩寓群代表省委省政府明确表态:

【录音】越是在困难的时候,越是要增强民族的凝聚力。要物,我们有物;要人,我们有人!

女播:“告诉病人,来了!我们来了!齐鲁白衣战士已誓师出征!”

男播:4月27号,济南军区第一批24名医护人员启程奔赴北京小汤山医院。

4月29号晚,山东大学医疗组到达北京,并立即投入抗击“非典”的战斗!

为了让进驻北京小汤山医院的医护人员休息好,山东将省政府驻京办事处所属的泰山饭店腾出来,作为白衣战士的临时兵站。

女播:“还要什么?北京请讲,请讲!恨不能为你送去万里海风!”

……

【录音】纪宇:我们是护城河,要护北京之城!(压混)

女播:“我们是护城河,要护北京之城;我们是泰山峰,要做北京之亭;我们是特效药,要医北京之痛;我们是防护林,要为北京挡风;我们是晴朗天,要护北京航线;我们是高速路,要保北京畅通!”

“山东——北京,北京——山东!我们祝福中国,平安北京!”

这篇新闻专稿以2003年抗击“非典”为背景,从不同侧面——献血、蔬菜运输、各种医药防护用品的供应以及派遣医护人员等,展现了山东人民对首都北京全力支援这个总的主题。作品以诗歌贯穿,成为其一大特色,但有些献血场面因缺少直接事实音响又多少影响了作品的现场感。

需注意的是,“总分”是新闻综述必然会用到的结构——全文以一个总主题统领,以下用不同事实分别加以叙述。如:以“某某学院新气象”作为总题,然后分述某某系有哪些新气象;或以“难忘的某年”为题,分述这一年中发生了哪些难忘的事,这都是新闻综述最常用到的写法。

所谓“综述”就是综合叙述。在新闻写作中，有两种“综述”，一种是新闻性的，就是上面介绍的这种，其特点是一采用“总分”结构，即总说＋分述结构；二以“叙事”为特点——重在叙述“新闻事实”。后面，我们在评论一章中还将讲到一种“综述”，请注意对照学习。

五、双线结构法

所谓双线结构，就是作品中有两条线，记述了两件看似无关实则相关的事（图 4-6）。这是广播新闻中，采用不同时空采录到的音响作为线索进行结构的结果。

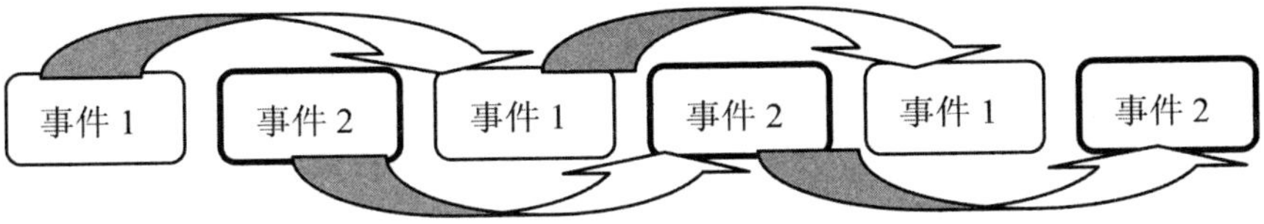

图 4-6

如《樊书生的大小事》（河南台 2007 年 2 月 28 日播出，获第 18 届中国新闻奖三等奖）：

男播：2007 年 2 月 6 日，中南海。

女播：这是国务院总理温家宝召开的一次座谈会。

【音响】温总理：中南海的大门是向人民开的，就是，政府的权力是人民赋予的，一切属于人民，一切为了人民，是我们的宗旨。你们关心什么事情，你们希望政府办什么事情，你们对政府工作有什么意见、批评和要求，都可以提出来。

女播：从 1 月 30 号到 2 月 8 号，中南海连续五次召开同一主题的座谈会。这次是面向基层群众，征求对即将提请十届全国人大五次会议审议的《政府工作报告（征求意见稿）》的意见。2 月 6 号，在与会各条战线的劳动者中，一位农民工与总理的对话，成了当天媒体的关注焦点。这个农民工就是樊书生。

男播：丁亥年大年初一，内黄县东田氏村。

【音响】（鞭炮声。压混）

男播：每逢过年，外出打工的人都回到村里，樊书生也不例外。村里多了人气，添了喜气，更有了鞭炮声。樊书生家今年鞭炮放得多，灯笼挂得大，满村老小都知道书生和总理说过话。

【音响】村民 1：这个村里边震动很大，不起眼一个农村里边面朝黄土背朝天的老百姓能受到总理的接见，这确实也是个了不起的事。

【音响】村民 2：总理能接见？咱就想一百下也没想到这。（笑）

男播：放完炮，樊书生照老规矩，挨门给长辈磕头。每到一家，大伙总要拉着他问长问短。

【音响】看到温总理了，说你代表农民工？我说是。这是农民工第一次由总理接见。有史以来这是第一次。（笑）

男播：东田氏 700 口人，250 多人在外打工。郑州、北京、天津、东北，大伙撒得像满天星星。过年了，这满天星星又聚回到豫北的小村庄。今年，大伙最关心的就是总理和书生都说了些啥?

(音效)

女播:2007年2月6日晚,樊书生走出中南海,满脑子热乎乎的。建筑工地上的工友们接连不断地拨他的电话。

【音响】没等我回去就给我打电话,说你啥时候回来?我说干啥?这次真见到总理啦!咱得庆贺庆贺。当时我们就出来连吃两天!

女播:来自天南地北的工友,挤进热气腾腾的小饭馆,要几个小菜,开几瓶老酒。大伙说,咱农民工也受到国家的重视了,真该好好庆贺庆贺。

【音响】就和我们一块工作干活的,中午晚上出来上饭店,"搓"一顿,就问我……(压混)

女播:那两天,樊书生每说一件事,大伙碰一回杯,叫一阵好,真喝得酣畅淋漓、痛快淋漓。

男播:丁亥年大年初一,内黄县东田氏村。

【音响】(过年热闹景象,压混)

男播:又一个新年,樊书生和乡亲们结伴走在拜年的路上。

【音响】以前在这个村里一旦下雨或下雪天,要走都没法走咧。除了道路,这是一个,很明显的,还有路灯……(压混)

男播:在樊书生的眼里,家乡这两年变化太多了。

【音响】你进谁家就看桌上放的那个烟就看出来了。那时就是一块多钱,现在都是五块钱,再加上一瓶酒,那就是几十块钱,那时候哪消费得起?现在总理不但不要我们缴公粮,国家还补给你一部分,农村合作医疗,国家拿30%到40%,这个在咱农村来说,老百姓是十分满足的,挺高兴的。

男播:路灯映衬着村里的房子,樊书生猛然觉得,许多人家的房子都变高了。由此,他想到自家的房子,那还是85年父亲外出打工挣钱盖的,当时也曾轰动全村,现在父亲也老了,房子也老了。樊书生想,盖房子的事得靠自己了。

【音响】盖了两层,一步到位,花了四万块钱。

男播:生活在变,有的时候,真有点看万花筒的感觉。记得80年代末,跟父亲一块挤进城里,谁也不曾正眼瞧过自己。

【音响】那个时候一个农民工走在大街上,穿的就能看出来。坐火车就是背个大包,出去打工的都有这个感受,车站民警撵的就是你这个背大包的。

男播:樊书生走在村街上,很有些感慨。那时谁曾想,就俺这农民工,会被请进中南海?

(音效)

女播:2月6日,中南海。

【音响】三点钟的时候,温总理进来了,走到我面前说,你是代表农民工?我说是,是农民工干活的代表。他说我最喜欢这样的人了。

女播:樊书生听着各路代表的发言,看着总理的面容。

【音响】人家都有开场白呀,我前面也想说一下,他说,你不用说开场白,有什么话你就说什么话,你只要实打实地说。我就跟总理说了,在03年以前,农民工工资拖欠,住宿条件不好。在03年以后,住宿地方确实比以前好了,生活区都挺好,现在在北京打工,就是说目前我所知道的,都是能拿完工钱回家。

女播：听着樊书生说，温总理脸上露出了由衷的微笑。樊书生的心里真的有些百感交集。

【音响】你说国家一个总理，国家那么多事都要等着他处理，那时候心里也感觉到，国家对这个农民工确实是挺重视，农民工的地位也确实是提高了。

女播：面对着一个大国的总理，樊书生感到，他的心是那么细。

【音响】总理问的，包括我们的住宿，每人住多少房子，每天晚上能不能看到电视，都问得挺详细。我和总理我们俩人之间就像是唠家常。

男播：丁亥年，大年初一。内黄县东田氏村。

【音响】(鞭炮声，压混)

男播：村里鞭炮又响了起来。旧的一年转瞬而过，一转脸就又是新年。也许是随着年龄增大，樊书生的拜年也多了份沧桑感。

【音响】咱也长久不在家，在家就是拜年，走到哪个门上的时候，你还得看一看，这家老人还有没有？贴没贴门对儿？没有贴，可能就是不在了。确实是一年一年，但人家老，咱自己也要随着老了。要不有时候体会到这个养老保险。

男播：对联讲述着人生的更迭。当年父亲带自己外出打工时，是多么精壮的一条汉子，而今年纪也大了，病也出来了，地也快种不动了。

【音响】樊父：过年长一岁，我也不行，老了，我也尽量干。我种了五亩地，等到种不动了就不种了。

男播：人都说：养儿防老，而农民工樊书生想的却是另一层。

(音效)

女播：2 月 6 日，中南海座谈会。农民工樊书生谈到了一个实质性问题。

【音响】我说像我这个岁数，再干十来多年，我也就三十多年工龄，我们拿的工资也是在偏低的情况下，能不能享有劳保待遇，养老保险和那个医疗保险？

女播：总理的回答也简洁明快。

【音响】他说这个养老保险和医疗保险将在会上给你们提出来，农民工工资将会慢慢往上涨。总理当时就说，国家在 07 年推出这个政策之后，将会实行这个养老保险和医疗保险，将来由老板给你们，一站一站打工，那地方给你们上保险，上医疗保险，农民工将来有个大病保险，医疗保险，有大病了，有单位或者是医疗机构来给你管着。

女播：全国有两亿多农民工，他们都有樊书生这样的后顾之忧。樊书生意识到，总理的回答将改变两亿多人的命运，而对于政府，这意味着沉甸甸的义务与责任。

……

(音乐起，压混)

男播：2007 年 2 月 18 日，丁亥年的大年初一。阳光照着东田氏村，照着家家门楣上的火红对联，家家都从樊书生那里知道，国家对农民工又要有好政策了，而从中南海出来后的樊书生，似乎比过去想得更远。

【音响】06 年我看那个条文，对农民工出台的政策，这一年落实不少。07 年这个“两会”期间又为农民工颁布一些政策，方针政策是越来越宽，而农民工的地位吧也逐步在往上提。

(音乐，压混)

男播：东田氏村的阳光抚摸着樊书生，他在想：

【音响】过两天,“两会”也该开了,不知道总理的《政府工作报告》上,会不会有我的意见。“两会”是国家大事,其实我觉得和咱老百姓家的小事是很密切的。

(音乐,压混)

男播:樊书生知道,“两会”是全国的大事,但它是那么紧密地牵连着自己和每个平头百姓家的小事。对于他,一位无官、无职、无党、无派,普通到不能再普通的农民工,这大事小事都挂心了!

(音乐扬起)

该作品以小见大,通过一个农民工的经历,映衬出中国改革开放和对农民工政策的变化。其中有两条线:一条讲樊书生在北京中南海受到总理接见,参政议政;另一条讲他回乡过年。两条线中的音响,前者多为转述音响,后者多为直接事实音响。结构上,两部分虽各自独立,但内容又紧密相关,给人以耳目一新之感。

再如《入川日记》(黑龙江交通广播2008年5月27日播出,获第19届中国新闻奖三等奖),一条线是妻子在日记中的记述,另一条线是丈夫在入川途中的讲述,通过不同的音响,讲述了黑龙江人民舍小家、克万难,支援汶川地震灾区的故事。

六、剥笋结构法

所谓剥笋式结构,顾名思义,就是层层剥开事件,步步深入,最终找到答案或结果(图4-7)。该方法与顺叙法类似(也按照时间顺序),但有所不同。

一是顺叙法的叙述方法是从前往后,剥笋法则是由表及里,逐步深入——它偏重于“发现”,而不单纯于“叙”。

二是顺叙式结构中,记者对新闻事件的起始、发展脉络以及终结容易看清;而剥笋结构的答案在何处却并不知晓,其调查结果又会因记者的采访能力与调查的深浅而出现差异。

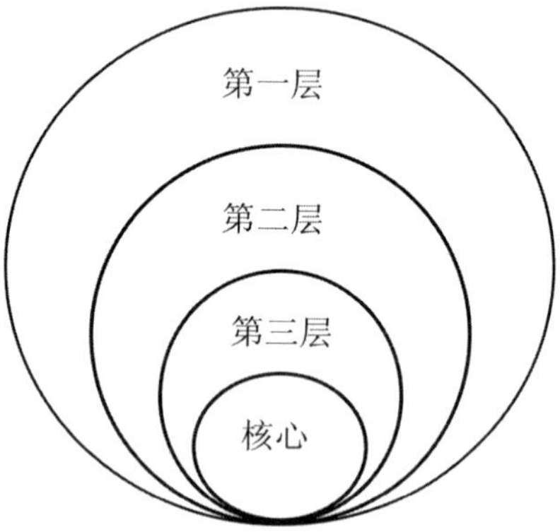

图4-7

比如《西安电子科技大学“卡门”事件调查》(中央台2008年12月18日播出,获第19届中国新闻奖二等奖):

男播(导语):西安电子科技大学的学生近日向“中国之声”的记者反映,他们从未申请办理过工商银行的信用卡,但是在当地的工商银行查询时却发现,自己名下平白无故地多出了一张信用卡。“中国之声”记者杨超前往西安调查采访,发现共有一万多名学生在毫不知情的情况下被校方冒用信息办理了信用卡。校方为什么这样做,银行方面是否违规,又从中得到了什么呢?学生的权益受到了哪些方面的侵害?请听记者从前方发回的调查报道。

男播:一张小小的工行信用卡近日搅动了整个西安电子科技大学。整个事件的起因是12月8号,一位西电学生在网上发布帖子,称自己去学校旁边的工商银行办理网上银行,被告知不能办理。原因是他名下已经有一张牡丹信用卡,并且已经开通网上银行。可他从未办理过工行信用卡,由此,这起学生个人信息被盗用事件揭开冰山一角。此后,很多学生开始查询工行的客服电话，发现自己名下都有一张从未见过的工行信用卡。

【音响】宿舍的人啊，就是班里同学之类的都办了嘛。大家都打电话问一下，95588，打了之后，他就说，7 月 3 号办了这样一张卡，可是我从来没有办过信用卡。学校财务处好像是办的，学生都不知道……我就不认可这张卡，因为没有我的签字嘛。（记者：大概存在多少人有这种情况？）至少是四位数的，上万了。

男播：在西安电子科技大学，记者做了深入调查，发现在老校区的研究生和博士生，被办卡的比例很大。在新校区，06、07、08 级通信工程学院、电子工程学院、机电工程学院、经济管理学院都有学生反映，被冒用信息，办了工行信用卡。办理信用卡有着严格的规程，必须本人提出申请，提供详细信息，亲笔签名办理。可是这么多学生，竟在毫不知情的情况下，被办理了信用卡，银行方面是怎么操作的呢？记者查到这些冒名信用卡的办理银行是中国工商银行西安分行南关支行。信用卡部两位负责人承认，从今年 4 月份到 7 月份，一共给一万多名学生办理了信用卡。卡都是由学校统一办理的，但是却说，连持卡人本人签字这样的事情都由学校代劳了。

【音响】信用卡部负责人：针对学生我们是有批量办理，办这个卡第一你是免五年年费，信用额度是零，办卡的流程，我们首先是跟学校的校方谈了一个协议，我们是批量办卡的性质，双方都是在给学生做好事这种基础上签了一个协议的，这也是经过校方认可的。（记者：学生反映他们根本就没有拿到卡，根本就不知道有这么一个卡，是不是咱们之前在申请这个卡的时候，应该会对学生有一个告知或者说让本人有一个签字，应该能知道？）办卡的时候，就是学校给我们提供身份证，给我们提供相关的一些资料，我们给他办。这也符合我们办卡条件的，学生可以选择，你可以不要。你不要，我们可以做销卡处理。（记者：很多学生现在也不想要这张卡，无法注销，这个情况咱们下一步准备怎么办？）针对这个，我们前期已经跟学校协商过了，学校也把他们所有的部门安排到一块，也开了一个会。他们现在就是针对每一个学生进行宣传。如果你学生要的话，那你就填表办理，如果你不要的话，我们就集中销户。现在目前这批卡已经做销户处理了。唯一里面的这个流程问题，我们跟校方在谈的时候，要把这件事情让所有的学生知悉。

记者：在学生们毫不知情的情况下办了一万多张信用卡，中国工商银行西安分行南关支行有关人员竟然说符合程序，不违规。他们为什么要这么做，真的仅仅是出于好心吗？记者采访了多位银行界业内人士。

【电话录音 1】记者：它这一张卡就说可能每个银行不一样，是吧？就是大概会有一个提成？业内人士：对对。记者：是有一个工作量是吧？业内人士：对对。记者：大概提成会有多少钱呢一张卡？业内人士：量到了一定，然后每张可能会有，有的是十几块，低一点二、三块的都有。记者：到了一定量之后，那么每张卡就会有一个提成？业内人士：对。

【电话录音 2】第一个是银行会有一个考核指标要求，比如说每一个业务人员一年要开拓多少个客户，你一个学校一万个客户，他一下子就可以完成全年的工作目标了。第二个问题是，银行通过这种途径，它可以培养自己潜在的客户，你大学毕业了之后，第一时间你接触了这家银行，你有可能一生都和这家银行会打交道。

记者：在学生不断反映以及舆论关注下，西安电子科技大学有关负责人终于承认，学校配合中国工商银行为学生集体办理了信用卡。17 号上午 9 点多，记者见到了学校宣传部长强建周以及一位自称是财务处处长的人。他们马上表示，一个小时后就要发布一个情况说明,并向全体学生致歉。然而面对如此大规模地盗用学生个人信息事件,两位领导却没有表现出丝毫的歉意。

【音响】记者:这没有问题呀?那学生为什么都说不知道呢?答:不知道就不知道嘛。不知道咋啦?记者:他不知道办了信用卡,这不是一个很严重的问题吗?答:学生办了证不好吗?记者:学生办了信用卡,他没有拿到卡,也没签过名,不知道……答:是你的卡,不就完了吗!记者:这在我的名下,怎么能假装不是我的卡呢?答:这个卡,让我的理解就是无成本、无风险。这么好的事情为什么给学生不去做呢?记者:可是在办信用卡的时候,一定要是本人签字,本人知道啊?答:是啊,我们讲一般情况下是这样,还有个二般。记者:您的"二般"指的是什么?答:还有个特殊情况嘛。这么办快嘛,银行支持力度大嘛。迟早会让他知道的。记者:那为什么不能通知每个学生的本人,现在名下有一张卡,那么这张卡呢可以透支也好,可以……答:这就是我们做得不对的嘛,这是我们大人做得不对。另一个人:这对学生讲一下,最近我们在同学的提醒下,我长期在工商银行,确认该行为我办理了一张信用卡,这应该是我们个人信息怎么能透露给第三方?这是原话。我说,据我了解,你所反映的事,是在学校与工商银行密切合作过程当中出现的。为什么会出现这种事?我理解,这几年我校跨越式发展,需要银行给予经济上大力支持。比如说,没有钱我们咋建新校区?与此同时,银行也需要学校帮忙给它做一些事情。通过学生这种潜在的消费群体,完成一定量的办信用卡的任务,我认为合情合理。你在最困难的时候求银行,银行反过来也求你,双赢互利才是合作的基础。这个道理你们学生应该懂。

记者:校方为了回报工商银行的支持,竟然毫不吝啬地将学生个人信息拱手相告。《中华人民共和国居民身份证法》第17条明确规定:冒用他人居民身份证,由公安机关处以200元以上,1000元以下罚款,或者处10日以下拘留。如果校方稍有法律常识的话,也不会对擅自使用学生身份证的行为表现出如此满不在乎。在采访中,当记者询问到学校对保护学生个人信息有何规定时,宣传部长强建周勃然大怒。

【音响】记者:学校对学生的个人信息的这个管理有一个什么样的一个规定呢?比如说,能保障……(打断)强:我跟你说,你现在别延续你的思路,你跟着我的思路走,我们马上要在网上通知,而且要占领天涯,占领你们所有得到信息的这个渠道。所以你再不要挖掘这个事了。这是学校的一个集体行为。所以你问的,我也理解,学校对学生的信息是不是应该保密?记者:那您觉得是应该吗?强:不是应该不应该,学生的信息对银行,银行它是个信用单位。记者:但是你们不应该对银行透露啊。强:为什么不能对银行呢?记者:行,那谢谢你们了,那我们也都了解了情况了。强:你、你稍等一下,既然来了啊,既来之,则安之。西电呢,是阳光的。记者:那我们就先走了。强:先请坐。记者:不用不用。谢谢了,我们还有别的事。强:你别走,你要这样走今天就让保卫处来扣留你!记者:你为什么要让保卫处来扣留我?强:你学习过没有?请坐,学习一下,请我们的老师给你学习一下。记者:我的采访已经结束了,谢谢您配合我的采访。(走路声)强:把她扣下来!来,我要做一个轰动全国的事情!记者:我的采访已经结束了,我为什么不能走呢?我觉得我的采访没有任何违反规程的地方!

记者:反思整个事件,西安电子科技大学在得到学生的身份证等个人信息后,当做学校私产,回报给了支持学校建设的银行,缺乏基本的法律常识。而中国工商银行西安分行南关支行为了追求业绩,违反操作规程,在学生不知情的情况下,强制办卡,也体现出监管的缺失和法律意识的淡漠。因个人信息被泄露，给当事人带来损害的事件时有发生，例如网站泄露用户信息、医院泄露病人信息等等，而这些学生戏称的西电"卡门"事件，再次为我们敲响警钟。有关专家呼吁，应尽快出台《个人信息保护法》，只有通过立法，才能使困扰公众已久的个人信息泄露问题得到彻底解决。

这篇作品，记者采用了层层剥开、层层深入的方法，并运用了侧面调查法与正面调查法。篇中虽按时间叙述，但与一般顺叙结构不同的是，事件的最终结果是什么，记者起初并不知晓，需经过深入调查才能找到。这样的作品，会因记者调查的深浅而出现差异。可见，这样的结构形式，对记者能否深入问题的实质、找到最终答案，是个考验。另外，记者要善于使用直接事实音响，而且懂得保护自己，知道何时采访机不能关机。同时该报道也告诉我们：要当好记者，必须有一定的法律知识，否则，很可能根本发现不了新闻。

另外，新闻专稿《看病不花钱反而挣钱，新农合成了摇钱树》（河北台，获第 21 届中国新闻奖三等奖）采取的也是此方法。

七、对比结构法

所谓对比式，就是采用内容与内容间进行比较的结构方式，造成一种强烈的区别，从而展开报道。这种方法，容易在强烈的对比中说明事实（图 4-8）。

图 4-8

如上海台 2008 年 1 月 31 日播出的新闻专稿《长江口争夺战》（获第 19 届中国新闻奖二等奖）。

【片头】（音乐起，压混）男播：2008，我们用话筒记录社会。

女播：2008，我们用声音传递思想。

合：记录 2008。

（音乐止）

记者：记录 2008，我们共同关注 2008。我是记者赵颖文。市政协十一届一次会议刚刚落幕，每年的这个时候，我们都能听到许多来自委员的真知灼见，持有不同看法的委员也常常在会上直言不讳，形成智慧的交锋。今年，来自洋山深水港的市政协委员任先正和从事生态保护的委员刘健，围绕着长江口附近的崇明岛南岸能不能建港口，唇枪舌剑了一番。长江口到底是经济优先，还是生态优先？如果建成港口，会给环境带来怎样的改变？今天的节目就让我们来关注这场长江口争夺战。

【音响】任先正：我是来自深水港的，我叫任先正。（压混）

记者：任先正委员，洋山同盛联合投资发展公司总经济师。在这次政协专题会议的七个专题中，他选择了有市长韩正参加的"转变经济发展方式，提高经济发展质量和效益"这一组。他的发言显然是有备而来。

【音响】任先正:这个洋山深水港的开港已经几年了,随着这几年的建设,实际上现在已经达到600多万箱了,码头也已经做了将近要到5公里。那么接下去呢,很快地,今年又会有戏。所以我们在想,我们要提高洋山深水港的国际竞争力,就真的要走出去,要引进来。那么如果仅仅站在上海本身这个地方来考虑这个问题呢,就是太窄了。我们的腹地要远远地扩大。那么我们最近注意到,上海城市规划、港口规划中间,崇明岛的南岸属于一个备用的港口发展地。但是我们想到,崇明岛可能会是一个很好的长江黄金水道的跳板。如果在崇明岛我们能把这个南岸开发出来,作为洋山深水港的一个分港区,也就是说,把洋山深水港的触角真正地伸到长江里面去……(压混)

记者:紧接着,任先正列举了这一做法将会带来的种种好处,比如,有可能把铁路直接延伸到崇明岛,这样,来自全国的货物都能够成为洋山港的腹地。

【音响】任先正:我们上海放开胸怀,我们在崇明南岸,我们欢迎重庆、欢迎武汉和我们一块来建。这样的话呢,完全可以把崇明南岸作为完全对外开放的这样一个港口。在那边,人家各省市都觉得有它自己的跳板,这比到人家那里转,它这个感觉要好得多。

(任讲完,大会主持人对另一位发言者说)好,接下来你先来。(对另一位委员)接着你。(另一位委员)他完了是我。(笑声)主持人:大家保证有。这一排我们保证有,但是每人掌握在5分钟。(压混)

记者:委员们一个接一个抢着发言,当一位名叫唐齐千的委员话音刚落,坐在后排的一名委员立即站了起来。

【音响】唐齐千:……不能把我们的优良传统、好的做法扔掉。完了,谢谢大家。

【刘健声音紧接】我叫刘健,我想发言一下关于资源环境的问题。(笑声)我是刘健,来自于农业界别,是中华鲟保护区管理处。我觉得我们上海的发展,尤其今天我们在讨论的这个题目就是"提高经济发展质量跟效益"的话,更应该注重的是我们的水域生态环境,更应该注重我们上海的发展环境。刚刚有个委员在说出来,就是要发展崇明南岸的一个码头的储备这一块,我们长江口大家可以看一看,崇明隧桥、青草沙水库、国际光缆,还有相当一些重大工程的建设,这些建设对我们长江口区的生态环境,都会造成很大的影响。连续五年对长江口资源环境的监测,现在我们的刀鱼、鲥鱼——啊,鲥鱼已经绝迹了,刀鱼现在已经成为珍奇物种。我们的大闸蟹和我们的鳗苗,就是过境物种才有生存。其他的,以前的长江渔产,现在已经几乎不存在了。我们的水域生态环境在我们监测的数据显示是非常非常差的,尤其我们中华鲟的保护,去年我们在长江口跟杭州湾地区连续发现了4尾中华鲟,其中两死、两重伤,但是小的幼鲟的中华鲟呢,我们只发现了29尾,比往年的发现,大大地降低。所以我们认为在长江口这个水域生态环境呢,确实是存在着一个环境生存的问题。我在这里想提出三点建议:第一,对长江口及其他重点水域环境的质量,要进行系统的、规范化的监测。只有这样,我们才能摸清家底。第二,长江口、杭州湾的涉水工程的环境质量要引起我们高度的重视。第三,要据此启动我们长江口区的环境生态的一些修复工作。就这些,谢谢大家。

记者:专题会议结束前,市长韩正做了发言。他在发言中特别提到了崇明岛南岸的问题。

【音响】韩正:还有上海的生态环境,刚才任委员提出的崇明这个事情,刚才中华鲟那个刘健,你们两个就完全不同意见,可以讨论……

（片花，略）

记者：会后，刘健告诉记者，作为一名新当选的市政协委员，自己本来没打算在这次专题会议上发言，但听说有人想在崇明南岸建港口，实在是忍不住了。

【音响】刘健：专题会的时候，我作为新委员，没有什么发言的准备。但是听了任先正委员他的发言，想要在崇明岛建设一个洋山港的辅港，我想了想，我觉得我就忍不住了……

记者：因为委员们发言特别踊跃，刘健几乎是靠抢才获得了宝贵的发言机会。

【音响】刘健：不抢谁给你呀……这个抢话筒不是为我自己抢话筒，是为我们上海抢话筒，为我们的资源环保抢话筒。

……

记者：让刘健没有想到的是，第二天一到会场，小组秘书就递给他一张任先正委员的名片。

【音响】刘健：请工作人员帮我递一张名片，说要求再跟我做进一步的探讨。我觉得我们还是需要去探讨的，所以我们就利用吃中饭的时间，我们到他房间里去大家就说了说。

【音响紧接】任先正：因为这个问题，去年政协会……（后面是两位委员的讨论，略）

该报道中，记者在听到两位委员对长江口是否该建港口所发表的针锋相对的意见后，敏锐地意识到这是一篇有价值的新闻报道，于是，通过大量直接事实音响，将其展现了出来。

这说明，将不同的事实进行对比，或将不同的音响进行对比，这既是一种结构新闻的方法，也是发现新闻的好方法——越是对比强烈的事物，或许新闻价值就蕴含其中。如第一章中录音新闻《耗水大户“水疗城”竞相出现在缺水边城乌鲁木齐》就是运用此方法发现新闻，并采用对比方法写成的。

八、螺旋结构法

所谓螺旋式，就是指在组织作品时，螺旋前进，进二退一。这是一种复杂的结构方式，它适合表现完成一件事情的艰难与曲折(图 4-9)。

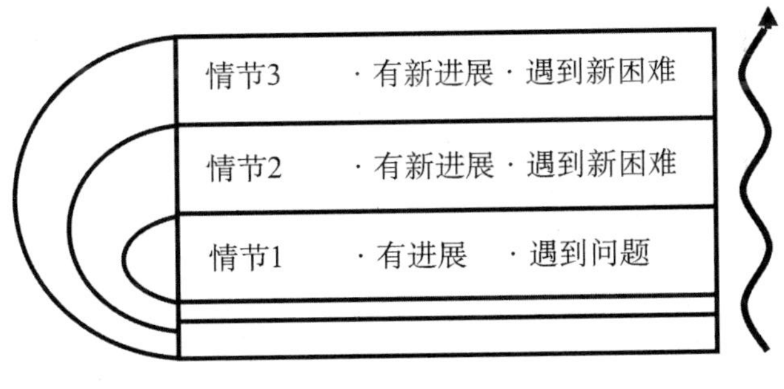

图 4-9

如录音专稿《离家百年，钟回故里》(天津台 2005 年 7 月 23 日播出，获第 16 届中国新闻奖一等奖)。

男播：听众朋友，流失海外 105 年的大沽钟昨天终于回到了故乡——天津塘沽。如果它有生命的话，一定会感慨万千。因为它承载过屈辱的历史，也见证了新世纪的和平、友谊。

请听本台记者李贺采写的报道:《离家百年,钟回故里》。

【音响】(飞机降落,压混)

女播:2005年7月17号晚上10点50分,由英国伦敦希思罗机场起飞的FQ822次航班照例稳稳地降落在北京国际机场。但与以往不同的是,这架飞机上,托运了一座流失海外长达105年的天津古钟——大沽钟。

重新踏上了祖国的土地,大沽钟受到了故乡人民的热烈欢迎。

【回归仪式音响】(掌声)塘沽区委副书记荣新海:迎接大沽古钟回归仪式现在开始。升国旗,奏国歌……(压混)

女播:在大沽炮台举行的庆祝回归仪式上,人们的喜悦之情溢于言表。

【录音】群众:我今天心情非常激动。小时候我就听我爷爷说,咱这儿有座大钟,每天都能听到(敲钟)声音。所以这钟回来了,多热的天气我也得来,我表示祝贺。

女播:这座令人震撼的、独一无二的、曾经一直挂在塘沽大沽炮台上的大沽钟,铸于1884年,它高65公分,直径58.5公分,上面刻有"风调雨顺,国泰民安"字样。然而,在晚清那个民族羸弱的年代,"风调雨顺"成了"风雨飘摇","国泰民安"尚未实现,却带来了"民族屈辱"。1900年八国联军入侵中国,这座古钟也伴随着国耻惨遭劫难,最终成为英国奥兰道炮船士兵的所谓"战利品"。1902年朴茨茅斯博物馆将它收作受保护的文物,还列入了英国国家二级文物目录。此后,大沽钟就栖身在朴茨茅斯维多利亚公园一个中式石亭里,亭子上写有"这口钟缴获自中国天津大沽口"字样,亭子的旁边是奥兰道炮船死亡官兵的纪念碑。100多年来,大沽钟孤零零地悬挂在异乡,供游人参观。

离家105年的大沽钟在海外漂流着,先后有很多学者追索、寻找过古钟的去向,但是每次努力都由于各种原因半途而废。

时间飞速即逝,转眼到了2003年,一位中国留学生范辉(音)来到了英国朴茨茅斯市的维多利亚公园,在公园艺术中心主任马克(音)先生的办公室里,偶然发现一座中国的古钟,顿时一种熟悉和亲切的感觉萦绕在她的心中。听马克讲,前几天这座钟差点被人偷走,虽然盗窃未遂,但大钟上方的挂环被破坏了。为了保护古钟,他只好把钟暂时搬到自己的办公室里。

这座来自中国的古钟到底有着怎样的身世呢?细心的范辉辗转联系到了北京古钟研究所副研究员夏明明(音)。有着20多年钟龄文化研究经验的夏明明是这样判断的:

【录音】接到范辉的邮件之后,我查阅了一些资料,断定这口钟属于天津大沽口,我就找到大沽口遗址的纪念馆,告诉他们,英国方面有人想归还这口古钟。

女播:就在夏明明对大钟进行鉴定的同时,范辉和马克又从大量的资料中得知,大沽钟在英国的历程也是非常曲折、坎坷的。在二战期间及战后的一段时间里,这口大钟曾从维多利亚公园的那座亭子里"消失",一时不知去向。当时,有说是为了防止被纳粹德国的空袭炸毁隐藏起来了;还有传闻说,丘吉尔在战时曾要求全国上交铁器以铸造军炮,朴茨茅斯人害怕古钟被上交,就把它埋在了自家的花园里。范辉说,得知这座历尽沧桑百年古钟的身世后,马克先生首先说出了一个大胆的提议:

【录音】范辉:他说,哎哟,这还是中国的古钟,应该还给中国吧。我说对啊、对啊。在我本身来说,就是不敢想,因为没有先例嘛。第一个是他先说了。

女播:英国朋友的坦诚让这位中国留学生非常感动。从此,他们便开始尝试各种渠道,希望大钟"叶落归根"。他们把这个消息通过夏明明传达给了塘沽方面后,大钟故乡的人们异常兴奋，曾经寻找了多年的古钟终于有了明确的下落。

但是，回家的路途漫漫，谈何容易？天津塘沽区负责此事的区委副书记荣新海心里边没底：

【录音】国家之间追讨文物没有成功的，很少。往往都是有些国家为了表示友好，主动地向你提出来，我要把某个东西送给你。那么通过某一国家说我要把你这东西要回来，这个可能性特别小。所以作为我们来说，也非常慎重。

女播：有资料显示，仅在47个国家的200多个博物馆中，就有中国文物精品不下百万件。其中，有很大一部分是在近代以来被巧取豪夺走的。对于流失海外文物难回归的问题，中国抢救流失海外文物专项基金会的负责人曾经介绍说，虽然国际公约规定，被掠夺的文物应当归还原属国，但是一些西方国家——同时也是收藏中国流失文物最多的几个国家，至今还没有在这些公约上签字。所以，这些国家博物馆主观上并不希望归还其收藏的中国文物，甚至对参观、拍照都严格限制，使得政府出面交涉异常困难。在世界文物回归的历史上也记载过几个成功案例，掐指算来，也只有区区几次。

然而，看着范辉他们传来图片资料上的古钟的容颜和钟亭上那行“这口钟缴获自中国天津大沽口”的文字，经过再三研究，故乡的人们还是决定要放手一搏，百年耻辱不能再继续下去。

【录音】荣新海：看到那字，也是很激动的，感慨万千。因为100多年前，我们在这和他们打了一仗，他们侵略我们，把我们的东西弄到那儿，流失了105年，心里就是想办法要把它弄回来。但是这个东西需要双方的沟通。

女播：当事情进入操作层面时，人们才发现，实际困难远比想象的更加烦琐，不可预料。

【录音】荣新海：后来才知道，非常复杂。就是这个东西(大钟)在那儿究竟是由艺术中心管呢？还是由市政府管呢？还是由市议会管？谁来管辖这个钟，双方还有一些争论。那么我们要去跟他们谈，找谁都是不确定的，难度挺大的。

女播：众多的头绪，磨人的查询，来回的交涉，10个月的时间，就像手指缝隙的沙慢慢流逝了，仿佛事情还没有开始就已经陷入僵局。在英国，范辉和马克同样焦急。他们想到了当地的华人组织。叶锦辉(音)——朴茨茅斯市华人协会会长，当他听说这件事情后，义无反顾地加入到促进古钟回归的行列中。通过越洋电话的采访，我们仍能感觉到叶先生那片滚烫的赤子之心：

【录音】(广东话原声，压混出普通话)我是一名中国人，我应当为这件事出力，我们不能看着屈辱的历史再继续！只要有百分之一的希望，我们就要做百分之百的努力！

女播：于是百折不挠的努力重又开始了。叶先生首先写信给朴茨茅斯市的市长，很快得到答复：同意谈判。一周后，塘沽谈判代表团和朴茨茅斯谈判代表团面对面地坐在了一起。在谈判桌上，塘沽区区委副书记荣新海讲了这样一段话：

【录音】我说，这口钟放在你这儿，你也耻辱我也耻辱，我们两边都没面子。为什么你耻辱呢？你把人家的东西抢来放在你这儿，别人要也不给，这耻辱不耻辱？那么，我为什么耻辱呢？我这个地方，这么大一个国家，你来了几百个人、上千人，弄几条军舰就把我的东西弄走了，我也耻辱。你把这口钟交回来，你也光荣我也光荣。你是善良的，是一种新的理念，对我来说，也赢得了尊严。

女播：参与谈判的范辉当时一直非常紧张，事先设想过很多种谈判的过程，甚至连英国人摇头拒绝的表情都已经浮现在眼前。值得庆幸的是，谈判结果大出人们所料，朴茨茅斯市

市长的表态意见,给中方一个意外的惊喜:

【录音】范辉:他说,就我本人的意见,就是很支持这件事。他说,当时侵略中国是历史的原因,但是今天我们做这件事情,也是冲着友好的意愿。市政厅的态度都很积极。

女播:然而,谈判的成功并不代表事情已经尘埃落定,更为艰巨的任务还在后面。按照英国法律的规定,这件事的最终结果还应由当地议会表决决定,据了解,在英国议会通过一项议案绝非易事。

【录音】范辉:它那个议会,如果要是说大部分人反对也不会成,要是说有一部分人反对很强烈的话也不会成。

女播:果然,这个议案在朴茨茅斯这座不大的城市引起了不小的轰动。作为英国早年侵略其他国家时的所谓"战利品",古钟已经被英国国家文物与遗产委员会列入了英国文化遗产的二级目录,永久在英国保存,它代表了英国在那个时期的所谓"辉煌"。而议员中的很多人却坚持认为,要有一个正视历史的态度,新的时代背景下,那绝不是英国辉煌的象征。

而此时,首先提议归还古钟的马克先生,通过媒体向当地市民讲述了这样一件事。

【录音】(英语原声,压混出译音)我的曾曾曾祖父1860年到中国来过,在攻打大沽口炮台的时候,是游泳渡过炮台外面的壕沟,为此负了重伤,他当时还获了英国的维多利亚十字勋章。也就是他所在的这支队伍在1860年当年,10月18号,火烧了圆明园,抢劫了圆明园的大量财宝。那么,过了这么多年,作为他的后代,我想,历史应该重新解读。

女播:叶锦辉先生回忆说,那些富有正义感的议员们为大沽钟的最终回归也做出了富有成效的努力。

【录音】(广东话原声,压混出普通话)最有代表的是Terry Holl。他给每位议员写了一封邮件,他讲,这口钟的主人是中华人民共和国。这口钟是人家的,我们就应该给人家,这是我们一个非常友好的姿态,用来促进英国和中国两国之间的友好关系。在这点上,他们和有些国家不承认自己侵略的历史不一样,非常正视这件事。

女播:就这样,议案得到了绝大多数议员的支持,顺利通过。当地政府和议会通过后,还需要得到英国政府的批准。天津塘沽区区委副书记荣新海说,一切努力都已尽到,就剩下这个更为棘手的环节了:

【录音】从去年的11月15号到今年的5月25号,我们经历了半年的时间,就是走这个报批的过程。报批中,也要求有很多文件。到了3月14号的时候,英国国家的文物遗产委员会来了一个消息,同意在八个星期内给予答复。

女播:漫长的等待煎熬着每一位对这件事做出过努力的人。对于这件文物的回归,英国政府的态度显得非常谨慎,他们深知文物对一个国家的发展、一段历史的记录、一种文化的研究的价值所在。最终,他们还是批准了给中国送还古钟。此时,天津塘沽区已经是春暖花开的季节了。

一直为大沽钟回归不停奔波的荣新海感慨万千:

【录音】清朝政府太腐败了,那时候《辛丑条约》其中定的一条条款就是拆毁大沽炮台。这口钟本来它只具有大沽口炮台的遗物,它的这个文物的价值,当这口钟被送回到塘沽的时候,这口钟已经又成为中英关系史的一个文物,它在证明,人类在向着改善前进。就是说上个世纪,我们是伴随着战争、流血、对抗和冲突开始那个世纪的历史的,而我们这个世纪要用和平、友谊、合作和谅解来创造我们新的历史。

女播：考虑到朴茨茅斯人对这座钟的深厚情感，天津塘沽区决定复制一座一模一样的刻有“风调雨顺，国泰民安”的大钟回赠给朴茨茅斯市，它会像大沽钟一样被悬挂在维多利亚公园里，而大沽钟将被永久安置在即将建成的塘沽区博物馆内。至此，天津市首例流失海外文物无偿回归一事，以皆大欢喜的局面圆满告终。在世界仅有的几次文物回归历史上，从此多了这样一个记录：“2005 年 7 月，流失 105 年的中国大沽铁钟，由英国朴茨茅斯市归还给天津塘沽区”。

105 年，百年古钟见证了沧桑变幻！如今，天津和朴茨茅斯这两座港口城市正在协商，要尽快缔结为友好城市，续写新的历史篇章。

（钟声响起，压混）

悠扬的钟声再次响起，是警醒，更是和平的呼唤！

这篇作品初看似顺叙式，实则不完全是，因其结构要比顺叙式复杂。作品中，每取得一点进展，必定要转折——标志性语言是“但是”或“然而”，如同登一座塔，虽向上，但充满曲折。具体分析请参见本章第八节“录音专稿的主题提炼”。

九、复合结构法

所谓复合式，就是几种结构形式混合使用（图 4-10）。

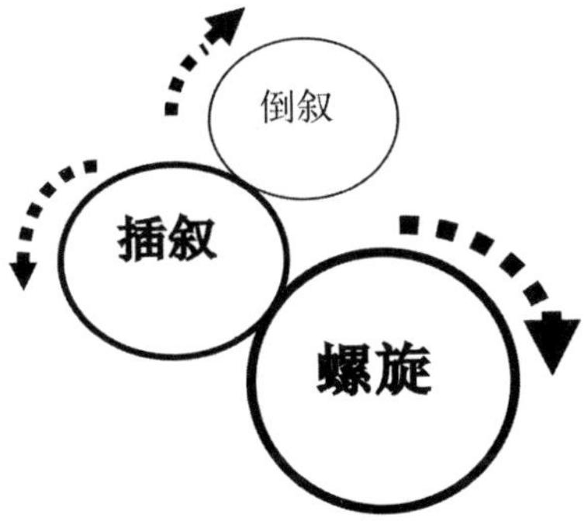

图 4-10

比如录音专稿《爱心编织的谎言》（山东台 2004 年 10 月 28 日播出，获第 15 届中国新闻奖二等奖）。

（舒缓抒情的音乐声起）

男播：2004 年的秋天，一个叫田世国的普通人深深地感动了我们！

【音响】听众：田世国是让我从内心里很感动吧。

男播：捐肾救母，演绎了一段感人至深的人间真情。

【音响】田世国：把母亲救过来，只要母亲活着，就是完整的一家人！

男播：在这个现代版的“卧冰求鲤”故事的背后，隐藏着什么样的秘密？田世国的行为对周围的人又产生了怎样的影响？请听《爱心编织的谎言》。

（音响渐弱）

【音响】（火车鸣笛声，火车进站……压混）

女播:2004年9月27号凌晨5点,177次列车缓缓驶进了上海站。田世国搀扶着65岁母亲的手,慢慢走下火车。38年前,就是这双手迎接他来到人世。如今,他紧紧握着母亲的手,却是为老人寻找生的希望。

【音响】田世国:我们都太爱她了,所以我们能让她多活一天是一天!永远希望,我们决不放弃!决不放弃!(音乐起,压混)

女播:母亲身患绝症,面对着两难的抉择,田世国用自己的身体去承受母亲的病痛。(音乐止)

2004年3月,医院的一份诊断书,让这个普通的家庭变得不再平静。母亲刘玉环被确诊为尿毒症晚期,生命岌岌可危。这个消息令远在广州当律师的大儿子田世国一时难以接受。

【音响】田世国:从我弟弟打电话通知我,就有天要塌下来的感觉,非常大的压力。

女播:望着病床上被病魔折磨着的母亲,田世国心中的痛苦丝毫不亚于老人。他说,母亲为儿女们操劳了一生,没想到,到了享福的年龄,却得了这种病。

【音响】田世国:一个65岁的老人,长时间不能喝水,不能吃水分大的东西。我妈在那一直痛苦,我们的痛苦真的我觉得比她痛苦几百倍,我无法用语言表达。

女播:对尿毒症最有效、最彻底的治疗办法,就是进行肾脏移植手术。但是这种手术不仅费用庞大,而且肾源难找。据统计,每年100万患者中,只有5000人能够找到合适的肾源。田世国清楚,以母亲当时的身体状况,她能拥有的时间并不充裕。

【音响】田世国:我妈等不起。也许等不到,生命就终结了。

男播:怎么办?一边是生命走向尽头的母亲,一边是遥遥无期的等待。作为长子的田世国,当即做出了一个大胆的决定,他要捐献自己的肾脏去拯救母亲,用自己的身体去燃亮母亲那微弱的生命之火!

【音响】田世国:当时我就决定换我的。我本身就是她身上的肉,再回到她体内,总要比别人的肾好!

男播:没想到,田世国的决定被母亲刘玉环无意中听到了。这位性格倔强的老人当即表示,这样做她绝对不允许!

【音响】母亲:你想给妈换肾哪,我说你要给我换肾,我就跳楼自杀!再大的痛苦我自己受!

男播:儿女的身体重于自己的生命!做儿子的田世国非常清楚母亲的心意。但是,他决心已定!

(音乐起)

【片花】母亲,为了挽救您的生命,我只能面带微笑地去欺骗您。

(音乐止)

女播:2004年9月22号,田世国从上海回到家中。在他口袋里,装着一份上海中山医院开出的移植配型检查报告。报告显示,他的血型与母亲完全一致,可以做肾脏移植手术。他此行的目的,就是要把母亲带到上海去接受治疗。为了打消母亲的疑虑,从来不对母亲撒谎的田世国小心翼翼地向母亲编织起第一个谎言:

【音响】我就骗我妈妈,我说,刚才医院来电话了,说有三个符合你的肾源。不过我说这个肾源是国家保密的,不允许问的。

女播:善良的母亲相信了,老人非常高兴。她那发自内心深处的求生欲望深深地震撼了儿子田世国！

【音响】当时在听到我说找到肾源的一刹那，她那个眼光，我觉得，你们常人谁都看不到的，也感受不到一个老人被这种病折磨了半年，她对生的那种渴望！我一生都忘不了那种眼光！

男播：老人哪里知道，围绕着这个谎言，全家人曾经发生了一次多么大的争论。田世国的决定一开始就遭到弟弟田世凯、妹妹田晓致的一致反对。因为他们都争着要用自己的肾脏来挽救母亲的生命。

【音响】我妹妹也要换，因为当时她刚生完孩子，身体也挺虚弱的。我弟弟呢，心脏不大好。都做好准备了。

男播：在兄妹三人争执不下的时候，田世国拿出老大的权威，一锤定音：谁也别争，就换我的！

【音响】我妹妹呢，她那个单位破产了，在家。我弟弟单位效益不好，好几年也不发工资了。我觉得我做律师的吧，可能挣钱比他们容易点吧。我是老大，义不容辞！就从我开刀吧！

（音乐起）

女播：两个相邻的手术室，两台同时进行的手术，两个血脉相连的生命，传递着爱的轮回。

（音乐声渐变成手术室里各种仪器声和手术器械声，压混）

女播：2004 年 9 月 30 号上午 7 点半，上海中山医院手术室。田世国静静地躺在手术台上，看着医生们紧张地进行手术前的准备。昨晚，他彻夜未眠。由于怕母亲在做手术时见不到儿子起疑心，田世国专门来到母亲病房，为母亲编织起第二个谎言。他说，有个案子需要他出庭辩护，明天一大早就动身。

【音响】田世国对母亲：7 点 50 的火车，6 点多就赶过去了。

母亲：是吗？明天早晨？

田世国：明天一大早，好吧。我看我工作安排好了，就……

母亲：行行，让你弟弟给你勤通点消息。

女播：老人丝毫没有怀疑，反而安慰田世国在外面好好工作，不要挂念自己。田世国怀着复杂的心情回到自己的病房，想想明天的手术，回忆起从小到大母亲照顾自己兄妹三人的情景，他怎么也睡不着。

【音响】你看我这么大个子，其实我心里很弱的。有时候感冒发烧不能动，我妈就给我去擀面条，无微不至地照顾我。

【音响】（手术室内器具声，压混）

女播：上午 11 点，母亲刘玉环进入手术室。她绝对不会想到，躺在隔壁房间为自己捐献肾脏的人，就是自己的儿子田世国。老人的精神很好，对未来充满希望。

【音响】护士：手术完了就可以喝水了。

母亲：好的。

护士：高兴吗？

母亲：高兴。非常高兴。

护士：祝你手术成功，阿姨！

母亲:好,谢谢!

护士:我们等你出来!

母亲:好的。

【音响】(心脏监护仪发出的有规律的心跳声……压混)

男播:手术室是相连的,儿子的血脉和母亲的血脉天生就是相连的,当那颤抖的肾脏被移植到老人体内的一瞬间,奇迹出现了!不到一分钟时间,这无比宝贵的肾脏就马上开始了工作,仿佛一个外出多年的游子重新回到母亲的怀抱,一切都是那么自然。主治大夫、中山医院泌尿外科主任医师朱同玉介绍了手术后老人的身体状况。

【音响】记者:手术还比较成功吧?

朱:很成功,非常成功!已经有很多尿液排出来了。

记者:就是说这个移植的肾已经开始正常工作了?

朱:对,已经正常工作了,并且每分钟的排尿量非常满意!像我们正常的肾脏似的。

(音乐起)

【片花】为了母亲的微笑,在这个美丽谎言的背后,不知凝聚着多少人无私的爱意。

(音乐止)

女播:如今,田世国已经陪同母亲回到山东薛城老家休息,腹部缠着厚厚绷带的田世国看起来有些虚弱,多说一会儿话都会出汗。尽管如此,面对着母亲关切的眼神,田世国还是不得不为母亲编织起第三个谎言。

【音响】我母亲知道我腰不好,我前两天告诉她,哎呀,我说没小心把腰又扭了一下,我说不大舒服走路,休息两天可能会好。她以为是我腰的问题。骗我妈的目的,就是让我妈在不知不觉中,鼓励她,让她活下去!

女播:虽说母亲是被救过来了,但是老人的身体依旧是田世国他们全家人今后生活的主题。

【音响】哎呀,抓紧一切时间去赚钱啊!因为我母亲需要大量的钱现在。她每天要吃9粒那种抗排斥药,进口的,1粒70块钱,还不算其他辅助的药,平均一天下来要800块钱左右!起码在这一年内要维持在这个水平。

女播:在田世国捐肾救母的过程中,有无数的人在背后默默地支持着他,其中最不能缺少的就是妻子刘华的理解与支持。一边是自己深爱着的丈夫,一边是自己敬重的婆婆,无论站在哪一边,结果对她来说都是那么地残酷。这位贤惠的女性,在选择面前表现出的大度令人尊敬。

【音响】刘华:自从他第一次跟我提出来以后,我就不知不觉脑子里有了这么一个概念,就是他真的要换,我也不会阻止他,而且我也知道,我应该支持他。

女播:除了妻子之外,邻居、医生、护士、病房的病友、身边的每一个人都自觉不自觉地加入到田世国的队列中,都以自己的方式参与着这个“骗局”。

【音响】整个中山医院,包括那些病友都知道,唯独就是我妈不知道。大家都不说,都帮着隐瞒这个事。

女播:上海中山医院也全力配合了田世国。医院把他的病床安排在与母亲只有一层之隔的6楼,还专门为他们母子开辟了绿色通道。由于保密措施得当,老人至今依旧不知道这个救命的肾脏就是儿子捐献的。田世国说,他已不打算让母亲知道事实的真相。

【音响】田世国：如果换完肾以后非常顺利，后期排异非常低，效果好，就不让她知道，永远地是个秘密吧，她以为是哪个尸体移植下来的。

【音响】母亲：你说奇迹吧？眼看就要死的人了，这命一下子活过来，你说这个心情用言语怎么个表达法？我还得感谢那个给我捐肾的那个（尸体），我说的，你活着，你干坏事不干坏事我不知道，你死了以后，对我作的那么大的贡献，我说我感谢你啊！

女播：或许将来的某一天，老人最终会知道事实的真相，到了那一天，老人应该不会生气。能够得到这么多人的爱，老人一定会感到无比的幸福。

男播：田世国说，他只是做了一件儿子应该做的事情，但就是这样一件儿子应该做的事，却令无数的人陷入反思当中。据了解，上海中山医院已经做过的数百例肾脏移植手术中，绝大多数都是父母为子女捐献的，子女为父母捐献肾脏，田世国是第一例，也是到目前为止唯一的一例。

【音响】听众 1：田世国是让我从内心里很感动吧，能这么平静和乐观。

【音响】听众 2：我儿子看了以后也很激动：妈妈，你将来你需要什么，我都献给你！对孩子也是个教育，对老人吧也是一种欣慰。

男播：其实这不过是一个普普通通的家庭，像这样的家庭在中国不知有几千万。但就是这样一个普通的家庭，母子、兄弟、夫妻之间，相互鼓励，相互安慰，共渡难关。家的含义被发挥得淋漓尽致，家的力量得以无穷地放大。弟弟田世凯说，他们现在对拥有一个完整的家庭倍加珍惜。

【音响】通过这个事以后呢，我是才体会到什么叫完整的一个家庭，家庭的概念！（歌曲《烛光里的妈妈》“揣手”，[①]弱起）逢年过节的时候回家，母亲的凝聚力非常大，也是我们在外面工作回家的一个目的，真正家的意义，就是因为母亲的存在。

男播：真正家的意义，是母亲的存在。真正爱的价值，是无私的奉献与报答！或许对田世国而言，真正能够抚慰他伤口疼痛的，就是每次回家都能见到母亲喜悦的眼神，都能尝到母亲亲手擀的面条。母亲的勤劳与细心，善良与大度，体贴与甘于奉献，对子女无私的爱和勇于承担责任，是儿女们永远的向往，也是维系着中国传统家庭的团结和亲密的源头所在！

（歌声《烛光里的妈妈》扬起……压混）

《烛光里的妈妈》是田世国最喜欢的一首歌，他说，每当听到这首歌，他都会想起自己的妈妈。

【音响】我觉得这首歌就跟写我母亲是一样的，第一次听到这首《烛光里的妈妈》就觉得特别好。我母亲是一个特别善良，并且有原则，又疼爱我们，就是一个普普通通的母亲，对我而言，我觉得挺伟大的！把母亲救过来，只要母亲活着，就是一个完整的一家人！

（歌声扬起）

该作品结构比较复杂。

起先，作品以倒叙开始。从 2004 年 9 月 27 日田世国和母亲抵达上海火车站，准备住院接受换肾手术写起，然后往前一跳，回到 2004 年 3 月母亲被确诊为尿毒症晚期的那一刻，故事从这里正式讲起。

① “揣手”的概念请看第七章第四节。——作者注

接着,重点叙述了田世国为确保换肾成功,对母亲的三次善意欺骗。这是比较典型地按照"糖葫芦"串联的方式结构的,是暗的顺叙。

其间,有两段插叙。一是田世国向母亲撒了第一个谎之后,插叙了他与弟、妹之间发生的激烈争论。二是讲他们母子上了手术台,准备实施手术时,插叙"昨晚,他彻夜未眠",向母亲撒了第二个谎。尤其是第二个谎,记者居然录到了现场音响。

另外,围绕是否捐肾,母亲怎么反对,他怎么坚持;家人如何不赞成,他如何力排众议;还有医院的协助、妻子的态度等等,又构成了一个螺旋式结构。可以说,主人公是克服了种种困难,才最终完成了对母亲的这一孝举。

值得称赞的是,作者很好地运用了这一复杂的结构方法,周到、细致同时也比较圆满地表现了一个孝子为母亲捐献肾脏的曲折过程。

本篇音响的使用以及语言运用也很突出,关于这两个问题,请参见第七章和第十二章。

以上,我们探讨了录音专稿中几种主要的结构方法。总体来说,这些方法都是为内容服务的,之所以研究它们,一是为学习录音专稿的构思与写法,包括新闻主题的捕捉、切入角度以及选材等,二是了解音响在作品中与文字的关系。至于如何使用音响,将留待第七章再做进一步介绍。

以上只是对广播录音专稿的结构做了一个初步总结,相信随着广播的发展和广播人创新意识的不断增强,录音专稿的结构会更加丰富,更多新颖的形式将会被创造出来。

第八节　录音专稿的主题提炼

如何对录音专稿进行主题提炼,这是个很重要的技巧。由于录音专稿一般篇幅较长,内容较多,层次和结构较为复杂,再加上展现的时间跨度大,所以驾驭起来的确有一定难度。

本章第七节提供了录音专稿《离家百年,钟回故里》的文案,这里再列举同一内容的录音专稿《大钟回家》,通过这两篇报道的比较,来讨论一下录音专稿的主题提炼问题。先来看《大钟回家》的文案:

女播:各位海外的听众朋友,欢迎您在每个月的6号收听由中国天津电台为您制作的《中国之窗》节目。我是隋怡。

【音响】(炮声)

女播:1900年6月17号凌晨,英法等国士兵组成的八国联军侵犯中国,攻打作为北京门户的天津塘沽大沽口炮台,大沽守军顽强抵抗,但最终失守。英军占领大沽口北炮台后,把当时悬挂在炮台的一口铁钟作为"战利品"掠回英国朴茨茅斯市,并在当地维多利亚公园建起一座中式石亭来悬挂铁钟。就在2005年7月22号,这口大钟正式回归中国天津,结束了它在英国整整105年的流亡史,这是英国第一次无偿归还侵略时期的战利品,也是迄今为止中国近代史上被掠文物第一次以赠还的方式回归祖国。那么,它的回归经历了怎样的过程呢?下面,就让我们来听一听天津电台的报道:《大钟回家》。

【音响】仪式主持人:塘沽区迎接大沽古钟回归仪式现在开始。(奏国歌……压混)

女播:7月22号下午3点,天津塘沽区政府在大沽口炮台举行仪式,许多天津市民自发来到大沽口，欢迎大钟回家。虽然大钟钟体已经斑驳，但钟上刻有的“海口大沽，风调雨顺”等铭文仍清晰可见。

大钟流失百年终回故里，这背后的故事还要从英国朴茨茅斯市维多利亚文化中心主任马克·刘易斯说起。马克的先祖曾经作为八国联军的一员参加了侵华战争，这个特殊的原因使马克对中国有着特殊的歉疚。马克每天上班都会经过维多利亚公园，那座中国式的石亭，引起了他的兴趣。石亭左侧一段文字表明，这口钟从中国天津大沽口缴获，但奇怪的是，并不见钟的身影。马克通过越洋电话告诉记者：

【录音】(英语原声，压混出译音)我的曾曾祖父作为八国联军的一员参加了那场战斗，在攻打大沽口炮台的时候，他游泳渡过炮台外面的壕沟，还为此负了重伤。我不相信发动1900年的那场战争有正当的理由，我想把这口钟找到，并且还给中国。

女播：原来长期以来，大钟在英国的日子并不好过。第二次世界大战期间，这口铁钟曾为躲避德军轰炸，被埋在地下。战后，人们忙于恢复和重建，铁钟一时不知所在。上世纪60年代，朴茨茅斯市一家晚报的两名记者找寻铁钟的下落，后来在维多利亚公园的角落里找到了它。但2000年前后，大钟又不知去向。功夫不负有心人，2003年6月，马克终于在维多利亚公园的一个暖房里找到了大钟。在经过相关部门许可后，马克把大钟转移到了自己工作的维多利亚文化中心，供人们免费参观。

说到这儿，促使大钟回家的第二个关键人物出场了。她就是毕业于天津职工医学院的中国留学生范辉。当时，范辉正在朴茨茅斯市攻读博士学位。她平常也会到当地的广播电台帮忙做一些华语广播节目，经常和文化中心主任马克接触。当范辉看到大钟上的铭文后，立即觉得这口钟和天津有关。马克当即提出，详细查查这口古钟的来历，设法把它还给中国。

【录音】范辉：马克呢，他说这是中国的古钟，应该还给中国吧。所以这一个动议就起来了，他就要求我看看钟上的文字，能够查查钟的背景什么的，这样我就和北京古钟博物馆的夏明明先生联系上了。

女播：夏明明，北京古钟研究所副研究员。2003年秋天，范辉和马克通过互联网与他取得了联系。

【录音】接到范辉的邮件之后，我查阅了一些资料，断定这口钟属于天津大沽口。我就找到大沽口遗址的纪念馆，告诉他们，英国方面有人想归还这口古钟。

女播：这个信息迅速传递到天津塘沽区区委副书记荣新海那里。

【录音】我们听到这个消息觉得挺高兴的，后来几个人说，能不能把它争取回来。2003年12月26号，我就给范辉发了第一封电子邮件，当时是想跟她探讨这个回归的可能性。后来才知道，实际上非常复杂。

女播：天津近现代文物鉴定小组负责人、天津博物馆研究馆员陈克(音)介绍说，想要让英国归还侵略时期的文物，存在着相当的困难。

【录音】中国文物，特别是在近代流失在海外的是相当多的。有人统计过，共有47个国家的218家博物馆中，有160多万件中国的文物。虽然国际公约规定了一些可操作性的归还方式，像英国、日本这样拥有大量其他国家文物的国家，也没有加入这个条约，所以对它没有约束力。这个难度也是相当大的。

女播：一晃，10个月过去了，大钟回家的事似乎陷入僵局。而就在这个时候，事情又出现了转机。还是在范辉的帮助下，天津塘沽区政府联络上了朴茨茅斯市华人协会主席叶锦洪先生。他的加入,使大钟回家的进程大大加快了。

【录音】(广东话原声,压混出普通话)我向朴茨茅斯市的议员请求,说明古钟是天津塘沽市区的,请求把古钟归还中国。很多议员都表示了同意。荣新海先生在2004年通过我的安排,和市长以及管理文化部的主任见了面,古钟要通过朴茨茅斯市议会的表决才能归还。表决时没有人投反对票。

女播:但事情进展到这一步,又遇到了麻烦,大钟连同放钟的那个亭子已经被列入英国文物遗产的二级目录,即便朴茨茅斯市议会已经同意归还大钟,这件事也还需要得到英国国家相关部门的批准。能否得到批准,并没有百分之百的把握。荣新海告诉记者:

【录音】报批中就是非常漫长的等待,当然这中间呢,也要求有很多文件。这个钟跟它待了也100年了,很多人都不希望这个钟走,走了我们好像也缺这个东西。所以我们同意给它做一个复制钟,它要求区政府写一封正式的信函,他们也很关注这个文物将来的生存环境。到了3月14号的时候,英国国家的文物遗产委员会已经同意,在八个星期内给予答复。

女播:今年6月初,英国文物和遗产委员会终于传来好消息:同意将大钟归还中国!

6月13号,天津塘沽区代表团再赴朴茨茅斯市迎接大钟回家。很多朴茨茅斯市市民闻讯赶来,与大钟合影留念。

大钟的回归过程虽然曲折,却是在21世纪两国平等的国际关系背景下进行的,双方相互尊重,相互理解。在朴茨茅斯市博物馆里举行的大沽铁钟回归交接仪式上,朴茨茅斯市文化行政官员特瑞霍尔(音)女士说:上个世纪,我们双方是在战争、流血、冲突、对抗中开始历史的,现在,我们应该用和平、友谊、谅解和合作来开始我们新的历史。

听众朋友,大钟回家的故事到这里还没有结束。我们了解到,在大钟回归的过程中,天津塘沽区和朴茨茅斯市加深了对彼此的了解,最近一段时间,朴茨茅斯市议会正在讨论和塘沽区建立友好合作关系。

好,由天津人民广播电台为您制作的《中国之窗》就到这里。再会。

(音乐扬起)

前面已讲过,要想更好地表现一个主题,不是在作品完成后再去提炼,而是在作品最初的构思时就已经开始了。那么在构思基本成熟、开始进入写作过程之后,怎样才能写出一部好作品呢?有专家提出,可采取依据事实来提炼主题的办法,也可通过预设主题和事实印证的方法来提炼主题。这里再提供几种方法:

一、结构法

具体讲有两种方法:

1.选择最适合的结构来表现主题

以前两篇作品为例,《离家百年,钟回故里》(以下简称《离家百年》)采取的是“螺旋结构”,而《大钟回家》则是从“关键人物马克”说起,然后引入“第二个关键人物范辉”,接着又引入第三个、第四个……这种结构方法,虽忽略时间,但仍是顺序法——是“暗顺叙法”。顺叙式结构的特点就是平铺直叙,容易将脉络介绍清楚,便于听众了解事件过程。

《离家百年》的结构要复杂些。它虽按时间顺序讲述,但每讲到事件有所进展时,必定要螺旋,要进二退一,故行文有起伏,有曲折,显得不平淡。比如,文中写到范辉偶然发现大沽钟，马上联系北京古钟研究所的夏明明要对大钟进行鉴定，这时，笔锋一转，紧接着写到大沽钟在英国的经历也非常“坎坷”。这一背景交代，表面上看是讲大钟在英国的经历：英国人民在二战期间，为保护大钟不被德军炸毁或被首相收去造武器，将其“埋”“藏”起来，但这一“埋”一“藏”，透露出的信息却都是一个“难”字。试想，几十年前，英国人为了保护这口大钟就曾冒过那么大的危险，如今想把它要回去，容易吗？这里，作者透过背景介绍，让我们初步领略到大钟回归的“艰难”。

此后，作者的写法更是如此：

英国朋友马克的坦诚让大家兴奋不已，但是——（请注意文中这种转折的语气）回归之路何其漫漫！因为从古到今，“国家间追讨文物就少有成功的”——又是一进一退。

几位爱国华人决心放手一搏，准备去找英国人沟通。但是——（又一个转折）去找谁呢？是政府，是议会，是艺术中心？这件事到底该归谁管，并不清楚。又是一个迂回。

终于找到当地华人协会会长叶锦洪，然后找到市长，但还要经过异常紧张的谈判——依旧紧张。

谈判终于成功了，但“谈判的成功并不意味着大钟回归尘埃落定”，后面还有更艰巨的事——还要经过议会批准——真是难上加难！

议会要讨论了，但让全体议员通过绝非易事，因为议案在朴茨茅斯市引起很大轰动。

议会终于通过了，但还要经过英国政府的最后批准——又是漫漫等待。

这一连串转折，构成一系列的“难”，使故事跌宕起伏，一波三折。

通过分析不难看到，《离家百年》在描述大钟回归过程中，几乎每取得一点进展之后，必定紧接着一个转折。仔细分析起来，正是这种“螺旋式”结构，很好地表达了大钟艰难回归这一主题。而《大钟回家》所采取的“顺序结构”，则是以平铺直叙的方式，清楚地讲述了“大钟回家”的过程。仅就这一点而言，二者都较好地选择了一个适合表现各自主题的结构方式。

2. 恰当运用素材以更好表现主题

恰当运用素材，是运用结构法表现主题的重要环节。素材运用得当，会有利于表现主题。如马克讲述其先辈曾在1900年参与过侵华战争的那段录音，两篇作品中的用法就很不相同。《离家百年》是放在了议会表决前——在此关键时刻，马克通过媒体发表了讲话，希望通过家人经历，表达支持大钟回归的观点。这样运用素材，很有分量。

而《大钟回家》在作品一开始就使用了——马克通过越洋电话讲述了他曾曾祖父的一段经历。其使用目的，只是为了说明是马克先提出归还大钟的。这样运用素材，不仅减轻了其分量，而且还多少妨碍了主题（详见后述）。

二、反面强调法（反衬法）

前析中大家可以看到：其一，《离家百年》始终围绕一个“难”字在做文章，采用的就是“强调法”：追讨之难、沟通之难、谈判之难、批准之难，每一个环节都难。《大钟回家》虽也谈到难，但只谈到国家间追讨文物之难，而且似乎是在行文到此之时顺便提到，不像《离家百年》那样，一步一强调。相比之下，《大钟回家》所反映的难就不如《离家百年》。因此，当《大钟回家》中的大钟回归时，听众的满足感就不如《离家百年》那样强烈。仔细分析，原因之一就是《大钟回家》的反衬不够，从整体上看显得有些“平”。

其二，《离家百年》中，作者还围绕一个字大做了一番文章——这个字是《大钟回家》中只

字未提的,即“辱”。请看:

——“国泰民安”尚未实现,却带来了“民族耻辱”。

——故乡的人们还是决定要放手一搏,百年耻辱不能再继续下去。

——我是一名中国人,我应当为这件事出力,我们不能看着屈辱的历史再继续。

——这口钟放在你这儿,你也耻辱我也耻辱。

显然,强调屈辱,并未使中国人民再次蒙羞,恰恰是大钟的终回故里,洗刷了中国人的百年耻辱,也让人们为大钟回归长舒一口气,获得强烈的满足感。

其实美学中就有这样的常识:从不和谐到和谐,其复归过程,即是获得美感的释放过程。采用反面强调法,突出了不和谐,而由不和谐到最终实现和谐,给人的美感和满足感会更强烈。欲写花红,先写叶绿,这种写法,符合审美原理。

三、正面突出法

前面讲到,《大钟回家》是一个个地引出人物。首先出场的人物是马克,而且是马克先想到要将这口大钟归还中国,并紧接着写了这么一句话:“原来长期以来,大钟在英国的日子并不好过”。这样写很值得推敲——它易给人一种错觉:马克因内疚要归还,而且这口钟在英国的“日子并不好过”。既然是这样的话,那再强调大钟回归的艰难就显然缺乏力度,其意义也会大打折扣。

而《离家百年》的作者是这样写的:“离家105年的大沽钟在海外漂流着,先后有很多学者追索、寻找过古钟的去向,但是每次努力都由于各种原因半途而废。”然后说一名中国留学生偶然得知了这口钟的下落,于是有了后面的故事。

说英国人先想到归还古钟,很可能是事实,但如此直写显得不够巧妙,它易给人一种错觉,似乎中国人没有要求。相比之下,《离家百年》就在未违背事实的前提下,对这一情节做了技术处理,从而把“中国人”凸显出来了!

《离家百年》中不仅突出了中国人,还突出了许多中国人为大钟回归所付出的努力:范辉的发现,夏明明的研究查找,叶锦洪给朴茨茅斯市市长写信,塘沽区政府与朴茨茅斯市的艰难谈判,中国人共同的努力,共同的心愿,才最终实现了大钟回家的夙愿(当然,作品并未忽视英国朋友的作用)。作者笔下,中国人的共同努力跃然纸上。

从正面烘托,犹如写好“红花”。这样写,大钟千辛万苦回家才更加弥足珍贵。

四、枝蔓消减法

枝蔓消减法就是将不利于表现主题的东西去掉,将前后矛盾、左右失衡或多余的东西去掉。如《离家百年》在说到大钟回到故乡时,原稿中曾有这么一句话:“尽管古钟在流失英国的过程中,已经残损,不能再敲响”,但几经修改最终删掉了,这是正确的。原因是:

其一,大钟能否敲响,并不影响大钟回归的意义,也不会影响其真实程度。因为大钟回归的意义,在于消除了中国人民在近代史上的一段屈辱,还历史于本来面目。

其二,作品在结尾敲响了钟声——那是象征和平的钟声!但如果开篇即说大钟已不能再敲响,那结尾的钟声岂不是和开篇互相矛盾?这多少会影响结尾的寓意和全篇的感染力。

再比如,在《离家百年》中,当大沽钟千难万难回到故乡时,有这样一段:一直为大沽钟回归奔波的荣新海感慨万千:“清朝政府太腐败了……拆毁大沽炮台”。听到此处,听众一定以为荣新海是在感慨清政府的腐败无能，但细听却会发现，整段录音的核心意思是说：这口钟过去只是个遗物，而现在已成为中英关系史上的一个文物。荣新海感慨的是后者，而非前者，倘若将“清朝政府太腐败了”一句删去，会使这段音响所表达的意思更简明、更清楚。

再看《大钟回家》。在写到天津塘沽区代表团再赴朴茨茅斯市，准备迎接大钟回家时有这样一句话：“很多朴茨茅斯市的市民闻讯赶来，与大钟合影留念。”这看似不经意的一笔，传递的却是多余的信息。因为大钟回归理所应当，此时，若去表现英国人的依依不舍，倒好像是我们硬拿了人家什么东西似的，这显然不是妙笔。

我们写作，就是要前后照应、精益求精，不能顾此失彼、前后矛盾或左右失衡。一部作品，要想主题突出，达到完美的境界，除了注意大的方面，细节的合情合理也非常重要。

五、主题提升法

主题提升是指不就事论事，而是从一个新高度来重新审视事物。当然，这个提升要符合内容，要合理，不能凭空拔高。

《离家百年》在结尾处就适当地采用了主题提升法——通篇是在讲回归，但结尾提升到了“和平”，而《大钟回家》结尾对主题也有所提升，提到了“友谊”。这都是顺理成章的。

六、题目推敲法

一篇好作品，光有好文章还不够，还应有一个响亮、脱俗、令人印象深刻的题目。好的题目其实就是好的主题。很多题目是在采访中获得灵感，也有的是边写作边推敲，直到满意为止。何为标题？标题者，新闻之缩影，事实之精髓，可见标题之重要。《离家百年，钟回故里》巧妙地利用了一个谐音（“钟”与“终”），使全篇富有内涵。而比较起来，《大钟回家》则显得平淡，缺乏张力。最令人遗憾的是，《大钟回家》的文案中写到了“离家百年，终回故里”，但在推敲题目时，却轻易地让它在指缝间溜走了，这不能不说是个教训。

总之，一篇作品的主题表达是一个需考虑周全、反复权衡、谨慎用词的过程。任何一个环节出了问题，都会因为考虑不周而妨碍了主题，因此必须反复斟酌、反复修改，直到完美为止。

第九节 录音故事

录音故事是录音专稿的一种。为何要将录音故事拿出来单独讲解？这是因为，录音故事与新闻专稿的写法（讲法）不完全相同，有些地方需澄清：新闻故事化和讲新闻故事在当代广播中越来越受到重视，但新闻故事化并不等于新闻娱乐化。

录音故事是借助音响讲述一个事件发生、发展的过程，或是一个人物的经历，它常通过设置悬念、烘托气氛来叙述一个跌宕起伏的情节。广播中的录音故事属于新闻范畴，因此要求必须真实。

当代广播新闻中，干巴巴的新闻逐渐没有了市场，以“故事”命名的栏目或节目越来越多，例如《百姓故事》《生活故事》《财富故事》《传奇故事》等。

这里涉及两个方面：一是如何在新闻中加入“故事”的元素，把干巴巴的新闻写得好听，体现出“新闻的故事化”；二是直接在广播中讲故事。

何为故事?《现代汉语词典》的解释是:**真实的或虚构的用做讲述对象的事情,有连贯性,富有吸引力,能感染人。**

也许有人会说,故事谁不会讲?但实践中,很多学过新闻写作的人写故事,写出来一看,是通讯;再改,仍是通讯。其实,故事是从设置悬念开始,而新闻是从导语开始,结构方法不尽相同。这里,一是容易陷入"通讯"笔法的误区;二是易陷入"细节"的误区——以为有了细节,就有了故事。请看下例:

买买提明忘不了,1971年12月1号的傍晚,他抱着在玩耍时掉进火堆,被烧成重伤的两岁的儿子,骑了两天的骆驼,赶到了乌恰县医院。正在值班的吴登云接过包裹着的孩子,打开袷袢,只见孩子全身一半被烧得发黑,已是昏迷不醒。买买提明哭着问:"医生,孩子还有救吗?"吴大夫摸摸孩子的小手:"还有脉搏,快输液!"立刻全身心投入抢救。

整整十多天,吴登云不分白天黑夜,一直守护在孩子身边。烧伤的孩子度过了休克关、感染关……

这是获得第9届中国新闻奖一等奖的广播通讯《帕米尔赤子——吴登云》(新疆人民广播电台,1998年)中的一段叙述和描写。

其中不乏细节描写:吴登云接过孩子后的一系列动作、语言,写得很细。但是,请注意接下来的这句话:"整整十多天,吴登云不分白天黑夜,一直守护在孩子身边……"——这是一句高度概括的话,而这种"细节+高度概括",是典型的通讯写法。

大家都知道,这样的"通讯手法"可以无休止地继续下去。作者可以接着这样写:"还有一件事,买买提明忘不了……"或者是"又有一年……"再或者是"一个漆黑冰冷的冬夜……"然后又是一段主人公的事迹,或者是"细节+高度概括"。这样的描写,我们并不陌生——这是典型的通讯的结构、通讯的语言、通讯的写法。

这当中虽然不乏细节,但却不是故事。

我们去医院看病,医生开药方时嘱咐怎样服药,说得很细——都是细节,但显然不是故事。电视里教大家做菜,先放什么,后放什么,怎么煎炒烹炸,说得更细,但也不是故事。

上例中,倘若是写故事,就应把"整整十多天,吴登云不分白天黑夜……"具体化,讲一讲他是怎么施救的——其间遇到了怎样的难关,采取了什么措施,直到病人转危为安。

一篇通讯中,可能会写好几个典型事例;而故事可能只讲了一件事,但已经讲得令人兴奋不已,或感动不已,甚至终生难忘。

通讯注重的是塑造人——通过例子写人;而故事注重的是过程——只是介绍一个跌宕起伏、充满悬念的过程和情节。需要指出的是,故事可以通过情节写人,也可以和塑造人无关——只是单纯地讲一个好听的故事。

可见,"细节说"有些站不住脚,"细节+典型事例"的结构也不能成为故事。那何为故事?准确地说,**故事离不开细节,更离不开情节。**

何为情节?《现代汉语词典》的解释是:**事情的变化和经过。**这个解释是准确的,而且无形之中对前面我们所讨论的"故事"做了进一步的解释和论证。可以说,情节是一条"变化"的线,不仅要有头有尾,而且要蜿蜒曲折,要跌宕起伏,要有悬念,要引人入胜。

细节是**细小的环节或情节。**情节与细节的区别在于,情节追求的是大的变化和过程,细节追求的是细小的环节或情节；情节注重的是变化多端的“线”，细节注重的只是局部细微的“点”。

总之，故事与专稿的区别在于：

（1）结构方法不同。专稿讲究“典型事例”，讲究写出有代表性的“例子”，而故事追求的是情节，是事件的变化和经过；专稿是点的组合，而故事是线的变化和延续。

（2）细节表达方法不尽相同。专稿是在浓缩凝练的“典型事例”中追求细节；而故事是在铺陈渲染的“情节”中展现细节。

（3）语言风格不完全相同。专稿用的是更加正式、规范和凝练的书面语；故事可能会用口语，更加通俗和大众化。

一、新闻故事化

新闻故事化，就是注重新闻事件的叙述技巧，写好事件的变化与经过。

像前面提到的《离家百年，钟回故里》和《爱心编织的谎言》，采取的就是这种写法。这两篇虽是新闻专稿，但故事性很强，说明这样写是成功的。据了解，《离家百年，钟回故里》的作者在写作和修改稿件时，指导教师就曾建议她参考《聊斋》中《促织》那种一波三折的写法。可见，在新闻中采用“螺旋结构”或者“复合结构”，有利于“新闻故事化”。

请看由内蒙古人民广播电台记者采制的、获得第 17 届中国新闻奖三等奖的作品《生死营救三分钟》是怎样将新闻“故事化”的：

（《法制直播间》栏标乐）

女播：听众朋友大家好！欢迎收听午间和您见面的《法制直播间》节目，我是贯媛（音）。一面是被大火吞噬着、随时可能爆炸的出租车，一面是车里身受重伤、双腿卡在方向盘下的司机。两天前，三个 20 多岁的年轻人不顾生命危险，在青城呼和浩特市展开了一场惊心动魄的三分钟生死营救。在今天的节目当中呢，我们就为您讲述这个撼人心魄的故事。

【音响】弟弟：看到好多车掉头，我们开过去才发现，两个车相撞了，当时已经起火了。

哥哥：我和我弟弟，当时好像车上有灭火器，当时就停车了，找半天没有找到，当时第一反应就是这个火灭不了怎么办？我说咱们先把车靠边，想别的办法。

女播：说话的是三名见义勇为青年中的颜昊和颜旻。2006 年 10 月 1 号晚上 10 点左右，刚刚从爷爷家出来的颜昊、颜旻两兄弟，开车行驶在青城深秋的夜晚。哥哥颜昊今年 27 岁，石家庄陆军指挥学院研究生毕业，北京军区某部参谋。这次回家是准备和女朋友领结婚证的。弟弟颜旻，今年 22 岁，毕业于新西兰霍林顿（音）理工学院，是呼和浩特市金川开发区招商局一名英语翻译。当他们的车子开到呼和浩特市新城区哲里木路立交桥时，哥俩发现，情况不对。原来，立交桥北口发生了一起交通事故：一辆由北向南行驶的夏利出租车为躲避路人，迎面插入旁边反向的机动车道，撞在了一辆正常行驶的捷达出租车上。使用天然气做燃料的夏利车前机盖儿当即冒出火苗，桥两侧事故现场挤满了群众。匆忙赶到的颜昊、颜旻两兄弟先拉开一辆出租车的车门，把趴在方向盘上已经昏迷的驾驶人拉出来，送到安全的地方，紧接着，又跑向另一辆正在燃烧的出租车。颜昊：

【音响】跑过去以后，发现那个车已经变形，司机已经昏死过去了，怎么拍也拍不醒，车上的火越着越大，整个发动机都着了，都着到前座了，就是司机的方向盘，已经有火了。我说赶紧先把这个人弄出来吧,就想打开这个车门。

女播:颜旻:

【音响】玻璃是封着的,我们又使劲拽这个门,结果门已经变形了,根本撬不开。

女播:颜旻:

【音响】最起码我们也都练过,有点劲儿,结果车门没拽开,把外面那层铁皮拽下来了,拽下来铁皮以后,里边还有两层,又拽下来一层,最后一层实在拽不动了。我说不行咱别管门了,把人弄出来。

女播:颜旻:

【音响】门的窗户完全是给掰烂了,掰烂以后,这个窗户就有了一块儿位置,我们两个人就开始将这个驾驶员往出走。

女播:这时,车上的火苗越蹿越高,出租车随时可能爆炸!而颜昊、颜旻却发现,司机的腿和脚被卡死了,根本没有办法从车里救出来。颜昊:

【音响】我让我弟弟到我的左侧来,当时因为油箱是在我们右侧。他要在右侧跟着我救人的话,一旦爆炸,肯定他伤得最重。我让他到左侧,我的意思是我替他挡一挡。

女播:颜旻:

【音响】我哥哥这样,为了保护我,他也想到了,我们家里面就两个孩子,如果车一炸,两个孩子这两条命就可能都没了。他让我到那边,离油箱远一点,但是如果我离开这个地方,可能就没有人再来帮手了。我心想,赶快得抓紧时间。后来我就一头钻进车厢里边去,我弄出来,他才能离开,他才能抱着伤员走。因为我知道,我哥哥今天如果不抱这个伤员离开,他也肯定不会离开。

女播:时间过去一分钟了。颜昊知道,救不出人,弟弟不会离开;颜旻知道,昏迷的司机不脱离险境,哥哥不会放弃。此时,车厢里除了驾驶座以外,其他地方到处都是火,他们意识到,汽车随时会爆炸。颜旻着急了,他干脆把身子整个从车窗探进车厢,从司机的身上爬下去,拼力把司机的脚从离合器里挪了出来,司机的身体终于可以活动了,但要想从变形汽车的窄小窗口里拽出来,还是十分费劲。

两分钟过去了。颜昊:

【音响】火已经把副驾驶的座位烧着了,火正往这边烧过来,如果要是再救不出来他,就是他被烧死,我们会被炸死。

女播:正在两兄弟绝望的时候,突然有一只手伸过来了。颜昊:

【音响】当时先见到手,没见到人,他就帮着拽人,一直帮着我,在我旁边,当时我没看这人长什么样,我俩心里就"嗵"一下,感觉热乎乎的,就说,有希望了!

女播:伸出援手的同样是一名年轻人,他叫常胜,是内蒙古工业大学能动学院交通运输系一名大四的学生。当时,他正骑车从桥上经过,看到了桥下颜昊、颜旻救人的一幕,他不假思索,扔开自行车就飞身跳到了机动车道上,帮着颜昊、颜旻从车里往出拽昏迷不醒的司机。就在司机刚刚被拉出车厢的一瞬间,着火的夏利车,前挡风玻璃塌陷了下去,大火顷刻间将整个车厢吞没。颜旻:

【音响】就是刚离开,然后刚把人往地上一放,我准备喘口气,当时是三人抬的,就听"当"的一声。

女播:颜旻:

【音响】之后这个车就爆了！
【片花】(音乐起，压混)
(以下略)

三分钟的事，讲了近七分钟，而且讲得扣人心弦，这显然是将新闻当故事来写的结果。

二、讲新闻故事

在广播中直接讲故事，可有多种形式，或被访人自己讲，或主持人来讲，或干脆由记者讲(加采访音响)；可以是以一个故事为主，也可以是几个故事串联起来(条件是每个单独的故事都必须精彩，情节都必须生动)；可以录播，也可以直播。

讲故事的方法，最常见的开头方式是“话说……”或者“从前……”再或者“今天我要给大家讲一个故事，名字叫……”这样的讲述方式我们都很熟悉。至于讲述当中，免不了要设置一些悬念，要有像评书一样吸引人听下去的所谓“扣”。大家可以想一想中国文学宝库中那些精彩片段，像《西游记》中的“三打白骨精”，《三国演义》中的“草船借箭”“诸葛亮三气周瑜”，《水浒传》中的“逼上梁山”，等等，也可以想想当代美国电视连续剧《越狱》以及《反恐 24 小时》中那些精彩情节(不同的是，那是虚构的)，想一想故事的讲述方法与新闻的写法有哪些不同，从中获得启发。

总之，找到一个精彩的故事线索，是写好或讲好故事的关键和诀窍。否则，再好的写作技巧和再好的口才也是白搭。

需提及的是，采取录播方式制作故事，优点是制作精细，音响衔接能很细腻，音乐、片花等也能完备，因此好听，也易出精品；缺点是制作比较麻烦，周期稍长，成本也高些。采用直播方式讲故事，如果是由主持人来讲，只要精心准备，一般问题不大；而如果是请当事人来直播，则讲述人容易紧张，也容易啰唆，故采用此方式的不多。

第十节　社教类录音专稿

录音专稿按内容可细分为两大类，除新闻类录音专稿外，另一类是社教类(非新闻类)录音专稿。

一、社教类录音专稿的识别

社教类录音专稿，也称**专题报道**，**很多专题节目中常用到该文体**，因此，学会这一类专稿的写法，对办专题广播节目有益。

与新闻专稿一样，**社教类专稿也要运用真实而典型的音响，采用叙述、描写、议论、抒情等多种手段，去形象报道某一事件与人物。**这类专稿中，要更突出知识性、教育性或其他具有审美价值的东西。

当然，这样概括，并非意味着新闻专稿就无知识性、教育性及审美意义。这里只是强调，新闻专稿更注重新闻性；而社教类录音专稿，因新闻性不强，故审美价值以及知识性等才凸显出来。

至于如何区分新闻类录音专稿和社教类录音专稿,主要就是看其是否突出了新闻性,突出即是前者,否则即是后者。像前面提到的《我不能让我的孩子流血》《离家百年,钟回故里》等,写的都是刚刚发生的新闻事件,而且写法是突出时间和事件,因此都是新闻专稿。

二、社教类录音专稿的细分

除广播新闻外,广播中还有很多专题节目,如"体育节目""经济节目""交通节目""农村节目""少儿节目""青年节目""中年节目""老年节目""残疾人节目""军事节目""娱乐节目""理论节目"以及"对外节目"等。这些节目若分析起来,大致可分为以下几类(图4-11):

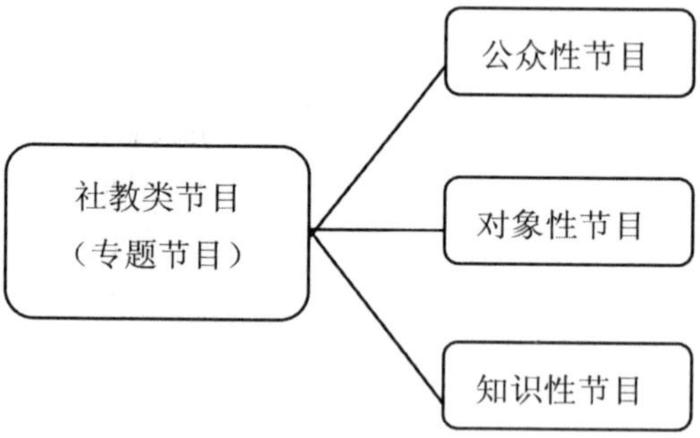

图 4-11

公众性节目,是指无特定听众指向的节目。如"经济节目""理论节目""娱乐节目""健康节目""饮食节目"等。

对象性节目,是指受众比较明确的节目。如"少儿节目""残疾人节目""农村节目""中老年节目""青年节目"等。

知识性节目,是指知识性较强的节目。如"理论节目""生活指南""健康节目""饮食节目""环保节目"等。

上述分类并非泾渭分明,会有一些交叉。有的节目,既可归入这一类,也可归入那一类,这并不矛盾。

如《让声音插上想象的翅膀》(节选)(上海台,获2002年度中国广播电视新闻奖优秀专题奖)。

(音乐起……压混)

男播:广播专题:《让声音插上想象的翅膀》。

(音乐渐弱,压混出儿童朗诵儿歌的声音……压混)

女播:听众朋友,这是我采访中偶然录到的一首童谣。歌中唱道:"大母鸡,骂小鸡,你真是个笨东西,我叫你咕咕咕,你偏唧唧唧。"这首歌叫我不禁联想起日前中国儿童心理卫生专业委员会的一份调查。调查显示,我国中小学生中,有59.3%的孩子有厌学的情形,而造成厌学的一个重要的因素就在于教学中剥夺了孩子的天性和快乐。

【音响】作为一个老师,在孩子的身上能够学到很多很多的东西……(渐弱,压混)

女播:他叫周文富,是一位优秀的油画家。10年前,周文富毅然放下了画笔,办起了上海现代儿童想象艺术教育中心,用来培养孩子的想象创造性思维。

【音响】我在下课……台上有一张报纸，孩子，把报纸撕下来之后，扔向天空，孩子们玩得非常开心……

女播：没想到，这个在头脑中稍纵即逝的创意，竟真的成了儿童声音想象艺术教学中的开篇。

【音响】现在，我们把报纸……（压混）

女播：课上，周老师收集了许多报纸分发给孩子们，让他们在旋转中领略什么是速度。

【音响】（拍打报纸的声音，压混）

女播：通过拍打，孩子们感觉到了节奏。在快乐中，孩子们聆听着报纸的歌唱。在思维跳跃的瞬间，纸屑俨然已成了啦啦队的旗帜。

（音乐，压混）

女播：周老师说，想象艺术是现代社会一种新型的教育形式……

（中间省略）

女播：其实，人生创造的起点，不正是从充满稚气的行动开始的吗？善待孩子的天性吧，让孩子的世界充满情趣和快乐！

上述录音专稿，旨在介绍一种新型教育方式——想象艺术教育，而非报道新闻。所以，这篇录音专稿应归入社教类录音专稿中(既可归入知识类，也可归入对象类)。

至于社教类专稿的结构，与新闻专稿基本相同。不同的有：(1)这类专稿常放在一个专题栏目中，故前面常有栏标乐(写好此类专稿也是办好广播节目的基础)；(2)一些经济类、社会类专稿，其采写比较难。一是选题难，只有对该领域深入了解之后，才能够发现选题；二是采访难，需采访的面往往比较宽；三是写作难。如何把握好，需有相应的专业知识和对该领域的深入了解。

思考与练习

1. 音响报道的构思有哪些特点？与纸质媒体有何区别？
2. 怎样把握录音专稿的结构？
3. 怎样提炼录音专稿的主题？
4. 在教师指导下采写一篇录音专稿。

第五章　录音特写

特写是从消息和通讯中细分出来的，但从专业角度讲，特写与消息及通讯又有所不同，故需专门研究。

简单说，**录音特写就是特别的录音报道。**它一般可分为两大类：新闻性录音特写（以下简称新闻特写）；非新闻性录音特写，即广播录音特写（以下简称广播特写）。

广播中的特写较之报纸上的特写，其表现形式要丰富一些。其中加入音响是原因之一，同时，表现形式多样也体现了广播特点。

录音特写往往立足于一个“特”字：内容“特”——选取独特的视角；细节“特”——像电影中的特写镜头；形式“特”——运用尽可能细腻、丰富和独特的表现形式；音响“特”——尽可能选取与众不同的音响，采取独特的构思和连接组合方式。

第一节　新闻特写

新闻特写就是抓住新闻事件中富有特殊意义的细节或场景，像电影中的特写镜头一样，将其放大，使之凸显出来。新闻特写可细分为“消息型新闻特写”和“专稿型新闻特写”。

一、消息型新闻特写

下面是消息型新闻特写的结构框架示意图：

消息型新闻特写的结构框架示意图

1. 导语 ＋ 介绍格（介绍方式可与消息相同：请听记者发回的报道；也可明确体裁，并加上题目：请听记者采写的特写……） 2. 主体部分：解说词＋音响（新闻主体中可忽略新闻背景，只侧重于一两个有特殊意义的细节或场景）

消息型新闻特写是比较短小的新闻特写，一般不超过 4 分钟。如《历史性的握手》（中央台 2005 年 4 月 29 日播出，获第 16 届中国新闻奖一等奖）：

播音员：中共中央总书记胡锦涛在人民大会堂与中国国民党主席连战进行了历史性的握手，两党最高领导人举行会晤，就促进两岸关系改善和发展的重大问题及两党交往事宜，广泛、深入、坦诚地交换了意见。请听中央台记者郭亮、赵雪花、李涛采制的特写：《历史性的握手》。

（现场音响，压混）

记者：2005 年 4 月 29 号下午 2 点 58 分，中共中央总书记胡锦涛沿着红地毯，走到人民大会堂北大厅中央，向等候在这里的中外记者挥手致意。

2 点 59 分，中国国民党主席连战乘车来到人民大会堂。他走下车，拾阶而上，迈进向他敞开大门的人民大会堂北大厅。在这里迎候他的中共中央总书记胡锦涛微笑着，向连战伸出了手。

3 点整，在海峡两岸中国人期盼已久的目光中，中国共产党和中国国民党的最高领导人终于见面了，他们的手紧紧地握在一起。

【音响】（掌声）胡锦涛：连主席，你辛苦了，我也非常热情地欢迎你。

记者：在如雨般的拍照声中，胡锦涛和连战互致问候。胡锦涛热情地欢迎连战来访。

这是历史性的时刻！这是跨越了那道浅浅海峡的握手，这是穿越了半个多世纪纷纭历史的握手。握手后，胡锦涛和连战表情轻松，并排走过红地毯，步入人民大会堂东大厅。这是两党启动正式交往、面对现实、开创未来的一次最重要的会晤。胡锦涛总书记首先致欢迎辞：

【音响】（掌声）四月的北京春意盎然，在这美好的季节里，我们迎来了中国国民党主席连战先生率领的国民党大陆访问团。今天的会见是我们两党主要领导人历史性的会见。你们的来访是中国共产党和中国国民党关系史上的一件大事，也是当前两岸关系当中的一件大事。从你们踏上大陆的那一刻起，我们两党就共同迈出了历史性的一步，这一步既标志着两党的交往进入了新的发展阶段，也体现了我们两党愿共同促进两岸关系发展的决心和诚意。我们共同迈出的这一步，必将记载在两岸关系发展的史册上。我相信，国民党大陆访问团的这次访问，以及我们两党的交流和对话，已经给两岸关系的改善注入了春天的气息。（掌声）

记者：中国国民党主席连战发表答谢，说：

【音响】我也很坦诚地来跟各位提到，那就是这一趟来得并不容易……让我们把握当前，让我们共同来开创未来。（掌声）

这篇特写紧紧抓住一个重大新闻事件中的“握手”细节，通过解说和音响加以突出和放大（新闻背景则基本未涉及），充分体现出国共两党长久分隔后终于会见的珍贵，体现出两岸人民强烈希望交流、希望和平的共同愿望。

再如《山定权，树定根，人定心——温家宝考察集体林权制度改革》（中央台 2007 年 4 月 22 日播出，获第 18 届中国新闻奖二等奖）：

【现场音响】温总理：你放下心来了吧？（众人笑声，以下压混）

记者：在山清水绿、靠林吃林的长水村，男女老少们聚集在村口的空地上，他们或坐或站，亲热地把同坐在一条长板凳上聊天的总理和村支书围在中间。

【现场音响】

总理:就是人均不到一亩地?

村支书:七分耕地……(以下压混)

记者:不远处,有几株粗壮的红豆杉已经三百岁高龄了,清风吹过,送来阵阵幽香。

【现场音响】

总理:你告诉我,04年林权改革以后,山林的管理发生了什么变化?

村民:老百姓啊,明晰了产权,就说啦:山定权了,树定根,人定了心。

总理:哟,这三句话好。(众人笑)你再把它说一遍(总理跟着重复):山定权,树定根,人定心。三句话的核心在人定心。人定心,他就知道爱护林子、发展林子。

村支书:对。他们保护森林、造林育林、防火。这个清明节,他们上山搞祭祖,他们是提着水桶上去的,相当爱护森林。

总理:这是一。

村支书:对。第二大变化啦,是"两取消,两调整,一规范"。

总理:你讲的"两取消"包括取消农业税,取消特产税?

村支书:对。调整了用林基金。

总理:用林基金现在还交不交?

支书:交一点点,只有70块钱一个立方。林改以前,一个立方木材,私人卖到180至200。通过林改以后,每个立方,卖到530。

总理:100、200到530?

村支书:嗯。老百姓就增加了收入,非常高兴啊!

记者:村支书于景斌(音)说,现在森林成了农民的绿色银行。这时,村民阎明礼(音)拿来自己绿色银行的存折,也就是林权证给总理看。

【现场音响】总理:你看,这最后这句话就是把现在我们通过的《物权法》用上了:森林、林木、林地所有者和使用者的合法权益,受法律保护……(以下压混)

记者:温总理轻轻打开,一页一页细细观看。

【现场音响】总理:这上面还有一个地形图呢!你会看这个图吗?(压混)

记者:阎明礼摇摇头说,自己家林地的地界他是清楚的,可是林权图是技术人员搞的,他看不懂。

【音响】总理:这个图我会看,这叫等高线。(大家笑,以下压混)

记者:曾经多年从事地质工作的温总理教阎明礼看懂自己的林权图。

【音响】总理:如果你看熟了的话,你能把这个山看立起来。(以下压混)

记者:温总理说,在这里搞集体林权制度改革试点,就像当年安徽小岗村搞土地家庭承包制一样,对全国的山区、林区都有重大意义。虽然林权制度改革很复杂,不仅关系到农户、国有林场、林业机构,还涉及税费政策调整,但是政府有信心把这项改革搞好。

【音响】总理:最根本就是你讲的,人定心,通过绿色银行发展生产,这个事好。将来它的前景是山更绿,树更多,老百姓的收入增加也更多,对吧?

众人:对,对。(压混)

记者:谈话间,不觉已经夕阳西下,满山遍野的森林郁郁葱葱,即使是那些百年的参天古树,也染上了春天的翠绿。

这篇报道选择了温总理视察中一个容易被忽略的场景，从中可看出“林权制度改革”后山村的变化。其中解说不多，但音响很细腻。结尾处，一句颇有文学色彩的描写结束了全篇，这是一般消息中所不多见的，很有特写的内涵和韵味。

二、专稿型新闻特写

所谓**专稿型新闻特写，就是采用特写技法，并达到了专稿长度的特写**（见下图）。

专稿型新闻特写的结构框架示意图

1. 导语 ＋ 介绍格 ＋ 题目（导语方式与录音专稿相同，介绍格中一般明确体裁，并报题目） 2. 主体部分：解说词（更多特殊场景或富有特殊意义的细节介绍）＋ 音响（音响与录音新闻或录音专稿基本相同）

如《巴勒斯坦送别阿拉法特》（中国国际广播电台 2004 年 11 月 13 日播出，获第 15 届中国新闻奖一等奖）。

【音响】（巴勒斯坦国歌，数秒后混播，渐隐）

中国国际广播电台，各位听众，现在您听到的是巴勒斯坦国歌。在这雄壮的歌声中，在巴黎去世的巴勒斯坦民族权力机构主席阿拉法特回到了他的祖国巴勒斯坦，回到了他生前位于拉姆安拉的总统官邸。在这里，巴领导人、外国驻巴使节以及数万巴勒斯坦人参加了为他举行的遗体安葬仪式。下面播送本台记者涂龙德、贺金哲从拉姆安拉现场发回的录音报道，题目是：《巴勒斯坦送别阿拉法特》。

【音响】（出直升机抵达声，数秒后混）

记者：约旦河西岸城市拉姆安拉当地时间 12 日下午 2 时 10 分，运送巴勒斯坦民族权力机构主席亚西尔・阿拉法特灵柩的埃及军用直升机出现在拉姆安拉总统官邸南侧临时停机坪上空。这时，在那里守候多时的送葬人群再也抑制不住自己的悲伤心情，呼号声、哭声、枪声响成一片，人们纷纷以不同的方式表达着对这位被誉为巴勒斯坦“民族之魂”的领导人的崇高敬意。

【音响】（出官邸现场声，数秒后混）

记者：“亚西尔！亚西尔！”数十万送葬人群哭喊着纷纷涌向停机坪，人人都希望最后再多看一眼自己的领袖，能亲自簇拥着他的灵车多走一程。

送葬场面十分宏大。尽管下葬仪式由于政治原因缺少了世界各国政要亲临现场的礼遇，但是，人民的拥戴却给了阿拉法特超乎寻常的葬礼，一场人民的葬礼。

【音响】（出巴保安部队军官喊叫声，数秒后混）

记者：“为了亲爱的阿布・奥麦尔，大家让一让！”随着一名泪流满面的巴保安部队军官的哭叫声，拥挤的人群立即闪出了一条通道，里侧的人们还主动手拉手帮助维持秩序，数名因悲伤过度而晕倒的送葬者随后沿着这条“生命通道”被及时抬出了官邸。巴勒斯坦人日常大都喜欢亲切地称呼阿拉法特的名号“阿布・奥麦尔”，为了能让他顺利入土，送葬现场人们的配合与理解无处不在。一名警察手持木棍拦截人流，立即引来周围人群的同声指责，认为他的行径低估了送葬者的觉悟,后者则立即表示道歉并放下了手中的木棍。

【音响】(出祷告声,数秒后混)

记者:在总统官邸的小清真寺里传出的祷告声中,阿拉法特的灵柩随后被安葬在总统官邸西南的墓穴里。墓地旁有青松相伴,其外围铺有墨绿色的大理石,而墓穴等核心部位则都以阿拉法特生前十分熟悉的、白色的“希伯伦石”砌成。为了尽可能弥补阿拉法特不能长眠于耶路撒冷的遗憾,巴宗教人士还特地把从耶城取回的泥土撒在墓穴四周。入土后阿拉法特灵柩被巴勒斯坦国旗和鲜花覆盖,灵柩中,他脸朝伊斯兰教圣地麦加,接受巴官员和民众的瞻仰、哀悼。

在为阿拉法特送葬的人群中,有年仅四岁的孩子,也有年过六旬的长者,还有拄着双拐行走艰难的残疾人。穆罕默德·哈姆迪头戴“阿拉法特式”黑白方格头巾,身披巴勒斯坦国旗,声音嘶哑,让人一接触便能认定他是位热血青年。为参加安葬仪式,哈姆迪前一天便从25公里以外的家乡赶到了拉姆安拉总统官邸,晚上就露宿在官邸外。

【音响】(出游行示威声)

记者:“亚西尔是烈士!”“从拉姆安拉到耶路撒冷!”“我们一定要继承您的事业!”参加送葬仪式的巴普通民众不停地高呼口号。阿拉法特毕生都在为建立以耶路撒冷为首都的独立的巴勒斯坦国而斗争,无论是武装斗争还是“实现勇敢者的和平”,阿拉法特都是巴勒斯坦人民的领袖。和平、建国是阿拉法特的遗愿,人民用这样的誓言为他送葬,那是对死者最大的安慰。

【音响】(出巴少年讲话,数秒后混)

记者:“我来这里是为阿布·奥麦尔主席送葬的,他为巴勒斯坦人牺牲了一切,他永远活在我们的心中。60天后,我们要举行选举,选出巴勒斯坦的新领导人,领导我们争取巴勒斯坦的合法权利。”如果不是那仍显稚嫩的嗓音,听众朋友肯定不敢相信在记者话筒前的这位被采访者还是年仅14岁的少年。作为在阿拉法特开创的巴以和平进程影响下成长的新一代,这稚嫩的声音向世人表达了巴勒斯坦人的心声和对和平的渴望。

【音响】(挽歌声,数秒后混)

记者:在总统官邸院墙外,一群巴勒斯坦妇女流着眼泪唱起了古老的阿拉伯挽歌,声声呼唤着“阿布·奥麦尔”的名号,歌声凄惨,催人泪下。这歌声表达了巴勒斯坦人对阿拉法特不尽的哀思,也表达了他们继承阿拉法特未竟事业、实现巴勒斯坦和平建国理想的坚定决心。

【音响】(挽歌声突出,数秒后渐隐)

播音员:中国国际广播电台,听众朋友,刚才您收听到的是本台记者从巴勒斯坦城市拉姆安拉发来的录音报道:《巴勒斯坦送别阿拉法特》。谢谢您的收听,再见。

这篇新闻,作者说是“录音报道”,但从作品对新闻细节的捕捉和展现看,完全称得上是一篇很好的新闻特写。其中,作者抓住具有特殊意义的场面——阿拉法特的葬礼,并抓住一个个有特殊意义的细节,凸显出巴勒斯坦人民对阿拉法特的热爱和依依惜别之情。

若概括新闻性录音特写的特点,主要有以下几方面:

(1)无论消息型新闻特写,还是专稿型新闻特写,都非常关注**重大事件中有特殊意义的细节,或某一个特定历史时刻中有特殊意义的场景和精彩局部**,其时间跨度并不大。

(2)无论消息型新闻特写，还是专稿型新闻特写，往往会抓住那些容易被人忽略的**小事中有特殊意义的细节或场景**，将其放大，将其中有意义的内涵展现出来。

(3)无论消息型新闻特写，还是专稿型新闻特写，其语言上会更多一些“描写”，多一些**“文学色彩”**。

需说明的是，特写在中国新闻奖评比中不是一个单列的奖项，4 分钟以内的新闻特写归入“长消息”或“短消息”(短消息型的新闻特写罕见)；4 分钟以上的新闻特写则归入“广播专稿”之中。

第二节　广播特写

广播特写的划分有广义与狭义之分。国际上通常采用广义的划分方法——是一个很大的分类，通常不仅包括新闻性特写、文艺性特写，甚至将“录音专稿”都囊括在内(国外没有“录音专稿”这一概念)；而国内使用广播特写这一概念则不十分统一。本书采用狭义的划分方法，即专指文艺性特写(图 5-1)。

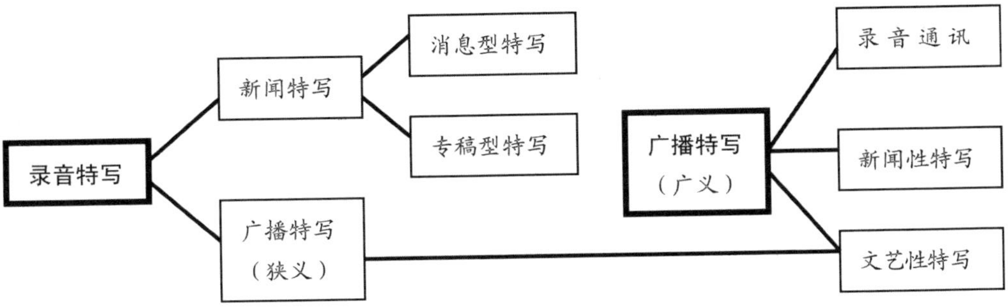

图 5-1

狭义的广播特写在中国广播录音报道中还是个比较新的分类，20 世纪 90 年代前后才由西方引进，至今在国内广播界仍不算十分普及。

狭义的**广播特写，是一种充满想象，有特点、有趣，主题有相当深度，表现手段没有任何限制，音响、语言和音乐很有感染力的信息传达方式。**

德国前自由柏林电台广播特写部主任、广播特写大师彼得·利昂哈德·布朗先生曾说过：“特写不拘泥于某一种特定形式。它可以利用一切适合自己需要的手段。它的主要特点是它的多样性。”

布朗先生的很多作品被誉为是“解放音响”的经典作品，其中有各种音响的组合，声音非常美妙、动人，就像是一部交响曲，把听众引入了新的听觉世界，这些作品在许多国家的电台中以各种语言进行广播。如《鸡》《不择手段》《鬣狗》《欧洲的钟》，以及《上午 8 点 15 分，第三手术室股骨移植》：

【音响】(医生在手术室里动手术的声音)

医生：解剖刀。牵开器、钳子，再来一把。拭子，天啊！好大的韧带！膨胀器。(剪刀声，切割声)哪出血?真糟糕!对,膨胀器,放在这里。在中间夹住。对,起子。别,别动!别往上起!出来了。让钳子吊着。钳子。(器械声)钳子、钳子!递一把手术刀给我!瞧,肌肉里边好多脂肪。脂肪部分有一点出血。对,解剖刀。(解剖刀声)我想,我需要一把新的解剖刀。(解剖刀嚓嚓声)老得像皮革,是吗?

护士:要我拿着吗?

医生:对,请用拭子。等一等,等一等,等一等!兰根贝克氏牵开器。好,请拿住。解剖刀。解剖刀很快就钝了。(医生哼哼声)解剖刀,拭子。(医生吹口哨,唱歌声)钳子。拿住。解剖刀。兰根贝克氏牵开器。开始流血了。是的,钳子。天哪,好紧张!血压怎么样?

护士:150、80。

医生:140?

护士:对。

医生:我们知道了。

护士:怎么样?

医生:升了这么多。谁给我擦擦汗。

……

(手术室器械声,唱歌声)

医生:你瞧。(唱歌)我还要一把新解剖刀。不错,这是我需要的。安妮莉赛,这的皮组织真硬。到了,我们慢慢地切到我们需要的地方了,不是吗?(唱歌)或许我们现在可以用大的兰根贝克牵开器。替我结扎几个地方,这样,我们就可以首先把头绪理清楚。你看见了吧——出血,注定会出血的。钳子。用拭子擦一下。拭子。由于血压的缘故,她相当……是的,由于血压的缘故,现在血压相当高,她……出血自然就多一点。也该这样,很不错。平均血压多少?哼,180。哼,你瞧。(唱歌)

……

这篇特写中没有一句解说,完全采用手术室里的自然音响(包括对话),为听众展示了手术的主要过程。

北京人民广播电台新闻台《人生热线》主持人苏京平是中国广播界可贵的探索者之一。1994年,苏京平参加了一个走黄河全程的采访。途中,他在每个阶段都注意录下黄河的水声。回来后,他把素材制作成时长5分46秒的《黄河心曲音响景观》,在广播里播放。

为迎接2008年北京奥运会,北京人民广播电台新闻台用了将近两年时间,于2005年10月推出了一部广播特写:《听,北京的声音,2008秒》,总策划人就是苏京平。这个长度为33分28秒(共计2008秒)的广播特写,共分为八个部分,其中有《北京晨韵》《北京的脚步》《鸽哨·校园》《激情广场》《午后·雷雨》《黄昏·古韵·闲情》《北京夜色》等。作品以时间为轴线,生动地表现了普通北京人一天的生活,为听众展示了北京那些颇具代表性的声音,用主创人员的话说,就是要“让声音说话”。例如第六幕《黄昏·古韵·闲情》:

男播:(悠然地)第六幕《黄昏·古韵·闲情》。

【音响】(市井之声……)(压混,持续——)

男播:北京的黄昏,妩媚而多姿。

【音响】(孩子们的声音。渐入曲艺迷唱琴书声音,渐强)

男播:一群传统戏剧的爱好者,在北京一个普通的四合院里,开始了每星期一次的聚会,悠扬的琴书飘荡在青砖灰瓦间,和着三弦、铃鼓、胡琴,引得阵阵击掌、叫好。那颤悠悠的调门,为四合院的傍晚平添了几许生动。

【音响】(远处的琴弦声,琴弦声突然变近,琴声突然中止,演奏者说话声:"云书调"——在磋商演奏的调门儿,接着,前奏,演唱者进入,唱的是"北京琴书":"包拯闻听就忙跪倒……"演唱结束时,观众叫好声和掌声响起。声音渐弱,揣手渐强入市井声,胡同里孩子的声音,远处传来吆喝声:磨剪子来——,戗——菜——刀——压混)

男播:吆喝,来自于传统的商贩叫卖。在老北京的街头巷尾,磨剪子戗菜刀、卖冰糖葫芦的声音是人们最熟悉不过的了。

【音响】(卖冰糖葫芦的商贩有节奏地敲击铃的声音,出吆喝声:买——来——,冰糖葫芦——;买——来——,冰糖葫芦——)

【音响】(突然,卖饽饽的叫卖声——压混)

男播:一声老北京的吆喝,突而起,又余音袅袅,带着几分对古韵京都的流连不舍,在岁月的流逝中,吆喝渐渐演变成一种北京特有的口头艺术。

【音响】(击鼓吆喝声,接着,卖旧衣的、卖花的、卖破烂的、卖青椒蔬菜的,各种吆喝声此起彼伏,交织在一起,然后揣手渐入市井声)

男播:老北京的京腔京韵,新北京的多姿多彩,印证着京味儿文化历久不衰的魅力。京味儿,就是咱北京的人情味儿!

【音响】(市井声持续,结束)

上述作品能很好地体现广播特写中那种用声音来讲述和用声音来表现的感觉——自由挥洒,无拘无束,让听众在听觉中充分展开想象。

应当说,中国的广播工作者对此类广播特写的研究和实践还是初步的,但前景可期。我们希望能有更多的广播工作者,特别是年轻的记者朋友,加入到这个研究和实践的行列中来,以创造出更丰富、更优秀的广播特写。

综上所述,我们可以这样来认识广播特写:

(1)广播特写是一种不拘形式、能充分展示广播优势和特点的报道形式之一,可以让听众领略广播音响之美、生活之美、蒙太奇连接之美,在听觉上获得美的享受。

(2)广播特写同样追求真实性,包括反映信息的真、作者情感的真、表现形式的真,这是特写真实美的体现。

(3)广播特写强调原生态的现实音响,展现声音的魅力,赋予声音颜色、温度、明暗、感情等,用声音来说话。

(4)广播特写要用充分的想象力来展现,因为广播最大的魅力正在于激发听众的想象。

(5)广播特写的音响需要设计、安排。音响在广播特写里应该起到语言起不到的作用,应该有起承转合。

需要指出的是,现在国际上出现了一种微型广播特写——一分钟广播特写。如《吉隆坡1997》:

(音乐)

解说:今天是1997年11月16日。

(音乐)

【音响】(一个日本记者在做现场报道,背景是观众欢呼声)

解说:……吉隆坡……

【音响】(日本记者变得越来越激动,观众欢呼声震耳欲聋)

解说:……历史上第一次,日本足球队跻身世界杯16强。

【音响】(日本记者狂呼:日本! 日本! 日本!)

再如《明信片》:

(音乐)

女人:在我21岁那年的夏天,我买了一张明信片准备寄给我热恋中的男友戴恩。他在索马里工作,给路透社当摄影师。他23岁的生日快到了。所以……我想给他寄一张明信片吧。突然,又冒出了一种抑制不住的想法:没必要这么做。

过了一星期,我在新闻里听到:他死了。很奇怪,电视节目主持人还展示了戴恩被愤怒的群众用石头砸死的那块地方。美国兵为了追捕一个帮派的头目,轰炸了一所医院,炸死了好几百人。当地人怒不可遏。可是美国人早乘直升飞机跑了。只有……摄影师留下了。

最近,我在找东西的时候发现了这张明信片。它正面是一张落日的照片,背后写着:"亲爱的戴恩"……没了。

这类微型广播特写,抓住生活中的一个特别片段或人的一个瞬间感受,加以放大。它追求的不是大,而是精致,是一种生活的瞬间精彩。

可以看到:(1)这类内容在生活中俯拾即是,是广播的不竭源泉;(2)这类特写很像绘画中的速写,它可以很好地锻炼学生感受生活和发现美的能力,不断提高广播音响报道的水平;(3)这类特写与目前正逐步兴起的语音微博很像,假如二者结合,相信将会产生出很大的流行动力,也必将成为广播的又一个新资源。

第三节 新闻特写与广播特写的活用

在广播实践中,还有一种兼具新闻性与文艺性双重特点的特写,它们新闻性较强,同时又大量使用音乐,甚至使用模拟的音效。这类作品常出现在一般的专题广播节目中,它既追求一定的新闻性,又追求好听,以制作精良为标准,因此是很有用的一个音响报道门类。

如天津台2008年采制的优秀广播特写《四个小时的较量》:

(音响:涛声、海鸥鸣叫声、轮船鸣笛声。音乐起,压混)

男播:渤海之滨的天津是我国第一块手表——海鸥表的诞生地。50年来,伴随着中国参与国际竞争的深度和广度不断加大,海鸥手表也从天津走向世界。与此同时,挑战也接踵而至，一场惊心动魄的较量在今年的巴塞尔世界钟表展上展开了。

（音乐止。展厅嘈杂声。电话铃声响起）

女播：4月5号，“2008巴塞尔世界钟表展”开幕的第二天，展览中心里，各种展示、洽谈、交易都在平和有序地进行。下午三点多钟，四个神情严肃的欧洲男子（音响：脚步声）形色匆匆地来到中国展区——天津海鸥手表集团展位前。集团总经理王德明认出，其中的三人是本届展会知识产权仲裁委员会的工作人员。经验丰富的他立刻感觉到来者不善：

【音响】有人向他们投诉，我们双陀飞侵犯他的专利权，要我们即刻把表拿出带走，要检查这件事。如果你不拿出来，巴塞尔参展的条例你是看过的，我有权叫警察撬开你的柜台，把这只表带走。

男播：很多同行立即认出，状告他们的竟然是世界著名钟表业大鳄、历峰集团旗下的国际顶尖独立制表人格勒拜耳·福尔赛（音）。面对这突如其来的国际麻烦，王德明提醒自己，千万不能乱了阵脚。

【音响】稳住。这件事有我们的专利，确实是自主研发，我们申报了国内的专利。

女播：要想驳回对方，就必须尽快找出有利证据。王德明先来了个缓兵之计，冷静地安排工作人员借着语言不通的缘由，和老外们打起了哑谜，稳住对方。然后，迅速拨通了天津方面技术负责人马广礼的电话。

【音响】（电话铃声，压混）

男播：瑞士当地时间下午3点40分，北京时间已经是晚上9点40分了，马广礼正准备休息。一接到电话，他立刻召集所有技术人员马上赶到公司，开始准备与双陀飞轮手表结构专利有关的一切资料。就在天津方面积极准备材料的同时，王德明在前方巴塞尔展馆尽一切可能争取时间。瑞士时间下午4点整，仲裁委员会的官员们已经等得不耐烦了，声称立即要和警方联系。王德明及时据理力争，并表示，已经请了瑞士律师，此时正在赶来的途中。

（音乐起，压混）

女播：转眼间，已经是瑞士时间下午5点钟了。海鸥聘请的瑞士律师赶到了展台前。他第一句就问王德明：“你们到底有没有申请专利？”王德明正要回答，收到了马广礼发来的短信，正是海鸥双陀飞轮表的技术专利号。带上马广礼搜集好的各种材料和有力证据，海鸥集团副总经理侯桂林（音）和律师一起奔赴仲裁委员会。下午6点钟，三位钟表专家缓缓走进仲裁委员会的会议室，律师的脸色突然阴沉了下来。他低声告诉侯桂林，为首的一位70多岁的长者，竟然是与对手同属一家集团的资深技术权威。侯桂林突然有一种窒息的感觉，偌大的会议室里，空气仿佛凝固了，只听见钟表滴答滴答的声响。

【音响】（钟表滴答声，压混）

男播：半个多小时的测试仿佛过了半年那么长。终于，首席专家维特·维特（音）把目光从手表上移开，抬起头，脸上露出一丝微笑。仲裁委员会综合专家们的意见一致认定，海鸥双陀飞轮表的结构没有侵犯瑞士公司的专利，驳回瑞士公司的申诉。首席专家维特·维特大步上前，紧紧握住侯桂林的双手，意味深长地说：瑞士手表恐怕难以一统天下了，我们有了强劲的竞争对手，那就是中国海鸥！

（音乐起，压混）

女播：此时，已经是瑞士时间晚上7点。展览中心门外华灯初上，暮色宁静，但是，中国表业的同行们却是一片沸腾。这是中国手表行业与国际同行在知识产权的较量中取得的第一次胜利。中国表业协会的副理事长汪孟晋激动地和王德明拥抱在一起，他说，海鸥赢了，中国赢了！这是海鸥的骄傲，是中国钟表业的骄傲，更是中国人的骄傲！王德明手捧这块饱含着海鸥人心血和汗水的双陀飞轮手表侧耳倾听，这微弱的滴答声，正在变得越来越强壮，震撼着每个人的心灵！

（音乐在海鸥声中扬起）

上例中，较多使用了音乐和音效，如海鸥、汽笛、电话铃声和钟表滴答声等，在内容真实的前提下，融入了广播特写的一些制作技法，因此，使得整部作品细腻而精良，堪称是一部广播音响报道的精品。

再如中国国际广播电台2006年5月20日播出的《他的童年因禽流感而改变》。该报道曾获得2006年度“亚广联”对外节目类大奖①，并获得第17届中国新闻奖一等奖。该作品采取了国外此类报道常用的手法，较多使用了情绪化音乐和模拟音效。②

（音乐起，压混）

播音员：从去年开始，一种叫H5N1的禽流感病毒让全世界胆战心惊，许多人的生活因此而悄然改变。在今天的《社会聚焦》节目里，我们将为您讲述一个10岁中国小男孩的故事。

（音乐扬起，止）

（新一段音乐起）

播音员：他叫贺俊尧，住在中国中部湖南省湘潭市附近的一个小村庄里，禽流感改变了他的童年。半年前，当这个乖巧安静的孩子被送进医院时，他的父母吓坏了。

【音响】感觉就是如雷轰顶了（压混，出译音），我妻子当时就坐到地下去了，哭成一堆。

播音员：这个小男孩子也因此吸引了全世界的目光。这是因为他是中国发现的第一例人禽流感患者，也是中国成功治愈的第一例人禽流感患者。

【音响】（救护车声……压混）

播音员：去年10月18号深夜，一辆急救车把贺俊尧从湘潭妇幼保健院送到了湖南省儿童医院。据贺俊尧的父母说，小俊尧是在前一天下午跟着姨妈去湘潭妇幼保健院看病的，当时俊尧只是说自己有点不舒服。但做父母的不放心，坚持要让亲戚带孩子去看病。谁能想到，不到一天工夫，病情急转直下，医院随即决定把他送往省里医疗条件最好的儿童医院抢救。

【音响】（火车进站声，孩子轻轻的哭声）

播音员：贺俊尧立即被送进了重症监护室。（音乐，压混）这时，高烧已经让孩子连说话、哭闹的力气都没有了……

……

① 亚洲太平洋广播联盟是亚洲 、太平洋地区的一个国际性广播电视民间组织，英文Asia-Pacific Broadcasting Union，简称ABU，1964年7月1日建立，由亚太地区48个国家和地区的99个会员组成。其主要活动是组织广播电视节目交换、评比、技术合作、干部培训和情况交流。中国于1973年加入，是正式会员和理事国之一。

② 这是一篇英语广播，其中凡讲汉语处(音响)，都加了英语译音(压混方式)。为说明它是如何使用音响的(包括音乐)，文中尽可能注明。

【音响】(公鸡打鸣声,音乐起)

播音员:现在,村里又能听到鸡叫声了,不少人家又开始养鸡了。和原来一样,他们养的这些鸡鸭白天散养于田间屋前,晚上则要到屋里过夜。

【音响】(音乐,蛐蛐叫声、小鸡叫声,压混)

播音员:在这个炎夏,当禽流感的报道慢慢淡出人们的视野时,贺俊尧和他的同学们又和鸡鸭玩在一起了,学校的操场上,小鸡在和孩子们一起飞跑。

【音响】(小鸡叫声、孩子吵闹声渐响,压混成音乐)

播音员:不过,贺家的事情总在提醒人们,大自然中潜伏着一些未知的危险,他们必须提高警惕,当"鸡瘟"再现的时候,再不可掉以轻心。

(音乐扬起)

该作品报道的同样是一个真实的新闻事件,但其中采用了大量音乐和音效,如救护车声、孩子哭声和火车声等,其中既有专稿写法,也融入了特写风格。

第四节　怎样采录和制作录音特写

录音特写的音响要丰富一些,制作也更精良,技巧的要求也相对高些。因此我们在这里专门来谈谈录音制作技术,所讲内容既适用于特写,也适用于所有的广播作品。当然,要掌握高超的录音制作技巧,离不开反复实践,这里只能谈点儿理论。

一、音响报道的录音、制作技术

录音是一门技术,也是一门艺术、一门学问,它有一套科学的理论,大专院校有专门的录音专业。就专门从事录音工作的人(录音师)而言,他必须具备许多方面的专业知识,例如声学、电学、电脑,甚至是音乐、戏剧、曲艺和电影等方面的知识。

录音效果的好坏离不开三大因素:一是录音设备,二是录音环境,三是录音者。

现在各电台都给记者配备了MD或半导体数字采访机,录音效果都比较好。而制作环节,各台也都采用了数字音频工艺系统,可以实现可视、无损的音频编辑。对于记者而言,不要求一定具备专业录音师那样的水准,但要求有起码的录音常识,能够胜任广播音响报道(包括广播节目)的采录任务。

录制音响报道(广播节目)的关键是拾音(录音),而拾音的第一步是记者采访,然后是后期录音制作合成。要想录到高质量的音响,话筒(传声器)发挥着举足轻重的作用。

1. 随机话筒的使用

作为广播记者,学会使用随机话筒是很重要的。采访机上的随机话筒,其灵敏度有高低之分,指向也有强弱之分。通常,话筒离"主声源"越近,声音越大;反之,声音越小。从声学角度说,声源与传声器的距离和直达声的强弱成正比,与空间位置感成反比,即传声器距主声源越近,对周围环境音响的感应就低;反之,传声器距主声源越远,对周围环境音响的感应就会越强。从理论上讲,语言拾音时,直达声与混响声的最佳比值为1.34∶1,即直达声占的比例要多些,这样既可以保证声音的清晰度,又不呆板。一般讲,语言拾音距离需在混响半径之内,约在20—30厘米,具体应用还要根据室内混响时间的长短进行调整。混响长,距离可近些,反之则远些。

(1)室内录音

记者采集音响,很少能在录音间进行,绝大部分要到社会上去。这样,遇到的基本都是隔音或吸音效果较差的普通房间。通常情况下,这样的房间声音混响时间较长,吸声条件差,产生的反射声和回声会破坏语言的清晰度。所以,要想在普通房间里录制出效果比较好的讲话声音,就要进行观察和测试。记者外出采访,不可能携带专业的测试设备,这里教大家几个简单的方法:

一是拍手法。用拍手法来测试混响时间,找出最佳的录音位置。具体方法是,拍完手,掌声很快减弱,但又不是太快,没有变钝和变哑,没有回声跟在后面颤动,这样的地方就比较适合录音。一般在较小的房间、摆放物品较满的房间或大房间的角落里能够找到。

二是改变录音环境法。比如拉上窗帘,或者靠近有窗帘的地方,这样可以增加墙上吸音的面积。如果外界噪声不大,也可以打开窗户或打开门,这样也能在一定程度上改善录音效果。有条件的还可以采用多节钓鱼竿式话筒架,使话筒尽可能靠近被访者嘴巴,减少反射声的拾取,也能获得满意的声音。如果用手拿话筒,手的微小颤动或挪动会产生一些小的杂音,对高质量的录音音响是有影响的。

录音时,记者还要考虑拾音距离、声源的位置等多方面因素。

(2)室外录音

室外录音,因环境更为复杂,故记者要关注的因素更多。一般来说,应注意以下几点:

一是所有的采声话筒都要加装泡沫防风罩,而且录音时,话筒一定要背对风源——除非需要刮风的效果。因为室外即使是很微弱的风声对着话筒吹,都能造成打雷一样的轰轰声。

二是复杂环境可采用多话筒、多位置录音法。如录制一场体育比赛的音响,为了能真实还原赛场气氛,可在赛场多处设置话筒,如看台——采集观众呐喊声;赛场边——采集场上运动员的比赛声;裁判席——采集裁判音响。这样合成后,才会使听众产生身临其境之感。

三是要想法找到最佳采录位置。比如北京台记者苏京平为录制鸽子起飞和下落的过程,曾想把话筒绑在鸽子的腿上。后虽因技术原因未能实现,但从中可以看到,要想获得满意的音响,有时是要动一番脑筋的。

2.录制合成技术

采录回来的音响,要在录音间内进行后期制作。电台录音间的混响度均符合拾音标准,但制作节目时,用好话筒和具备高超的录制技巧仍很重要。

(1)传声器的使用

从物理结构上划分,传声器(话筒)可分为动圈式(图5-2)和电容式(图5-3)两种。

第一,动圈式传声器,由振膜永磁铁和线圈组成。工作时,声音带动振膜振动,振膜推动线圈在磁铁的磁场中上下运动,产生电流,即成为声音信号。这种传声器的优点是坚固耐用、性能稳定,缺点是灵敏度低,瞬间响应和高频特性不及电容式传声器。

第二,电容式传声器,这是目前质量最高的一种传声器。它由两片极板组成,其中一片固定,一片与振膜合在一起。工作时,声音信号推动振膜振动,使两片极板之间的距离产生变化,之间的电容值随之变化,然后将此值转换为电信号,最后得到声音信号。电容式传声器具有噪声低、失真小、灵敏度高、动态范围大、音质优美、频率响应好等优点,缺点是防潮性能差和机械强度低,怕水怕摔。

在录制节目时,要根据节目内容和播音员的声音特点,选用适当的传声器。

图 5-2　动圈式传声器

图 5-3　电容式传声器

(2)传声器的摆放

录制节目时,传声器的设置非常重要。其中传声器的高度、倾角、与声源的距离以及指向等,是录音时必须考虑的问题,其对声音的大小、清晰以及音色的厚重与否影响很大。

(3)节目制作

在节目制作环节,应主要掌握以下几点:

第一,根据音响报道(广播节目)的内容,选用合适的播音员。

第二,在制作节目之前,应就节目内容、播音速度、作品感情和使用的音乐与播音员进行沟通,使播音员深入了解作品,准确把握和表现作品内容。

第三,提前选好音乐,并在录制前让播音员倾听,使其能按照音乐节奏及情感调整播音。

第四,根据播音员的音色特点或声音状态调整话筒设置,如角度、距离等,有时还要使用均衡器(EQ)等技术手段对声音进行更细致的调整。通常情况下,播音员的发音方向与传声器之间的角度应尽量小,使声源对准传声器的中心线,这时频率响应最好。如播音员声音激昂,需离传声器距离远些,同时配合调音台的调整,勿使声音失真。而播音员与传声器距离越小,录出的声音越容易给人以亲切、舒服之感,但一定要注意"p""b"等声母打头的字,易造成"喷话筒"现象,这会影响录音质量。

第五,录制过程中,要熟练掌握调音台、音频编辑工艺系统,更重要的是要对语言、音乐等音响的"进、出"有精心设计。一方面,要斟酌精选音响素材,并要有巧妙的布局安排;另一方面,在声音的运用上要动脑筋,可以采用多种手段,如通过音响节奏的调度、情感抒发、气氛烘托、渲染、强化、反衬和升华等方法,将作品精心制作而成。

如广播特写《胡同里的吆喝声》(获 2009 年度全国广播节目技术质量奖——金鹿奖[①]一等奖),这是天津台采用目前制作电影音乐或 CD 唱片的顶级进口录音设备,并且在台里最好的录音棚里制作完成的,因此其录制过程代表了当今国内的最高水平。该作品在表现富有津味文化的胡同吆喝时,不仅充分发挥了录音技巧——通过"声像"调节,使吆喝声产生

① 金鹿奖由国家广播电影电视总局主办,主要进行全国广播节目技术质量评比,分为"播出技术质量奖"和"录制技术质量奖"。

了在左右两个声道间“移动”的效果,而且通过音量增减和增加混响,使吆喝声产生了由远及近或由近及远的效果,同时,制作者在音乐选配、音乐衬托和衔接、节奏和层次处理等方面都表现出了高超技巧。

二、录音特写的拾音(采录)要求

录音特写中的音响,首先要真实,其次要典型。除此之外,还有更高的要求,即要尽可能录到**直接事实音响**,这是对广播记者提出的高要求。

中央人民广播电台文艺部广播剧导演胡培奋曾说过:“广播特写对素材的要求比文字特写更为苛刻,因为它必须由真实的录音片段组成。”

胡培奋是广播特写《一场特殊的音乐会》的作者之一。1993年,该节目获第30届亚广联信息节目奖。胡培奋在一篇文章中写道,为了获得第一手的录音资料,他和另一名记者在三个月的时间里,两次赴沪跟踪采访,录到了范大雷及其同事、朋友、亲属、观众等几十人次的讲话录音,特别是范大雷临终前的几天,他们夜以继日地奔波在医院、剧场、电台之间,录下了像《献给敬爱的范大雷老师》那样催人泪下的音乐会实况。还有,范大雷弥留之际的呻吟声和对音乐的呼唤:“带子,录音带,我要听CD,CD……哼……哼……”令人非常震撼。这些感人的场面,是任何一位当事者在事后都难以用语言准确表达的。可以说,这就是第一手材料真实的力量。这些真实的细节,是任何虚拟、模拟的音响所不能企及的。

思考与练习

1. 你认为广播特写的特点是什么?怎样才能写好广播特写?
2. 分析一下特写与专稿存在哪些异同,特别是新闻特写与新闻故事有哪些异同?
3. 构思一篇纯音响的广播特写。
4. 在教师的指导下采写并制作完成一篇录音特写。

第六章　音响报道的采访、体裁选择与作品修改

对学习者来说，只见结果而未掌握过程是不易学会的。但现在的教材，大家见到的几乎都是成品、精品，几乎见不到“毛坯”。这样问题便产生了：作者最初在写作时，是如何选用某一体裁的？一部作品又是怎样由一大堆原始素材变成一篇文字精美、音响精练的成品的？

本章即希望大家在看到“树林”时，也能看见“种树”的过程。

第一节　音响报道的采访

面对一个新闻事件，很多老记者在采访前或采访后都会问自己：今天这个内容用何种形式表现最好？

从前述中已知，广播音响报道体裁主要有录音新闻、现场报道、现场直播、录音专稿等。当记者碰到有价值的新闻事件时，他所面临的选择是多样的，其随后的采访也应是基于体裁来选择的，这就是所谓采访的目的性。一般而言，体裁不同，采访方法也不尽相同。

采访一篇录音新闻与采访一篇录音专稿所需要的音响素材，以及所要报道的广度、深度不同，故需花费的采访时间和精力也不同。换言之，倘若用采访一篇录音专稿的精力和方法（假如这个素材不具备深度报道的价值）去采写一篇录音新闻，那就有些得不偿失。而若用采写一篇录音新闻的方法去采写一篇录音专稿显然也会陷入浅尝辄止的误区。当然，该事件最终适合哪种体裁，还需在采访中不断思考，及时修正。

下面试举一例。2008 年 9 月，北京残奥会开幕式火炬接力过程中发生了戏剧性的一幕：火炬手孙长亭（天津残疾运动员）在点燃下一位火炬手、北京盲人运动员平亚丽的火炬时发生意外，几次都未点燃。面对现场和电视机前的亿万观众，孙长亭沉着冷静，果断与平亚丽交换了火炬。最终，孙长亭举着残奥会火炬接力中唯一一支未点燃的火炬走下跑道。残奥会开幕式结束后，天津电台生活广播的记者在第一时间采访了孙长亭。应该说，这一选题不错，具有一定的新闻性。但问题是，这一素材适合写成什么？下面是记者对孙长亭的采访——为了能让大家注意到一些问题，其中作了点评：

记者：您先做一下自我介绍吧。

孙长亭（以下简称“孙”）：我是这次火炬传递的倒数第三棒、正数第五棒，来自咱天津的残疾人运动员，已经退役，叫孙长亭。

记者：您以前参与过残奥会，也获得过一些奖牌，是吧？

孙:我一共参加了三届奥运会,第一届是汉城,对于我来讲是第一次参加。对于中国来讲,也是第二次派团参加。第二次是巴塞罗那奥运会,第三次是美国亚特兰大。一共三届奥运会,两届亚洲运动会。全运会就多了,全运会参加过五届吧。一共十年,参加这个比赛,从(19)86一直干到(19)96就退役了,不再干了,10年。

记者:获得过什么样的奖牌?

孙:最高奖牌就是说,92年巴塞罗那奥运会时获得标枪金牌,同时打破世界纪录。我这个纪录,我昨天才知道,昨天下午刚破,保持了92、02到现在是15年了吧,这个纪录。这才刚刚被打破。

记者:一直都是您保持着那项纪录?

孙:对。

记者:多少米?

孙:52米26。

记者:52米26? 都是您在92年巴塞罗那残奥会上创造的?

孙:没错,在那次创造的吧。这个成绩……其实我跟很多人讲,你们一定要记住,祖国的强大,你在外面,你才有一席之地。所以我认为,就这次奥运会,不管怎么,开幕式、整个的过程,包括正常人,都标志着我们国家的强大。不管是经济啊、建设啊,各个方面都得到世界的认可。所以这点我们也是为国家而高兴,这是我们的一个想法。而且这次参加奥运会格外地有意义,作为一名运动员,你也知道,火炬的传递,是吧,传递火炬,最后的时刻是非常激动人心的时刻,而且就是说,我在一周前才得到通知……

记者:(打断他)我就想先问您这个问题,您是怎么样,按理说您是96年就已经退役了,这已经有12年的时间了,怎么又忽然得到通知,又当选为火炬手了?(【点评1】从孙前面一席话中可以看出,他很善谈,这样的被访者记者都很喜欢,因其滔滔不绝中会有"金子"闪现。但也有缺点,即记者不及时插问的话,他会不停地说,但逻辑会比较乱,而且会离题万里。因此怎样"驾驭"这样的被访者,对记者来说是个考验。另外孙的讲话有个特点,即"零碎"很多,故后期剪裁应更细致才是。)

孙:这个情况我也不太清楚。我真正退役是96(年),2000年的时候,我为了天津的体育事业又比了一次赛。就是那个比赛,我已经离开运动场有四年了吧。那次比赛就特别艰难,这个艰难,就是说,浑身疼啊、训练啊、不良反应啊。在这种状况下,我还拿了两个第三、一个第二。

记者:当时参加的是什么比赛?

孙:跳远,还有200米、100米。

记者:全国性的?

孙:全国、全国。

记者:全国的全运会?

孙:对,全国的全运会,第几届我忘了,在上海举办的。为天津赢得了8分吧……当然我们那个体育时代是非常艰苦的,对于几个同时代的运动员(来说),是非常艰苦的。完了之后就是说——(这时有人找孙有事,打断了采访)

记者:您要不要签?

孙:没事没事。就是说——

记者：怎么选中您做这个残奥会的火炬手的？（【点评2】这句问话可看出记者的关注点，是想从中挖出故事。但从最终的效果看，离题有些远。其实可调整一下采访顺序，先问主要环节，然后再了解这部分。）

孙：可能是考虑到这个影响吧。因为我在代表队也算是一个比较出众的人物，不管是体育成绩，还有——包括做报告，而且代表中国残疾人，做了很多场的报告，全国各地影响很大。当时可能在（残疾人）福利事业上也一直在苦苦地自己在追寻，一步步在走，这个方面，残联的领导也都看得见，在关键时刻，就是说，可能有些影响吧……在临近一个星期，很多人都在问我，正常人传递没有你，残疾人传递还没有你？！

记者：还有人问您是吗？

孙：太多了，太多了。所以呢，结果呢，三星集团找我了。三星总部，它是一个总部，中国总部把资料寄来，让我填写，准备代表三星在省外，本市以外传递，代表奥组委。我开始在犹豫，不想参加。

记者：是省外还是境外？

孙：省外。那一站是在大连传递。我那阵儿的思想就不想参加。后来呢，我们的好多员工都说，这是一生的荣誉，特别鼓励我，我说没有用，把这个机会还是多给别人，我说实话，我不想在这当中跟我的残疾人朋友争夺这些东西。

记者：当时为什么不想参加？

孙：我就想默默地给他们祝福就完了，我还是低调好好把事业做好。我还是始终是这个理念。结果在员工的号召下，我就签字了。签完字之后，也承诺咱们不再兼任别的火炬手。我刚签完这个字发出去，特快专递，这阵儿，**(1)国家就来通知了**。来了通知之后是**很仓促的。告诉我，你再过两天，做好准备来北京，有重要的任务要你去完成。什么任务，我们也不能告诉你，就完了。**[①]

记者：当时接到通知是几号？（【点评3】此追问有必要。讲述者讲述时往往不太注意交代具体时间，但记者不能不注意，否则会给写作带来麻烦。）

孙：我刚——哎哟我想想，9月？8月30号吧。

记者：8月30号接到国家的通知？但是8月30号刚寄出去那份快件？

孙：对。我说这怎么办？马上我就给中残联的领导打电话，我说怎么处理呢这个事？后来领导说，当然你要以国家为重。后来我就电话通知了三星集团，就拒绝了这次的火炬传递活动，大连站的。所以……（此时有人打扰，关机）

记者：您稍等一下。

（重新开机）

记者：您继续。

孙：拒绝了大连站的传递，等待国家这个活动。什么活动不知道。根本就不告诉你，什么火炬不火炬的，就是很重要的任务你要去，在什么时间报到。然后我们在预定的时间内都报到了。

记者：规定是什么时候啊？

---

① 粗体字是后来记者在稿件中采用的部分。前面括号中的数字是记者使用的第几段音响；数字后如有小数点，小数点后的数字则表示是该段中的第几小段，后同。读者可与本章第二节中的成稿对照着看。

孙:**(2.1)我们是规定在1号的中午,1号中午12点半以前必须到奥组委报到。**[1]

记者:时间很紧呀,30号接到通知……

孙:对对对,报到,**(2.2)报到完了住宿**,住下来之后,是下午。下午,**(3)有事吗?没事,就待着,就在宾馆里,你就睡觉。随时听候安排。我就纳闷,这是什么任务呢?要如果是任务,我们要执行这个任务,是什么时间执行呢?告诉我们了都是后半夜。我说这就不正常了,什么任务要后半夜执行?**但是**(4)我脑中就有预感了,**我说,**可能是火炬传递吧。**

记者:为什么有这种预感?

孙:因为我是——应该说,从张继刚导演来讲,我是中国第一个点燃亚洲运动会火炬的人。

记者:哦,亚运会的时候就是您点燃的火炬?

孙:**(5)主火炬是我点燃的。后来我就有这个感觉。因为那次排练就都是后半夜。那次的总导演也是张继刚,**当然就这次多了一个张导演——张艺谋,跟他。当然执行导演还是张继刚。**我就有些察觉。结果我们第一天晚上的半夜出现在鸟巢的时候,**我们一直在彩排。**我的判断基本上是比较准确的。**

记者:我要打断您一下。您说是1号下午就开始在那里入住了,您当时彩排是2号凌晨?

孙:2号凌晨。2号凌晨就开始彩排了。彩排完了以后,在半夜3点多。后来张继刚导演就从指挥台下来了。他说,我在台上就看见你来了。完了之后,聊几句天。后来我说,你这个任务还挺神秘的,但是我有些察觉。我一听时间,我就有些察觉。

记者:您是怎么,半夜睡着半截觉被人叫起来?

孙:不是。7点。1号的**(6.1)晚上7点集合,有车接。就给你接走了。接到鸟巢。然后进了休息室,你就休息。**

记者:在鸟巢里休息?

孙:哎,在里休息。休息完了,你就等着。**(6.4)等着一会儿都没人了,就彩排。**(【点评4】本段音响,记者在使用时根据需要重新安排了次序。这里,能看到记者选用音响时的考虑和手法。广播因无影像,故剪裁的自由度和跨越度较大,一些"零碎"也都能剪掉。)等于他们彩排都完了,我们彩排。

记者:大概几点?

孙:**(7.1)那都得3点多以后。**

记者:3点多叫醒您?

孙:不叫,**(7.2)都睡不了觉,都在那等着。(6.5)随时随刻,耳麦拿着,听通知。**反正每次彩排,不带火跑时呢,还早一点。一带火跑呢,那肯定都是3、4点。所谓带火跑,就是把火炬要点燃跑。

记者:我有点奇怪哈,第一天,7点多就坐在那了,就坐着?干吗呢?

孙:就待着。**(6.2)我们的休息室连声音都听不见,什么你也不知道。**

记者:也看不到其他?

孙:**(6.3)什么也看不到,你就听着召唤就完了。**

---

[1] 记者在制作的时候,将1号改为了30号。起初孙讲得不准,后面更正了。

记者：就您一个人在那吗？

记者：好几个人呢！都在那，连聊天。整个这次开幕式我们都没看见（记者笑），演的嘛都不知道。出来就点火，什么也不知道。

记者：手里拿着什么？怎么跟外界联系？

孙：我们都有耳麦。

记者：就戴一个耳麦？

孙：耳麦。就听导演的指挥，让你干什么你就干什么，就这么干。

记者：之前这个耳麦一直都没有响吧。

孙：没有没有，都不响。就是听指挥，到点它会指挥你。反正整个彩排，说实话，挺辛苦的。一个是辛苦，一个是兴奋和紧张。也就是说，兴奋在哪里呢？就我们这7个运动员出现在鸟巢的时候，就是讲，我们7个人就在说，这不是哪一个人都能进来的。（7.3）8000**万残疾人**！你想进那个鸟巢，**你能想象**，8000**万残疾人，有多少有能耐的？我们都是幸运儿**！我们还有很多冠军没有机会进来。这阵我一直跟他们说，还有很多优秀、出色的运动员没有来。我说，对于咱们来讲，真是个幸运儿，都能够来到这个地方。不管最后谁去点燃主火炬，我说这都是个非常幸福的事。所以我们在彩排过程当中，累、困、乏，但是心情还是特别激动的。

记者：当时跟您一起在那个小房子里待着，还有谁啊？

孙：平亚丽，就这所有这7个人都在那屋里。

记者：你们有没有聊天说预测自己会干什么？

孙：嗯——不能议论。这件事情不能议论。我们聊别的，对，这是规矩。让你干什么干什么。

记者：然后到3点，耳麦就响了？

孙：嗯，就开始彩排了。第一次呢，我们是不带火，第二次不带火。临近两次全部都带火。我们彩排最后都是实战彩排了，实战彩排之后都是护卫队跟着。因为我们几点不睡，那个火炬护卫队的那些特警也得跟着，那你怎么办？因为他们负责打开燃气呀。

记者：我还有一段不太明白，就是咱们从这个，我们火炬手，从未知到知道，自己就是这个身份了，是怎么知道的？

孙：到我们4号的彩排时就知道了。

记者：您不是2号的凌晨就看见张继刚了？

孙：3号，3号的凌晨继续彩排。然后呢，噢，不对了，我——是31号，是31号吧？

记者：您不是1号到的，到鸟巢报到的吗？

孙：不是不是，有没有31号，反正是最后一天，最后一天。我想是30号吧，30号的晚上，就开始彩排。

记者：那这时间全乱了。您是几号接到国家发的通知？（【点评5】这是采访中常会遇到的情况，因时过境迁，讲述者会记不清楚。但作为广播记者，不仅要把时间搞准，还要考虑到讲述中错误的时间表述可能会影响到录音的使用，故需重新录音。这是很好的职业素养，说明记者有一定经验。）

孙：嗯——没有通知。

记者：不是国家给你发的通知？

孙：嗯，没有没有，只是口头。

记者:几号接到的这个电话的?

孙:我们是——那可能是29号。29号,知道完,30号走的,对,30号。

记者:30号到的?

孙:30号中午到的,奥委会报到,报完到休息。那就是30号的晚上就开始,那就是1号的凌晨就开始了。

记者:1号的凌晨见到张继刚,跟您说什么?

孙:就说的这个,就说又见到你了,下来以后,他还跟这些运动员都介绍,还有一个主要负责我们火炬的一个导演,也在说。他说中国这是第一个点燃主火炬的人,他是非常有经验的,而且我们也配合过。后来我也说,张导演,这回又是您导,我还接着来,我说我预感到了,是这个事。他说你很聪明(记者笑)! 要我一见面,张继刚就跟他们说,要不怎么就说你是个经验丰富的,猜出来了。后来就是说,彩排两次,然后第三次就是,嗯——4号的晚上,晚上就开始,带着五六万观众预演一次,预演一次呢,我们都没跑,都是替身跑的,我们在那看。预演结束以后,我们又开始演。

记者:等替身跑完了,你们才跑?

孙:都撤走了,鸟巢全净了,我们又开始跑。又一个一夜,又一个一宿,就开始在里面,万无一失。就是把所有的问题都想在头里。

记者:有什么问题呢?(【点评6】事后证明,这个追问很重要。在采访中,常会遇到这样的问题,记者不问,对方是不会详细介绍的,因为他不知道记者想了解什么,对什么感兴趣。孙长亭已经算是比较健谈的了,但是,在谈话中,他依旧会将某些重要的细节忽略。)

孙:什么问题? 我给你举个例子吧。就是说,我们的(16)**火炬里面有燃气罐**。老百姓特别关心的就是,它能着多长时间? 它着15分钟。**如果这火苗到30厘米的高度,它只能着8分钟。如果20厘米,它能着15分钟。因为主场的火炬,肯定要调到30厘米的高度**。因为它是最瞩目的时刻了,它肯定要把火苗调大。调大就是8分钟。尤其残疾人传递,你意想不到的事情太多了。从他们导演的话来讲,要是都像孙长亭一样,那就没有任何问题,跑得比正常人还快了。有的不如我啊! 所以都得要想到。轮椅慢,很难把握这个时间。所以说,我们原计划是一根火炬进场,6个人同时传递这一根,最后把这根交给最后一个人,然后上去点燃。最后一算时间,富裕,我们计划6分钟。再上去4分钟,后面4分钟,10分钟,还富裕5分钟。张继刚导演马上把这个方案就枪毙了。当场就毙了,不行,一人一根火炬。

记者:他怕什么?

孙:就怕万一油不够了怎么办? 就是说,他们那种工作,那种精神到哪种程度? 我最后给他们总结,我说,你们这个属于是亿里都找不到这个一的。

记者:什么?

孙:就是一亿里也让你找不到这个一。万里有一都不行,亿里那个一都找不到。你就想象这责任有多重大! 咱老百姓说了,万里要有一呢? 他连亿里都让你找不到! 就这么万无一失。

记者:这个方案不行?

孙:结果给否掉了,然后就来了这个方案。就是一人一根火炬。那就要涉及的人多了,一人一根火炬,那就得14名护卫队的同志要陪着。

记者:怎么这么多? 怎么算的?

孙：那一个火炬手就得两个护卫队员来服务，因为进场的火炬，大家都非常在意。它不像外面的传递，一旦有一点闪失，无所谓。你这个是关键时刻，全世界直播，你想，那要有闪失，你怎么收这个场？准备得都特别充分，把所有的问题都想到了，想到了整个的问题，然后我们再想到自身的问题。我们自身会有哪些问题？我自身的问题就是假肢。我说我的假肢切忌别在最后关键时刻，人生这最重要的100多米，因为我跑得最长。这个火炬除了(10.1)**小晶晶摇着轮椅出来以后，传递、传递、传递、传递他们4个人传递的结果才200米吧，4个人传递**的结果才200米。1、2、3，可不，4个传递200。**我一个人就要跑到150米**。所以说，任务——因为嘛呢，为什么我一个人为嘛要跑150米，**我是这整个火炬控制时间的人，就是说，不管你前面多慢，最后都要在我这棒火炬找回来**。能理解吗？**不能过6分钟**。这是准确的时间。

记者：只有您这能调节时间？

孙：(10.2)**只有我控制，所以我的距离就特别长。而且导演也告诉我，你多嘱咐嘱咐接我火炬的人，我最后传递火炬的人**。因为导演这个计划就是说也是很棒的，**在他眼里，我就算是非常有经验的，是经历过大事的，把这棒搁在第五棒，是一个承前启后的作用。所以这块来讲，我认为呢**，就是说，**(由我)来掌握这个时间，控制时间。如果他们传递那边用了5分钟怎么办？那我拿火炬示意一下，我马上就要加速**，就要**跑了。完全都是我在那控制这个时间**。所以说这个任务呢，就是说，怎么讲，也很艰巨，还要——怎么讲呢，就是说，控制好这俩运动员，别紧张。就是告诉他们别紧张。其实我控制他们，我也紧张。这一辈子不就参加过这一次事吗，就这一次奥运会吗。所以对我来讲就是说，整个的这个过程，我想，就是说，彩排到结束，留下了很多美好的记忆。一个就是说，在(8.3)**彩排的整个几天里**，反正脑子里想的我一定要为天津增光，而且我是唯一一个代表天津来的运动员，那阵儿**满脑子想的是为家乡增光，为天津人增光。等到开幕的那种感觉可就不一样了。**

记者：怎么不一样？

孙：(8.4)**那马上就把天津忘了，这是国家的责任啊！那种感觉就是不一样了！**(【点评7】记者的追问很好，孙的回答也很鲜活，但却容易造成一些小小的误解。这样的回答记者能否用，需要斟酌。)

记者：您当时看到什么？

孙：我们临出去之前一个小时吧，是一个半小时，张艺谋导演还有张继刚，专门到了我们火炬传递的休息室，然后鼓励我们，然后问大伙有没有信心？我们说，百分之一万地完成任务。后来张导演特别高兴，还是我们这些残疾人有志气，答应得非常响亮，就开玩笑。就是说，我们这个整个的过程呢，艰辛结束，马上就开始，我们也都在说，这回真的开始了。

记者：开始了？

孙：开始了。我说我的心里话，我不摸他们的门哈，就我们到最后出场的时候，相互之间只是一个鼓励，谁心里想的嘛谁也不会讲。反正(8.1)**我当时在出去之前，耳麦**就**告诉了，做准备**，然后，5**号火炬手到位，然后，我就开始走。我一进鸟巢**里，**我就感觉到了气氛啊，各方面，对于我来讲，说句心里话，我一点没有说为我怎么怎么样**，我一点都没紧张。

记者：那时候都没想到自己？

孙：(8.2)**我不但不紧张，而且我特别高兴**。终于能给我这个机会，在这么大舞台表演，那就看我比划了，因为毕竟有过这些经历。所以我时刻在想自己，(8.5)**一切处理的每一个**

动作,我们不要因为你的兴奋,忘记了你的原则。所以我是特别提醒我自己这一点。**所以当进场之后,我们在火炬过来的时候,我那个护卫队队员,我就给他口令了,我说:开!**他听我的口令。

记者:哦,他听您的口令?

孙:对。

记者:开是开什么?

孙:(8.6)**他就是专用钥匙,这个火炬。**

记者:专用什么?

孙:专用的钥匙,他拿着。(8.7)**一开那个气就出来了。**

记者:气出来但没火?

孙:(8.8)**没火,我对接不就着了吗!**

记者:哦,**我们见您上场的时候,这个火炬上面已经在冒气了?**

孙:在**冒气了。我拿着等着时,已经在蹿气了。然后我告诉他,开。**然后他开。**开完了给我。**我们那个火炬护卫队的战士也非常不错。然后给我挑大拇哥,他说,老兵,没问题!因为他知道我是当兵的。

记者:鼓励您?

孙:哎,鼓励我。然后拿过来之后,我在进行(8.9)**整个的动作当中都非常协调,**而且(9)**我嘴里还小声在告诉他,我说,海东,一定放开了啊,**不要着急,一定**把动作做舒展了**啊!**其实我承受着很大的压力,我还得鼓励他。**然后说着话,**(让他)把动作都完成了。**然后呢,中央电视台的记者在上去之前,彩排他跟了我两回。他一直用天津话跟我在开玩笑:兄弟,慢点!你这太快了!你这比我这有腿的跑得还快,我跟不上!我说,怎么的?他说,我这一百多斤扛在身上,兄弟,咱慢点,你照顾照顾我。我说我是听你的是听导演的。你听我的吧,我这太累了。我说导演,听谁的?听我的!好嘛,我说到底听谁的。其实我也理解,一百多斤的设备扛在身上,跟着我。

记者:他得跟着您一直给我们实况转播。(【点评8】记者几次说"实况转播",这个概念是不准确的。孙却一直在说"直播",这是正确的。)

孙:对对对。所以说,哎呀,最后我想,我也不得罪导演,我也不得罪你这摄影师,我也不违背时间的规则。我谁也没告诉,我连导演都没告诉,我采取了另外一个措施,就是我最后的这天晚上——9月6号,我举完火炬,都示意完,一切都结束,该走了,我不跑了,我改了,我走,我走了10来米。

记者:让他给你充分的时间……

孙:我给你们这些记者充分的时间,拍照也好,录像也好,你在10米之内你的动作都能干完。这是我自己心想,然后……

记者:走了10米?

孙:走了10米。当时下来之后,好多运动员问我,怎么给改了呢?我说,我拿速度找。我说我这个想怎么找就怎么找。我说我拿百米速度一会就过去了,很简单。最后领导、导演、摄影师都比较满意。10米之外我就开跑了。所以说,整个的过程呢,谁也不知道,连《天津日报》的好多记者都不知道。哎哟,长亭在这呢!我跟你说,到最后几天,电话都打爆了。很多人都关心我,哎呀这回怎么没有机会,在外面你都没有机会。都盯着你传递。(【点评9】

大家会发现，孙很能讲，在很多地方，会不自觉地跑题。这时，如果记者不插话，他就会沿着自己的思路往下讲，所以应及时将他“拉”回来，而我们看到很多地方是孙自己“回来”的。）不管怎么说吧，到最后，我跑到平亚丽那，我离平亚丽还有10米，因为我跟平亚丽交代得很清楚，我说一切都要听我的。完了之后，离10米，(11)**我在预演的时候我就告诉她了。我说亚丽，我离10米我就喊你了。结果这次，我离着10米我喊，亚丽，过来了啊，做好准备，马上就到！她“啪”就要往这边走了，就要往预定的位置走。**走到那之后，我给亚丽编排这些动作，我说一切都听我的。因为平亚丽这个运动员，我们俩搭档了很多年，在中残联工作的时候。爱逗，平亚丽，也是一个非常直的一个人。老北京，我是老天津。

记者：她是北京人？

孙：我是纯天津人，她是北京人。我们俩，这说句白话，太爱逗了，那逗的那话不堪入耳，可以说。所以天津人嘴也不饶人，北京人也不饶人。所以说我们俩就逗，太熟了。(12)**我说亚丽，今天晚上你可不要再开任何玩笑了，这是一个国家的责任了，不是开玩笑。一切听我口令。我说你相信我，我说我绝对不会晕场的。她说没问题，长亭，这次我真不跟你逗。**完了之后，我心里就想，千万别跟我开玩笑，这阵再开玩笑可不行了。我没想到事情发生的过程可能你们在电视上也都看了。我就感觉到，(25.2)**我说平亚丽我认识你已经十几年了，毛20年了，**我说你**最听我话的一次就是这次。**前所未有地听话，真听话！你想想，(14)**火炬点时，夹角60度，这我们都训练过，准着，百分之百。那个夹角我做得是非常标准的。因为我不晕啊，我非常冷静，而且我兴奋。我并不是说见那么多人我不知所措了，这不可能。一下，我心里数，一二三，准着。着了都不带离开的。**为什么？**我们彩排时，让它万无一失再离开。我就盯着这火炬，一二三，没反应。**(15)**我马上就反应到了，我就要听。你想，场地这么乱。我就听，用耳朵。我表情还得注意，我知道摄影机都对着我了，在注意它那个地方，没想到没听到气体声。**(17)**气体喷的声音没有。我那阵就感觉到不对了。**(18)**我**说**还抱着一种侥幸，再进行第二次对接，**(19)**又数了一二三，又没亮——又没着。**第三次我还是抱着侥幸，(24.1)**我就说事不过三，**一二三，还没有。在那一瞬间，我就果断地决定了，(24.4)直接**把我**的火炬给她了，然**后把她的火炬拿过来**了。**就是**我**把速度用得**已经**很快了。**因为我怕这边的记者看见。

记者：哪边？

孙：(23)**就我这边的记者是聚集世界。所有的记者都在那个位置上了。美国的、英国的，都在了。这些人都是鸡蛋里都惦着挑骨头的！**是吧。所以说……

记者：您当时还考虑这么多？还想到媒体？

孙：那当然了！我当然要考虑了。这是国家的利益问题了。我就侧身扭过来，赶紧倒过来。你们都想想，我们俩在倒的一瞬间，我不眼疾手快，你一旦抓不住，火炬再掉下来一个，你想在那种压力下，不能失态，不能有任何多余的动作，你就想象，那时间还要决定，还要果断，要处置这事。你都大白于天下啊。你这种感觉，(25.1)**我一直没有告诉平亚丽没点着。我还不敢告诉她。结果**我，她呢，**我一拿她火炬的时候，她特别听话地把手就撒开了。我把火炬一给完她之后，她特别听话就攥住了。我说，嘿，**这个、这个**配合是很快的。**(26.3)**结果呢，我就把身子给她转过来了，我把位置，给她一个手势，我说亚丽，上。开始，没问题。结果**

亚丽就走了。(13.1)(27.1)**她这一走,我差点没堆乎那。**[1] (26.2)**你想,这么大的压力,我又不能告诉她。你说,你告了她之后,她是个盲人。你告了她,她带着这种心理。怎么火炬就我的不着呢?** 人们都有一种心理的悟性啊,我也没告诉她。我说多大的困难我来承担,我来吧。那怎么办?所以我就感觉到,那个时刻,就是每个人,包括我,我这种感悟的人就多一点:什么的一切,没有人能帮我,也没有人能救我。你说我拿到火炬,我看看为嘛不着?也不允许啊。很多人我都知道啊,很多人就怕我做多余动作啊。一二三没点着,一二三没点着。如果一个没有经验的运动员,他马上就要看领导了。怎么办啊,那就乱了!

记者:眼神就被人记录下来了。

孙:对对,一下子就被人抓着了。你想那么多记者都在那!当时我整个表现的,我应该说,为我自己都骄傲。就好像这么大事,在我这,没事,很正常。我就说,多大的事我来处置。说那种信心也好,感觉也好,那阵冲动也好,我都不知道我那一瞬间这么冷静,一丁点都没有失态,而且每一个动作都完成得非常合理。最后我还很关爱她,给她指路,指明方向,鼓励她,上,亚丽。所以说这个过程过去以后,当然了,我跟他们很多人都说过,打仗时候那一瞬间,冲锋你也知道,这个战争,打仗,冲锋一瞬间,那就是死啊。我都没有腿软过,都无所谓。这个下来真是腿软了。我今天才正式在网上又看了一遍,越看越后怕。所以我的一个感悟就是说,怎么怎么会?这个事?其实挺好的一件事,万无(一失),亿里都找不到一的,就那天找到了这个一了,还就在那个位置找到那个一了,很关键的位置。不管怎么讲呢,我认为,就是说,我们的火炬也好,始终在燃烧,始终在前进,始终在继续,对不对?(【点评10】这句话讲得很好,剪裁一下能很精辟,可惜记者在作品中没用。)只是它的不着是不着,火一直在继续。我想整个的过程,就是说,给我最大的感悟是什么呢,就是说,又经历了人的一生的最严峻的考验。我说,我这一生两个考验,一个是战争,受伤以后一百米,我能活着回来就非常地万幸了,流那么多血。而且就是第二次,就这一百多米的最后阶段,又经受了考验,我说这一个人来讲能经受这些考验的人不多了。所以对于我来讲,就是说,可能值得回忆的事情,可能这一段历史,作为我来讲,可能值得永久地记忆,永久地回忆。反正这个故事就是这么过去了。点燃之后,(30.1)**回来之后,到了休息室,**很多运动员一个是祝贺,当然了也是对我的一个奖赏吧。**好多运动员都过来都抱起我来,说,哎呀,这个导演安排的这棒真是空前绝后啊!** 这些运动员就讲了,**亏了是长亭,要是一个新的运动员,没见过这些世面的人,那真是不知道会做出什么动作来。把这么精彩的这个开幕式有可能这一笔就要毁掉了。**所以大伙还是特别地兴奋。怎么讲呢,这个,不管是运动员也好,领导也好,各方面也好,给予了很高的评价,就在这么样一个危急关头,处理得这么得当,这么轻松。反正我不管怎么讲吧,就是说,经历了这件事情,我就说,首先是不管是你聪明也好,果断也好,这个事情已经出来了,也已经结束了。至关重要的考验也结束了,反正回来以后,不管怎样,为祖国也赢得了这个荣誉,是吧,这也是一个荣誉,为家乡天津也争了这口气。我们天津也展示展示,是吧,都很聪明,不是我一个。这是我最大的一个感受。在这些问题上,我知道,网也好,报纸也好,对于我的赞扬也好,表扬也好,方方面面的,我也都已经看到了。就能证明,嗯,我能走向鸟巢,举起火炬跑的时候,我特别感受到,祖国和人民,包括有些个部门的领导,还没有忘记,对我的成绩也好,没有忘记。其实带你去就是对你的最大肯定。所以你回过头来呢,就是说,这个事情做完以

[1] "我差点没堆乎那",记者在作品中使用了两次。

后，我也特别感谢家乡的一个培养，而且呢，特别冷静，因为这次对于我来讲，是一个非常成熟的长亭，非常能稳得住。(【点评11】这里，孙长亭讲到感悟，讲到自己在关键时刻非常能稳得住，这是为什么？他在试图剖析自己了，但并未讲清楚。这是个很重要的点，很遗憾，记者未抓住。)所以我回来之后，马上进入工作状态，我多一分钟都没在北京待。我也是回避一下记者，赶紧回来休息、睡觉，然后马上投入到工作里去。

记者：这符合您个人的个性？

孙：对了，我现在就是不是需要出什么名了，名对于我来讲不重要了，重要的就是说我们怎么为社会做点事。像我们的温饱问题不用谈了，有保障，这个都不……

记者：您都解决别人的问题了？

孙：现在在解决我们70个员工不单温饱问题是没有问题，我让他们怎么样能早日都奔小康？这是我要奋斗的。

记者：我刚才听您说，你一直都没有告诉平亚丽这个火炬的事，事后才知道的吧？(【点评12】这里，记者的问题又回到前面的一些细节。事后看，后面两人的谈话又“爆”出不少非常重要的细节。)

孙：到了休息室，我说你知道发生了什么了吗？她说我就知道你从我手里把我的火炬拿走了，我不知道你再怎么指令我了，我说你拿走我就撒手，我给她时她感觉我就应该拿住，具体怎么个情况我都不知道。我说亚丽你知道发生什么事吗？我说亚丽三次都没点着，我要告诉了你，你是什么心态，她马上就说如果你告诉了我，我就百分之百地走不上去了，我就没有这个心情在走了，她自己说我的命怎么这么苦呢？

记者：她自己在休息室就这样说？

孙：我没告诉她是对的，我要告诉她整个的后果就不堪设想了……我说一切都非常好，就这样过去了。

记者：按理说，换火炬的时候您跟她说话了吗？

孙：没有啊，一切都我承担。我不能讲话。

记者：为什么没说话

孙：她是个女孩子，她承受不了这些。

记者：那您也不提示她一下，咱俩换火炬。

孙：没语言我跟她，我跟她就是努力，方向准确，拍她，走人。

记者：这就是平时训练时候的东西？

孙：对，就这些。

记者：让她感觉一切就没有变？

孙：(26.1)**没变，一丁点都没变，她就感觉我把火炬拿走了又给了她一根儿。**

记者：她也没想为什么？

孙：她不知道，你要告诉她，她的情绪就要受到影响了。这个结果告诉她一切就不一样了，所以整个的这个事情的处理挺完美的。

记者：嗯，太完美了。我当时在现场看，没有看到，完全不知道，我回来了我们同事跟我说你看见了吗，他们换火炬了，我说我不知道呢。(【点评13】这说明记者未看到这一精彩瞬间，难怪她在采访过程中未能针对几个关键细节进行提问。这也是她准备不够充分，整个细节过程的采访显得散乱的原因之一。)

孙:对,等于说这个事就在一两秒钟就解决掉了,没有那么多时间,我把口令一给完她,她一走我马上就撤下去了。撤下去之后,当时我就(27.2)**蹲地下蹲了会,站起来**之后**脑子就转,当时我胃疼了两个多小时**。

记者:就是传完火炬之后?

孙:对,(13.2)(27.3)**因为嘛呢,我四肢很难紧张**,毕竟是(**作为**)**运动员,经历了这么多运动会是吧**。紧张,**胃口揪在一起疼,整俩小时**,你想我蹲在地上就是两分钟才站起来,**懵了当时**[1]。越想越后怕,我后怕我自己,你要是做出多余动作来不就乱了吗,他们那些国外的恨不得给咱们找点事儿来,你说是不是?所以我认为,出现点意外,我们有,开玩笑说,有天津的聪明人给堵上了就行了,这不叫失误,这怎么叫失误呢?火灭了叫失误。没有灭,继续燃烧前进,这很正常这个事。

记者:(31)**我觉得您拿走的是奥运会上唯一一支没有点燃的火炬?**

孙:**应该是**,应该是。**所有的境外传递没有没着的,就唯独这支**,没着。所以我赶紧就拿下来了。

记者:**您拿这个没有燃烧的火炬是喜是忧呢?**

孙:**是高兴,高兴的是什么呢?就是燃烧的**,刚我讲了,**还在前进**,把这个拿下来。但是我们这些火炬说白了吧,都不允许拿走的,这些火炬都要进入国家历史博物馆的。后来一人发了一根,一模一样的,作为纪念。我们举的,包括正常人的、残疾人的,都不允许拿走,都要进入博物馆。后来我们就觉得甭管是哪根吧,留个纪念就完了。

记者:**我是觉得您拿走的那根是咱们所有火炬传递中分量最重的一根(火炬)。**

孙:**确实**,所有现场的是十几万人,你看现场的是十几万人,参与这项活动的当天在鸟巢里的是20万人,底下还有10万人,通过电视可以说是亿万观众在关注这火炬传递,这真的是不能再想了。

记者:后来您弄明白事情是怎么回事了吗?

孙:事后我就问亚丽到底怎么回事,后来亚丽说我也看不见,我告诉她开的时候第一下没开开,第二下才开开就给我了。其实呢,第二下仍然没开开,那阵儿就时间不允许了,我已经过来了。

记者:这个很多人都在担心啊,因为您刚才也说了,这个火炬着30厘米只能着8分钟,我们很多同事也都在担心啊,就是你俩换了火炬给她,然后她又走得很慢,这要超了8分钟怎么办呢?

孙:要超了8分钟,一般的情况下我们的时间应该够,充足地够。我走过来三四分钟,她走过去三四分钟,她跟侯斌一对接就可以了。给完她当时这个时间我特别放心。

记者:你有没有担心这个时间问题?

孙:这个时间我绝对不担心,没有问题。我把火炬给完她,当时我一起来又担心侯斌了。因为这是个团队,说句实话,这个火炬不点燃,一分钟我都不敢离开那个地方。好像是一份责任,就是我们7个人的事情。

记者:谁出了问题都是问题!

孙:没错,所以说我就在那儿一直等着。站起来就看,侯斌上去了,因为我心里比你们要

---

① "懵了当时"这句话共用了两次。

清楚得多，我知道这个过程。他第一下给上去我一看还没起，我的心又揪起来了。

记者：他也是第一下没点着？

孙：不是没点着，搁上去那个引火芯子没亮。老百姓就等着它一会儿着，可是我知道这里面的事，我自己的心又揪上了。

记者：你担心什么事呢？

孙：我说这芯子着得这么慢呢？再等一会儿着了，这心里就踏实了。它蹿的时候我心里就想千万别断。主火炬一着，好像我们7个人的任务全部完成了。它不着那一分钟我们的心都在揪着，很紧张，很紧张。所以说我给她那火炬的时间我倒不担心，没问题。

记者：彩排的时候平亚丽从走到给了侯斌要多长时间？

孙：彩排的时候大概三四分钟。

记者：那您跑150米大概多长时间？

孙：150米我估计连跑也就一分钟的时间。

记者：哦！那足够了！

孙：足够了，而且我那个在两边准备的时间也就三分钟就结束了。我和平亚丽的对接当中那个工夫说白了我都应该跑回去了。就是这个过程。

记者：给平亚丽火炬点火到换火炬这总共用了多长时间？

孙：也就一两秒吧，都到不了。

记者：就总共点了三次一共就一两秒？

孙：不是，这个时间长，就是我们俩换时总共一两秒的时间。

记者：从您第一次点呢？

孙：从第一次点到换时我估计也得有个30秒的时间。(22)**不能再演了，再演下去就乱了套了**就。**你想事不过三，你总在那儿对火点不着，你想这是直播的事。说句实话，我那阵儿脑子是非常清楚的，我第二下就想换。我已经就考虑处置的方法了。**①

记者：第二下就想处置的方法了？

孙：但是我怕是不是我的责任，我第二再试的时候我就看是不是真点不着，那阵儿心里就想还能着，但是残酷的现实就给你，就是没反应。(24.2)**所以第三下我连再试的决定已经出来了，所以我第三下对火的时候是很快的。**一二三，下面一个动作我就换了，不抱任何希望了。

记者：其实第二下准备好了，第三下一二三之后就换了！

孙：(24.3)**没有反应就马上换了，**没有任何多余的动作，**直接就换了。**

记者：这个按理说您当时耳朵里戴着耳机了吧？

孙：戴着耳机了。

记者：那这个时候总控没跟您交流吗？

孙：(20.1)**根本没有，一句话也没有**！

记者：他们那边傻了，还是不知道？

孙：这个怎么说呢，(20.2)**肯定大家都懵了，肯定，我能想象。**当平亚丽往主火炬走的时候我在耳机里就听到了，赶紧准备备用火炬，就怕侯斌那儿再有问题，备用火炬就上。

---

① 最后两句话记者在使用时，将次序做了调整。

记者:备用火炬是怎么回事呢?

孙:就是主火炬后面还一根火炬后面备着,护卫队的。一旦有问题就把这根拿出来继续。

记者:那中途也不能让火灭了?

孙:是啊,就是怕点不着这根,我在耳机里就听到这句:主火炬走赶紧准备备用火炬,一旦有问题,那边马上第二根就上。因为这根已经出现问题了,我想象得肯定的。两个事后我没有跟他们切磋,一个我没有听到任何指令,第二呢我考虑也是导演的问题,他们那阵儿也不给任何指令,要是说多了就乱了,虽然我没有沟通这个环节,我估计导演就完全看我表演了。

记者:因为您得听他的还得有反应的时间。

孙:你想那时我说句白话我都为我自己挺骄傲的,我没有任何意识去找谁去,找领导、看、听指令,完全把命运拴在人家身上我根本就没有。我说实话(21.3)**就那一瞬间谁也没有,就我自己!我必须要处置它这事,**我特别自信,(21.2)**一丁点儿**雨后送伞的话**都没有,**脑子里就没想要去求(21.1)**我说我看领导,我听指令,我求你们快给我指令,**(**怎么做**)我**根本就没这个意识,**就没响。

记者:戴那个耳机能跟总控说话吗?

孙:都能,但我说不了话,我只能听指挥。

记者:只能听?

孙:只能听不能说。

记者:下来之后张继刚有没有跟你沟通啊?

孙:没有,下来之后吧,就是包括这些导演吧就觉得(我)反应太快了,太聪明了。就表示感谢,这个事怎么讲呢,这本来就是个事了,就不要在现场再说这件事了,就把它淡过去就得了。

记者:但是大家都知道了是您拯救了火炬传递的这个现场。

孙:淡不过去了,这个现实已经在这儿了,后来我接到了天津很多朋友,包括你们同行,天津电视台的一些好哥们来的信息,哎呀,(30.2)**长亭你拯救了这个火炬传递仪式。**我说没有这么严重,只是事情到这儿了,我必须采取措施,果断地决定这事怎么办。其实这是一个很愉快很好的事情,我说怎么会在这一棒出问题呢?我(30.3)**今天收到了两个,一个是都灵**来的传真,**意大利**的一个朋友发来传真跟我**说** 10 **年没见到你了,在开幕式上终于看到你了,祝贺你聪明机智。**完了以后他就问怎么没着呢那根儿火炬?我就说等你回国以后再说吧!

记者:您这儿还怕造成不好的国际影响!

孙:嗯,我就说等你回来以后再说吧。(30.4)**今天我又看我的网站,我参加** 92 **年巴塞罗那奥运会,**最荣耀的那次。巴塞罗那的那个**旗手那个姑娘**给我网上**用英文**发了一封信就是说**祝贺我,**而且说我还像运动员,完了之后又鼓励鼓励。

记者:他们都通过电视转播看到您了?

孙:我才慢慢感觉到,我当天没感觉,转天也没感觉,(30.5)**今天我才感觉到,就那一瞬间真是世界瞩目啊!**就那一瞬间,意大利都灵看现场,西班牙看现场。他们都看的现场直播。一个是中国的朋友,一个是西班牙的朋友。

记者:都是直播不是转播?

孙：都直播出去的，西班牙朋友也在问怎么回事，后来我说没事让他们把信息都回过去了。我觉得这也都是经历吧，是一种考验。

记者：您说您有两个考验，第一个是战场，能不能简单说说那是怎么回事？

孙：那个就是(28.3)**我打主攻，**冲锋。

记者：我在网上看您那是16岁还是18岁的时候。

孙：17岁，(28.2)**不到**17**岁**。

记者：1985年？

孙：(28.1)85**年吧，**很简单，就是我也听指令，就是听连长的指令：(28.4)**我命令你们尖刀班向我们所要打的高地发起第一次的冲击。那尖刀班噌就出去了，那一瞬间炮火连天啊，那出去就是死，没有别的选择。我上去了，我腿都没带软的，回过头，受了伤往回爬的时候，**100**米我血都流净了。那真是把扣子咬碎了我都咽下去没叫一声哎哟，你说那一百米得多难啊，说死就死啊，就坚持爬回来，**耗尽了我所有的能量。(29)**这个**100**米这全是考验，都是致命的考验，我认为那个还不行，这个大于战争，**这个太严重了，**这是全世界啊！**

记者：您觉得第二次这个传递火炬的大于您受伤的那次，那说明您把国家的利益看得是大过个人的？

孙：那是肯定的。所有的一言一行都要，我的理解啊，你们没做过这事你们不知道，就是说要有理想讲理想的，要拼搏讲拼搏精神。这个道理是一样的，可能你们没身临其境去做这件事情，好像我这句话是句空话似的，如果你有一天你做这件事你怎么想，那真不是你自己，完全一言一行、每一个动作都代表着这个民族和国家，这份责任比拿金牌还大呢，拿金牌不直播啊，这个是全世界直播啊，这个责任太大、太大了。

（后略）

整个采访历时1小时7分钟，需要的内容基本采到。优点是记者追问法运用得当，一些细节了解得很清楚。不足之处包括：(1)准备不充分，对事件中一些细节未能集中提出。(2)对采访的驾驭能力不够强，整个采访过程稍显被动，很多情况是被访人提到后，记者才开始追问，故内容分散，为事后剪裁增加了难度。(3)被访人为何能在紧急情况下表现如此镇定，采访中他好几次想谈这个问题，记者均未抓住，影响了对其思想深度的挖掘。

可见，采访要比想象得复杂，虽说记者采访无时间限制，但并非想要什么，一问一答就结束了，而是要有个过程。有时该过程并不好控制，谈话容易跑偏，或常会有一些意想不到的细节及情况出现，也常会在一些枝节问题上无效纠缠。因此能否把握好采访进程，既给对方讲述空间，不偏离主题，又要按可控顺序进行，这的确是个矛盾。同时，在适当时机选择恰当的提问方式，把需要的东西了解透彻，还要注意揣摩对方心理，注意启发和引导，尊重对方，善于倾听，善于挖掘，不放过任何有价值的细节等，很多方面是要慢慢揣摩的，经验是需慢慢积累的。

就广播实践而言，记者采访大致有两种。一种是栏目记者采访，其任务是为某一专题节目采写稿件。另一种是新闻记者，即为新闻节目采写稿件。二者的不同在于：前者通常要将某一栏目时间填满，比如一个栏目的时间通常在20或30分钟，因此其任务就不是写得越短越好，而是要有意识地“铺陈”，将栏目时间填满。而后者则不同，因新闻节目的“吃稿量”很大，通常一篇稿件只占几十分之一，故必须将稿件写短，精益求精。

因此，出于不同的目的和用途，记者的采访手段、侧重点等也会有所不同。

从前例来看,记者的采访是为栏目(《百姓故事》栏目)写作的,目的是想写一篇"新闻故事",因此其采访就比较注意一些细节和情节,几乎是事事都想探个究竟。而倘若是新闻记者,或许会单刀直入,直奔主题。

第二节　音响报道体裁的选择

选择音响报道体裁,有些像量体裁衣,每个人气质不同,其服饰风格也会有所不同。

在选择音响报道的体裁时,最容易出现的误区是,由于对有些音响报道的体裁性质、特点不熟悉,因此,或者疏于使用,或者张冠李戴。

一、疏于使用

所谓疏于使用,是因不熟悉或疏忽,未准确使用该使用的体裁,采用了一个模糊形式。如《热登家的期盼》(西藏台2012年6月18日首播,获第23届中国新闻奖消息类三等奖):

男播:在国家和自治区一系列惠民、富民政策指引下,我区农牧民的生产生活条件得到了极大改善,广大农牧民在增收致富的同时,也对迈向小康生活充满了新的期盼。请听西藏台记者王晓丽、罗华采制的录音报道:《热登家的期盼》。

【出现场音效压低混播】

记者:流水潺潺,蜿蜒曲折的吞曲河穿过尼木县吞达村,研磨藏香原料柏木的水磨就分布在这条河上。

【水车声音压低混播】

记者:顺着水车发出的有节奏的声响前行,柏木散发出的淡淡香味扑鼻而来。有着1300年历史的吞达村是传统手工藏香制作工艺的发祥地,制作藏香既是村子的传统技艺,更是村民增收致富的重要来源。79岁的次旺老阿妈正坐在水磨边,和曾孙子嬉笑打趣。老阿妈说,她们家从事藏香制作已经有三十多年了。

【出录音压混】村子里的很多人通过制作藏香,生活逐渐富裕起来了,我就鼓励儿子也学习制作藏香,我们都期盼着藏香能让我们的生活变得更富裕美好。

【出现场音响压低混播】

记者:走进次旺老阿妈家60多平米的制香作坊里,老阿妈的大儿子热登正在和几个工人制作藏香,从香砖到一根根藏香,一道道繁琐的工序娴熟、流畅地进行着。热登说,二十多年前,一把藏香的价格也就是五六毛钱,还得自己背着藏香去拉萨、日喀则等地走街串巷地叫卖。

【出录音压混】那时候从村子到拉萨,往返要花两天时间,车子少,不容易坐上车,当时很希望自己能有一辆拖拉机,路况能好一些,这样就能卖出去更多的藏香了。

记者:吞达村的村民们都有和热登一样的经历和期盼。随着318国道的建成、我区"村村通"等民生工程的实施,热登的期盼变成了现实。

【出录音压混】现在,从村子到拉萨只要一个半小时,交通便利,家里买了拖拉机、卡车和小轿车,买家通过电话下订单后,我们很快就能送货上门。

记者:热登家的藏香生意越做越红火,安居工程、家电家具下乡、教育"三包"等一系列的惠民政策又给他们家的生活带来了新的改变。2006年，热登一家住进了300多平米的两层安居新房，热登：

【出录音压混】盖新房时政府补贴了3万元，购买电视机、冰箱、洗衣机等也享受到了补贴，最高兴的就是孩子可以免费上学。

记者：如今，热登的三个子女都已经成年，大儿子索朗次仁继承了父亲制香的技艺，索朗次仁：

【出录音压混】我们村是水磨藏香之源，除了依靠藏香让生活更加富裕之外，我会通过自己的努力，将藏香制作技艺传承下去。

记者：2012年，自治区为古老的吞达村编制了全区首个村庄规划，将农业生产与农村生活、历史保护与旅游开发、工艺传承与经济发展科学地有机融合。热登一家对未来的生活又有了新的期待。索朗次仁：

【出录音压混】希望这个规划不仅能让咱们家乡变得更漂亮，设施更齐全，到时候旅游的人多了，我们的藏香生意会更好，我们更有盼头了。

上例导语中的介绍语，记者认定的体裁是“录音报道”。但众所周知，录音报道是个大概念，是所有采用录音方式进行写作的新闻报道的总称。显然这里使用“录音报道”并不十分精确，有些模糊。为什么会出现这种情况，显然是记者拿不准自己写的到底是什么。

那么，从专业的角度讲，这篇作品到底是什么呢？从时间长度上看，其长度为3分42秒，符合长消息的要求；而从作品题目看，《热登家的期盼》是一个偏正词组式的标题；从内容看，所写也不是一个刚刚发生的新闻事件，但又准确反映了西藏一个普通家庭的生活变化，其中有一些很重要、很细致的场面描写——水车声、藏香。

显然，这是一篇“新闻特写”。但记者在导语中不敢肯定，留下了小小的遗憾。

再比如：《申奥成功，北京沸腾》（北京台2001年7月14日首播）：

主播：13日晚上，北京时间22点零8分，在莫斯科举行的国际奥委会第112次全会投票决定：北京获得了2008年奥运会的举办权。请听本台记者刚刚发回的报道：

【出录音】萨马兰奇宣布：“——获胜者，北京！”【万众欢腾，压混】

主播：消息传来，北京沸腾了。人们尽情地欢呼，不住地蹦跳，任凭激动的泪水不住地流淌。

十分钟后，江泽民、李鹏、朱镕基、李瑞环、胡锦涛、尉健行等党和国家领导人赶到中华世纪坛，和首都群众一起欢庆这一激动人心的时刻。江泽民同志发表了热情洋溢的讲话。

【出录音】江泽民讲话：“同志们，我代表党中央、国务院讲三句话，第一句，对北京申奥成功表示热烈祝贺。第二句，对全国人民为北京申办奥运所作出的贡献，同时向国际奥委会，向世界各国的朋友对于中国申办奥运会的支持表示衷心地感谢。第三句话，希望全国人民和首都人民一起奋发努力，扎实工作，一定要把2008年的奥运会办成功。最后，欢迎世界各国朋友2008年光临北京，参加奥运。”

主播：主持联欢活动的市委书记贾庆林表示，要把北京建设得更加美好，把2008年奥运会办成奥运史上最精彩、最辉煌的一届奥运会。

北京在1993年首次申奥失利后，经过不懈努力，这次终于获得成功。坐在轮椅上的体操运动员桑兰说,她听到这个消息,快要站起来了。

【出录音】桑兰:我很激动,都要站起来了。这是我一生中最幸福的那一刻了,此时的心情真的无法用语言来形容。

主播:用50年时间收藏了两万件体育用品的80岁老人张万金听到喜讯后,都哭出了声。

【出录音】张万金:北京赢了,我非常高兴,我盼了一辈子,我争取身体健康起来,活到87岁。

【出录音:长安街群众游行狂欢,汽车喇叭声、群众欢呼声……压混】

主播:申奥成功的夜晚,人们纷纷走出家门,在长安街、二环路、西北三环路等地狂欢。许多人从轿车顶窗探出身子,挥舞着一面五星红旗。老人和孩子也从车的侧窗探出头来,不住地喊:"胜利了,胜利了。"路上堵满了车,很多人就从车上下来,加入步行的狂欢队伍。人们立下了为奥运贡献力量的誓言。北京建院高级建筑师王兵说:

【出录音】我们广大的建设者,有全国人民的支持,肯定会把2008年奥运会所有的体育设施建设得更加完善。

这也是一篇当作"录音新闻"播发的作品,因为导语中的介绍语是:请听记者刚刚发回的报道——只是强调了它的时效性,是"刚刚"发回的。但仔细分析这篇作品不难发现,这其实是一篇非常好的"新闻特写"——一个特定时刻(申奥成功)和一个极富特定意义的场面(北京申奥成功后的那一刹那)——这显然是"新闻特写"所具有的特征。但遗憾的是,记者在写这篇稿子时并未意识到这是一篇特写,否则,导语中的介绍语就该写成:请听本台记者从莫斯科刚刚发回的新闻特写《申奥成功,北京沸腾》。

二、张冠李戴

所谓张冠李戴,就是导语中该写成体裁甲,结果写成体裁乙,这是因为对广播音响报道的体裁掌握不准造成的。如《高举国旗,呼唤救援》(新疆台2010年1月22日首播,获第21届中国新闻奖消息类一等奖):

女播:请听新疆台记者赵萌、阿勒泰台记者杨树赛采制的录音新闻《高举国旗,呼唤救援》。

【出直升机声音,压混】记者:各位听众,我现在在阿勒泰机场,一架营救雪灾中受困群众的直升机刚刚降落,我看到7位牧民陆续被救援人员扶下飞机。吉木乃县托普铁热克乡波拉提别克激动地说:

【出录音】今天直升飞机过去以后,我们的牧民没有不哭的人,偏僻的少数民族这么(被)关注,党和国家没有忘记我们。(录音止)

记者:65岁的哈萨克族牧民恰克巴斯躺在担架上,流着眼泪说:

【出录音】要是没有党和政府,没有解放军,我就病死了,太感谢他们。(录音止)

记者:被救牧民阿依恒说,他和28户牧民在北沙窝东窝角困了15天。1月22号,在乡亲们快要绝望的时候,突然听到了飞机声,所有的乡民都紧紧抱在一起,拼命向天空呼喊、招手,但是由于天气恶劣,几组人员没有发现他们。这时,阿依恒迅速抓起一面国旗,骑着马向山顶跑。阿依恒说：

【出录音】我们的牧场离边境很近，中心站每天都插有国旗，危机时刻，我想到了国旗。我就骑着马拿着国旗，跑到山顶上，才看到我们的。（录音止）

记者：雪海中的五星红旗引起了救援人员的注意。直升飞机驾驶员、新疆军区陆航部队飞行大队长张晓中说：

【出录音】降雪很厚，风速特别大，找起来如大海捞针一般。有个牧民骑着马，拿着红旗一直朝我们招手，我们当时心里很感动，潸然泪下，我们就一路上加大马力，安全地把他们送回来了。（录音止）

这是一篇获奖作品，记者抓住和反映的内容非常难得，是一篇小中见大的作品。但若从专业角度讲，则略有瑕疵：该新闻导语中说，请听新疆台记者、阿勒泰台记者采制的“录音新闻”，这是不准确的。原因有：

（1）看标题。如是录音新闻，标题中应有重要的新闻要素，如时间、人物、地点、结果等。而该新闻标题是：《高举红旗，呼唤救援》，显然，这个题目具有特定的含义，不是简单的录音新闻的标题。

（2）看导语。如是录音新闻，通常不报新闻标题。

（3）看内容。新闻主体中有一个非常重要的细节介绍——五星红旗。

通过以上分析不难看出，这是一篇非常好的“新闻特写”，但很遗憾，记者将其当成了普通的“录音新闻”（好的新闻特写首先是新闻，从这个角度说，记者没有错，但从专业角度讲，则不够精准。因为，如果报“新闻特写”，那么这篇稿子的分量就会不一样）。

从上面的介绍中，我们发现，体裁的疏于使用或张冠李戴，最容易出在“特写”上。很多年轻记者有新闻意识，但缺乏“特写意识”。他们意识不到或把握不好特写的重要特征，因此，遇到此类题材往往想不到特写，或者明明写的是特写，却标注成其他体裁。

明白了这个道理，我们再来看上节中记者采访孙长亭的例子，若不考虑栏目记者或新闻记者，那么究竟采用哪种文体比较合适呢？可能大家首先会想到录音新闻，但仔细斟酌，该事件充其量是火炬接力中的一个“花絮”，为此专发一条新闻，并不太妥。

其次是写成故事，像前面记者考虑的那样。但大家知道，要构成一篇好故事，首要条件是该事件本身要有跌宕起伏、曲折蜿蜒的情节线，而该事件最精彩的部分显然是点火炬出问题的那一瞬，但这只是一个“细节”，因此要构成故事就需有相关情节做补充。采访中，记者很关注孙长亭接到通知的过程，说明记者一直在做这样的努力。那么结果如何？一起来看：

主持人：《百姓故事》，让您的每一天从有故事的清晨开始。听众朋友，大家好，我是立华。今天是残奥会开赛的第七天，在国家体育场鸟巢上空，熊熊燃烧的火炬，在点燃着人们对残奥会激情的同时，也传播着奥林匹克精神，并且，向世界各国传播着友谊与和平的信息。说到这奥运圣火，那就不能不提到奥林匹克火炬接力。火炬接力是奥运会主办国组委会提升公众对奥运会认知度的最有力的传播活动。火炬接力，使得主办国人民有机会全面地感受奥运会的力量，也为举办国家和城市提供了展示自己的机会。在本届残奥会上一共有850名火炬手进行了火炬的传递，应该说，每位火炬手那都是万里挑一，所以对于他们来说，能担任火炬手，那都是值得骄傲、值得珍惜、值得一辈子去回味的。可是对于残奥会火炬手孙长亭来说啊,除了骄傲与珍惜,更多的却是惊吓和后怕。怎么回事啊?这么光荣的事怎么还后怕呢?这其中又发生了什么事?今天的《百姓故事》就给您说说这事。

(片花,音乐起,压混)女播:这是第十三届残奥会的开幕式现场。(【现场音响】胡锦涛主席原声:我宣布:北京2008年残奥会开幕!)这是激动人心的残奥会圣火传递仪式。(【现场音响】女士们先生们,欢迎残奥会圣火入场。)这是第五棒火炬的交接时刻。(【孙音响】我就盯着这个火炬,一二三,没反应。又数了一二三,又没着。)全世界亿万观众关注的现场和一支没有点燃的火炬。(【孙音响】肯定大家都懵了。肯定,我能想象。)《百姓故事》,残奥会系列《那一刻,火炬没有点燃》正在为你讲述。(音乐止)

主持人:2008年8月29号,天津长亭假肢公司总经理孙长亭正在会议室开会,突然就接到了中残联打来的电话。

【孙长亭讲述音响1】国家就来通知了,很仓促的,告诉我,你再过两天,做好准备来北京,有重要的任务要你去完成。什么任务,我们也不能告诉你,就完了。

主持人:这突然间接到了电话,仓促地得到通知,糊里糊涂地就接受了任务,这让孙长亭有点丈二和尚摸不着头脑,到底怎么回事啊?可还没来得及反应,孙长亭呢,就被紧接着的第二个通知,连人带铺盖就都召唤到了北京。

【音响2】我们是规定在30号的中午12点半以前必须到奥组委报道,报到完了住宿。

主持人:准点报到,按规定住宿。一切都安顿下来之后,疑问再次在脑中浮现了:到底是怎么回事啊?

【音响3】有事吗?没事。就待着,就在宾馆里,你就睡觉,随时听候安排。我就纳闷,这是什么任务呢?要如果是任务,我们要执行这个任务,是什么时间执行呢?告诉我们了都是后半夜,我说这就不正常了,什么任务是后半夜执行?

主持人:突然调遣,神秘进京,安排任务,后半夜执行。这孙长亭把事情从头到尾地这么一捋啊,一个念头在脑中就闪现了。

【音响4】我脑中就有预感了,可能是火炬传递吧?

主持人:火炬传递!孙长亭为什么会有这样的预感啊?这个还得从他的经历说起。提起孙长亭咱们天津人应该是再熟悉不过了,下肢残疾的他呢,曾经三次参加残奥会,并且获得一金一银,而且一度被咱们天津人印在挂历上当作崇拜的偶像。今年36岁、已经退役的孙长亭,一手创办的天津长亭假肢公司,这经济效益是蒸蒸日上,他本人也被评为了全国的劳动模范。除此之外,更重要的,也是直接影响他判断的依据,那就是,他曾经点燃过第5届远东及南太平洋地区残疾人运动会的主火炬。

【音响5】主火炬是我点燃的。后来我就有这个感觉,因为那次排练就都是后半夜,那次总导演也是张继刚。我就有些察觉,结果我们第一天晚上的半夜出现在鸟巢的时候,我的判断基本上是比较准确的。

主持人:当第一天彩排开始的时候,当祥云火炬放在孙长亭手中的时候,所有的猜测在这都得到了证实,没错,他的任务就是在残奥会开幕的当天,在国家体育场鸟巢,担任第5棒火炬手。兴奋、欣喜、紧张,怀揣着这各种复杂情绪,孙长亭和其他6位火炬手,这就开始了第一天的彩排。

【音响6】晚上7点集合,有车接,就接走了,接到了鸟巢,进了休息室,你就休息。我们的休息室连声音都听不见,什么你也不知道。什么也看不到,你就听着召唤就完了。等着一会儿都没人了就彩排，随时随刻拿着耳麦听通知。

主持人：从晚上7点到达鸟巢，凌晨3点，孙长亭的耳麦里终于传出了彩排的召唤声。虽然疲劳，虽然辛苦，但这个时候孙长亭的心中却是累并快乐着。

【音响7】那都得3点多以后，睡不了觉啊，就在那等着。8000万残疾人，你能想象，8000万残疾人有多少有能耐的，我们都是幸运儿！

主持人：为了在开幕式前保证火炬传递的神秘，为了能在开幕式当天给全世界观众一个惊喜，所以整天的昼夜颠倒，终于到了9月6号开幕式火炬传递的时刻了。

【音响8】我当时出去之前，耳麦告诉了："做准备，5号火炬手到位。"然后，我就开始走。我一进鸟巢我就感觉到了气氛啊各方面，对于我来讲，我说句心里话，我一点没有说为我怎么怎么样，我不但不紧张，而且我特别高兴，彩排的这几天里，满脑子想的就是为家乡增光，为天津人增光。等到开幕的那种感觉可就不一样了，那马上就把天津忘了。这是国家的责任啊！那种感觉就是不一样了，一切处理的每一个动作不要因为你的兴奋忘记了你的原则。所以当进场之后，我们在火炬过来的时候，我那个护卫队队员，我就给他口令了，我说：开。它就专用钥匙，这个火炬。一开那个气就出来了。没火？我对接不就着了吗！（记者：可我们见您上场的时候，这火炬已经冒气了？）冒气了。我拿着等着时已经在蹿气了。然后我告诉他开，开完了给我。整个的动作当中都非常协调。

主持人：孙长亭出场了。他将要和第四棒火炬手、患有肢体残疾的残奥会运动员张海东完成对接。

【音响9】我嘴里还小声告诉海东，我说海东，一定放开了，把动作做舒展了。其实我承受着很大的压力，我还得鼓励他，让他把动作都完成了。

主持人：孙长亭即将开始属于自己的150米的长跑。大家有所不知的是，在整个鸟巢内部的火炬传递中，孙长亭的第5棒是整个火炬传递中最关键的一棒，并且是肩负着承前启后的作用。为什么呀？因为时间！

【音响10】小晶晶摇着轮椅出来以后，传递、传递、传递、传递他们4个人的结果才200米吧。4个人传递才200米。我一个人就要跑到150米！我是这整个火炬传递控制时间的人！就是说不管前面多慢，最后都要在我这棒火炬找回来，不能超过6分钟，只有我控制，所以我的距离就特别长。而且导演也告诉我，你多嘱咐嘱咐接我火炬的人，我最后传递火炬的人，在他眼里我就算非常有经验的，经历过大事的。这棒搁在第五棒是个承前启后的作用，所以这块来讲我认为由我来掌握时间控制时间。如果他们传递用了5分钟了怎么办？那我拿火炬示意一下，我马上就要加速，要跑了，完全都是我在那控制这个时间。

主持人：起跑，150米，100米，50米，近了，更近了。按照之前的安排，在距离第六棒火炬手、患有视力障碍的平亚丽10米的时候，孙长亭就开始呼唤平亚丽的名字。

【音响11】我预演时就告诉她了，我说亚丽，我离10米就喊你了。结果这次我离着10米我就喊，亚丽，过来了啊，做好准备，马上就到，她"啪"就要往这边走了，就要往预定的位置走。

主持人：要说孙长亭和平亚丽呀，一个是纯天津，一个是老北京，曾经是多年的老搭档了。这没事的时候，少不了开几句玩笑逗逗乐，但是临上场前，两个人做好了约定。

【音响12】我说亚丽，今天晚上你可不要再开任何玩笑了，这是一个国家的责任呢，不能开玩笑，一切听我口令。我说你相信我，我绝对不会晕场的。她说，没问题长亭，这次我真不跟你逗。

主持人:按照计划,第一步,距离10米呼喊平亚丽;第二步,听到提示之后,平亚丽从护卫队员手中接过火炬;第三步,两支火炬开始对接。当一切按照原计划进行的时候,突然,意想不到的一幕就在这发生了。

(片花,同前)

主持人:那么在这万众瞩目的现场,到底发生了什么意外啊?

【音响13】我差点没堆乎那!懵了,当时!

主持人:是什么事情让孙长亭变成了这样?答案只有一个:火炬。

【音响14】火炬点时,夹角60度,这我们都训练过,准着,百分之百。那个夹角我做得是非常标准的,因为我不晕,我非常冷静,而且我兴奋,我并不是见那么多人我不知所措了,这不可能。我心里数一二三,准着,着了都不带离开的。我们彩排时,让它万无一失再离开。我就盯着这火炬,一二三,没反应。

主持人:火炬没着。回忆刚才的步骤,夹角60度,标准,两支火炬对接,没问题啊。数三下,数啦!怎么没反应?孙长亭脑中在急速地旋转。

【音响15】我马上就反应到了,我就要听,你想场地这么乱,我就听,用耳朵,我表情还得注意,我知道摄影机都对着我,在注意我那个地方。没想到没听见气体声。

主持人:为什么要听这气体声?因为每支火炬内部都有一个支持火炬燃烧的燃料罐。

【音响16】火炬的里面有燃气罐,如果这火苗到30厘米的高度,它只能燃烧8分钟;如果20厘米,它能着15分钟。作为主场的火炬,肯定要调到30厘米的高度。

主持人:因为这燃料罐容量有限,平时燃料罐都是处于半闭状态,只有在上场之前,才会用特定的钥匙,把这个燃料罐打开。罐内的气体喷出来,遇到明火,自然就引燃了。而这个时候,孙长亭的心却是沉到了谷底呀,因为他没有听到对方火炬的喷气声,没听到响。

【音响17】气体喷的声音没有。我那阵就感觉到不对了。

主持人:因为现场声音嘈杂,孙长亭不敢完全确认自己的判断。

【音响18】我还抱着一种侥幸,再进行第二次对接。

主持人:在怀疑与侥幸当中,孙长亭开始了第二次对接。60度角,两支火炬接触,数三下。

【音响19】又数了一二三,又没亮,又没着。

主持人:残酷的现实再一次呈现了,火炬依然没着。怎么办?怎么办?与总控室联系的耳麦里一直是处于静默状态,很明显,那头也懵了。

【音响20】根本没有,一句话也没有。肯定大家都懵了,肯定,我能想象。

主持人:突如其来的意外,没有指挥的现场,莫名的原因,难以预料的结果,此刻这全世界的媒体都聚焦到了孙长亭的身上,全世界的目光也都集中在了孙长亭的手中!

【音响21】我说我看领导,我听指令,我求你们。快给我指令,怎么做。根本就没这意识,一丁点都没有,就那一瞬间,谁也没有,就我自己。

主持人:这个时候孙长亭的脑子是飞快地旋转。

【音响22】不能再演了。再演下去就乱了套了。你想事不过三,你总在那对火,点不着,你想这是直播的事啊!说句实话,我那阵脑子是非常清楚的。我已经在考虑处置的方法了,我第二下就想换。

主持人：第二下就想换，换什么？换火炬！

（片花，同前）

主持人：换火炬。孙长亭在瞬间做出了决定。但是与此同时，危险也是相应而生。首先，对面的视力障碍的火炬手平亚丽并不知道发生了什么，如果在换火炬的过程当中，她要是就不撒手怎么办？即便撒了手，她要是不接孙长亭的火炬怎么办？其次，即便她也松了手了，也接了拿过去的火炬了，但万一没拿稳当，这火炬要是掉在地上可怎么办？第三，也就是最重要的一点，在孙长亭的右侧不足百米的地方，还有一些扛着摄像机、举着照相机的各国主要媒体。

【音响 23】就我这边的记者是聚集世界啊，所有的记者都在那个位置上呢！美国的、英国的，都在了。这些人都是鸡蛋里惦着挑骨头的！

主持人：短短两秒钟里，凝聚了太多的问题和顾虑，怎么办？怎么办？时间在悄悄地溜走，不能再等了，在这生耗着。孙长亭果断地作出了最后的决定。

【音响 24】我就说事不过三，所以第三下，我连再试的决定已经出来了。所以我三下对火的时候是很快的，一二三还没有，没有反应马上就换了，直接就换。我把她火炬拿过来，就是把速度已经用得很快了，就是没有任何多余的动作。

主持人：拿火炬，给火炬，换火炬，成功！虽然并没有提前沟通，平亚丽很顺畅地按照孙长亭的计划执行着。

【音响 25】我一直没有告诉平亚丽没点着。我还不敢告诉她，结果我一拿她火炬的时候，她特别听话地就把手撒开了，我把火炬一给完她之后，她特别听话就攥住了。嘿，我说这个配合是很快的。我说平亚丽我认识你已经十几年了，毛 20 年了，最听我话的一次就是这次。

主持人：交换完火炬，虽然心情是极度地紧张，孙长亭还是按照之前的彩排，一一地将动作去完成，让不知情的平亚丽没有感觉到一丁点的变化。

【音响 26】没变，一丁点都没变，她就感觉我把火炬拿走了，又给了她一根。你想这么大的压力，我又不能告诉她。你说你告了她之后，她是个盲人，你告了她，她带着这种心理，怎么火炬就我的不着呢？结果我就把身子给她转过来，我把位置给她一个手势，我说亚丽，上！开始！没问题！结果亚丽就走了！

主持人：此刻的孙长亭拿着整个奥运火炬传递中唯一一支没有点燃的火炬走下了跑道！

【音响 27】她这一走，我差点没堆乎那儿！蹲地下蹲了会儿，然后站起来脑子就转，当时我胃疼了两个多小时，因为嘛呢，我四肢很难紧张，作为运动员我经历了那么多奥运会，是吧，胃口揪在一起疼，整俩小时，懵了当时。

主持人：孙长亭说，自己的一生中经历过两次考验。一次是刚参军不久，就经历了一场战争。还有一次，就是这次火炬传递。

【音响 28】85 年吧，不到 17 岁，我打主攻，我们的连长：我命令你们尖刀班向我们所要打的高地发起第一次的冲击。那我们尖刀班噌就出去了，那一瞬间炮火连天啊，那出去就是死，没有别的选择。我上去了我腿都没带软的，回过头受了伤往回爬的时候 100 米我血都流净了。那真是把扣子咬碎了我都咽下去没叫一声哎哟。你说那 100 米得多难啊，说死就死啊，就坚持爬回来。

主持人：同样的两个 100 米，这次考验虽然没有枪林弹雨，没有生命危险，但是孙长亭却感到有些腿软，甚至有些后怕。

【音响29】这个100米全是考验,都是致命的考验,我认为那个还不行,这个大于战争。这是全世界啊!

主持人:火炬传递大于战争。个人的利益、个人的安危放在祖国之后,这就是咱天津的孙长亭。开幕式结束之后,孙长亭不仅受到了国内四面八方的赞扬和崇敬,国外的朋友也发来了贺信。

【音响30】回来之后,到了休息室,好多运动员都过来,都抱起我来,哎呀,他说这个导演安排的这棒真是空前绝后啊,亏着是长亭,要一个新的运动员,没见过这些世面的人,那真是不知道会做出什么动作来,把这么精彩的开幕式有可能这一笔就给毁掉了。长亭你拯救了这次火炬传递的这个仪式啊。今天收到两个,一个是意大利都灵来的传真,说10年没见到你了,在开幕式上终于看到你了,祝贺你,聪明机智。今天我又看我的网站,92年巴塞罗那奥运会,巴塞罗那的旗手,CHINA走进来举旗子的那个姑娘,今天又给我发来一个帖子也好,连她的信也好,都是用英文祝贺我。今天我才感觉到,就那一瞬间真是世界瞩目啊!

(音乐起,压混)

【音响31】记者:我觉得您拿走的是奥运会上唯一一支没有点燃的火炬?

孙:应该是。所有的境外传递就没有没着过的,就唯独这支。

记者:您拿这个没有燃烧的火炬是喜是忧呢?

孙:是高兴,高兴的是什么呢?燃烧的火炬还在前进。

记者:我是觉得您拿走的那根是咱们所有火炬传递中分量最重的一根火炬。

孙:确实。

(音乐扬起,压混)

主持人:国家体育场上的火炬仍在熊熊燃烧,孙长亭与火炬的故事仍在被人们继续地传颂。好了听众朋友,本期《百姓故事》采编尚勤,播讲立华,咱们下次节目再见。

这是一篇长度约25分钟的新闻故事。开篇伊始,记者就充分施展了铺陈之能事,不惜笔墨,从突然接到报到通知写起,突出了神秘感,也使故事有了一定的吸引力。但无论怎样,一个瞬间发生的事要讲上近半个小时,多少有些拖沓,显得不够紧凑。

那有没有其他选择?作者后来将其改写成一篇约12分钟的新闻专稿:

男播:听众朋友,2008年北京残疾人奥林匹克运动会开幕式万众瞩目,在残奥会圣火传递这个环节中,一支没有点燃的火炬险些成为整个开幕式的败笔,但是天津籍火炬手孙长亭机智果敢,化险为夷,使开幕式得以顺利进行,也维护了祖国的荣誉。请听生活广播记者尚勤、崔昕昕的报道。

(残奥会开幕式现场音响,压混)

女播:这是2008年9月6号,第十三届残奥会的开幕式现场。

【现场音响】胡锦涛主席原声:我宣布:北京2008年残奥会开幕!(欢呼声,压混)[①]

女播:这是2008年9月6号,第十三届残奥会的开幕式现场。这是国家体育场鸟巢里激动人心的残奥圣火传递仪式。

---

① 黑体字为第三次修改后保留的部分。

【残奥会现场主持音响】女士们、先生们，欢迎残奥会圣火入场。

（现场音响，观众欢呼声，压混）

女播：起跑，150 米，100 米，50 米，近了、更近了（现场音响：张海东点燃了残奥会田径金牌获得者孙长亭手中的火炬……压混），第五棒火炬手、来自天津的肢体残疾人孙长亭将要和第六棒火炬手、来自北京患有视力障碍的平亚丽完成火炬对接。

提起孙长亭，咱们天津人应该非常熟悉，23 年前，18 岁的孙长亭毛遂自荐上了老山前线，在一次战斗中被炸掉一条腿。他曾经参加过三届残奥会，获得一金、三银、一铜的好成绩。如今，孙长亭经营着一家假肢公司，解决了不少残疾人的就业问题，他本人还被评为全国劳动模范。北京残奥会上，孙长亭再次成为世界瞩目的焦点，因为他将传递最为关键的一棒火炬！

【孙长亭讲述音响】这棒搁在第五棒是一个承前启后的作用，我是整个的火炬控制时间的人，小晶晶摇着轮椅出来以后，传递、传递、传递、传递这么 4 个人，一共是 200 米吧，我一个人就要跑 150 米，所以我的距离就特别长。如果他们传递那边用了 5 分钟了怎么办，那我拿火炬示意一下，我马上就要加速就要跑了，完全都是我在那控制的时间。就是说不管你前边多慢，最后都在我这棒火炬要找回来，不能过 6 分钟。

女播：在众人的注视下，装着假肢的孙长亭高举火炬，步履轻快。很快，他将把火炬传递给第六棒火炬手平亚丽。

【音响】我预演时就告诉她：亚丽，离 10 米我就喊你了。结果这次我离 10 米我就告诉她，亚丽过来啦，做好准备。马上就到。她就往那个预定的位置上走。

女播：听到了孙长亭的呼喊，平亚丽在导盲犬的引领下，手持火炬逐渐向跑道靠拢。按照计划，第一步，距离 10 米呼喊平亚丽，第二步，听到提示后，平亚丽从护卫队队员手中接过火炬，第三步，两只火炬开始对接，当一切都按原计划有条不紊地进行时，突然，意想不到的一幕发生了。

【音响】我就盯着这火炬，一二三，没反应，我差点都没堆乎那儿。懵了，当时！

女播：火炬没着！刚才的步骤迅速在孙长亭的脑海中闪过。

【音响】我们都训练过，火炬点时夹角 60 度，那个夹角我做得是非常标准的，我心里数，一二三，准着！着了都不带离开的，我们彩排时让它万无一失才准离开。

女播：按照步骤，夹角 60 度标准，两只火炬对接没问题！数三下，数了！怎么没反应呢？时间一分一秒地过去，孙长亭在飞快地思索着！

【孙讲述音响】火炬里面有个燃气罐，如果这个火苗到 30 厘米的高度，它只能着 8 分钟，如果 20 厘米它能着 15 分钟。因为主场的火炬肯定要调到 30 厘米的高度！

女播：因为火炬里的燃料罐容量有限，平时燃料罐都处于关闭状态，只有临上场之前才会用特定的钥匙把燃料罐打开，罐内的气体喷出来遇到明火自然就引燃了。而此时的孙长亭心却提到了嗓子眼儿，因为他并没有听到对方火炬的喷气声！

【音响】气体喷的声音没有，我那阵儿就感觉到不对了。

女播：因为现场的声音嘈杂，孙长亭不敢完全确认自己的判断！

【音响】我那阵儿还抱着侥幸心理，再进行第二次对接，是不是我的责任！我第二次对的时候再验证一下，是不是真点不着。

女播：在怀疑与侥幸当中，孙长亭开始第二次对接。60 度角，两只火炬接触，数三下！

【音响】又数了一二三，又没着！

女播:孙长亭最担心的情况再一次出现了,火炬仍然没有点燃,怎么办?怎么办?而此时,孙长亭戴着的与总控室保持联系的耳麦里也一直没有传来任何声音,很显然,现场指挥也被这突如其来的场面惊呆了!(孙讲述音响:我看领导,我听指令,我求你们,快给我指令告诉我怎么做,一句话也没有!)此刻,全世界的目光都集中在孙长亭的手中,亿万观众的心都跟着悬了起来!

【音响】我看领导,我听指令,我求你们,快给我指令告诉我怎么做,一句话也没有!肯定大家都懵了,肯定懵了!我能想象,就那一瞬间我必须要处置这个事!点不着这是直播的事儿啊!我说句白话,我那阵儿脑子是非常清楚的,我已经在考虑处置的方法了。第二下就想换!

女播:第二下就想换!换什么?换火炬!换火炬,孙长亭在瞬间做出了这样的决定,但与此同时,危险也相应而生!(首先)对面的火炬手平亚丽患有视力障碍,她并不知道发生了什么事情,如果在换火炬的过程中她要是不撒手怎么办?即便撒了手,她要是不接孙长亭递过去的火炬怎么办?再者,即使她松了手,也去接火炬,万一没拿稳,火炬掉在地上怎么办?(再者)最后,也是最重要的一点,(站)在孙长亭右侧不足百米的地方(还有一些)站着扛着摄像机、举着照相机的各国主要媒体的记者。

【音响】就我这面的记者是聚集世界,所有的记者都在那个位置上,美国的、英国的,都在了,这些人都是鸡蛋里挑骨头的!

女播:短短几秒钟里凝聚了太多的疑问与顾虑!怎么办?怎么办?时间在悄悄地溜走,不能再等下去了,孙长亭果断地做出了最后决定。

【音响】我就说事不过三,所以说我第三下试的时候是很快的!一二三,还没有,没反应马上就换了,直接就换,就把她的火炬拿下来了,就是我用的速度很快了,就没有任何多余的动作!

女播:拿火炬!递火炬!换火炬!成功!虽然并没有提前沟通,但是平亚丽很顺畅地完成了这一连串的动作!

【音响】:我一直没有告诉她没点着!我还不敢告诉她!结果我一拿她火炬的时候她特别听话地把手撒开了,我把火炬一给完她之后,她特别听话地把手攥上了!嘿!我说这个配合是很快啊!我说平亚丽我认识你已经十几年快二十年了,你最听我话的一次就是这次!

女播:交换完火炬,虽然心情极度紧张,孙长亭还是按计划一一完成了接下来的动作!让完全不知情的平亚丽感觉不到发生了一个这么大的意外!

【音响】没变,一丁点都没变,她就感觉有变的就是我把火炬拿走了又给她一根!你想这么大的压力,我又不能告诉她,她是个盲人!你告诉她,她带着这种心理:怎么火炬就我这儿不着呢!结果我就把身子给她转过来了。我说,亚丽上!开始,没问题!结果亚丽就走了!

女播:此刻的孙长亭拿着整个奥运火炬传递中唯一一支没有点燃的火炬走下了跑道!

【音响】她这一走了,我差点没堆乎那儿,我蹲地上蹲了一会儿!然后我站起来脑袋就转!当时我胃口疼,疼了两个多小时!因为嘛呢,我四肢很难紧张,毕竟是运动员,经历了这么多奥运会是吧。紧张得胃口揪在一起疼!整俩小时!

女播:孙长亭说自己一生经历过两次考验。一次是刚参军不久经历的一场战争,一次就是这次的火炬传递。同样的两个100米,这次考验虽然没有枪林弹雨却更加惊心动魄!当年面对死都没有害怕,这次想起来却常常后怕!

【音响】85年吧！不到17岁！我打主攻，冲锋！我们的领导，连长：我命令你们尖刀班向我们所要打的高地发起第一次冲击。那尖刀班噌就出去了，那一瞬间炮火连天啊，那出去就是死，没有别的选择。我上去了我腿都没带软的，回过头受了伤往回爬的时候100米我血都流净了。那真的把扣子咬碎了我都咽下去没叫一声，你说那100米人生中得多难啊，就坚持爬回来。这个100米，这全是考验，全是致命的考验，我认为那个还不行，这个大于战争，这是全世界啊！**到了休息室好多运动员抱起我来就说：哎呀！长亭，你拯救了这次火炬传递的仪式！**

【现场音响】（《国歌》起，压混）

女播：残奥会开幕式结束之后，孙长亭受到了广泛赞誉，甚至国外的朋友也给他发来了贺信！

【音响】我今天已经收到了两个，一个是意大利都灵来的传真，他说我10年没见到你了，在开幕式上终于看到你了，祝贺你聪明机智。今天又看我的网站，我参加92年巴塞罗那奥运会。巴塞罗那的旗手、举牌子的那个姑娘给我网上发了一个帖子，连她的图片，就是说祝贺我。**我才今天慢慢感觉到，就那一瞬间，真是世界瞩目啊！**

（《国歌》结束，掌声、欢呼声）

女播：对于一名残疾运动员来说，能传递残奥会圣火是孙长亭一辈子的荣耀！面对一支没有点燃的火炬，孙长亭没有给自己、给残奥会开幕式、给中国留下遗憾！他也是天津、是中国的荣耀！

修改成新闻专稿，由于压缩了篇幅，笔墨能集中于最精彩的那一瞬间，开门见山，因此精练了许多，主题也更突出了。但缺点是：首先，音响效果只集中于开头部分，后面就只剩下当事人的讲述，现场紧张气氛打了折扣。其次，作为专稿，要交代人物的背景等，这使得整部作品面面俱到，仍不够紧凑。再次，作为专稿，若只交代事件过程及背景，而未能深入人物内心深处，会显得有些就事论事、缺乏深度，当然这是采访深度不够造成的。

那么，还有没有其他表现形式？其实，根据前面所学的知识，大家应该会想到"新闻特写"。大家知道，所谓新闻特写，就是有特殊意义和细节的新闻事件。当我们分析这一事件时不难发现，其最精彩的部分，就是孙长亭交接火炬的那一瞬间，这不就是现成的有独特意义的细节吗？

修改后的新闻特写（见上述文案中黑体字部分）只有短短5分钟，它紧紧抓住孙长亭与平亚丽火炬交接的那一瞬间加以细致描写，而其他一切有关人物的背景均忽略，这样写，笔墨更集中，更扣人心弦，也更精练。而且整个作品采用了持续的直接事实音响，现场感很强，这就使特写的长处得到了发挥。

通过上例，大家不仅应学会如何选择合适的体裁，也应学会如何进行素材的取舍与剪裁。

第三节　文字锤炼、音响素材剪裁及作品修改

任何一篇音响报道作品，就文字部分而言，都要经过从酝酿到形成雏形，再反复修改，直至成熟的过程。而音响部分，也要经过斟酌、筛选、粗裁和精剪等几道工序。总之，音响报道是一个系统工程，是创作者各种知识、智慧与能力的结晶。

音响报道中,无论文字还是音响,要铺陈容易,即写长容易,要精练则有难度,需下功夫反复推敲,精雕细琢。因此,初稿完成之后,要舍得删,可有可无的内容要坚决剪掉。比如前面一节中有这样一段文字:

女播:第二下就想换!换什么?换火炬!换火炬,**孙长亭在瞬间作出了这样的决定,但与此同时,危险也相应而生!(首先)**对面的火炬手**平亚丽**患有视力障碍,她**并不知道发生了什么事情,**如果在换火炬的过程中**她要是不撒手怎么办?即便撒了手,她要是不接孙长亭递过去的火炬怎么办?**再者,即使她松了手,也去接火炬,**万一没拿稳火炬掉在地上怎么办?(再者)**最后,也是最重要的一点,**(站)在孙长亭右侧不足百米的地方(还有一些)**站着**打着摄像机、举着照相机的各国主要媒体的记者。**

上例中,将楷体字部分去掉,意思并未受损,反而精练很多。这就是反复推敲的结果。

对音响也是如此。音响的一般选用原则是要清晰,具体步骤是:第一步,先选"块",即先将有用的段落剪裁下来;第二步,粗裁,即将影响意思表达的词句剪掉;第三步,精剪,将重复多余的"零碎"等无效音响坚决剪掉。比如本章第一节提到的采访中,有这样的段落:

孙:我就想默默地给他们祝福就完了,我还是低调好好把事业做好。我还是始终是这个理念。结果在员工的号召下,我就签字了。签完字之后,也承诺咱们不再兼任别的火炬手。我刚签完这个字发出去,特快专递,这阵儿,**国家就来通知了。**来了通知之后是**很仓促的。告诉我,你再过两天,做好准备来北京,有重要的任务要你去完成。什么任务,我们也不能告诉你,就完了。**

孙长亭的这一段讲话,记者在剪裁时只保留了黑体字部分,其余都剪掉了。

下面再通过一部作品《永远歌唱祖国——追忆人民艺术家王莘》(天津台2007年10月20日播出,获第18届中国新闻奖二等奖),来看看其中记者对文字的锤炼和音响的剪裁:

(歌声起:五星红旗迎风飘扬,胜利歌声多么响亮……压混)

女播:五星红旗迎风飘扬,胜利歌声多么响亮!这是一支在中国人心底里唱(激荡)了57**年的颂歌。世界上有华人的地方就有她的旋律在唱响,在无数次令人激动的(伟大)时刻,她让人热血沸腾,热泪盈眶。这首《歌唱祖国》的词曲作者,就是深受人们(尊敬和)爱戴的人民艺术家王莘。怀着对祖国、对五星红旗的无限热爱与眷恋,王莘走完了**89**年不平凡的人生道路,为祖国、为人民留下了一份宝贵的文化遗产(和精神财富)。**在昨天的告别仪式上,王莘的遗体静卧在鲜花翠柏丛中,人们缓缓地从他身边走过,瞻仰他安详的仪容,缅怀他非凡的一生。天津音乐家协会副主席王巍是王莘老人多年的好友,也是当年《歌唱祖国》的首唱者。他告诉记者,王老生命的最后一刻,也是在《歌唱祖国》的旋律中度过的:

【音响】我握着他的手说:王莘同志,我再给你唱一遍《歌唱祖国》吧!我在唱的时候,我感觉到他好像左手在动,好像还在指挥。

女播:从北京赶来参加王莘遗体告别仪式的中国文联副主席、中国音协副主席吴雁泽也深情地表示:

【音响】我们全体音乐人以王莘王老生前这样一个生命不息、奋斗不止的精神，永远把祖国、把人民放在第一位。

女播：普通市民也从四面八方赶来，表达着他们对王莘的敬爱之情：

【音响】我们大家都是唱着王老的《歌唱祖国》这首歌长大的，我相信，到什么时候，《歌唱祖国》这首歌，都会在我们所有的中国人的心中唱响。

女播：中国文联副主席、天津市文联主席冯骥才在昨天的告别仪式上，对王莘的一生和他的艺术成就做出了高度评价：

【音响】他是标志一个时代的艺术家，但是他的歌声却能超越这个时代。每当我们心里有一股对国家的激情，充满着国家情感的时候，或者要表达我们对国家的自豪感、荣誉感的时候，我们会自然地唱起这个歌来的。她就是我们的心声！

（《五星红旗》音乐响起，持续，压混）

女播：是怎样神奇的音符能够如此拨动心弦，让亿万人的心跳动在一起？是怎样的情怀让艺术家写出如此激昂的旋律和壮丽的诗篇？

【音响】（炮火声，压混）

男播：王莘，原名王新更，**（出生于）**1918 **年**生于江苏省无锡市，**（他的童年生活饱受战乱之苦，在枪炮与硝烟中经受着民族的苦难）**自幼喜爱音乐。1935 **年，（**17 **岁的王莘）参加抗日救亡运动，**经受了民族的苦难，投身民族解放的战场。1938 **年奔赴延安，师从冼星海学习作曲，从此开始了他** 60 **多年的音乐创作生涯。**

【音响】（音乐起）

女播：1949 **年** 10 **月** 1 **日对王莘来说是个永生难忘的日子，王莘作为天津音乐界的代表，赴北京参加开国大典。当毛泽东主席在天安门城楼上向全世界宣布"中华人民共和国成立了！中国人民从此站起来了"**的时候，**（此时）王莘胸膛中热血沸腾，强烈的创作欲望在心中萦绕、激荡。将近一年之后，也就是** 1950 **年的** 9 **月** 15 **号，当王莘再次来到天安门广场，灵感的大门突然敞开，激情的旋律一下子从心底迸发出来（压混王莘唱《歌唱祖国》的声音）。对于当年的情形，王莘的夫人王慧芬记忆犹新：**

【音响】50 **年国庆节到北京去，走在天安门的时候，看着工人同志们正在摆像、挂大红宫灯，少先队呀正在敲着小鼓，吹着小号的，练习游行队伍。他在这个时候，往上一看，五星红旗迎风招展着，他这一下子激动了。**五星红旗迎风飘扬，胜利歌声多么响亮！他就这么一股气一下子就出来了。这下挡可挡不住了，火车上也不管人家怎么样，挤进去就写，跟着火车的节奏，走到了天津的火车站，下来以后，第一段他都完成了。

（音乐起，压混）

女播**（男播）：王莘回到家里，已经是第二天的凌晨了。被创作的激情燃烧着的王莘**兴奋地朝妻子嚷嚷着：我成了！我成了！之后就**一头扎进创作的世界中，又是唱、又是写，他根本没有注意到即将临产的妻子正在床上辗转着，忍受着分娩前阵痛的折磨：**

【音响】那会儿我很烦啊，好不容易睡着了，哒哒哒，哒哒哒，叫啊，我成了，成了！我说你干吗呢，有什么事明天再说，这个心里面很不耐烦。他就唱。一唱，我从不耐烦，最后你知道怎么地？我跟着他唱，自己又起来，一直到了天亮。

女播：就这样，**（男播）**1950 **年** 9 **月** 16 **日（【音响】婴儿哭声），王莘夫妇的长女王辉和王莘（父亲）的《歌唱祖国》在同一天降生了！（【音响】童声唱：五星红旗迎风飘扬，胜利歌声多么**

响亮,压混)王慧芬珍藏着丈夫许多珍贵的资料,在一盘标记着1980年资料的录音磁带中,保留着王莘当年谈自己创作感受的一段话:

【音响】人民群众多么想摆脱贫困,渴望着我们的祖国走向繁荣富强啊!我唱着:(唱)越过高山,越过平原,跨过奔腾的黄河长江。想到祖国,我很自然地想到了家乡——秀丽的江南,想到战斗过的地方,为了打败敌人,争取民族的解放,战胜多少难以形容的苦难。未来在我面前是富于想象的,是光芒万丈的。

【音响】(歌声)越过高山,越过平原,跨过奔腾的黄河长江……

女播:我们现在听到的,是《歌唱祖国》的最早一张唱片,是1951年录制在胶木唱片上的。歌曲中的领唱者是当时天津音乐工作团的独唱演员、现任天津音乐家协会副主席的王巍。至今,他依然清晰记得当初第一次试唱这首歌曲时的心情:

【音响】那是在1950年的秋天,王莘同志找到我说,王巍,我写了一首新歌,你找些人来给我试唱一遍,看看好不好?我马上就找到了十几个合唱队员,一块唱。唱了一半以后大家就非常激动。觉得这首歌好,真好!你比如说第一段:越过高山,越过平原,然后,(唱)英雄的人民,站起来了,我们团结友爱……(压混)

女播:《歌唱祖国》很快在群众中传唱起来,并受到毛泽东主席、周恩来总理的关注。周总理还亲自对歌词提出过修改意见。

【音响】童声唱:五星红旗迎风飘扬……(压混)

女播:那时的王莘刚过而立之年,年轻的艺术家无法想象,这首伴随着共和国成长的《歌唱祖国》,在以后的岁月中会经历那么多重要而辉煌的历史时刻!

男播:1951年9月12日,周恩来总理签发中央人民政府令,在全中国广泛传唱《歌唱祖国》。

女播:1951年9月15日,《人民日报》以显著位置发表了王莘作词作曲的《歌唱祖国》……与台下的观众一起放声高歌。

1980年5月19日,《歌唱祖国》的旋律被选作中央人民广播电台《新闻和报纸摘要》与《各地人民广播电台联播》节目的开始曲。

(《歌唱祖国》管弦乐曲……压混)

女播:从此,《歌唱祖国》每天通过电波响遍大江南北,长城内外。

【音响】中央人民广播电台,现在是《新闻和报纸摘要》节目时间……(压混)

女播**(男播)**:1991**年**5**月**1**日,国务院批准了天安门广场新的升降旗仪式,《歌唱祖国》成为正式升旗前的序曲。**

【音响】(雄壮的步伐声……压混)

女播**(男播):每天清晨,当第一缕霞光染红天际,雄伟的天安门广场就回荡起《歌唱祖国》的旋律。**几十年来,《歌唱祖国》已经成为所有重大国务活动、各种会务活动、外事活动、检阅活动的第一曲、开场曲和结束曲。王莘的次子王斌还给记者讲述了一段他在美国的感人经历。那是在1997年7月1号香港回归祖国的那一天,王斌应邀到美国洛杉矶参加当地华人庆祝香港回归祖国的大会,当时在大会现场出现了令王斌意想不到的一幕:

【音响】那个体育场大约能坐3万人,大家进去的时候都发了五星红旗和一个香港区旗,一开始就不知道从哪先有人唱“五星红旗”,但是声音不是很大,一会儿,很短的时间就蔓延到全场,全场就都跟着一块儿,然后越唱越响,越唱越响,大家都在同唱这一首歌,都是心往一块儿想。回来了以后马上就把这事告诉我父亲了,我父亲也是老泪纵横。

女播:2001年7月13日,北京申办2008年奥运会成功:

【音响】(国际奥委会主席萨马兰奇宣布获胜城市的声音……压混)

女播:在中国百年奥运梦想成为现实的那一刻,《歌唱祖国》的歌声再次从海内外华夏儿女的心中喷涌而出:

【音响】(申办成功现场高唱《歌唱祖国》的音响……压混)

女播(**男播**)**:听众朋友,人民艺术家王莘集一生的心血创作了近千首歌曲和十余(多)部歌剧,《歌唱祖国》成为他音乐生涯跨世纪的经典之作。**1982年以后,王莘因脑血栓病留下的后遗症,影响了语言和行动能力,但是在很多重要的会议上,坐在轮椅上的他依然和大家一起高唱《歌唱祖国》,同时,用他能够活动的左手奋力指挥,让无数在场的人们感情奔涌,热泪盈眶:

【音响】(王莘演唱《歌唱祖国》的声音逐渐压混成大合唱……压混)

【音响】(合唱《歌唱祖国》……压混)

女播:王莘生前常说,我一生写过两首《歌唱祖国》,一首是用音符创作的,一首是用我的一生永远歌唱祖国!

【音响】(歌声扬起)

上例中,黑体字部分为修改后保留的。两相对比不难发现,修改后的文字和音响都很精练,更可贵的是,音响的使用更加精妙。如原作中有一段是这样的:

女播:《歌唱祖国》很快在群众中传唱起来,并受到毛泽东主席、周恩来总理的关注。周总理还亲自对歌词提出过修改意见。

【音响】童声唱:五星红旗迎风飘扬……(压混)

这里,童声音响的使用目的性不强,而修改后的效果就完全两样了:

(男播)1950年9月16日(【音响】婴儿哭声),王莘夫妇的长女王辉和王莘的《歌唱祖国》在同一天降生了!

【音响】婴儿的哭声渐变成童声唱:五星红旗迎风飘扬,胜利歌声多么响亮……(压混)

这里,童声的出现具有了象征意义——既象征王莘夫妇女儿的诞生,又象征歌曲《五星红旗》的诞生。如此修改,令人称绝。

因此,应重视音响报道中文字的锤炼,同时,重视音响的剪裁和妙用。可见,好的作品不是写出来的,而是精心设计和反复锤炼而成的。当然,要真正做到在采访中驾轻就熟,写作前胸有成竹,剪裁时轻而易举,音响间精妙绝伦,那只有在实践中不断总结、不断提高了。

思考与练习

1. 在采访过程中如何把握谈话内容与谈话进程?
2. 怎样处理素材与写作的关系?怎样在杂乱的素材中寻找有用的段落?
3. 怎样才能使作品精益求精?

第七章　音响使用与蒙太奇构思

音响即声音，同时也含有声音所产生的效果之义。故研究音响报道，应研究音响的效果与使用方法。或许有人会说，新闻写作更多考虑的是新闻内容，是音响内容，而非纯粹的音响连接技巧。这话不错，但这并不意味着不需要研究音响连接问题。不懂音响连接技巧，仅凭经验有时也能有不错的音响连接，但不知其所以然；而掌握一些音响连接理论，则会指导我们去自觉地运用音响，不仅知其然，而且知其所以然。

音响的使用多种多样，或单独，或组合，其中都有个连接方式和连接技巧的问题，也有个连接与组合效果的问题。这颇有些像一部交响乐或一个大合唱，有时声音是在不同声部间"流动"，有时则是不同声部的组合，而不同的流动和组合方式则会产生不同的效果，这一切均与音响的设计或构思有关。因此，若能从创作的高度认识音响连接，总结出一些带有规律性的东西，这是有意义的。

第一节　广播音响蒙太奇的意义

我们研究广播的蒙太奇问题，是从电影的构成中受到启发的。

"蒙太奇"(Montage)源于法语，意思是"堆砌"，后逐渐成为电影术语，意指连接。苏联早期电影导演普多夫金(Pudovkin)曾有句名言：**"蒙太奇就是连接。"**

在电影中，不同的画面(或声音与画面)组接在一起，会产生不同的效果。电影中有关蒙太奇的一个最著名也最能说明问题的实验是：苏联电影导演列夫·库里肖夫曾经将一个毫无表情的演员的特写镜头分成三段，分别与一碗汤、一个嬉戏的孩子和一具老妇人的尸体相接。结果，他发现观众从这三组镜头中看到了三种表情，分别是饥饿、喜悦和忧伤。这个实验后来被称为"库里肖夫效应"，并成为后来电影产生"蒙太奇"构思的最有力注脚。

那么广播呢？由于广播没有画面，只有声音一种传播媒介，因此，广播说到底是声音与声音的连接。但在实践中人们逐渐发现，不同声音的连接同样也能产生出"蒙太奇"效果。像前面列举过的《离家百年，钟回故里》，当结尾处那震撼人心的钟声响起的时候，此时听众所听到的，实际上已远远超过了钟声本身所固有的内涵。那钟声中有对和平的企盼，对友谊的企盼……有太多太多的内涵。这实际上就是广播"蒙太奇"的魅力和力量。

需注意的是，"蒙太奇"不是一个简单的剪辑问题，而属于创作范畴，是一种"构思方法"。作为一名导演，其创作说到底就是考虑镜头的运用。苏联电影大师爱森斯坦曾经说过，蒙太奇就是**"从画面的联系中创造出画面本身并没有的意义"**的一种**构思方法**。

应该说，在广播音响报道中谈音响的蒙太奇还是一个比较新鲜的话题，因为从音响角度系统谈蒙太奇的还不多。当然，广播中的蒙太奇现象其实早有人注意到，并开始加以研究。如有人在谈及新闻编排时就认为，新闻节目的组合编排，除新闻语言之外，还有一个隐含的“节目语言”，是一种既非声音，又非文字的独特的语言，它在表现编辑部思想时，不是直说，而是显示。中国传媒大学张舒教授则直截了当地谈到音响使用中存在“1＋1＝3”现象。那么，什么是音响使用的蒙太奇现象？先举两个例子：

某台一个直播的新闻节目，主持人播报完新闻后，随手垫了一段音乐。本来，在直播的新闻节目间隙垫乐很常见，但那天最后一条新闻的内容是目前全国有多少职工下岗，而主持人紧随其后推出的音乐颇耐人寻味——《回家》，即美国著名萨克斯演奏家凯丽金（Kenny G）演奏的那首曲子。该乐曲其实不是主持人特意准备的，而是CD机中现成的东西。可此时，这位主持人未意识到，前面刚播完“下岗”，后面就放《回家》，细心的听众听了难免会产生联想。

还有一位主持人在一次娱乐节目中因猜谜语给自己惹来了麻烦。猜谜语能有什么麻烦？谁会想到，他出的谜语，前一个谜底是“匪”，后一个谜底是“共”，结果就有听众向台领导反映。

这两件事令人深思，它使人意识到，作为一名广播工作者，除了必备的政治素质之外，还需具备其他一些素养。具体讲就是应知道广播中还有另一种“语言”存在，即“蒙太奇”语言。它有可能发生在语言与音响的连接之中，也可能发生在语言与语言的连接之中。

比如“打点”“报时”。过去广播中“打点”是打5声（4短1长），然后报：“刚才最后一响是北京时间×点整。”后来觉得说“刚才最后一响是”多余了，于是打完最后一响后，只说“北京时间几点整”；再后来，感觉打5下也多余了，于是就打1下。还有的电台，感觉报时都多余了，干脆打点后改为一句宣传语或一句温馨提示。如果就后面这种新型报时方法来说，这已经是一个标准的叙述蒙太奇了——无需任何语言，但谁都明白。这种打点报时不断简化大家却依然能听懂，所依据的正是一种蒙太奇思维——一种每个人都会自觉不自觉产生以及应用的思维。

再比如中央人民广播电台新闻节目中有个很独特的东西，一听就是中央台的风格，即录音新闻在出采访录音时，只介绍被访人的职务和姓名，而省略了后面那个非常重要的“说”字。这里，没人会听不懂。但第一个这样使用音响连接的人很了不起，因为是他发现，省去一个“说”字，把两个看似无关的内容放在一起，同样能产生一种明确的含义。实际上，这同样是一个标准的叙述蒙太奇了。有趣的是，现在这种风格大有“燎原”之势，很多地方台都在这么用。请看：

播音员：匆忙赶到的颜昊、颜旻两兄弟先拉开一辆出租车的车门，把趴在方向盘上已经昏迷的驾驶人拉出来，送到安全的地方，紧接着，又跑向另一辆正在燃烧的出租车。颜昊：

【音响】跑过去以后，发现那个车已经变形，司机已经昏死过去了，怎么拍也拍不醒，车上的火越着越大，整个发动机都着了，都着到前座了，就是司机的方向盘，已经有火了。我说赶紧，先把这个人弄出来吧，就想打开这个车门。

播音员：颜旻：

【音响】玻璃是封着的，我们又使劲拽这个门，结果门已经变形了，根本撬不开……

——《生死营救三分钟》

上例中,主持人的解说词简单到只剩下念名字,但谁都能听明白。

这足以证明,研究广播中音响的蒙太奇连接是有意义的。如何避免其“负效应”,有意识地产生和放大“正效应”,这正是我们要研究和解决的问题。

第二节　广播音响分类及使用原则

一、广播音响的分类

音响报道中的音响,从内容上说,可包罗人类社会和自然界一切我们能够听到的声音。从可操作的层面上讲,可以分为:

(1)现实音响。这是记者最新采录到或自身发出的音响,是真实的。

(2)过时音响。这是过去采录到的音响,也是真实的。

(3)资料音响。是做成CD或以其他成品方式保留下来的音响,如音乐、歌曲等。

(4)模拟音响。这是或合成、或模仿、或借用、或虚拟,逼真但不真实的音响。

上述音响的使用不外两种形式:一是做主要音响(音响之外无其他音响,或在陪衬音响中音量最大的音响);二是做背景音响(陪衬主要音响)。但无论如何,都有个音响间的关系问题和如何使用才最好的问题。

二、广播音响的使用原则

(1)音响的使用一定要服从内容的需要,这是重要前提。不要为使用音响而使用音响,更不要为单纯卖弄音响技巧而使用音响。

(2)不该虚拟的地方,绝对不要虚拟,真实永远是第一位的。

这里我们重点讨论音响的构思与使用方法。

第三节　广播音响蒙太奇的定义及构思

所谓**蒙太奇构思,就是在音响报道中,借用电影艺术中“镜头与镜头连接”的表现手法,将一个个精心选择的音响,按照一定的外在或内在联系连接起来,从而省略掉一些繁琐的叙述和交代,使内容在看似变化和跳跃的连接中出现神奇的效果,使之分别产生接叙、断叙、转叙、并列、对比、重复、隐喻象征等效果,使音响报道的思想性和艺术性都得到增强。**

广播音响报道中的蒙太奇从大的方面来讲,可以分为“叙述蒙太奇”和“表现蒙太奇”两大类。

一、叙述蒙太奇

叙述蒙太奇就是在音响报道中,**为讲述所需而采用的蒙太奇构思**,可分为接叙、转叙和断叙三种。

1. 接叙式蒙太奇

接叙式蒙太奇是通过“述说”的方式，或通过某种动作的连续，将后面的音响与前面的音响在内容上紧密相连，构成一个完整的有机体。这是音响报道中最常见的连接，可以表示说了什么、想到了什么以及做了什么等等。如前面曾提到的《生死营救三分钟》：

播音员：匆忙赶到的颜昊、颜旻两兄弟先拉开一辆出租车的车门，把趴在方向盘上已经昏迷的驾驶人拉出来，送到安全的地方，紧接着，又跑向另一辆正在燃烧的出租车。颜昊：

【音响】跑过去以后，发现那个车已经变形，司机已经昏死过去了，怎么拍也拍不醒……

音响是前面颜昊所说的话，这是最直接、最明确的接叙式。再如：

播音员：红星西进的成功经验和战略眼光，使国家经贸委产业政策司副司长李寿生十分感慨：

【音响】我觉得红星的实践，不仅是西部大开发的先行者、开拓者、创新者，而且呢，走出了一条企业增长方式转变的新路，对于整个国有企业的改革和发展也有着普遍的指导意义。

——《红星西进之后》(青岛台，1999 年)

“感慨”是与“说”相似的动作。而有的接叙则与其他动作有关，如：

播音员：会议准时在上午 9 点开始。9 点 48 分，省教育厅厅长郑德涛正在分析农村教育存在的突出问题，抬头一看，会场竟然有几个人睡着了：

【音响】这后边的同志还有睡觉的，我说你如果觉得这个会不重要，你们就可以出去，不用在这浪费时间，因为省政府召开这个会是很重要的，如果不感兴趣，可以自便！

——《教育资金滞留挪用严重，财政局长却在全省教育会议酣然入睡》(广东台 2006 年，获第 16 届中国新闻奖二等奖)

这类接叙方式很多，还有的与动作无关，但在逻辑上紧密相连，如：

播音员：面对重重困难，红星何去何从？

【音响】不管多困难，只要精神不滑坡，办法总比困难多。

——《红星西进之后》

播音员：很难想象，中国的卫星研制者竟是从参观天文馆入手开始了他们建筑天梯的科研工作。然而令外国同行吃惊的是，中国的第一颗卫星水平竟是如此之高。

【音响】这颗卫星水平很高，第一，前面四个国家的第一颗人造地球卫星，美国、苏联、日本、法国，我们的水平要比他们高。我们是第五位，我们的重量 173 公斤，超过他们四个卫星的总和，比他们加在一起重……

——《废墟上崛起的中国科技——之一：东方巨响震寰宇——“两弹一星”成功纪实》

显然,有的接叙较直接,而有的则不太直接,甚至有些“跳跃”,但都是一个动作的连续。

当我们掌握了接叙蒙太奇的连接方法后就会意识到,有些连接是赘余的,如:

村委会主任究竟和大家讲了些什么呢?请听一段录音:

【音响】村办企业,年产值超亿元;农业总产值超亿元——双亿元!现在我们村,人均收入4500元!村里的老百姓都入了医疗保险,老头儿老太太有养老金,小学生上学免费。

——《令农民生厌的“双亿元村”》

“请听一段录音”完全可以省略。类似的如“他是这样说的”,“他告诉我们说”等都可省略。

2. 转叙式蒙太奇

转叙式蒙太奇是指后面的音响与前一个音响关系不紧密,使用它是为了引出后面一个新的内容。这是转变叙述内容或转换叙述角度时常用到的蒙太奇手法(如用在作品开始,则是“引叙式”)。

男播:来自香港电台的记者汪敏曦(音):

【音响】多国的海军参与中国的一个阅兵的仪式,也显示到我们的国力是逐渐地在增强,作为中国人,也作为港澳媒体,也感到非常自豪。

(音乐揣手起,海浪声,压混)

男播:大海滔滔,世界上很少有哪个国家像中国这样,在海军身上记载了一个民族荣辱兴衰的全部历史……

——《蔚蓝大海敞开和谐怀抱》(青岛台2009年,获第20届中国新闻奖三等奖)

上例中,汪讲述后出现的音乐与海浪声,是为了引出后面的内容。再如:

男播:美国驻华使馆海军武官马涛(音):

【音响】China is great power……(压混出译音)中国是有实力、负责的大国。中国海军展示了他们在抗灾、援助等领域的实力,比如在亚丁湾打击海盗等活动中发挥了重要力量,我想很多国家都希望中国海军能继续国际合作,带给世界海洋安定。

(军乐声起,压混)

男播:您现在听到的这首脍炙人口的中国乐曲《好日子》并非由中国人演奏,而是在4月21号举行的多国海军军乐团联合演出中,由印度海军乐团奏响,引得中外观众的阵阵掌声。

——《蔚蓝大海敞开和谐怀抱》

再如《永远歌唱祖国——追忆人民艺术家王莘》中有这样一段:

女播:五星红旗迎风飘扬,胜利歌声多么响亮!这是一支在中国人心底里激荡了57年的歌。世界上有华人的地方就有她的旋律在唱响,在无数次令人激动的伟大时刻,她让人热血沸腾、热泪盈眶。这首《歌唱祖国》的词曲作者,就是深受人们尊敬和爱戴的人民艺术家王苹。怀着对祖国、对五星红旗的无限热爱与眷恋，王苹走完了89年不平凡的人生道路，为祖国、为人民留下了一份宝贵的文化遗产和精神财富。

【音响】（枪炮声，压混）

男播：王苹出生于1918年，他的童年生活饱受战乱之苦，在枪炮与硝烟中经受着民族的苦难……

前例中，美国驻华使馆武官讲话后紧接出现的军乐以及介绍王苹留下了宝贵的精神财富后出现的枪炮声，均与前面内容无关，是为引出后面的内容。

转叙式蒙太奇音响的运用，为我们转变叙述内容或角度提供了方法。

3.断叙式蒙太奇

断叙式蒙太奇就是打断本来连贯的音响，在其中加进一些内容，目的是为强调后面的音响或引起听众对后面音响的关注。

例如录音评论《绝不许亵渎英雄，歪曲历史》（浙江台2006年，获第17届中国新闻奖一等奖）：

女播：何祚庥院士认为，那些恶搞英雄和历史的人：

【音响】对我们老祖宗当时的奋斗了解得太少了，他们享受着现成的、比较富裕的生活，但是没有认真去想一想，这个富裕的生活怎么到来？自己需要承担什么责任？怎么样做一个现代的人？

女播：他更直斥这种恶搞行为：

【音响】等于是亵渎自己的祖宗啊！亵渎自己的先辈啊！

在音响中加入提示性的话——打断了本来相对完整的音响，显然是为加重语气，增添评论的力量。再如：

【音响】我就骗我妈妈，我说，刚才医院来电话了，说有三个符合你的肾源。不过我说这个肾源是国家保密的，不允许问的。

女播：善良的母亲相信了，老人非常高兴。她那发自内心深处的求生欲望深深地震撼了儿子田世国！

【音响】当时在听到我说找到肾源的一刹那，她那个眼光，我觉得，你们常人谁都看不到的，也感受不到一个老人被这种病折磨了半年，她对生的那种渴望！我一生都忘不了那种眼光！

——《爱心编织的谎言》

田世国的话被解说打断，但这里的解说非常必要，它引发了听众对下面内容的关注。

断叙式蒙太奇用好了，可以增强叙述效果。

二、表现蒙太奇

表现蒙太奇是记者为表达某种情感、观点或意图而使用的构思。一般可细分为并列（平行)式、对比(交叉)式、重复式、隐喻(讽喻)象征式。

1. 并列式蒙太奇

并列式蒙太奇又可称为平行式蒙太奇。它是将一组音响前后组合在一起之后,产生出一种平行或并列的感觉,同时给人一种很有气势,或是影响很大,"大家都持这种观点"的效果。例如:

【片花】(音乐起,压混)

各位听众,我是中央台记者张建峰(音),我和中央台驻重庆记者邓和春(音)在丰都向您报道。

各位听众,这里是重庆奉节白帝城,我是记者聂巧(音),我和中央台记者吴西伟(音)正在这里为您做现场报道。

我是中央台记者吴善阳(音),我现在是在上海市青山区为您报道这里的三峡移民的生活情况。

各位听众,我是中央台记者刘战(音),我现在是在重庆巫山县小三峡的峡口向您报道。

各位听众,我是中央台、湖北台、海峡台三台联合直播记者冯艳(音)。

听众朋友,我是海峡台记者柳林南(音)。

(音乐止)

——《超越梦想——三峡导流明渠截流二期工程》

这是很多大型报道经常使用的片花形式,这种并列组合,显示了一种大型报道的气势。再比如:

【音响】听众1:田世国是让我从内心里很感动吧,能这么平静和乐观。

【音响】听众2:我儿子看了以后也很激动:妈妈,你将来你需要什么,我都献给你! 对孩子也是个教育,对老人吧也是一种欣慰。

——《爱心编织的谎言》

这是在反映一件事影响很大,大家对此表示同感时常用到的一种音响组合方式。音响之间,不用再加任何语言,显得简洁而有力。

2. 交叉对比蒙太奇

对比式蒙太奇是记者为表达某种强烈的不同而采用的音响构思,通常是为了表现一种明显的不同或反差,会给人对照强烈之感。例如:

【音响】田世国:如果换完肾以后非常顺利,后期排异非常低,效果好,就不让她知道,永远地是个秘密吧,她以为是哪个尸体移植下来的。

【音响】母亲:你说奇迹吧? 眼看就要死的人了,这命一下子活过来,你说这个心情用言语怎么个表达法? 我还得感谢那个给我捐肾的那个(尸体),我说的,你活着,你干坏事不干坏事我不知道,你死了以后,对我作的那么大的贡献,我说我感谢你啊!

——《爱心编织的谎言》

上述两段音响，儿子的意思是要永远瞒着母亲，而母亲又确实不知情，正是这样的连接，反差效果才异常强烈。

再例如新闻专稿《入川日记》（黑龙江交通广播 2008 年 5 月 27 日播出，获第 19 届中国新闻奖三等奖）中有这样一组音响：

女播：妻子日记：2008 年 5 月 16 号，今天该进四川了。都说蜀道难，难于上青天，再加上地震，一看电视里那些弯弯曲曲的盘山路我就出汗，开车咋走啊，底下都那么深！老周跟我说，他们是到四川了，但离震中还远着呢！除了有点高原反应，一切都正常。哎呀，实在不行，把东西交给解放军就回来吧！

【音响】周：开弓没有回头箭！我们山东人就是这么个性格，从来也没后悔过！平常司机也跟我讲，他俩从来没打退堂鼓！

前面是妻子的担心，后面是丈夫的义无反顾，二者相连，对比强烈。

还有录音新闻《耗水大户"水疗城"竞相出现在缺水边城乌鲁木齐》的开头部分（见第一章第五节），是两个对比非常强烈的新闻现场。

不用任何过渡语言，将两段反差很大的音响无缝对接，而强烈的对比效果让人印象深刻，这就是作者使用对比式蒙太奇所要达到的效果。

对比蒙太奇与并列蒙太奇的异同：二者都是两段音响紧密相连，这是相同点；而不同点是，对比蒙太奇中，两段音响表达的意思截然不同，构成一种强烈的对比或反差，而并列蒙太奇表示的则是一种相同或相近的意思。

3. 重复式蒙太奇

重复式蒙太奇是记者为强调或突出某一内容而采取的音响构思方法，具体讲就是同一种音响在一篇报道中多次出现，构成一种强调。若使用得当，重复式蒙太奇会产生一次比一次强烈的震撼效果。

例如录音特写《周小燕与〈长城谣〉》（上海台 2005 年 6 月 19 日播出，获第 16 届中国新闻奖二等奖）：

男播：各位听众，我国著名声乐教育家周小燕教授的 17 位曾经获得国际声乐大奖、现活跃在国内外歌剧舞台的拔尖学生，今天晚上在上海大剧院隆重举行了一台"周小燕优秀学生音乐会"，音乐会上，周小燕和她的学生再次选择了抗战歌曲《长城谣》。周小燕的一生与《长城谣》这首著名的抗战歌曲紧紧联系在一起，从她几度演唱这首歌曲的经历，我们可以看到她那一颗滚烫的爱国之心。

女播：1937 年，抗日烽火燃遍祖国大地，武汉街头，简易舞台上，一位年轻姑娘深切地唱着：

【音响】万里长城万里长，长城外面是故乡……（周小燕 40 年代唱片《长城谣》，以下压混）

女播："万里长城万里长，长城外面是故乡……"歌声悲愤苍凉，如泣如诉。这位姑娘就是周小燕，那年她 20 岁不到，正从她求学的上海音乐专科学校回家过暑假。抗日战争爆发了，武汉成为全国抗战的中心，周小燕全身心地投入到抗日救亡运动之中。她和妹妹们帮助母亲为抗敌将士缝制棉衣,去医院护理伤病员,参加武汉合唱团,用她那独特的歌喉,在街头、在学校、在医院演唱抗日歌曲,《长城谣》《歌八百壮士》《最后的胜利是我们的》等抗日名曲,都是由她首唱的。

1995年,抗战胜利50周年,长城上,身穿黑底红花旗袍的周小燕,以78岁的高龄,再次放歌《长城谣》。

【实况音响】(周小燕唱《长城谣》)万里长城万里长,长城外面是故乡……

女播:"万里长城万里长,长城外面是故乡。四万万同胞心一样,新的长城万里长。"歌声中,周小燕想起了自己的弟弟为了抗日,献出了年仅18岁的生命。无数的先烈为了保卫国家,前仆后继英勇奋战,她的眼眶湿润了。其实,那一天,她的丈夫、著名电影导演张俊祥已经病在床上起不来,为了这次演出,周小燕不顾自己年老体弱,一早就从上海出发赶到北京,演出完当夜又赶回上海。今天,抗日战争胜利已经60周年,周小燕回忆起当时在长城上的感受时,仍不能平静。

【音响】周小燕:那次在长城上,情绪很激动的,因为我想到我首唱的时候,中国是在最困难的时候,心情是什么呢,就是怕做亡国奴,怕失去自己的祖国。再在长城上唱的时候,我们中国是个什么情况,世界瞩目的中国,一个强盛的中国。这一天,这些烈士们没有看到,我的弟弟没有看到,我的父母也没有看到,我看到了。所以,我很激动的,那个时候。

播音员:6月18号,88岁的周小燕,再次登上上海大剧院的舞台,这是一场她的一些名扬海内外的学生,为庆贺她从教65周年而举办的音乐会。周小燕又选择了《长城谣》。

【实况音响】周小燕:我首唱这首歌的时候我是19岁,现在我是向90进军了。要听当年的音色没有了,不过当年的爱国激情还是有的。(热烈掌声)

【音响】周小燕领唱:万里长城万里长,长城外面是故乡(紧接合唱)……(压混)

播音员:伴着激动的泪水,周小燕诚挚地说:"抗战胜利60年了应该再唱一唱《长城谣》,这回不是唱声音,而是要唱精神。"舞台上的周小燕精神矍铄,激情飞扬,她用一个又一个音符和音阶,在"母亲—祖国"这条旋律线上放声歌唱。

【音响】(掌声)

上例中,周小燕演唱的《长城谣》共出现了三次,采用的即是重复式蒙太奇方法:相同的旋律,感受却一次比一次强烈。这就是重复蒙太奇的魅力。

再如新闻专题《永远歌唱祖国——追忆人民艺术家王莘》,其中使用了不同时代、不同版本的《歌唱祖国》,在歌曲映衬下,作品追忆了《歌唱祖国》诞生的过程和王莘的生平,其中,多次出现《歌唱祖国》,其效果与《周小燕与〈长城谣〉》有异曲同工之妙。还有像录音专稿《爱心编织的谎言》中,田世国的话"把母亲救过来,只要母亲活着,就是完整的一家人"共出现了两次。第一次出现在片头,第二次出现在结尾。当第二次出现时,便具有了总结全篇、提升主题的作用。

需注意的是,同一音响元素多次出现,并不是啰嗦,而是通过重复达到加深印象或强化的效果,使之产生出某种特殊的力量。

重复式蒙太奇与并列式蒙太奇的区别:前者使用几乎完全相同的音响元素,后者则使用类似的音响;前者只是多次出现,并不一定紧密相连,后者则是多个类似的音响紧密相连,产生一种平行感。

4. 隐喻(讽喻)式象征蒙太奇

隐喻(讽喻)式象征蒙太奇是记者含蓄表达某种思想的一种音响构思方式,也是内涵最为丰富和深刻的一种连接,往往能产生一加一大于二的效果,或发人深思,或催人泪下。其常用手法有二:

(1)不直说——让音响间有种含蓄的意味

例如录音新闻《耗水大户"水疗城"竞相出现在缺水边城乌鲁木齐》是这样结尾的:

女播:一边是城市用水紧缺,社会各界献计献策建设节水型社会;另一边耗水量巨大的豪华洗浴城纷纷上马。面对记者的疑问,前来参加金海湾水疗餐饮广场开业典礼的乌鲁木齐市政府官员不置可否。

【音响】这个我……我说不好,我说不上这个。

这里,记者运用隐喻象征蒙太奇手法结尾,不是直说,但其态度不言而喻。这样使用音响,看似客观,但耐人寻味。

在《"造林"还是"造字"》(湖北台 2002 年 12 月 9 日播出,获第 13 届中国新闻奖一等奖)中,有这样一段音响连接:

女播:谈到这几年造字的经验,郧西县林业局的干部们很是得意,他们特别向记者说明,郧西的造字声势已经影响到了与郧西相邻的陕西 6 个县。

【音响】干部甲:对陕西有震动、有促进。

干部乙:我们这个郧西呢和陕西 6 个县交界,他们看到这个声势以后呢,就你追我赶,湖北人了不起嘛!(笑)哼哼……(音响止)

上例中,说到用"造字"来代替造林,两个干部竟毫无愧色,音响将讽喻之意蕴含其中。该作品中还有这样一段:

(雄壮豪迈、热火朝天的音乐声起,压混)

男播:嘉禾乡建有两处大型标语。一处在金銮山,"封禁治理,美化汉江"这八个大字共投入 2500 个劳力,做了 3 个月,每个字 667 平方米,八个字全长两公里,跨越三座山。另一处标语在……在各乡镇竞相开展的造字竞赛中,店子镇终于后来居上,拔得头筹,凭借"封禁治理"这四个大字,创下了字体最大的纪录!(音乐渐止)

一段讲述当地如何"造字"(造假)的段落,作者却配以"热火朝天劳动场面"的音乐,嘲讽之意跃然而出,令人忍俊不禁。这里,作者运用音响含蓄地表达了思想。

(2)让音响在连接中产生新意

如前面提到的录音专稿《永远歌唱祖国——追忆人民艺术家王莘》,在讲到王莘女儿和《歌唱祖国》同时诞生时,婴儿啼哭声压混出童声演唱《歌唱祖国》的声音效果的运用。

再比如《入川日记》:

女播：妻子日记：2008年5月18号，要不是在电视里看到，我还不知道他们到了呢！老周他瘦了一大圈，也黑了。可我还是一眼就认出来了！

【音响】周：这一看，黑龙江的车！一看黑龙江这几个字！哎呀，看咱们老家都来人啦！咱们家乡都来人啦！这是代表咱们黑龙江来看望灾民来啦！（歌曲《生死不离》淡入，歌声：我要找到你……）我们黑龙江人就是伟大！还是为黑龙江人自豪！说你们是东三省第一个救灾物资到达的！他们高兴得一下子就围上来了！给他们的州长啊、县长啊高兴得不得了，俩手握着我的手表示感谢啊！说咱这边有一个黑龙江大庆来的，还是代表黑龙江人的一片心情来的！

（乐声扬起）

在周的讲述中，突然出现了“我要找到你”的歌唱声，用在此处非常贴切，也令人感动。这既指妻子在电视新闻中找到了丈夫，也指灾区百姓看到了救灾物资，可谓一语双关。

再如新闻专稿《废墟上崛起的中国科技——之五：广电篇》（中央台1999年）中有这样一个片段：

播音员：于是，在和新中国一起走过半个世纪的风雨之后，这里的人们睁开了面向山外的眼睛。

【音响】（电视播放1999年国庆晚会）

作者不说由于实现了“村村通”，西部山村家家有了电视，而说“睁开了面向山外的眼睛”，一个妙喻赋予后面的音响以新的含义。

总之，所谓象征，必定要有本体和喻体，即同一事物在本体外被赋予了象征意义。因此在使用时，使音响产生新意，是用好象征式蒙太奇的关键。

第四节　广播音响的一般连接使用技巧

以上我们从蒙太奇构思的角度阐述了广播音响的连接。我们知道，同样的蒙太奇构思，也会有不同的连接手法，比如是采用“硬连接”还是“软连接”，或者是“渐隐”“渐显”，“淡出”“淡入”等，这也是很有讲究的。在广播界，对此有一个非常形象的说法（或行话），叫“揣手”或“不揣手”——很像冬天两手抱在胸前、揣在袖子里的样子。为了尊重广播人的这一习惯，体现广播特点，这里，我们沿用“揣手”的叫法。那么，什么是“揣手”或“不揣手”？下面我们简单介绍一下。

一、“不揣手”连接（切换式）

所谓“不揣手”连接，就是前一个音响正常结束，后一个音响正常开始（不重叠）。这里又具体分为以下四种情况：

1. 强强“不揣手”连接

即前一个音响以正常音量结束，后一个音响以正常音量开始，连接处不重叠（图7-1），磁头线两端为两段不同的音响，二者紧密相连。

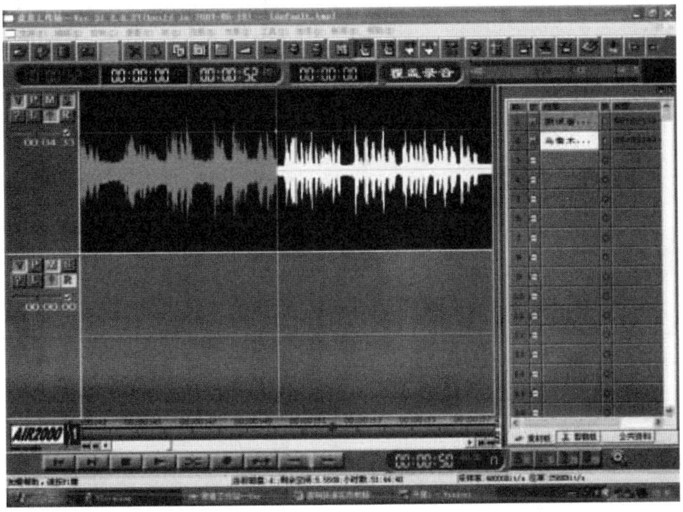

图 7-1

这样的连接最为常见，像前面介绍的大部分连接，都采用这种方式。它具有紧凑、自然的特点。

2. 前弱后强“不揣手”连接

即前一个音响音量渐弱直至结束，后一个音响在前一个音响结束后开始，绝不重叠（图 7-2）。

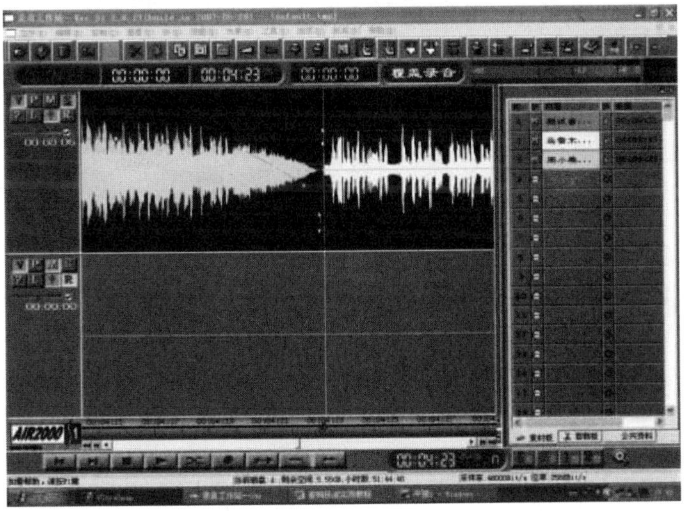

图 7-2

这样连接，由于第一个音响是渐弱结束，因此会产生比较强的终止感。这样的连接常常用在一个段落的结束，另一个新段落的开始。

3. 前强后弱“不揣手”连接

即前一个音响音量不减正常结束,后一个音响弱起渐入,也不重叠(图7-3)。

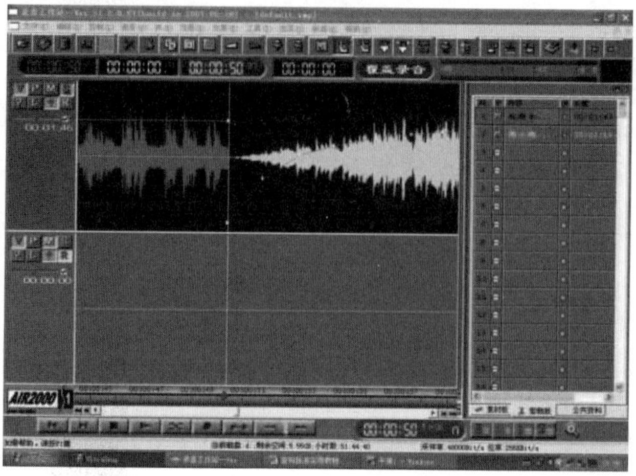

图 7-3

这样的连接,效果比较多样,可以是新段落的开始,也可以是一种情绪的转换。

4. 弱弱“不揣手”连接

请看图7-4:

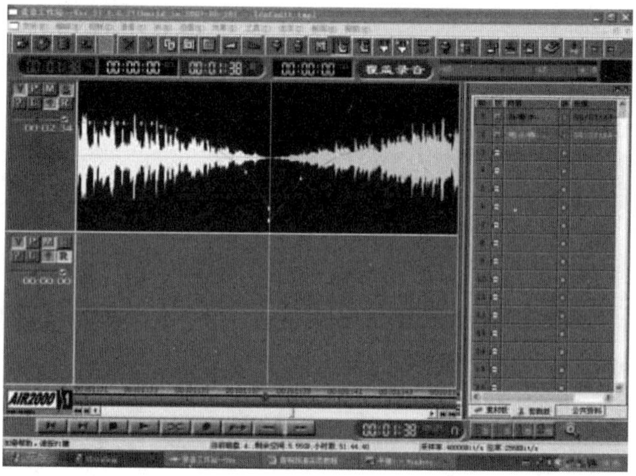

图 7-4

广播中弱出弱起的形式,类似“＞＜”而又不揣手的,不是很常见。

这里还有一点需要特别说明,在广播中,正常的不揣手连接应该是等前一个音响正常结束后才开始后一个音响,如果前一个音响没到结束便硬将其结束,后一个音响随即出现,这样的切换叫“硬切”,一般来讲,这是一种硬伤。但事物没有绝对的,本书中就有一个“硬切”的例子,而且感觉还非常好,这就是录音专稿《强大了的中国是你的朋友》,其中有这样一段:

……在西风劲吹的1911年，又一次机遇摆在中国人面前，海圻号巡洋舰横穿三大洋四大洲，但终因舰船补给等原因而与环球航行失之交臂。(硬切)在21世纪之初……

这段讲述一直衬着背景音乐，但就在播音员播到“失之交臂”这个地方，前一段音乐(比较舒缓的)还没有结束就突然切断，然后没有任何停顿便瞬间强起了后一段音乐(比较激昂的)，这样的处理应该说在广播中并不多见。但我们说，正是这样的处理，恰到好处地表现出了一种焕然一新的感觉，一种新、旧世纪两重天的感觉，这也应该归功于蒙太奇的构思与连接技巧。

二、“揣手”连接

所谓“揣手”连接，即声音在连接时有所重叠。它很像电影中的“淡出淡入”等手法，具体有三种形式：

1. 弱强式“揣手”连接

即音响渐弱，不等声音消失马上与一个正常音量的音响连接，这样的连接，常在稿件中标注“压混”(图7-5)。需说明的是，因为音频信号要揣手，所以在制作时要将两段音频放在两条音轨上，将各自的音量调整适当后再进行合成。

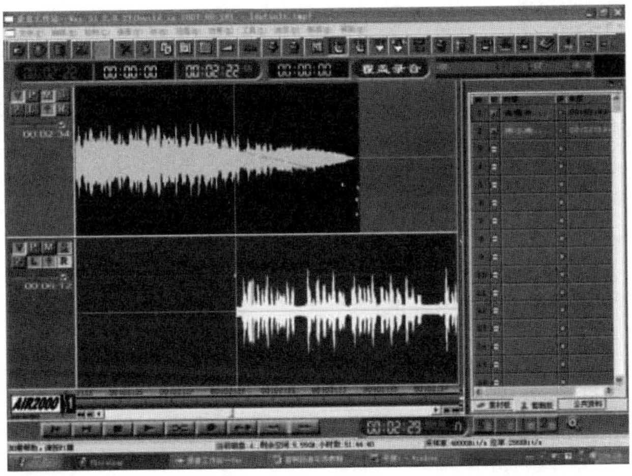

图7-5

强弱式“揣手”连接，前面减弱的音响可以是一段讲话，也可以是一段音乐，或者是一段自然音响。连接时，不等前面的音响结束，后面的音响即正常音量进入，这种连接方式，给人以连接紧密之感。

2. 强弱式“揣手”连接

这种连接方式，前面正常结束的常常是讲话，后面淡入的常常是歌曲。它常用在动情之处的烘托(音响悄悄进入后成为衬乐)，或者是相对应地提到某一情节时，音响渐入。像《珠峰日记》后面的歌声，以及《强大了的中国是你的朋友》后面的歌声，都是用这种方法连接的——后面的音响逐渐进入，待前面的音响结束后扬起(图7-6)。

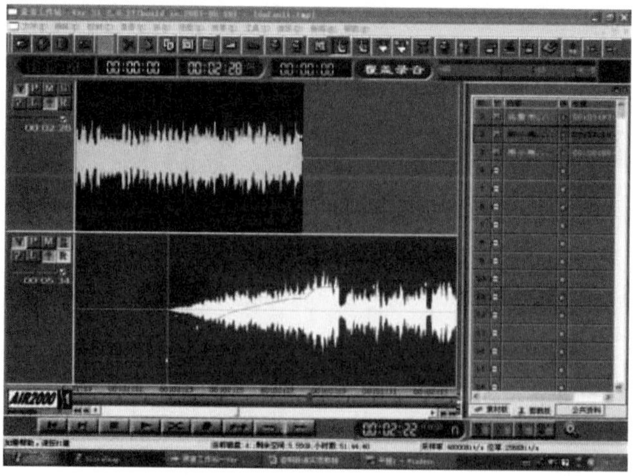

图 7-6

3. 弱弱式“揣手”连接

即前一个音响渐弱结束,后一个音响渐强开始,当中有一段音响相重叠(图 7-7)。

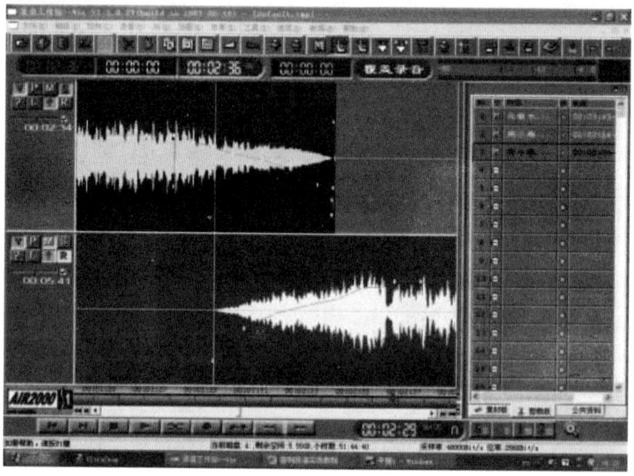

图 7-7

这样的连接具有自然、紧凑的特点。它常用于两段音乐的连接,两段讲话之间这样连接则不多见。

第五节　音响使用及配乐中需注意的问题

一、在音响报道中使用音响应注意的问题

(1)音响要精练,大段的讲话音响要避免——尤其是讲话者有口音,或讲得不够清楚时。

(2)音响使用与文字穿插要有一个最佳的频度——不能文字部分过多,说半天才一段音响,容易使听众产生听觉疲劳。

(3)音响要尽可能早出现,不要“皮厚”,说是录音报道,可开始半天还听不到音响。

(4)音响衔接要讲究,要避免“硬切”,还应注意“气口”,衔接要自然、流畅。

(5)背景音响要讲究:一是进、出要自然,不能有棱角;二是混音时,要注意主要音响与次要音响的比例——次要音响的音量不能过大,不能喧宾夺主。

二、配乐的技术要求

给写好的音响报道配乐,特别是给广播特写配乐是一项技术性和艺术性很高的工作。

配乐总的要求是:首先要符合报道的内容需要,但又不能简单化,即不是写到高兴就配高兴的音乐,写到悲伤就配悲伤的音乐。配乐时应注意以下几点:

(1)要选好音乐的入点、出点和高潮点。同时要注意,配乐应有一个适当的频度,不能“一乐到底”,也不宜音乐与文字一一对应,转换频繁。

(2)音乐的使用不要表面化、简单化,要仔细揣摩文字,从文字内容的深层次入手,在形似与神似中捕捉音乐的灵感,这才是好的配合。

(3)音乐的选配要有整体感。一段音乐能恰当地与不同感情色彩的文字相匹配,这才是佳配。

如广播特写《四个小时的较量》的结尾处(见本书第五章第三节):从瑞士首席专家排除中国“海鸥”侵权,到夜幕降临,再到中国表业同行一片沸腾——这是一个起伏较大的段落。音乐该如何选配?作品中,首席专家大步上前发出感叹后,本该是一段激动人心的音乐,但出现的却是一段轻松舒缓的音乐,初听有点意外,而细想不禁称绝——因为它颇有“长舒一口气”的轻松之感,竟是非常贴切。然后,夜幕降临,这时深沉舒缓的音乐自然非常吻合。而到了“中国表业同行却是一片沸腾”时,沉静舒缓的音乐突然由小调转为大调,这种音乐调性的转换如山洪暴发一般,令人精神为之一振。如此先抑后扬、一石三鸟般的配法,实在是技高一筹。

总之,音响报道中的音响使用与音响衔接,最能体现作者的匠心,因此,要尽可能多地调动自己的艺术积淀和生活积累,用心去做,不要简单化、表面化。当然,这方面的进步,只能在实践中不断体会和逐步提高。

思考与练习

1. 什么是广播音响的蒙太奇构思?它产生的基础是什么?
2. 从广播音响报道作品的欣赏中,体会音响的构思与连接方法。
3. 在音频编辑器上做一些音响的连接,体会一下不同连接所产生的效果。

第八章　广播访谈

广播访谈是广播音响报道中常见的体裁之一，**是广播记者(主持人)就某一新闻事件或某一特定话题(问题)对相关人物进行的访问**。广播访谈有如下几种划分方法：

(1)按是否有新闻性划分

◆ 新闻访谈——新闻性比较强的访谈；

◆ 专题访谈——新闻性不强的话题讨论或访谈。

(2)按播出方式划分

◆ 录音专访——采用录播方式；

◆ 直播访谈——采用直播方式。

(3)按采访者的身份划分

◆ 记者访谈；

◆ 主持人访谈——在节目中直接采访，常常以“节目”形式出现。

(4)按采访形式划分

◆ 当面访谈；

◆ 远程访谈(电话访谈)——因距离遥远或被访人不便而无法当面访谈。

目前，广播访谈在不断发展，形式越来越丰富多样。随着主持人直播节目的兴盛和网络技术的发展，其发展形式还将更加多样。

中国新闻奖从 2006 年第 17 届开始，设立了“广播访谈奖”，侧重于新闻类的广播访谈，而实践中的广播访谈所涉及的范围要宽得多。

第一节　录音专访

录音专访是广播访谈中最早使用，也是最基本的一种体裁。

一、录音专访的基本特点

(1)录音专访是采访人与被采访人之间采用录音方式进行的对话——采访人的问话一般要保留，这与一般的新闻采访不同。一般的新闻采访，虽然记者也会有提问，但为节省篇幅，在制作时往往被剪掉了。

(2)录音专访的对话常常是相对完整的——从采访人提出第一个问题到最后一个问题，被采访人如何回答的，都相对完整地展现出来。而一般的新闻采访，往往是一段一段的，当中被割裂开的。

(3)录音专访是采访人与被采访人之间事前有所沟通和有所准备的谈话，大致要谈什么内容，主题是什么，需划定一个范围，而非漫无目的，因此被称为“专访”——专题访问。

录音专访的框架结构示意图

1. 导语 ＋ 介绍格(请听本台记者的录音专访或独家专访，不加标题) 2. 记者提问 ＋ 被访者回答(记者的提问通常较正式，需有所准备，二者对话完整)

如《“裸捐”背后的中国首善——专访陈光标》(安徽台 2010 年 12 月 26 日首播，获第 21 届中国新闻奖二等奖)。

【音响】(小品《不差钱》片段，略)

女播：2009 年，春晚小品《不差钱》中，对于金钱的调侃，至今让人们津津乐道。我们在会心一笑过后却不曾想到，一年后，在中国慈善舞台却上演了一幕现实版的“不差钱”。2010 年 9 月初，巴菲特与比尔・盖茨决定来中国举办慈善晚宴，并对中国富豪进行邀约。由于怕被劝捐，一些接到邀请的富豪犹豫不决，甚至还有不少富豪将其当成了“鸿门宴”，拒绝参加。而就在此时，中国私营企业家陈光标发出公开信，响应巴、比慈善晚宴，表示在离世后会捐出所有财产，用作慈善。一石激起千层浪，这封公开信不仅将这名昔日的“中国首善”再次推向风口浪尖，也让人们对于财富观及中国慈善环境等等问题，激辩四起。一时间，“裸捐”成为了各大媒体出现频率最高的词汇。11 月初，在巴、比中国慈善晚宴刚刚结束后不久，安徽台记者韩锦对陈光标进行了专访：

记者：很多人对你的这个“裸捐”不是很理解，说陈光标疯了吗？

陈：为什么我要裸捐？三年前你们在网上可以看到，我就承诺要捐，将我离开人世的捐助，财产的 95%，家产的 95%。三年后的今天，我看到巴、比先生邀请的中国 50 位富豪，去了 30 多个。那么还有一二十个打电话过去，如果要劝捐就不来了。这不是为中国人民丢脸、丢面子吗？那我既然三年前 95%都捐出去了，那留 5%干什么呀，把它全部捐了算了。

记者：那么有人说你是沽名钓誉，也有人说你是在作秀。你是怎么看待其他人对你的这种评价的？

陈：一个人做一件好事、做善事，不能让他去丧失，一定要去传播。你叫我做了好事不说，心里面憋得难过。呵呵。一个人做一件好事，你能传播给十个人，等于你做十件好事。你能传播给一万个人，等于你做一万件好事……

记者：可是也仅仅是你一个口头的许偌，那么很多人都会质疑，您开的是不是一张空头支票？既然要裸捐，干吗不现在就捐呢？

陈：我不能够现在就捐。那么个人即将离开这个人世的时候，也许不要等那么长时间，可能 10 年、8 年，我们国家的这个慈善机构的公信力比较完善了，老百姓大家捐钱都很放心了，慈善的法律制度也完善了，那么在这个时候我可能就提前就公证了。你现在叫我具体裸捐，捐哪些东西，有哪些明细，就有些过早了。我现在才 40 来岁，还年轻力壮，还有几十年财富等我去创造咧！嘿嘿，对不对？你叫我现在就裸捐，裸捐完我还要发展呢！对不对？我可能将来还许能创造上千亿的财产。我创造的财产越多，那得到我帮助的人越来越多。对不对?同时啊,说到裸捐,陈光标说到,一定会做到。如果做不到,等我将离开人世的时候,我的儿孙后代会遭到社会上的责骂。我承诺裸捐,我相信从现在开始,像我这一代人,像我孩子这一代人,大家的眼睛、目光都会盯着我们。所以说,说到一定会做到。

记者:就不会开一个空头支票?

陈:对呀。

(片花,略)

女播:备受媒体关注的巴、比慈善晚宴,9月底在北京拉斐特城堡酒店举办。陈光标也应邀出席。在晚宴上,陈光标继续大谈裸捐,称他的裸捐是给盖茨和巴菲特两人中国之行的见面礼。但发言的多数人表示反对,觉得在当前国情下,裸捐叫极端,应将更多的资金用于企业发展。

记者:同是企业家,有很多人并不赞同你裸捐的做法。你是怎么看的?

陈:那很多企业家那天在巴、比晚宴上面,就是大部分的企业家就认为把企业做强做大,解决员工就业、缴税收,这就是最大的慈善。这个观点,我也赞同,也不赞同。你解决员工就业,你是必须的。你给国家缴税收,这就是法律制度,你不缴要抓你的,这是法律制度。那对于你创造下来的财富、利润,就是当然是你的自愿行为,你捐也行,不捐也行。

记者:是一种道德层面?

陈:是一种道德层面。对吗?这是我的观点。最主要的一点,现在我影响、带动了更多的富人,更多的人的思想,对人生观和价值观的一种转变。大家都来去捐款,这个力量是巨大的。陈光标一个人的力量,大海里就是一滴水。这滴水兴不起浪花。如果说我们中国的富豪都能像陈光标这样兴起来,那就成为一种大的波浪。

记者:我很好奇,您在巴、比慈善晚宴上,与巴菲特和比尔·盖茨先生都聊了哪些内容呢?

陈:巴、比晚宴呢,我聊了三点:第一点,我希望巴、比先生给我推荐到美国最好的慈善学校去进修两个月,回来以后呢,目的就是想怎么样给我们中国的富人呢,更加施加严厉,怎么样让中国富人从口袋里的钱自觉自愿地掏出来帮助穷人,怎么样来完善中国慈善事业法制化、体制化。第二个呢,建议巴、比先生呼吁,世界富豪们能把这种慈善的这种富豪的聚会呀,明年设在美国,后年设在英国、德国,就是形成一种体制,每年来开一个世界富豪的这种慈善论坛。第三个呢,我建议巴、比先生,这是我在会上拿话筒提问的,我说我建议巴、比先生呼吁世界富豪们对我们中国西部地区的投资和资助。巴、比先生说可以考虑研究。这也体现了慈善不分国界、不分民族、不分信仰。

记者:是的。其实咱们中国人做慈善古来有之,那么为什么您偏要去外国学习如何做慈善呢?

陈:"5·12"大地震、玉树地震,捐款积极性都是非常好,为什么到舟曲泥石流的时候,捐款的积极性猛一下从天降到地,总共接到企业家的捐款也不过一个亿左右。为什么?这就是很多人啊对这个捐款,对流向不满意。所以说我们中国的慈善事业,你看看,还有好多不完善的地方。西方国家慈善发展两百多年了,我们也要谦虚点,向西方国家慈善方面,好的方面去学习,去交流,非常有必要。

(片花,略)

女播:有评论家指出,中国的慈善想要制度化、职业化、可持续地发展,就必须超越陈光标式的给钱方式。然而陈光标可管不了这么多,他更喜欢那种面对面、心贴心的交流方式所带来的快乐和满足。这从他童年的经历当中就可以找到影子。1968 年,陈光标出生在安徽省五合县,这是一个远近闻名的贫困县。在陈光标的印象中,当时一个充斥着饥饿、穷困的年月,不得不举债度日的父母,让他对财富的观念有了最初的体验。

陈:78 年,我利用暑假就挑水去卖,一分钱随便喝。一个暑假卖了 4 块多钱。9 月 1 号开学了,我非常高兴地交了一块八毛钱,把书领回家。刚刚到家,我妈妈跟我说,你赶紧看看隔壁家那个孩子哭得没有钱交书本费。我听了二话没说,我把我卖水剩下来的钱,去把他的书钱交到他手里才回家。那是我第一年,是在上小学三年级,第一次帮助我那个同学,心里面特别开心和快乐。第二天老师知道了,老师在全班对我进行了表扬。我记得拿个小红纸,红纸剪个小五角星,说陈光标啊,你做得很好,奖励你一朵小红花。我希望这个小红花在我脸上待的时间越长,看的人越多,我越高兴。那么第二天,我到学校去以后,下午下学时候,老师又给我一朵小红花。我到学校主动帮老师擦黑板、打扫教室、打扫厕所。第二天又得了一朵小红花。所以我认为小时候小红花对我的推动、鼓励很大。

记者:那么您这样做慈善,您家人是什么态度?

陈:人说不是一家人,不进一家门。这个父母、老婆、孩子都大力支持。我超过两个月不捐款,他们还提醒我呢。非常支持。

记者:没想过给孩子留下些财产吗?

陈:我父母给我留下来这种榜样和精神财富,一种吃苦耐劳、吃亏是福,这种精神。我是从零开始创业的,我也希望我给我孩子留下,同样是留下一种精神财富和榜样,一种创业精神,吃苦、吃亏是福的一种道理,做人感恩的那种道理。

记者:那么有媒体就报道说,你的弟弟是在做保安,妹妹呢,在一家餐馆做服务员。你帮助了那么多的人,为什么不首先帮助一下自己的亲人呢?

陈:我不是说我对我弟弟、妹妹不好,我对他们非常好,我妹妹我也给她百八几十万,叫她去开个饭店,或者她能做什么创业,去做个什么事情,她去拿到老家放高利贷。我弟弟呢,也曾经给他百八几十万,和我妹妹一样,给他创业,他拿去赌钱。(笑)你不是不帮他,你给他这个机会,给他这个平台,他不行。我做哥哥的给他 1000 万,我跟你讲,我一点不心疼,每人给他个三两千万都可以,我能做到,但我不会给他。我给他以后等于害了他,不但害了他,还害了他的孩子。那么后来他自己又出去了。小孩这 10 年来我对他非常好,每个小孩每个月我给 2000 块钱,小孩生活费、书本费就足够了。啊,以前他就这么教育的,你舅舅、你叔叔有钱,你们以后什么都不要干了。(笑)抱着这种教育思想去教育孩子,这样孩子能教育好吗?你看他现在就不这样教育了,他看我下了决心不会帮助他了,啊,你们要好好学习,以后你舅舅、叔叔不会帮助你们了,什么靠别人都是假的,靠你自己!

(片花,略)

女播:从小时候的两朵小红花,到如今陈光标办公室里那 1500 多本各式荣誉证书,见证了陈光标行善之路。如今的陈光标已经连续四年获得了中华慈善奖,2008 年获得了中华慈善奖的特别贡献奖,2009 年又被评为最具号召力的慈善家。在采访中,他不仅不避讳"中国首善"这样的称号,而且表示,要尽一切可能捍卫这样的荣誉。他甚至发出了这样的挑战,如果你不服,就来和我争一争这个"中国首善"的称号吧。

陈:"中国首善"每年的评比按照年度捐赠的数额的大小来评定,但是我不是这么认为。

首善的标准在我认为，就是说，亲力亲为地去做，做过以后要到处去说，这是我对首善的标准。到目前为止，已经捐了13.5亿了。啊，这没有任何目的的。因为慈善，什么叫慈善？不要带有目的性和交易性，叫慈善。慈善不分大小、不分多少、不分民族、不分信仰、不分国界。我陈光标我认为我捐了13.5亿，跟普通老百姓捐10块钱是一个道理。我捐的是我的思想、我的理念，捐的是对一个人性的唤醒。

记者：在采访陈光标的过程中，我强烈地感受到这位备受争议的富豪内心的快乐与满足。陈光标告诉我，他每天吃饭很香，睡觉很踏实。有的时候呢，甚至能从睡梦中笑醒。别人说他虚荣也好，别人认为他沽名钓誉也罢，他依然我行我素，执著地用他特立独行的方式去诠释心中对于财富的理解。在我看来，不管别人投来怎样的目光，他都会将陈光标式的慈善进行到底。

这是一篇围绕热点、主题鲜明、新闻性很强的录音专访，可以看出记者在访前做了充分的准备，所提问题尖锐，而且有一些问题是在采访过程中现抓的，如问陈，为何要到国外去学习慈善等，体现了记者的敏锐与灵活。

在广播实践中，还有很多专题性强的录音专访，如采访某艺术家谈其创作经历等。

二、录音专访与一般新闻采访的区别

(1)新闻采访是新闻发生后的即时采访，很多是随机的，因此不可能事先通知对方；而录音专访则必须预约，甚至向对方提供采访提纲。

(2)新闻采访，特别是一些突发性的新闻，记者没时间做案头准备或准备时间很短；而专题采访，记者的案头工作可十分细致，包括了解对方的主要生活经历等。

(3)新闻采访围绕新闻事件进行，一般比较直接，而且采访时间不会很长；而录音专访，无论新闻性还是专题性，都相对比较深入，访谈时间也会稍长。

(4)新闻采访，记者的问话相对简单；录音专访，记者的问话则比较正式，而且记者的问话在专访播出时，一般都予以保留(标准的录音专访)。

第二节　电话访谈——远程访谈

用电话进行采访，曾经是广播中不被提倡的一种采访方式。因为广播记者要想采录到最真实的新闻(音响)，就只有到新闻一线去，总想依赖电话进行采访的记者，那只能是个“懒记者”。

但随着广播触角的不断延伸，特别是随着移动通讯技术的不断发展，这种情况在发生改变。当然，现在依旧提倡记者到一线去，一般的同城电话采访仍然不被鼓励，但如果双方因为距离遥远，无法面对面，那么，利用移动电话，甚至是利用卫星电话来采访远在世界另一个地方的某个新闻人物就是另一回事了。

如新闻专访《从黄水海军到蓝水海军》(中央台，获第17届中国新闻奖二等奖)。

主持人：听众朋友，北京时间今天下午4点，中国海军出访舰艇“青岛号”导弹驱逐舰在

夏威夷附近海域与美国海军太平洋舰队“中云号”导弹驱逐舰成功进行了海上通信和编队机动演练，记者孙立通过卫星电话连线了在太平洋上随中国海军舰队出访，并在演习现场观摩的中央台评论员金一南，详细内容请听稍后为您送上的《一南军事论坛》。

【片花】播音员：金一南，著名军事专家，国防大学教授。（金：听众朋友，我是金一南，欢迎你们收听《一南军事论坛》，我们在一起探讨一些军事热点话题）播音员：周三下午 5 点 35 分，准时播出。

记者：金教授你好！（金：你好！）能不能为听众介绍一下您现在具体的位置？

金：我们现在具体的位置，我们海军的编队 113 舰、881 舰现在已经驶离了夏威夷的珍珠港，现在是深夜了，当地时间大约是晚上 11 点多，我们的下一个（目的地）是美国的圣迭戈。我现在是在甲板上给你打电话，周围的风很大，周围几个同事站在我身边，用他们自己的身体挡住风，尽量让话音，让北京听得更清楚一些。

记者：出海十几天了，现在你的身体怎么样？

金：现在总体感觉还可以，感觉逐步适应了，我们能够保持一个比较好的状态。

记者：今天，我出访舰艇“青岛号”导弹驱逐舰，也就是 113 舰与美国海军的太平洋舰队“中云号”导弹驱逐舰进行了海上通信和编队的机动演练，作为军事专家，您在现场目击了演练的全过程，您对这次演练有何深入的观察？

金：我们在 881 号舰上……应该说，这次演习还是很成功的，中美双方都作出了这样的判断。

记者：我们知道，夏威夷是中国海军出访舰队的第一站，那么在这个行程中，给你印象最深的是什么？

金：你看我们从青岛出发到夏威夷，我们在海上连续航行了 17 天……这对我们是个很大的考验。

记者：远航的过程，往往是充满了艰辛和危险，我们这次中国海军出访舰队有没有遇到过一些挑战性的情况？

金：我们在海上还碰上过一次台风，中心风力能达到 16 级……到达夏威夷基地之前也是经过了千辛万难！

（片花）

记者：我们知道，中国海军舰队出访美、加、菲三国，要横跨太平洋，历时 70 多天，那么在第一阶段的远航中，中国海军官兵的表现给你留下了哪些深刻的印象呢？

金：在海上抗击风浪，工作是很不容易的……它就是一个整体的考验。

记者：我们知道，您所乘坐的 881 舰是综合补给舰。您对我们中国海军出访舰队以及 881 舰的综合补给能力有什么样的评价呢？

金：经过一次横跨大洋的考验……也是和我们中国海军的综合能力的提高分不开的。

记者：那么刚才您说到这个黄水海军和蓝水海军的问题，我们知道，海水的颜色不仅仅是代表了一个深度的问题，更是表示远洋的一种距离。那么这个距离，还有一些恶劣的海况，对我们中国海军也是一个很好的锻炼。

金：对，你说得对。你比如说吧……一个大国，一个现代化的海军从绿色的海水走向浅蓝色的，走向碧蓝色的，到深蓝色的，这是个必然的过程。当然，这个过程逐步地演进、逐步地推进，实际上也是我们海军装备能力不断地提高，和海军综合素质的，就是人的能力不断提高的过程。

记者:好的,感谢您从太平洋上给我们发回的精彩的报道。

金:好好,我们现在的位置已经离开夏威夷,向圣迭戈进发了,这里与国内的时间相差6小时,这里已是满天的星星,海风呼啸,风非常大,我估计你从听筒中能听得到吧,现在又下起雨来了……

(压混,音乐起)

这是一篇新闻访谈,围绕的是一起正在发生的事件——中国海军与美国海军正在太平洋上进行通信和编队的机动演练。从中,我们一方面可学到记者问话的技巧,以及采访前必要的新闻背景的准备,同时,也可学到他对主题的把握和挖掘。通过访谈,记者挖掘出了新闻主题:中国海军已从近海海军变成深海海军(如题)。

卫星连线的专题采访,优点是不受时空、地域的制约,缺点是沟通相对困难,而且会产生一些延时(海事卫星传送时会产生延时现象),所以整个工作应更细:

(1)提前沟通的重要性——案头准备和沟通更重要,因非面对面,要做充分准备。

(2)卫星线路的租用、安排。

(3)提前准备好录音设备,特别是录音设备与电话的连接。

(4)播出前要精心剪裁,特别是将延时所产生的对话不畅感(空隙)剪掉。

第三节　直播访谈

直播访谈是主持人在直播节目中与嘉宾或听众进行的谈话。随着直播方式的出现,这种访谈形式逐渐兴盛起来,形式越来越丰富,也越来越受听众的欢迎。

直播访谈通常是在一档直播形式的广播节目中进行。这类谈话大致有以下几种:

一、人物访谈

这类访谈,常是主持人主动邀请嘉宾来节目中做客,或通过电话(通常是长途)约请某位人士进行远程访谈。其内容可以是新闻事件,也可以是讲述自身经历,或讲听众感兴趣的故事。这类访谈很像前面讲到的“录音专访”,只是访问者不是记者而是主持人,访谈形式不是“录音”而是“直播”,访谈地点是在直播间。

如直播访谈《〈重返灾区〉特别节目——中国总理首次走进广播电台直播间》(中央台2010年12月26日播出,获第21届中国新闻奖一等奖)。这类形式的访谈,因是直播,访谈难度更大,因此访前的准备工作应更加充分、细致。

(中央台“中国之声”标志乐)

主持人:各位听众,您现在收听的是中央人民广播电台特别节目《重返灾区——中国之声温暖行动》。我是郭静。今天我们有三路记者正在青川、玉树、舟曲灾区采访,了解灾后重建和百姓的生活情况。我们很高兴,总是第一时间出现在灾区、总是牵挂灾区百姓冷暖的温家宝总理此刻就坐在我们的直播间。温总理您好!(温总理:你好)先向全国的听众问候一下吧。

总理：听众朋友们，我通过中央人民广播电台的电波，向大家问好！

郭：这也是您第一次走进我们中央人民广播电台的直播间吧？

总理：是的。

郭：我听说，平时您每天早上都会听我们的《新闻和报纸摘要》节目，几乎一天不落。那您听到的节目就是从我们这个直播间直播出去的。

总理：我听中央人民广播电台的节目已经有50年了，我对这个节目非常有感情，我能熟悉地知道中波节目是639和620。

郭：（笑）这是中波频率，没错。有一个问题想问您，其实吧，我们觉得，平时肯定有各种各样的渠道，把国际国内的大事让您获知，为什么您还对广播这么关注，对广播的新闻这么关注？

总理：因为广播及时。它可以及时把党和政府的声音传达给群众，也可以及时地把群众的要求、希望和意见传达给党和政府。

郭：您看我们的责任挺重大的。（笑）也谢谢总理对我们的肯定。在这几年，咱们国家突发的大的自然灾害比较多，每一次事发不久我们都能看到您出现在现场。有些地方很危险，随行的同志并不主张您去，但是您总是坚持到最困难、最危险的地方。汶川地震发生以后，很多人知道了汶川，知道了北川，但是不一定知道青川。可是青川，震后您就去过三次。我记得震后第三天，您当时是辗转了10多个小时，又是坐火车，又是坐汽车，又是坐船才到那，是吧？

总理：是的。那是2008年5月14日，我坐火车到广元，在车上休息了一个晚上。第二天5月15号，我早早起床，乘汽车到了白龙江。白龙江发源自甘南，流入长江。我乘船沿白龙江逆流而上，进入青川，因为当时青川所有的路都已经不通了。

郭：只有坐船去？

总理：是的。青川是广元灾情最严重的县，当时我看到的，到处是震垮的房屋，折断的桥梁。穿行了3个多小时抵达木鱼镇，首先来到临江的一个村庄，那里到处是断壁残垣。我看望了灾民，同他们围坐在露天搭起的一个灶边，询问灾情。当得知这个村有100多人，有10多人遇难，灾民缺水、缺粮、缺帐篷，他们告诉我，灾情最重还在震中心。随后我就赶往木鱼镇中心，那里的房子全震垮了。救援队正在一座垮塌的小学抢救人员，废墟里埋着数百名师生，已经死去的有245人，救出的有98人。救援工作还在紧张进行。我慰问了参加救援的解放军、公安消防干警和医务人员。镇里的居民和附近的农民闻讯都赶来了。我们的人民非常之好，他们强忍着巨大的悲痛，我记得有一个生动的事例，就在我慰问军民的时候，他递给我了一封信。（郭：就是一位群众？）对，他家里头也有人遇难，但是他在信里还感谢政府，还鼓励人们战胜困难。我看到了信，心里特别难过。

郭：这些事情，您到今天都记得这么清楚？

总理：是的。时间过去两年多了，仿佛历历在目。

郭：嗯，总理，这次我们就有一路记者到了青川。他们就到了您刚才提到的，就是您第一次去过的木鱼镇，还有枣树村，您也去过，另外还去了红光乡的东河口村，在去年9月您也曾经去过那个地方。

总理：这是我第七次到汶川地震灾区，到东河口村，那是去年9月24号上午11点40

分,我又是乘火车到的青川。两点钟,我乘汽车到了东河口村,看望受灾群众。东河口村是这次地震中死亡人数最多的一个村庄。全村1100人,死亡的有400人。我当时看到,这里头,不仅发生了山峰错位,而且大地隆起,群众的生活依然非常艰难。虽然地震已经过去一年多了,但是灾难的阴影还没有去掉。有的房子还没有盖,有的房子仅盖了一半,地全部为乱石所掩埋,群众的生活非常困难。当时我就嘱咐随行的省里的领导同志,要把重建工作扶持的重点放在困难地区和困难群众。

郭:我想,正是因为那个地方当时受灾那么严重,所以它重建起来的难度也就这么地大。那么总理,您一直惦记的这个东河口村重建的情况怎么样,您肯定特别想知道,那我们现在就来接进记者王亮的电话:

记者:总理您好!

总理:你好,王亮同志!

记者:总理,您是去年9月24号到的东河口村,(总理:是的,是的)现在我们又来到了东河口村,我们看到现在的这个村子,跟您来的时候相比,又发生了很多的变化。我们听乡亲们说,就在您走后的第三天,这个住房的重建就已经开工了。那么是在今年的春节之前,也就是2010年的春节之前,所有的村民都已经搬进了钢木结构的永久性的住房……

总理:所有的居民吗?

记者:嗯,总理。另外,东河口村在地震之后,耕地少了很多,现在村民的口粮还是主要靠买,那么菜呢是自己种,猪也是自己养,所以说菜和肉基本上还是够吃。总理,现在东河口村的村支书王均成就在我的身边,去年9月份您来青川的时候,其实他就在现场,但是当时他没有跟您说上话,所以说他一直都觉得非常地遗憾。现在我们就请王均成来给您介绍一下他们村现在的情况。均成。

王:总理您好! 总理吗?

总理:你好!

王:哎,总理。

总理:均成你好!

王:我就是您去年到东河口村的村民王均成。

总理:当时我站在山坡上。

王:对对,当时您在山坡上下来的时候,我很想,非常希望能跟您当面谈话,非常想当面感谢您一下,但是那个时候咱们不是正在重建吗,然后那上面不好走,我怕您滑到了,所以错过了这么一个机会。没想到今天您在百忙当中,能抽出时间来向我们这个灾区的老百姓连线,而且我有这个机会跟您谈话,我非常高兴,也非常激动。总理,我们从您去年走了以后我们村民也非常地感动,也非常地激动,然后咱们就定下一个目标,就说住上新房过新年。09年的时候,咱们就全部把新房——永久性住房就盖好了,然后就住进了新房。

郭:均成,刚才总理有问题正好想问你呢!

王:哦,哦。

总理:均成,听到你的谈话,我想起了东河口村,那里有一条小河。我那次过河是踩着独木桥过去的。(王:对,对)你方才告诉我一个非常好的消息,就是我走后的第三天,重建工作已经开始了,现在所有的房屋都建好了。那么我要问你,现在居民每一家能有几间房?

王:每家,嗯,平均吧,我们平均每家,加上厨房,就有3间。

总理：像你的家里头有几间房？

王：我家有4间。然后我们那个钢木结构的都是两层楼，两层。

总理：嗯，住房是使用的贷款加补助？

王：对对对。

总理：补助占多大比例，贷款占多大比例？

王：我们那个永久性住房，是每一户按1至3人的1万6，这个是建房补助，然后4至5人的1万9。像我们家就4个人，这个建房补助就1万9。然后还有特殊党费，每一户有3000块，还有银行贷款，就是低利息贷款的3万块。然后我们不是培新区(音)……

郭：核心区

王：哎，核心区，还补贴了5000块。然后我们建房的那个工钱，全是政府承担的。所以我们初步这么算了一下，每一个平方，老百姓就只摊了400块钱左右。

总理：400块。像你建了3间房，现在借贷款大约多少钱？

王：3万，3万。

总理：3万。我记得利息大概是2厘8？

王：利息是4厘8，然后是政府贴了50%，咱们就只2厘4了，这样一个利息。

总理：我听到老百姓都有住房了，我非常高兴……均成同志，让我们一起悼念在灾难中死去的人们，让我们共同祝愿活着的人们，生活得更好！

王：嗯，好的，谢谢，谢谢总理！

总理：再见！

王：再见！

郭：嗯，好，总理您看，两年多的时间，感觉青川就有了这么大的变化，对未来的生活，老百姓现在也有了很好的规划，也在谋划着怎么样能够自力更生，更好地发展生产。相比之下，今年8月份发生特大泥石流灾害的甘肃舟曲，面临的任务可就重多了，毕竟灾害发生到现在，才刚刚4个多月的时间。您曾经在甘肃工作过14年，当时一直从事的是地质工作，对舟曲这个地方，一定非常熟悉？

……

(下面是派往舟曲和玉树的两路记者分别与温总理连线，介绍当地灾后重建的情况。略)

从以上访谈中可以看出，在直播间中进行直播式访谈，与记者的私下访谈有显著不同。从技术角度说，直播访谈的难度要大很多，因为是直播，出现任何差错都没有修改余地。但从另一个角度说，直播访谈又相对简单，因为省却了制作过程，而且主持人对情况早已熟知，其中的主要提问不是“有疑而问”，而是为了节目的进行，为了让听众了解而提问。从中可以看到节目制作者对整个节目的设计，看到为节目顺利进行所做的必要准备，如上例中派往青川、舟曲和玉树的三路记者，以及为了与总理对话所准备的内容。

而有的专题性直播访谈，比较难的是主持人对访谈对象内心世界的挖掘和在有限的时间内对节目进程与深度的把握。

二、事件(热点)访谈

事件访谈是就某一新闻事件或某类社会热点进行访谈或展开讨论,其关键是:访谈中能否将话题引向深入,能否通过谈话给听众以启迪。如《小丽的面人有颗心》(宁波台2009年9月26日播出,获第20届中国新闻奖二等奖):

(开始曲)

主持人:听众朋友大家好,欢迎大家走进《雪莉时间》节目,我是主持人雪莉。一个月前,罹患白血病的河南姑娘小丽走进了我们的生活,成为了大家关心关注的对象。不过呢事情和我们想象的并不一样,面对大家的同情和帮助,小丽婉拒了人们的善意,在宁波街头捏着5块钱一个的小面人回避着媒体的报道,坚持自食其力,战胜病魔。小丽的乐观与自强震撼了我们,人们开始纷纷上街,在她的摊位前排起了长长的队伍。小丽确实是个与众不同的姑娘!那么在我们节目开始之前,让我们首先来回顾一下这个事件的由来:

(音乐起,压混)

男播:小丽,一位来自河南农村的白血病姑娘,2008年在历经一个多月的失望挣扎之后,她告别母亲,用仅剩的800元药钱在郑州街头学了一门捏面人的手艺,从此辗转河南、舟山等地,开始自谋生路,挣钱治病。2009年小丽来到宁波。(渐出音响,压混)这是小丽在城隍庙的面人摊位。每天中午是小丽最忙的时候。小丽是个不幸的姑娘:(【音响】其实我得病的时候,我感觉我一夜之间头发白了很多,那种感觉);小丽是个坚强的姑娘:(【音响】最后一次我就跟我妈讲,我说妈,别人得了这种病会死,我不会死的,你等着看吧);小丽是个聪明的姑娘:(【音响】最后我就学了面人,自己就跑出来了,然后我慢慢地自己能卖出去就更有信心了);小丽是个幸运的姑娘:(【音响】我跟她认识也是一个偶然的机会,也在给她想点办法,其实也不是我一个人,就是我们一帮人);小丽是个善良的姑娘:(【音响】我感觉没有必要的。有的人比我受的苦还多,他们更需要帮助的)就是她,小丽!有尊严地面对一切不幸,并迫使我们开始思索一种彼此流动、彼此支撑的爱。(【音响渐起】阿姨,身体恢复……快速恢复健康!)

主持人:是的,就是她,一位用巧手捏出世间万种生灵的小姑娘。听众朋友,非常地遗憾,虽然我们一再地邀请,小丽还是婉言谢绝,不肯到直播室来接受我们的专访,执意坚持自己平静的生活,我们只能尊重她。所以,我们今天要推出的是一档特殊的节目:一次主角缺席的访谈。那么下面就让我们欢迎三位熟悉小丽的嘉宾:晚报记者徐叶(音)、网络爱心人士阿伟(音)和浙江大学宁波理工学院的硕士生导师何镇飚(音)教授,由他们来讲述今天的新闻人物:小丽。好,欢迎你们。

(大家互相问好,并介绍自己)

(片花,略)

主持人:听众朋友,首先真的要感谢小丽给我们这个城市带来了对爱的更深的思索,然后,我想也应该感谢今天坐在我身边的这位徐叶记者。小丽亲切地叫她小叶子对吗?(徐:是的)非常好听。正是你一开始就用充满理解的笔调,为我们讲述了这么感人的一个故事,真的非常感谢你小叶子。

徐:我们也是一路被感动着这样子一直写了报道。

主持人：是啊，那你是不是跟我们大伙说说这件事的起因？

徐：好的。（讲述梗概：最初是一个网友在网上发出几张图片，引起关注。大家知道了小丽，但不知道她生病了。她给人的感觉是不想让别人介入她的生活，特别是记者。后来知道我是记者后感觉很失望。我以为她知道我是记者后会说，我们能成为特别好的朋友，但不是这样。）

主持人：她把很多心里话、悄悄话都跟你说了，实际上你是在采访她？

徐：（笑）对。

主持人：何教授，你对这事怎么看？

何：我想，在这个事件当中，小丽她需要的并不是来自记者或者公众的这样一种关注，她更需要的是一种朋友般的、平视的感情。从原来一个私人身份的朋友，现在变成了一个代表公众的记者，这对小丽来说的确在心理上需要一个接受的过程。

徐：其实，我们觉得小丽是一个非常非常特别的病人。一般的病人她会向媒体求助，寻求爱心，需要别人帮助，而小丽她好多次都是婉拒我们的，应该说我们跟她接触了三天里面，我们是在不断地说服她，最后是我们向小丽求助——我们特别希望她能把自己的故事告诉给宁波的市民，让她这种精神能够鼓舞更多的人……后来说是为了鼓励患病的小朋友树立信心，她才答应了我们的要求。

主持人：阿伟，你是我们宁波比较有名的网络爱心人士，听说在网上有很强的号召力，也帮助了很多人，我想，这次的经历对你来说可能是非常特别的？

伟：对。因为这一次的感觉我是完全不一样的，超出了我以前帮助人的一些经验。

主持人：你当时是去捐款的是吧？结果呢？

伟：当我第一次给小丽钱的时候，2000 块，我卷成小小的一卷，小丽没要。我第二次又递进去，第三次我又递进去的时候，她直接扔出来。她说不需要这样的帮助。她说，我能够自食其力。

主持人：那么后来她接受你的帮助了吗？

伟：后来是我第二次去的时候，有很多人找她捏小面人，里三层外三层，天气很热，我挤进去后看到小丽做得满头大汗，她身边也没水，我就挤了出来，买了瓶矿泉水，打开盖子我就递了进去。小丽就……

主持人：就一下子距离拉近了？

伟：对。

主持人：是的，小丽的形象在慢慢地清晰起来。她是一个独立自强的小姑娘。那么何教授，很多人认为这是一件非常单纯的爱心事件，在我们的身边也是非常多的。那么您当时知道这个事件之后，作为一直关心、研究社会问题的专家，您的想法是怎样的？

何：我认为这是很好的一个契机，能够让我们宁波的市民、让我们的社会对这个爱和帮助有更加深刻的认知。因为过去我们在一谈到帮助别人的时候，总是从帮助别人的人的角度来看问题，认为受助者可能只要在物质上给予她帮助就可以了，但是小丽“爱心面人”这个事件却告诉我们，受助者她同样非常需要渴望得到社会的尊重和认可，而且这是一个重要的前提。在这个基础上她才会去接受人们给她物质的或者其他形式的帮助。那么从这个角度来说，我们可以从这里做一个起点，意识到：爱和帮助的多种的可能，并强化我们对尊重的看法。

……

(片花,略)

主持人:好的听众朋友,刚刚我们也简要地回顾了一下事情的起因,我记得我听到这个事,第一个反应就是,这是一个非常了不起的姑娘,她的坚强在于她的自信与坚持,在于她忽然为我们的惯常思维给出了一个十分不同的解释,而且这种解释有可能导致我们对于善举的另一种更为高层次的解读。当然作为媒体,我们的职责就是,将一件事情进行翔实的报道,而之后激起的众多各个层面的反应是我们所无法完全预料的。那么小叶子,你是否也会想到一旦传播,也有可能与小丽的想法并不一致或者说有可能造成伤害。想过吗?

徐:想过。我们写了稿子之后,当时第二天早上,她右手边可能还压着棉花,当时就把稿子递进去,让她看。她看着看着就哭了,她点头了。如果她说一个不字,我们当时就把稿子撤掉了。就有这样的打算。

……

何:……我倒是从中想到了另一个问题,就是以往我们新闻媒体在做爱心报道时候,很多都是刻意渲染这个受助者的悲苦的境地,就看谁惨,这个恶性的后果就是它扼杀了这种救助报道以及救助新闻本身可持续发展力。

主持人:对对对,就是在这样一个不断探索谁更惨的底线的时候,受众的同情心这个等高线会不断地提高,这个人惨,那个人更惨。

何:其实我们帮助别人不是看谁惨才帮助别人,而是要从受助者她本身的心理的角度去看,而不是居高临下,我向你施舍或者是由我来决定怎么样帮助你。那么在这个事件中我们会发现,双方的互动更加多了,更加注重这个受助和捐助本身的社会效应。

……

主持人:何教授您看啊,我想这个事情本身不算太大,但是就像涟漪一圈圈荡开来的时候,已经显示了它的本质的爱的影响力,对吧?何教授,那么您觉得引发这种社会集体情感涟漪的动力它来自哪呢?

何:其实我们每个人的内心都有以帮助别人为乐的这样一种感受在里面,小丽的事件它除了媒体外并没有谁去宣扬或要大家做什么,所有的行为都是一种自发自觉的行为,这就是通过自己的一种爱心的展示,来唤起全社会的爱心和助人之心。那么这个活动就是一种流动性、影响力的作用。从她身边的人、接触她的人到没有接触过她而被她的精神所感动的人,再到更远的传播人群,那么,用这种方式慢慢就回馈给了社会,使我们的爱心,使我们的受助之心能够不断地向前进。

主持人:说得太好了。那么从这件事情得以传播以后,事实上我们也发现了,它的受益者不再是小丽一个人了,而辐射到了更多的人群当中,就像小叶子当时劝说小丽一样,我报道不是因为你,而是因为还有很多像你一样深陷困境的人,需要鼓励,需要帮助,需要焕发他们的信心。好,接下来我们一起来回顾一下当时的新闻事件:8月27号,时隔一天,人们好像已经完全领会了小丽的意思,是吧?

【现场音响】(顾客:捏一个喜羊羊要多长时间啦?小丽:把这个做好吧,差不多要15分钟左右……压混)记者:昨天傍晚6点多,舟山路新华书店门口小丽跟往常一样来到了这里,不一会她的身边就围起了很多热心的市民。(【现场音响】小丽:那个是5块的……压混)记者:越来越多的人闻讯赶来,小丽的面人摊很快就被包裹得严严实实。为了等一个小丽做的面人，有人甚至静静地在边上待了两个小时。（记者现场采访：你好，你是在等小丽捏的面人吗？顾客：是的，我都等了快两个小时了。记者：你是哪里的？顾客：我是安徽的。记者：小丽捏的面人你喜欢吗？顾客：非常喜欢，我这次买呢是想送给别人。）

（片花，略）

主持人：听众朋友，小丽的泰然自若映衬得我们有点坐立不安了，她的倔强和她的微笑让我们看到了一种比简单的伸手帮助更为璀璨的人性的光辉。人人都有可能遭受不幸，但并非人人都如此坚守自己的微笑。

徐：觉得小丽的微笑特别感人，当时的时候我们也经常去看她，我当时看到她在捏面人的场景，我就觉得特别温馨特别美好，总是有人走过来跟小丽提起，你身体怎样，就问几句。我就觉得，我们能感受到她身边洋溢着一种快乐的气氛。她就告诉我，她觉得，捏的时候就忘了自己的病。

何：我觉得她的称呼就很有意思，我们都叫她面人姑娘小丽，或者爱心面人小丽，没有叫她白血病小丽或者重病小丽。为什么呢，这就是，她所展示给人们的一面，就是她自立、自强，是用这种精神来鼓舞大家。不是渲染她病有多重，生活有多困难，不是靠这种。这和以往的传统的思维是不一样的。

主持人：是的。我想这也是我们小丽最有魅力的地方，和她所捏的小面人一样，有着一张非常灿烂的可爱的笑容。小叶子我也记住了你在报道中写的这么一句话，非常感人：小丽扭头和我们告别的时候，她和手上拿着的小熊一样，满脸笑容。我想，也正是这样的一种笑容，顿时照亮了我们这个城市的黄昏。

徐：随着我们报道的不断深入，我觉得小丽她后期的表现越来越让我们觉得感动。其实小丽她根本就不需要我们帮助，而是我们当中的更多人需要她的帮助。因为只要她在那静静地捏着面人，她在宁波捏着面人，那么，无论她这个病情以后进展到什么程度，但是只要她在那里，那就是一种精神，能够鼓舞很多很多的人。

主持人：所以说在小丽一再地坚持下，我们开始改变了。对吧？

何：我倒觉得还能看到的就是，爱是不能够进行强迫的，是不能通过舆论来给谁施加压力，接受或者不接受，这都是不好的。

主持人：我想这个故事到了一个超越以往任何一次捐助报道的转折点，也是在这个时候，市民们变得好像越来越心照不宣了。其实我们被这种精神所深深地感染着，我们发现了一种比金钱、捐助更加温暖的东西。

何：是的，小丽她所选择的受助方式，就是让人们去尊重她的劳动，而不是她的疾病本身。

伟：何教授你说得太好了。在这里我突然就想，她让我懂得，当时我的爱心其实是一种炫耀型的爱心。这种帮助其实对小丽来说是残忍的，是有损她的尊严的。

主持人：就是用爱去传播爱，然后整个事件逐渐转变为心中有爱的人们用爱去理解爱，而使他们彰显出互相尊重的这种大爱。

何：也有人会选择放弃尊重来获得物质，那么这样情况下我们同样是要尊重他们的。所以我说，小丽是给我们另一种可能，她应该是一种很高贵的姿态。所以她也是用她的生命的语言在诠释这种坚持。

伟：所以在网上有很多的网友也慢慢地在明白，从某种意义来说，小丽其实是一面镜子，照着我们的生活。

何:我想小丽对我们的意义也在于此,她在城隍庙站立的形象就是我们对爱的解释和我们宁波人对帮助、捐助爱心的这样一种态度。

(片花,略)

主持人:听众朋友,就在此刻,小丽或许没有听到我们的节目,但是这种浓浓的爱一直在包围着我们,随着我们报道的逐渐深入,我们看到了一个奇迹,一个并非用金钱,而是用爱撑起的奇迹。

(歌曲《感恩的心》扬起,压混)

主持人:听众朋友,我们很容易陷入到一种沉默中来,为着这样的一份爱与这样的一种令人动容的表达方式。故事到这就要结束了,我想,我们每个人都可以从这个故事当中得到一些启示,一种关于如何表达爱、如何实现善的一种启示。我们知道,有一种爱不是施与,而是彼此呵护,彼此支撑。听众朋友,故事还在平静地继续着,我们还在细心地呵护着,"上善若水,顺其自然,无定无形"。我想,我只能感受到这句话:小丽的面人有颗心,有心就有了那么多的可能。

(音乐扬起)

这是一个有特点的访谈——事件的主人公缺席,而且是一个很好听、很精练的访谈——有采访音响,有音乐做背景,嘉宾的讲话都很精练。而更难得的是节目在主持人的引领下,由一个普通的爱心捐助事件深入到了一个易被人忽略的层面,即如何表达爱心、如何从被捐助者的角度思考问题、如何尊重被捐助者等。这样的访谈角度和问题抓得好,不仅有社会意义,而且主题预设正确,引领得当,探讨有深度。从中我们可以学到:

(1)主持人对访谈内容的案头准备,特别是对主题的探究以及访谈拟达到的理论层面,访谈前就已心中有数。这与主持人对问题的归纳能力和对主题的把握能力关系密切。

(2)对问题有精心设计,特别是后续问题的准备,访谈的走向、深度等,都有充分的准备和把握。

(3)善于运用采访音响。

(4)善于倾听,善于发现。一旦抓住谈话中的"点",能随机应变,使谈话步步深入,而不致使问题从眼前滑过。

(5)善于穿针引线。何时插话,何时转移话题,把握有度。在谈话中能照顾到每一位嘉宾,不使其冷场,很多细微之处都恰到好处。

三、(生活)情感倾诉

这类谈话在当代广播中较多,可以是听众打电话来倾诉,也可以是设一个题目让听众来参与,或是以生活服务为话题等等。限于篇幅,这里就不作详细介绍了。

第四节　录音访谈与直播访谈的区别及一般访谈技巧

采访是记者的天职,而采访成败,提问是关键。广播访谈就采访者而言不外乎两类:记者与主持人。前者是走出去，后者多是请进来，但二者的特点与优劣不尽相同：

(1)**时间限制不同**。记者录音访谈在广播之外，故无时间限制。主持人直播访谈则有时间限制。

(2)**深入沟通及交心的程度和难易不同**。记者和被访人的谈话是“私下”进行的，因此记者有充分的机会去接近被访人，和他交朋友，有充分的时间寻找到打开被访人心扉的钥匙。而直播访谈，如果事前准备不足，被访人会更紧张，会更多顾虑，如担心失态等，而不会轻易敞开心扉。

(3)**互动性不同**。主持人直播访谈可以与听众互动，记者的录音访谈则不具备这样的优势。

(4)**节目的精细程度不同**。记者的录音访谈有剪裁余地，而直播访谈则没有剪裁环节，因此会受种种因素影响，导致访谈粗糙。

所以，记者要知己知彼、扬长避短，把握好访谈。

例如，天津台一位记者采访下岗女工刘春惠——她和几个姐姐共同经营一家小餐馆，但特别喜欢说相声，七年如一日苦练基本功，终于在相声舞台上小有成绩。2006 年“三八”节前夕，她被评为“全国杰出女性”，于是，她“白天卖羊肉串，晚上说相声”的事迹被媒体报道，一张身穿白色工作服的照片和一张身穿演出服的大照片同时刊登在报纸上。电台记者想写她的故事，却被她三次拒绝，但最终记者依靠执著和敬业精神打动了她，她不仅接受了采访，而且说出了久埋于心底的秘密：

(片花，略)

刘：去年，2005 年，是我人生当中，我最失意的时候，阴历 04 年的年底，腊月二十四，我的父亲去世了。他去世一个小时后，我大哥也跟着去了。猝死，急的。

记者：(惊讶)那这可是太不幸啊！

刘：对。所以，我失眠了 8 个半月(哽咽)。人整个都变了！大夫一边给我看病一边给我开药，一边劝我，说你一定要把这个心态调整好，因为当时我那个状态啊，就是抑郁症的表现。(哽咽)我说，我先不演出了。他说，不行，你什么样的状态，你也要演出，不然的话，你这个人就、就毁了(哽咽)。您能够想象，我在台上是什么样?!(哽咽)

记者：这个事，家里知道吗?

刘：我不跟他们说。然后失眠刚好了，又突然眩晕，整个天地都转了，又一个半月。闹完眩晕一个半月，跟手又闹嗓子，声带水肿充血，在台上都说不出话来了，音都变了。在这种情况下，观众——哎呀如果不是天津的观众，我就是再费上几年的力气，也不会有这点成绩。

记者：那您现在可以说已经闯过来了。

刘：不管怎么说，我战胜自己了，过来了。

记者：那您现在回过头来怎么评价您这七年?

刘：不敢回首。(歌曲《坚持到底》弱起)

记者：就这四个字吗?

刘：不敢想。

记者：很不容易是吧?(刘：对。)如果让您再选择一次的话，您还会选相声吗?

刘：会！而且我永远不会放弃！

记者:为什么呢?

刘:(笑)这是我的追求,就是我想做的事,无论什么事,我绝对不会放弃。

记者:一定要做成?

刘:对。这就是——我追求我的色彩,追求我的快乐!

记者:相声能给您快乐?

刘:能。

(歌声扬起)

——《百姓故事:刘春惠的故事》

而在一个主持人访谈刘春惠的节目中,近一个小时的时间里,只是谈谈女性说相声的难处,说说下岗和卖羊肉串的艰辛以及成为相声演员的快乐,却未能深入了解刘春惠还有那么一段不堪回首的经历。

在新闻实践中,记者采访被拒是家常便饭,付出辛苦也是必然的,但作为职业记者,真正怕的不是付出辛苦,而是被访人不愿讲心里话,或因自己的提问问不到点上而探究不到被访者的心灵,挖不到感人的内容。

实践证明,访谈能否访到有价值的东西,有时是应了那句名言:功夫在诗外。有这样一篇报道:一个杀人犯在面对所有记者时都拒绝开口。最后,一位老记者不仅让他开了口,而且让他敞开了心扉。这位记者采取的是何"高招"?其实就是很简单的一句话:"我知道,其实你不想杀人。"没想到这位连杀两人、早已目光呆滞的死囚在听到这句话后,突然泪如泉涌,一直缄默不语的他终于张口说话了:"许多人骂我、唾弃我,说我是杀人恶魔,当时我真是鬼迷心窍,踏上了一条众叛亲离的不归路,现在唯有你能理解我、体谅我。其实,我真的不想杀人啊!"接下来的采访顺理成章,他在哭诉中道出了杀人的前后经过。

这里,说复杂了,是一种心理上的"同感效应"发挥了作用;其实简单说,就是善解人意,善于沟通,是将心比心。所以,作为一名广播记者,除了要有敬业精神和肯于付出辛苦之外,更重要的是:一是要真诚,要善于以心换心;二是要善于沟通,掌握一定的采访技巧;三是要掌握提问的技巧,一定要问到点子上。央视记者柴静曾谈到,一次雪灾后,很多人指责应急抢险机制存在漏洞,但很多记者在采访时都回避这一敏感问题。而她在采访一位发改委官员时就直截了当,没想到这一尖锐的问题令该官员十分感慨。他说,我一直在等人向我提出这个问题,你是第一个。由此,柴静的体会是,提问尖锐,这从某种意义上讲是对访谈者的尊重。而提问尖锐究竟是勇气重要还是智慧重要?柴静的回答是:准确更重要。这里的准确,就是要问到点子上。

因此,访谈对记者和主持人的驾驭能力、引导能力、沟通能力以及政治水平、知识水平等,都是非常实际而严峻的考验。总的来讲,在访谈中应注意:

(1)一定要有备而访。无论新闻访谈还是专题访谈,要准备好访谈的问题,访谈前应与被访人深入沟通,做好案头,将问题设计好,访谈时不要问外行问题。

(2)选择适当的地点。有时需远离杂音,有时则需有一些背景杂音。如有杂音,则要注意其是否连贯和是否有变化,否则,剪裁后声音会出现"跳跃"。

(3)访谈可从开放式问题或容易的问题入手,要尽快消除对方的紧张感。要发挥表情(眼神、点头、微笑)的作用,调动被访者情绪,鼓励被访者尽快打消顾虑,全身心投入到采访内容之中。

(4)用心采访,用心感受,善于拉近双方距离,让被访者产生信任感和亲近感,愿意对访谈人敞开心扉。

(5)要尽可能熟悉被访者的生活背景,尽快找到共同语言,建立认同感。

(6)进入主题后,问话一定要简洁、具体、明确,要始终掌握好态度,不急不缓,游刃有余,不能生硬。

(7)讲究提问的逻辑性,既要注意问题之间的关联,不放任自流,也不能想到哪儿问到哪儿,更不能随意打岔,轻易扰乱对方思路,让听众听着不舒服。应在不落痕迹中体现驾驭能力。

(8)善于倾听,时刻注意有意思的细节,一旦发现就不要轻易放过,但要注意提问时机。

(9)要让谈话内容丰富,但要注意把握好主线和主题。

(10)只有第一遍的采访是最好的、最真实的。不要想着去教对方如何说,那样录到的东西不会真实。

另外,录音采访时,一定要戴上耳机,因为耳机不仅能够监听麦克风是否工作,而且可以监听到一些细小的声音,并马上判断出这些杂音是否妨碍了采访。

最后,把英国 BBC 等国外电台对谈话节目主持人在访谈时的要求附录于此,谨供大家参考:

- ◆ Look your subject in the eye
- ◆ Sit forward in your chair
- ◆ Respond to answers with a nod
- ◆ Listen carefully
- ◆ Smile

思考与练习

1. 直播访谈的采访与录音新闻的采访有何异同?
2. 结合直播访谈《小丽的面人有颗心》,你认为主持人应该如何预设主题、把握话题?
3. 在教师的指导下做一篇录音专访。

第九章　音响评论

广播中的新闻评论有很多种，例如有本台短评、本台评论员文章、编后话、录音评论、录音述评以及录音综述等。这些评论性文体有的带音响，有的则不带。不带音响的一般有本台短评、编后话和本台评论员文章；带音响的一般有录音评论、录音述评和录音综述。本章只研究带音响的评论。

音响评论是记者利用音响对新闻事件进行分析、阐述观点、表明态度的一种论述性文体。它对人们的现实生活具有较强的认知价值和指导意义。随着广播的不断发展，由记者采写的带音响的广播评论（录音评论、录音综述和录音述评）在广播中越来越常见。

从理论上说，录音评论、录音综述和录音述评没有本质的不同，都是运用音响来摆事实、讲道理，或是反驳一个不正确的观点。在实际运用当中，有时候三种文体互相渗透，你中有我，我中有你，想准确区分并非易事。这里，只是做些一般性介绍。

第一节　录音评论

录音评论是运用音响对某一观点或某一新闻事实发表观点的论说性文体。

录音评论的特点是**以“评”为主**——它可以从正面提出一个观点或摆出一种现象，也可从反面提出一个观点或摆出某种现象，然后通过摆事实、讲道理，证明一个观点为什么正确或证明一个观点为什么错误。我们称前者为“正论”式评论，后者为“驳论”式评论。

一、正论式录音评论

所谓正论式录音评论，就是从正面确立论点，然后展开论述的一种评论方法。

来看这个例子：《补上风险意识这一课》（辽宁广播电视台 2009 年 4 月 15 日首播，获第 20 届中国新闻奖评论类二等奖）：

主播：听众朋友，今年年初，席卷全球的国际金融危机风暴给我省一大批外向型企业带来了致命的打击，这些单纯以国际订单组织生产、面向欧美市场销售产品的出口加工型企业，在国外客户纷纷撤单，国内市场一片空白的危机中，率先感到了夭折之痛。金融危机暴露出了我省外向型企业中没有风险意识，忽视国内市场的销售，不能及时实现市场多元化和产品多样化的经营缺失，值得我们深思。请听新闻评论：《补上风险意识这一课》。

主播：4 月 11 号，辽宁田园实业有限公司接到了最后一个欧美客户取消全年订货合同的通知，这家全国规模最大、面向国际市场销售蘑菇的工厂化企业彻底陷入了绝境。此前他们的蘑菇年出口量居全国第一，年利润平均一亿六千万元，直接创汇一千万美元。如今陆续撤销的外单已经使企业遭受了近两千万元的损失，而董事长王彦令看着堆积如山、几天就烂掉一批的国际热销产品褐蘑菇，竟然不知道它们是用来干什么的，更别说启动国内市场把产品销售出去。他从来都没有想过企业的产品会卖不出去，也没有任何内销的途径和经验。

【出录音】建厂时就没有想到出口会受到这么大的冲击，自己企业吹的就是我们的销售费用是零，我们没有销售部，网上一说产品出来了，各国的订单是源源不断，先收钱后发货。但是经济危机来了我们没有准备，突然卖不出去了，蘑菇是按都按不住，铺天盖地的，仓库已经放不下了，冷链里边最多三十天过了就扔掉了。

主播：辽宁省企业服务委外经贸处处长鲜杰对他们的评价是：

【出录音】国内人不了解他，阜新当地人都不知道。他们的企业从来没有想过能有这么大的市场风险，当时就傻了，说这东西卖到美国去干什么用我们不清楚，企业就闭着眼睛数钱都数这么多年了，什么都没想过，帮我们出出主意吧，咋地都行，一点风险意识都没有过。

主播：从未有过的风险意识和经营内销市场的意识，使辽宁田园有限公司在金融危机来临、产品断绝销路时束手无策，企业很快就触礁瘫痪。辽宁田园实业有限公司的遭遇也是我省很多出口加工型企业的缩影。省内几大经济开发区的外向型企业都有这样的典型代表。辽宁飞雪木业有限公司是东北地区最大的木制品生产出口企业，95%的产品销往欧美等国家，资产总额一亿两千万元。4 月初，企业在拿不到国际订单，又不会走国内市场的情况下被迫停产，700 多名职工下岗。阜新蒙古族自治县外经贸局为了支持辽宁飞雪木业渡过难关，出台政策，返还企业出口退税额两百万美元，但没能使企业出现转机。企业无奈的停产了，职工们茫然地回家了，面对记者的采访，失去了工资收入的工人张成新不解地说：

【出录音】你说这钱来得挺容易，说没就没了。

主播：对于这个局面，县经贸局副局长范艳很遗憾：

【出录音】没有一点风险意识，总觉得平时生产情况很好，利润也很可观，根本不想多条腿走路，一有风吹草动，危机一来，想挺都挺不住。

主播：此外像大连大洋有限公司、营口金海港制衣有限公司等，都是面向欧美等国市场生产西装的大型来料加工企业，由于市场出口单一，忽视国内销售渠道的建立，金融危机到来时马上出现了大量的库存积压，企业一下就面临绝境。辽宁省企业服务委副主任乔军的评价是：

【出录音】辽宁好多出口企业都有这样一个生产特点，皇帝的女儿不愁嫁，国外市场比较好，出口订单很饱满，产品下来一批就空运一批，基本上供不应求，也没有危机意识，更没有开拓市场的意识。

主播：辽宁省企业服务委外经贸处处长鲜杰的话更引起了我们深深的思考：

【出录音】丹东有的外贸企业，单一出口水产品的，也是金融危机的时候卖不出去了，这东西不能放啊，我们就组织这些企业参加一些展会、大型活动，让他们走国内市场，组织其他销路，他们不配合，觉得和不上账，宁可在冷库里放着、等着，内销我费劲儿呐。

主播：如此忽视国内市场的销售，翻了船也不上岸的侥幸心理，说明我们有些企业对市场经济缺乏全面的了解和认识，做企业不是脚踩西瓜皮，滑到哪里算哪里，要有保全企业经营的风险意识，这个意识和对市场的认识是紧密联系在一起的。辽宁省企业服务委副主任

乔军对此的看法很独到:

【出录音】按照国际贸易规则,中国的市场本身就是国际市场,不能说出口就是国际市场,卖给中国人就是国内市场。作为产品本身要研究,既符合国际市场惯例、要求需求,同时也要考虑国内市场怎么符合大家的意愿,和国际市场衔接起来。在调整思路的同时也要调整产品结构,两条腿走路,要有市场意识。

主播:不懂国内市场的开发,把鸡蛋都放在一个篮子里的经营模式导致了订单在外、销售市场在外的所谓"两头在外"的企业失去了对风险的抵抗能力。我们的企业应该看到国内市场的消费潜能,用开发广阔的内销领域和产品的深加工来抵御市场的危机和风险。辽宁大学经济学院院长、辽宁省政府经济顾问委员会委员林木西教授指出:

【出录音】不要把鸡蛋放在一个篮子里,也就是说不要把产品放在一个市场里面,当市场出现了问题以后,你就出现销售困难,那么解决的办法一个就是市场的多元化,还有一个问题是产品多样化。当鲜蘑菇推销不下去的情况下你可以做干品,大包装可以改成小包装,另外可以把果品变成饮品,像我们过去就是卖茶叶,但是日本可以做易拉罐,实行产品多样化的战略也是在防范风险的措施。

主播:因为在市场多元化和产品多样化经营方面的欠缺,不能及时实现产品的深加工,延长产业链条,我省大部分外贸出口型企业都是一叶障目,只盯着国际市场,看不到国内需求方面的重要性和自身的优势特点。在一个市场处于困境时不了解在另一个市场中的优势,这是企业本身不懂市场的表现。辽宁省社会科学院经济研究所所长张万强认为:

【出录音】对一个外销企业来说,他本身有很多优势,比如他的产品质量要求非常高,那么他在发展的过程中就应该利用这些优势,用本身的生产条件、生产能力,在国内市场建立自己的品牌,比如服装。我们原来来料加工,贴的是别人的品牌,我们能不能建立自己的品牌,比如格兰仕微波炉这样的企业原来就是为国外生产来料加工的,贴别人的品牌,当企业发展到一定程度,慢慢地就建立了自己的品牌,逐步品牌影响力越来越强,在国内占领了大部分份额。对辽宁来说,有这样基础的企业应该说很多,这些企业应该很好地利用自己的生产能力,开拓国内市场,如果你两个市场都做,就能很好地分散这些风险。

主播:因此,提高对市场本身的认识能力,顺应市场经济的发展和变化,用市场运作抵御市场风险,这是我省外向型企业保稳定、求发展必须面对的一个严肃的课题。目前,就我省的经济布局而言,外向型企业的经济依存度虽然不如长三角和珠三角地区的比重高,但面临的问题,对经济发展的制约却是相同的,是保稳定、保增长的大局中不可忽视的重要环节。如果我们的企业能调整好进出口产品的结构,把风险意识贯彻到产业链条的延伸、自主品牌的打造、内销市场的开拓上,以广阔的国内市场作依托,就能更好地参与到国际经济的大循环中去。针对国际金融危机中我省外向型企业面临的问题,经济专家林木西教授提出了中肯的建议:

【出录音】世界上任何一个国家也没有中国这么大,这么广阔的内需市场,这就是我们讲转变经济发展方式一个重要方面。就是你必须国内外市场都要考虑,这样的话对各种风险都有很好的抵御作用。一方面我们要懂技术,我们要懂经营,更重要的我们要懂市场。所以如果我们能更好地调整我们的产业结构、产品结构,包括我们的生产销售方式,就能更好地抵御危机,所以这就是我们要补的课。

该作品以外向型企业因市场单一而在金融危机中受损惨重的普遍现象作为新闻切入点，正面论述了在金融危机中开发国内市场和时刻树立风险意识、危机意识的重要性。作品与当时党中央提出的经济发展方向以调整结构、拉动内需为主的政策精神十分符合，因此抓住了时代脉搏，体现出了很强的时代特色。

二、驳论式录音评论

所谓驳论式录音评论，即从反面确定论点或从反面摆出某种现象，然后通过论证，证明这一观点或现象是错误的。

例如录音评论《西方一些政要正在充当香港民主道路的绊脚石》（中央台 2013 年 12 月 19 日播出，获第 24 届中国新闻奖评论类二等奖）：

请听录音评论：《西方一些政要正在充当香港民主道路的绊脚石》。

主播：中国政府恢复对香港行使主权 16 年来，香港经济繁荣发展，民主进程平稳进行。香港回归 16 年的巨大变化，完全见证了"一国两制""港人治港"、高度自治方针的正确。正当香港在经济、民主两条路上走得既平且稳的时候，西方一些政要却在路边鸣响扰乱视听的喇叭，干扰香港内政事务。先是美国驻港总领事夏千福发表公开演说，声称美国政府会支持香港逐步实现"真普选"：

【音响】（夏千福讲话原声，压混译音）美国政府将继续支持香港逐步实现真正普选，对于香港的选举进程，我们没有任何方案。

主播：接着，英国负责东亚及香港事务的高官施维尔在香港报章上撰文，表示英国对香港 2017 年的特首普选"随时准备提供任何支持"。全国人大代表、香港新界社团联会理事长陈勇：

【音响】这个"任何支持"只会造成灾难。我们看到近代的历史，7 月 1 日前，港督英国委任，是英国百分百的委任，而且宣誓时候是要对英女王效忠。我们香港真正能够有民主进程是在 1997 年 7 月 1 日以后，我们的特首由间选、推选产生了我们自己的特首。香港的民主进程是《基本法》里面赋予的，所以根据《基本法》去逐步落实的。

主播：香港特首实行普选不是西方殖民者给香港人民的"福利"，这个权利是《香港特别行政区基本法》赋予的。《基本法》第四十五条和第六十八条，肯定行政长官和议员最终将由普选产生。2007 年 12 月 29 日，第十届全国人民代表大会常务委员会第三十一次会议通过了《全国人民代表大会常务委员会关于香港特别行政区 2012 年行政长官和立法会产生办法及有关普选问题的决定》，决定明确，2017 年香港特别行政区第五任行政长官的选举可以实行由普选产生的办法；在行政长官由普选产生以后，香港特别行政区立法会的选举可以实行全部议员由普选产生的办法。2010 年 6 月 25 日，香港 2012 年政改方案在立法会高票通过。而就当香港各界就特首普选展开讨论，为 2017 年实行普选做好一切准备的时候，一些杂音开始粉墨登场，部分反对派以所谓"国际公约"为借口，企图把香港完全当成独立政治实体对待。这一要求，明显与香港是中国特别行政区的法律地位相抵触。香港的部分反对派为什么会在普选、民主的议题上一再质疑？其真正的原因是什么？清华大学法学院院长王振民：

【音响】就是逢中必反的心态，中央提出什么，我都反对，即便是正确我也反对。香港的

“泛民”一直是以争民主为他们主要的诉求,实际上这个民主已经是写在《基本法》里,不需要争的,它已经是按照《基本法》规定,全国人大的决定,肯定要在香港实行完全的民主,也就是最终实现双普选。

主播:全国人大代表、经济学家刘佩琼:

【音响】他本身违反了《基本法》,他们的行为破坏了香港的繁荣稳定,破坏了香港有秩序的政治进程。

主播:全国人大法律委员会主任委员乔晓阳谈到香港普选问题时,提出了特首普选的两个前提:一是符合《基本法》和人大决定;二是不允许与中央对抗的人担任特首。清华大学法学院院长王振民:

【音响】作为一个主权国家地方的行政首长,热爱这个国家,热爱这个地方,这是天经地义的。如果一个人举出了旗帜跟这个国家是对立的,我不热爱这个国家,那肯定不能胜选的。

主播:可是,就在此时,外部势力蠢蠢欲动了,它们开始插手干预,以不同的角度和目的,向中国施压,向中国香港施压,企图让香港独立于中国之外,脱离“一国两制”、“港人治港”、高度自治的轨道,分裂中国,破坏中国的领土完整和主权统一。英国、美国它们提出所谓的“普选”错在哪儿?清华大学法学院院长王振民:

【音响】这个普选全世界没有统一的标准,关于普选的国际公约,就是普选要满足哪些基本条件?国际社会不可能制定一个统一的政治体制公约,香港的普选一定要根据香港的情况,香港的历史,香港的特点,产生一个香港模式的普选制度,来解决香港的问题。

主播:中山大学港澳事务中心副主任袁持平:

【音响】我们现在发现,西方的这种操纵式的民主,也给整个世界经济的发展带来了一种乱象,一个普通的价值,和一个区域、一个国家的实际是否吻合?这是决定你这个判断、你这个价值实施是否有效的最基本的条件。现实告诉我们很多是不吻合的,这已经在很多国家、区域已经证明了,它与整个民主的终极目标是相违背的。

主播:英美有关人士一再对香港的特首普选乃至民主议题说三道四,背后的真实目的到底是什么呢?中山大学港澳事务中心副主任袁持平:

【音响】英国、美国它们就是追求利益,美国的名言就是没有永远的朋友,只有永远的利益,它是公开追求利益的。它可以在任何地方追求利益,最后导致香港的一些混乱,整个香港的一系列的好的东西都会遭到损失,损害一个地区的繁荣稳定。我觉得现在英国、美国企图干预香港政治发展,最终的一个结果现在基本上可以预期了,那香港将来就会出现整个民主的目标达不到,我们中国也得不到利益。

主播:英国人这方面是恶名远扬的,当年印巴分治的“蒙巴顿方案”给印度、巴基斯坦人民留下了无数的灾难,至今印巴还在为此流血。在英国人不得不交出香港的前夕,打算在香港实行他们统治香港一百多年都不曾实行过的所谓的“民主”,以便在以后可以继续操纵香港政局,但是由于中国政府的强硬态度,英国人的花招才没有得逞。欧洲大陆人经常嘲讽英国人在试过其他一切之后才做正确的事。现在看来,他们还不思悔改,他们并不懂得“正确”的含义。150年前,英国著名法律学家梅因在其代表作《古代法》一书中道出了一句不朽的名言:“我们可以这样说,所有进步社会的运动,到此为止,都是一个‘从身份到契约’的运动。”但他们至今没有吸取教训,还在不停地想要以“提供任何支持”来破坏中英谈判后制定的法律。对于英国高官施维尔表示的英国对香港普选“随时准备提供任何支持”的言论，香港特首梁振英明确回应：香港不需要英国政府和任何其他外国政府提供“支持”，因为那将是带“血”的支持。

【音响】我们 2017 年政改的目标是特区市民、特区政府和人大，完全是我们中国人范围内的一件事，这件事与英国无关，也与任何外国政府无关。

主播：香港各界爱国爱港人士更是纷纷表达自己的看法，这些观点从不同的角度，点明了问题的实质：十二届全国人大常委会委员、香港立法会前主席范徐丽泰表示：外国政府所谓的“支持”，就是要把香港弄乱，希望大家不要被人利用。

【音响】他们说的支持我们，其实就是空口说说而已，到时候不会真的支持我们，所以我很希望大家了解这件事，不要那么天真，不要被人利用。

主播：香港教育工作者联会名誉会长吴康民说，香港应该保持永远都是爱国爱港的人执政：

【音响】香港应该保持永远都是爱国爱港的人执政。

主播：香港普通市民：

【音响】中国自己的事情，中央政府给予我们的权利，我们享受我们的权利义务就可以了。

主播：英美在谈香港民主问题时没有资格发声，更没有资格“助选”。香港社会应该认清少数别有用心的人言行的本质，如果有人想挟洋自重，就是不辨是非敌友、置香港利益与港人利益于不顾的危险行为。12 月 18 日，国家主席习近平会见来北京述职的香港特区行政长官梁振英。习近平表示：

【音响】中央对此的立场是一贯的，是明确的，希望香港各界人士按照《基本法》的规定和全国人大常委会的决定务实讨论，凝聚共识，为 2017 年香港行政长官普选打下一个好的基础。

主播：中国的香港，中国香港的普选，无论是民主与法治，都是中国的内政、香港的内政。作为主权国家，中国绝对不会容忍英美的插手，不会容忍一些人违反中国宪法、香港《基本法》和全国人民代表大会常务委员会的决定另搞一套，不会容忍任何势力阻碍和破坏 2017 年的香港普选。

上例抓住了香港“占中”事件，通过摆事实、讲道理，有力批驳了一些西方国家的所谓“操纵式民主”，也揭露了它们以搞所谓民主为幌子，企图插手中国、搞乱中国的不轨图谋。

值得注意的是，写驳论式评论，有时并不急于“出击”，而是先将“拳头”收回来，再发力。如录音评论《决不许亵渎英雄，歪曲历史》：

【音响】（电影《闪闪的红星》主题音乐起）

女童声：民族唱法容易上春节晚会，对，我们唱民族唱法吧，听说刀郎一场演唱能赚一百万！那是多少钱啊！

男童声（潘冬子）：哦，民族就民族……（压混）

女播：听众朋友，正在播放的，是从网络上下载的恶搞红色经典短片《闪闪的红星》之《潘冬子参赛记》片段。短片中，小英雄潘冬子变成了整日做梦挣大钱的少年，其母亲一心想参加《非常6+1》,只因为“梦中情人”是主持人李咏。

近来,恶搞红色经典,恶搞英雄,恶搞历史,成为一种时髦。一时间雷锋是因为帮人太多累死的,黄继光是摔倒了才堵枪眼的,董存瑞是因为被炸药包上的双面胶粘住了,狼牙山五壮士跳崖是假的,岳飞、文天祥不能算是民族英雄等说法甚嚣尘上……

恶搞作为一种新的娱乐形式本也无可厚非。然而,任何娱乐都不能歪曲事实,都必须坚守道德和法律的底线……(以下略)

该评论从网上出现的恶搞电影《闪闪的红星》入手,但摆出这一现象后并不急于评论,而是接着列举了大量事实。列举之后记者仍不急于出击,而是又退了一步说:恶搞作为一种新的娱乐形式本也无可厚非……这时才开始“还击”。这样写的用意是,“恶搞红色经典”并非孤例,作者指责它并非小题大做。同时也告诉我们,写评论时要有辩证思维,不要偏激,也不要简单化,任何事情可能都有两面性,要考虑周全。

驳论可以有两种写法:一是从反面立论后直接驳;二是从反面立论后再从正面提出观点,然后进行论证。后者实际上是将驳论变成了正论的写法。

总之,运用音响从反面立论以及辩证说理,这是驳论类录音评论常用的论证方法。

三、探究式录音评论

所谓探究式评论,就是针对出现的新闻事件,进行深入调查研究,提出问题,最终找到问题症结所在。来看这个例子:《如何破解城市救助之困》(郑州台2012年12月15日首播,获第23届中国新闻奖广播评论类三等奖):

男播:2012年11月30号中午,郑州市中州大道郑汴路立交桥下,进城务工的农民工刘红卫死亡,而此前他已经在桥下躺了20多天。

【出录音】农民工:今天早上还会动呢,现在不动了,刚才120来了说是已经死了!

记者:这么长时间就没人管吗?

农民工:120来过,救助站也来过,他都不去!

片花:在生命的最后,刘红卫为什么一再拒绝来自救助站的帮助?大桥下栖身的农民工兄弟,在城市又有着怎样的生存状态呢?请听评论:《如何破解城市救助之困》。

男播:刘红卫事件发生后,郑州市政府紧急行动,依托郑州市救助管理站开展了一系列围绕农民工的送温暖活动,但除了衣物和食物之外的其他救助方式都被农民工婉言拒绝。

记者在二七广场、中州大道、西环中原路立交桥附近等农民工聚集的地段进行了随机调查,在20个受访农民工中,有11人明确表示不会去救助站,另外9个也只是说实在接不到活儿了再考虑。问起原因时,他们的回答大同小异:

【出录音】“咱这都有手有脚的,到人家那救助站白吃白喝那也不算回事儿啊,再说来郑州也是打工挣钱的,到救助站也没法找活啊!”“你救助站,救得了一时,救不了他们一辈子。”

男播:2005年建成投入使用的郑州农村人力资源中心市场,位于解放路立交桥旁边,是郑州市政府专门在自发形成的农村劳动力露天市场基础上建成的,为此郑州市还搬迁了一所市级综合医院。但是,经常看到的场景就是市场内干净整洁但门可罗雀,仅一门之隔的立交桥下却人声鼎沸,即使是在寒风刺骨的冬天也是如此。

【出录音】记者：为什么不去市场里啊？

农民工：那老板去得少，净耽误时间；要年轻的，有文化有知识的，还要押金。你像泥工啊，什么瓦刀啊、锯啊、锤一类的，不让放啊。

记者：那这桥下呢？

农民工：在这桥下就跟老板走了，不等啊。

记者：很灵活？

农民工：嗯。

男播：这些大桥下的农民工多数来自郑州周边，利用农闲时节出来打短工，接的都是拆砸、搬抬、装卸等零活，接活方便的立交桥下就成了他们的栖身之所。在很多农民工心里，在哪能找到活儿，就在哪住。在这种情况下，与其说农民工需要“救助”，不如说更多的是需要“帮助”。

【出录音】记者：多冷啊？

农民工：那冷咋办，那住旅社住不起啊，一晚上二三十……

男播：据郑州市劳动部门统计，目前，郑州市有外来务工人员110万，多数在企业和工地打工，但住在大桥下的以打零工为主的短时间进城务工人员也超过万人。

【出录音】我就想着找那3—5块钱一晚上的地方就行了；真是，吃好说，住的就是太贵了；就是觉得城里人老是看不起乡下人，咱自己靠自己力气吃饭，也没啥丢人！

男播：按照国家的有关规定，城市救助管理站的服务对象，是城市里的流浪乞讨人员，它提供的服务是救一时之急难，以帮助返乡为目的的。这对于那些农闲时节进城打工，希望以自己的劳动赚取报酬，从而改善生活的农民工来说，不啻南辕北辙。郑州市救助站站长谢小卫：

【出录音】你给他发放棉衣、被子，他接受，但是你说跟你回站里来，他就不来。

男播：谢小卫说，她曾经遇到过一个60多岁的老民工：

【出录音】他说我是68年当了兵，我现在浑身有的是力气，我出来就是打零工、干活的，我不需要你们的帮助。

片花：在全国推广的24小时民政救助的“郑州模式”，屡屡被农民工拒绝，大桥下的进城务工者究竟需要什么样的救助呢？请继续收听评论：《如何破解城市救助之困》。

男播：随着城镇化进程的推进，会有越来越多的农民工离开土地，走进城市。他们要的，不是高高在上的施舍，而是城市降低门槛，热情地接纳和欢迎；不是一时的救济，而是长远的制度保证。进城务工人员也是城市的建设者，也在为城市的发展作贡献。而城市，却在对进城务工群体的服务、管理方面，存在着制度盲区。郑州大学公共管理学院教授张明锁：

【出录音】“刘红卫事件”暴露出的是我们目前的社会服务和社会管理体系还存在缺陷，尤其是针对弱势群体的服务和管理体制比较缺位。但目前我们还是可以做一些工作的，比如说，可以在农民工聚集的地方建立起管理更加灵活的零工市场，政府可以投资建设一些廉价的农民工宿舍，另外也倡导雇主以后走进零工市场来进行交易，我想这些是我们能够做到的。

男播：在一个追求公平正义的社会，救助关爱弱者、贫者是底线，避免弱者更弱、贫者更贫是责任。但如果不了解对方真正需求而一厢情愿地付出，不会收到预期的效果。明确受助者的真实诉求，尊重受助者的话语权，摒弃高高在上的姿态，让救济工作彰显人性关怀的内涵,才能使社会的帮扶真正找到用武之地。

“亡羊补牢,未为迟也”,2003年,“孙志刚事件”使得收容遣送制度废止,推动了我国社会救助工作的进步;而这次的“刘红卫事件”也给城市的管理者提出一个新的课题,那就是如何从根本上保障进城务工人员的群体利益。对弱势群体,特别是农村进城务工人员的帮扶是一项系统工程,它既拷问着社会的良心,也考验着政府的智慧。

类似的例子还有:广播评论《一张道歉条触动了我们什么?》(扬州台2012年11月7日首播,获第23届中国新闻奖广播评论类一等奖);广播评论《未来,我们需要怎样的行业协会?》(上海台2012年12月26日首播,获第23届中国新闻奖评论类二等奖)等等。

这样的评论,不同于正论,即不是简单地从正面提出观点;也不是驳论,即不是反驳谁的错误言行,而是针对新近发生的某一值得关注的事件展开深入探究,最终找出问题症结所在。这类评论,常采用疑问式标题,写法也往往是展现新闻调查的过程,或展现问题的揭示过程。

第二节　录音综述

录音综述是运用音响来介绍某一有争议的新闻事件,重在介绍各方的不同意见或观点,常常是比较含蓄地发表意见的一种论述性文体。

录音综述常兼有新闻和评论的特点,但以叙述观点为主——综合叙述不同意见或观点。如《错位的公交车站牌出售》(辽宁台2006年,获第17届中国新闻奖二等奖):

女播:最近在铁岭市发生了这么一件事:公交车站的站牌换了名了。听来事不大,可在市民中的反响可不小。几乎所有当地的新闻媒体都在讨论,市民、专家学者、人大代表、政协委员也都纷纷发表意见,批评谴责声一片。

今年6月,铁岭市公共汽车公司委托拍卖行将全市338个公交车站牌的冠名权全部拿出来向社会拍卖,8月,共拍得28万元的180个新冠名的站牌树立在铁岭市的大街上。一时间在铁岭市市民和公交公司之间,引发了激烈的争论:

【音响】市民:啥你就给改了啊?周恩来纪念馆那不是咱们老传统了,铁岭的一景啊。都让他们给卖了,啥玩意儿啊这是!

女播:在铁岭,一说起这事,市民就生气,言辞也是相当地激烈。铁岭市换了公交车车站的老站名,那新的都叫啥名呢?我们在市内线路最长的二环线车上,录下了这样的报站声:

【音响】(公交车上)前方到站,汇源洗浴中心。车辆启动,请站稳扶好。(叮咚)前方到站,金视美容院。车辆启动,前方到站,漂亮宝贝。(叮咚)前方到站,佟教授英口诊所。车辆启动,请站稳扶好。前方到站,洁安齿科诊所。(叮咚)嘻嘻肥牛城到了,请站稳扶好。前方到站,稻香村食品一部。

女播:我们初步统计了一下,在新站名当中,叫某某齿科、某某诊所的有30多个,冠名美容院、药房、饭店、洗浴中心的也为数不少。拍卖行里一位不愿意透露姓名的先生悄悄地跟我们说,被拍走的基本都是过去那些名头响亮的站点。3000元起价,最高的叫到9000元,而且是5年的使用权。问起这事,公交公司新闻发言人高宏秋(音)两手一摊,一脸无奈地跟我们说，我们也想保留那些有名的地方，可他们不出钱呐！

【音响】高：企业要想发展，我们必须走向市场，不找市长，找市场。所以我觉得这是一件好事儿。因为我们先征求一下你的意见，因为你是老大，你说了，这事我不参与。我再问老二，老二说，我也不参与。那我们只能找市场，公开拍卖。问老三，老三说我买。那不就完了？不管它企业大小，都是平等的。一个小企业，当初“狗不理”就是个小店铺，为什么现在能闻名全国？你不想，你不去创新，你不去做，它就败下来。

女播：他所说的老大、老二指的是什么呢？是铁岭市一些著名的地点，比如说博物馆、银冈书院、体育场、白塔寺等。这些老站名如今都换了新名头儿，博物馆换成了爱儿健童装专卖店，体育场改成了酒行，白塔寺也更名为稻香村食品二部，连著名的周恩来纪念馆的站名也被一家小服装店挤掉了。面对记者，周恩来纪念馆的马阿明(音)馆长是欲言又止，只是轻声地说，我们没钱呐。按照公交公司的规矩，只要出钱，大小平等。可铁岭商贸城有钱，年交易额超过了一个亿，它的站名也没保住，被一家小得不能再小的利民鞋店买走。这利民鞋店被夹在众多的小鞋店中间，门脸不过 5 米，铺面也只有 20 多平(方米)，来 10 多个顾客就挤得慌。店老板自豪地说，我们一年卖鞋额也有个 20 来万。如果跟商贸城比呢？老板比划着三个手指头说，那不能比，我们出钱了。

在我们的采访中，铁岭市民最反感的就是公交公司所说的市场经济和那个 28 万。

【音响】甲：你 20 多万就把铁岭的形象给丢了，值吗？这是市场经济吗？乙：那玩意儿你说你都随便改，那天安门广场，今后北京的王致和臭豆腐说我有钱，我就把天安门广场买下来，说王致和臭豆腐到了，到天安门广场了，下车。能行吗？不是那个事！丙：那如果火化场要买了，说火化场到了。你说这膈应不？

女播：与老百姓的说法不同，公交公司认为，站点名就是一个下车点，不代表什么，不要把它看得太严重了。

【音响】现在老百姓能够挑出毛病的，有些站点名称说不雅观，比如肛肠医院，我说啥呢，肛肠医院和你是平等的。你既然能把牌子挂到街上去，叫肛肠医院，我为什么站点名称不能叫肛肠医院呢？

女播：铁岭市公交站名改了那么多，让常出门坐公交的市民们摸不着头脑，乱了方寸。在方医生齿科车站，几位等车的乘客一边仔细地看着站牌，一边议论着。一位中年乘客指着站牌说，这站名改得太乱，一时半会儿弄不明白。

【音响】那天我坐二环，到哪呢？到自来水公司那疙瘩，说“漂亮宝贝”到了。这个“漂亮宝贝”到底是个啥啊？我到现在我都不知道“漂亮宝贝”是啥。

女播：本地人找不到的地方，我们就更难了。为了找博物馆，我们在公交车上兜了一大圈儿，最后一打听，这个站名换成了爱儿健童装专卖店。而这个童装店在哪呢？我们找了半个多小时也没找到，那就打听吧。

【音响】记者：问一下，这里有个爱儿健童装专卖店在哪啊？市民甲：爱儿健呢？真不知道。乙：没听过。丙：没听过这个地方。

女播：这个童装店好难找啊，我们打听了不少人，都说不知道。最后还真是遇到了一位自称是老铁岭的人，他说，这个地方啊，你找半拉月也找不到，兴许在哪个胡同里呢。可我们转悠了好几个小街道，还真就没找到。这个站名设得实在是不方便，难怪市民有意见。可公交公司却不这么看：

【音响】任何一个新东西产生，它都有一个重新记忆的过程，我坐车，我感觉它车站好，自动报站，到点车也停稳了，但这个名他不熟。通过几次，经常坐车之后，我想用不了多长时间，老百姓就都熟悉了。

女播：公交公司方面这种轻描淡写的解释，市民们都不愿意接受。其实铁岭市市民和公交公司之间的争论焦点，主要在于公交站牌名要不要体现城市文化？要不要有城市历史的记忆？在铁岭市地名办，一位负责同志在示意我们关掉录音机之后，谈了他个人的看法。他认为，地名也好，车站名也好，是有章可循的。除了指示和便民的功能之外，再就是要有历史文化和景观性原则。以辽代的白塔寺、清代的一铁门(音)为代表的历史传统文化，以培养出赵本山等众多东北艺人而出了名的群众艺术馆，以产生6位世界冠军为代表的现代文化，以周恩来纪念馆、银冈书院为代表的革命传统文化，它们共同承载着这个城市的文化底蕴。从这个角度来看，以它们的名字命名的站名全部消失了，让那些以此为骄傲的市民们痛心，这也是正常的事情。

在白塔寺脚下，有一片商业门市，赶上中午客不多，几位业主聚在一起闲聊。我们提起了这个话题，其中一位姓徐的业主说，都是些小门小户的买走了，你说，这5年期限当中，不定黄了多少家呢！

【音响】你商业行为那是短暂的，我们古老的街道名是永远的。

女播：老徐话音刚落，另一位小个子业主满脸凝重地接过了话茬：

【音响】我们感到住在铁岭感到荣幸啊，因为历史悠久嘛，有周恩来纪念馆，有龙首山、铁岭八大景，又是煤都又是体育之乡、冠军之乡的，那不都挺好吗，你把那玩儿丢了。

女播：这位业主还打了个比喻，给大家都逗乐了。他说，你坐车看看，左一个诊所，右一个牙科，如果不熟悉铁岭的人，还以为咱们铁岭人牙口都不好，都有病似的。

在铁岭市公交公司，记者也提出了这样一个问题，在新的历史情况下，能不能让新站名和原来的历史文化保持和谐呢？公司发言人高宏秋的回答让我们挺惊讶：

【音响】啥文化，啥文化啊？不能说要留一个原站点城市就有文化了。

女播：高宏秋说，他们为这事特意去了北京考察，这样做也是有根据的。退休老教授姜厚(音)对有历史文化背景的站名被撤掉感到很不理解，他认为这是一个短视的行为，是不符合科学发展观的。对于公交公司所说的效仿的北京的做法，他也提出了质疑：

【音响】最近刚从北京回来，说北京好多站还是原来的，八王坟啊、五棵松啊、王府井、隆福寺，什么大栅栏，从50年代到现在，经过无数次改造，那些汽车站名根本没改。这个本身就是要保留中华文化传统。既然说是文化名城，这个名字应该保存。不仅保存，而且要发扬光大，这也是一种文化品位啊。

女播：铁岭的市民另一个不满意的地方就是公交站点是公共资源，把公交站牌向社会转让，首先就违背了公共产品的公共属性。公交公司在这个问题上所说的“不找市长找市场”是一个方向的错位，政府应该过问。可公交公司却不这么认为。

【音响】这个站点牌呢，说是公共资源，是政府的。我们虽说是企业行为，但我们也是政府的。我们是用政府的东西为政府去办事，我觉得是一件好事，毕竟呢没有先例。

女播：我们问高宏秋发言人，对这事政府是个什么态度呢？他说市政府是支持我们的。

【音响】市长当初的意思是啥呢？作为一个企业，它要发展。它只要不违法，它能从商家把钱从腰包里掏出来，这是个好商家。当时反对意见反映到市长办公会上去了，市长当时有个态度，就是：这个事做得好。

女播：说是这么说，我们还是想听听政府的想法。在电话里，公交公司的主管部门铁岭市建委的同志对我们说，这是企业行为，政府不便过问。于是我们坐车前往铁岭市政府，到了车站一看，市政府的站名也已经换上了伟艺广告公司的牌子了。

若将上篇与第四章第七节中的《北京，请下达命令》进行一下对比会发现，它们采取的都是总分总结构，但**评论性综述所综合叙述的是观点——各方观点（说理）；而新闻性综述综合叙述的则是新闻事实——事情的过程（说事）**，这是二者的本质区别。

在《错位的公交车站牌出售》中，记者所侧重的不是铁岭怎样出售公交车站牌，即不是拍卖过程，而是站牌出售后社会各界的看法，而所争论的焦点是：市场经济与28万、历史与城市文化的关系、公共资源能否拍卖。记者出于某种考虑，未直接发表意见，只是真实记录各方观点。但未发表意见，不等于没有观点，本篇结尾含蓄，但观点蕴含其中。一般来讲，评论性综述所记述的常是有争议的新闻事件，作者常常将观点隐含于综述之中。这种写法，正是评论性录音综述的特点。

第三节　录音述评

录音述评是运用音响和夹叙夹议的方法，对新闻事件发表意见、阐述观点、表明态度的一种论说文体。

录音述评的最大特点是先叙后议，或是夹叙夹议，它兼有新闻和评论的特点。如《中韩大蒜贸易摩擦引出的话题》（山东台，2000年度中国广播电视新闻奖获奖作品）：

（音乐起，压混）

播音员：各位听众，7月31号，中韩两国政府签署了《中华人民共和国与大韩民国政府关于大蒜贸易协议》。根据协议规定，从8月2号起，韩国以原关税的50%进口中国大蒜，同时，中国解除暂停进口韩国手机和聚乙烯的禁令。至此，自5月31号起，因韩国政府单方面宣布将进口大蒜的关税从30%提高到315%而引发的中韩贸易摩擦，历时两个月，终于尘埃落定。由于韩国进口大蒜主要来自我省苍山县，因而，这起韩国大蒜事件，被认为是继1987年苍山蒜薹事件之后，又一起对产蒜区社会经济稳定影响重大的事件。事件同时发生在我国即将加入“世贸组织”的前夕，因此被视为“入世”前的重要预演，意义远远超出了事件本身。敬请收听“今日新闻焦点”：《中韩大蒜贸易摩擦引出的话题》。

（音乐止）

播音员：8月初，时值中韩大蒜贸易摩擦刚刚平息，记者来到苍山采访。这个著名的蒜乡在外人眼里看不出有什么异样，更不像想象中那样萧条和冷清。然而回忆起当时的情景，苍山人仍心有余悸。

【音响】我们50家企业有40家企业停产，生产加工也卖不出去。而且，往年，每到4、5月份的时候，韩国的客商云集苍山。但是今年4、5月份，基本上没有。

【音响】当时就是前期合同都加工好了，今年关税突然提高，合同自动取消了，损失了大概得接近千万吧。

播音员:众所周知,苍山是大蒜之乡,素有“中国大蒜看苍山”之说,每年大蒜种植面积超过20万亩,产量约1亿公斤。苍山蒜瓣儿大,色白,黏、辣、香,深为韩国消费者喜爱,对外出口以韩国、日本为主,仅对韩贸易就占全部出口额的50%,占全国出口韩国大蒜总量的80%。每年大蒜产业提供给这个县10亿元的收入。苍山农民十之八九会种蒜,也年年种蒜,光是这一项,就占到农民总收入的30%。每年大蒜都给苍山提供4000万元以上的利税。韩国单方提高关税后,苍山陷入困境的,远不止几十家大蒜出口企业,因为对韩出口的大蒜贸易额虽只有1500万美元,但大蒜出口涉及(到)剥蒜瓣儿、粉碎、包装、装卸、运输等相关行业,出口一停,其他相关行业也立马停摆,间接损失不可估量。蒜乡苍山经历了80年代的蒜薹事件后,又一次面临严峻的市场波折。

为避免让经济问题演化成社会问题,当地政府采取积极措施,帮助外销大蒜。

【音响】在这种情况下,怎么办呢?只有走出去。南方市场,当时就考虑到这种情况不是太好,光南方市场不行,还得北方市场,到东北去。

播音员:苍山县神山镇党委书记张富贵(音)当时就带队北上东北,南下广东,争取国内客户。当地企业也行动起来,争取向其他国家出口。神山镇最大的大蒜出口企业新阳公司(音)日加工鲜蒜5万公斤,总经理李凤祥(音)在中韩贸易摩擦风云乍起之时,没有等、靠、退缩,他立即赶往日本、欧洲等地,寻找新客户。当他的1000多吨大蒜装箱销往日本后,他又向当地蒜农下了新的订单。

【音响】就为了整个东南亚的市场和欧美市场,进一步去探讨拓宽,不至于停滞不前,倒闭。

播音员:在广开门路的同时,包括李凤祥在内的苍山几大大蒜加工企业老总还专门进京,向国家外经贸部反映韩国单方面提高关税,给蒜区经济、社会造成的影响和伤害。国家外经贸部在深入细致调查之后,向韩国开出了一笔贸易额为5.1亿美元的大罚单。6月7号,中国外经贸部宣布,鉴于韩国限制我国大蒜出口的歧视性,和对中方利益造成的损害,中国政府决定,即日起,对进口激增的韩国手机、聚乙烯暂停进口,并保留进一步采取措施的权利。一纸罚单为尽快解决贸易摩擦起到决定性作用。

争端过后,记者在苍山看到,集市上大蒜交易一片繁忙,公路上装满大蒜的汽车往来穿梭,空气中处处弥漫着大蒜的气味,蒜乡又迎来了迟到的繁荣。可是,大蒜危机的阴影还不会一下子从苍山人心头抹去。还未从大蒜困境中走出的苍山政府、企业和所有关注“入世”进程的人们,也在对摩擦进行着反思。

苍山以大蒜为媒走向国际市场,在我省可以说先行一步。苍山有200多座恒温库,10万大军搞运销,已基本实现贸、工、农一体化。可是,这种先进的出口体制和流程,在这次国际市场风险来临时,竟然显得弱不禁风。问题不在出口体制本身,而在于当地大蒜产量大、产品雷同、输出目标过于集中,仅限于韩国、日本等少数几个国家,回旋的余地小,很容易被人家牵着鼻子走。其实有“大蒜之乡”美誉的,在我省不仅有苍山县,还有金乡、莱芜、巨野等地,这些地方年生产能力都在几十万吨。此外,省内其他农产品,比如:大姜、大葱等,都同样面临外销量大、市场狭小的难题。中韩贸易摩擦在苍山演出的一幕,无疑应该给包括蒜业在内的所有产业敲响警钟。

从我国出口到韩国的大蒜制品成分看,蒜头占到60%,蒜瓣、蒜片等初级产品占30%以上。而韩国人的餐桌上，消费最多的是脱胎于中国大蒜的蒜油、蒜汁、蒜粉等精加工产品。毫无疑问，初加工产品利润微薄，竞争力差。有识之士现在这样反问苍山蒜业：为什么一窝蜂地搞鲜蒜出口？

【音响】初加工大蒜制品多，是一种急功近利的表现。如果搞深加工，市场很大，利润也会高得多。

播音员：省外经贸厅李富生（音）处长说，国际市场上，蒜油价格超过黄金，大蒜制成的绿色杀虫剂更是物以稀为贵，有多少要多少，可是，据对我省蒜区企业的考察，蒜品精深加工几乎等于空白。

【音响】初级产品投资少、见效快，在一个企业发展初期可以这样搞，但是当企业完成了资本的原始积累以后，你必须上水平、上档次，不然，这个相对实力就会减弱，竞争压力也会越来越大。初级产品人人都可以搞啊，这和千军万马过独木桥的意思是一样的。

播音员：的确，纵观近几年日、美、韩等对我国产品的反倾销行动，目标都直指大量的初级产品。这次中韩贸易摩擦，揭示出苍山乃至我省大蒜行业发展眼光上的短视和小富知足的心态。小农意识在这次摩擦中就给打了个措手不及。有专家认为，独辟蹊径，人无我有，人有我精，才会掌握竞争主动权，也才会有效避免贸易摩擦。毕竟，面对贸易摩擦的日益增多，我们不可能用贸易战这柄双刃剑去解决所有的争端。而且，贸易摩擦没有赢家。值得欣慰的是，苍山县在摩擦过后提出这样一个战略口号：高科技，深加工，生产中国名牌蒜品。

搞初加工的千军万马过独木桥，还导致了最常见的可悲的一幕：相互压级压价，这也是这次韩国提起反倾销的诱因之一。苍山县县长王举生痛苦地承认：

【音响】有些企业互相压级压价，搞窝里斗，直接为韩国提高关税增加了口实。

【音响】前些年我们国家出口的产品当中，像丝绸出口、自行车出口，都经常遭到国外的反倾销。我认为主要原因是我们自己的企业自相残杀出的问题，不计成本，低价出口，导致最终的结果损害了进口国的利益，进口国当然要进行反倾销。

播音员：对外经贸大学国际贸易博士姚新超（音）认为，按照国际惯例，建立行业协会，健全对外出口的价格协调机制，一个价格对外，很有必要。

【音响】在国际上做生意，要遵守国际规则，随着加入 WTO 以后，我们的好多做法要同其他国家，同国际上要完全接轨，不接轨就违背了游戏规则，就会被别人赶出这个市场。这个事件对长远发展来说，对企业对政府来说，都是有好处的。那么可以从苍山大蒜这个事件中汲取教训，避免今后遭受更多的反倾销。

播音员：各位听众，中韩贸易摩擦已经硝烟散尽，然而面对国际市场上一浪高过一浪的反倾销贸易战，面对“战火连绵”的国际经济舞台，中国企业今后走向世界的道路上不会平静，尤其在“入世”的大背景下，这次中韩贸易摩擦更是意义深远。经济评论家把它当成中国农业经济和国际市场相碰撞与对接的一次预演并不为过。中国企业、中国蒜农历经风雨，正在成熟起来，他们从更广的视角看到，中国农业大而不强，作为这个弱势产业的一员，要在世界经济舞台上站稳脚跟，还有一段新的征程。从这个意义上说，塞翁失马，焉知非福。中韩贸易摩擦带给我们的启示，不仅关乎大蒜的命运，也关系到中国农业各项产业的未来！

作品先叙述中韩大蒜贸易摩擦的过程，然后是记者的分析思考：中国大蒜为何会被反倾销？为何有点风吹草动就难以承受？记者经深入采访，找到原因：出口企业多，而出口面窄，如同千军万马过独木桥;无精加工,产品竞争力差;窝里斗,相互压级压价,导致出口受阻。可以看到,记者的分析源自深入调查,这说明一篇好作品,只能产生于深入调查之后,也必然浸透着记者的辛苦与汗水。

第四节 广播评论的常用写作方法

写新闻评论,最难的是抓不住论点——找不到题目,或者是有了题目不知怎么展开、从哪些方面进行论述,而广播评论更多了一个层面的难点,即如何运用采访音响?以下我们结合写新闻评论的三要素:论点、论据、论证,介绍几种当代广播评论中常用的方法:

一、用音响"立论"

用音响立论,就是在文章的开头,借助音响来提出一个观点或展现一种现象。一般可分为"正面立论"和"反面立论"两种。

(一)用音响从正面立论

用音响从正面立论,指采用的音响是作者要肯定或者是要从正面直接进行论证的一种观点或现象。如《治理好污水也是政绩》(浙江台2004年12月28日播出,获第15届中国新闻奖评论一等奖)开篇使用的音响:"我们宁可当一届没有政绩的领导,也要把这个污水治理好!"就是采用的音响正面立论法。

(二)用音响从反面立论

用音响反面立论法,就是用音响"树靶子",作为反面证据,说明该问题或现象确实存在,不是无的放矢。这是驳论中常用到的一种方法。如评论《呜呜祖拉吹响"中国制造"警音》(福建台2010年7月5日播出,获第21届中国新闻奖评论二等奖)开篇使用的音响,采取的就是这种方法。还有像《决不许亵渎英雄,歪曲历史》中用网络音频"潘冬子参赛记"做开头,以及录音评论《和平的赛场需要更宽广的民族胸怀》中用嘘声开场等。

二、用音响作证据

用音响作证据,就是借助音响来进行论证。这样的例子非常多,手法也很多样。一般来说,可以用音响讲道理——讲述理论,也可以用音响讲事儿——摆事实,还可以用音响揭露真相——采用特定身份人物的典型音响作证据,更令人信服。

概括而言,用音响进行论证,可以分为"正论"和"驳论"两种。正论即论证一个正确的观点;"驳论"即驳斥一个错误的观点。

(一)正论

正论的方法有多种,常用的有:

1. 事实论证法

事实论证法也称为"例证法",其特点就是用音响来摆事实:既可以从正面来摆事实,也可以从反面来摆事实。

(1)从正面摆事实

从正面摆事实是“以正论正”(用正面的事实论证正面的观点)时常用的手法,如新闻述评《一张道歉条,触动了我们什么?》:

主播:2号中午,凌先生和几个朋友吃完饭回到停车点,突然发现自己的宝马车上有一道刺目的划痕,后视镜也撞坏了。气恼的凌先生刚要发火,意外地看到前挡风玻璃上有一张字条。上面这样写着:“尊敬的车主,在今天中午的上学途中不小心弄坏了您的车,主要是一划痕及左后视镜,我无法及时赔偿,联系方式如下……”后面还写上了大大的“对不起”三个字。

车主凌先生:

【录音】我是非常震惊,真是,而且非常感动,因为你说在我们现在这样的社会的话,你说找这样的孩子,这么实诚的孩子,太少了,真是!

主播:留字条的孩子走出没多远,发现车主来了,赶紧回头认错。旁边报亭的阿姨说,这孩子已经在这儿等很久了,刚才向她借笔写的道歉条。车主凌先生连忙安慰起孩子:

【录音】然后我就拍了拍那小孩儿的肩膀,安慰了他一下,让他赶紧去上课。没事儿,我说没事儿,小事一桩。这个孩子确实让我太感动了!

主播:恰巧路过现场的新闻广播主持人燕妮,第一时间将事情经过和孩子的道歉字条照片发到了扬州新闻广播官方微博上,没想到转发量急速攀升,一个小时就过了千条。根据字条上的留言,当天下午记者在扬大附中高一(2)班找到了这位名叫徐砀寒的诚信少年。当记者告诉徐砀寒他已成为网络红人时,他的回答很质朴。

【录音】是我自己闯的祸,自己有过失,自己留下来承担责任这是应该的。

主播:班主任李玲老师介绍,徐砀寒是班里的副班长,平时就很朴实正直,勇于担当。

上例首先借助音响摆出事实,后面大家的感动才是真的有感而发。

(2)从反面摆事实

从反面摆事实是“以反论正”(以反面的例子来论证正面的观点)时常用的手法。比如录音评论《善待农民工才能够缓解民工荒》(浙江台2010年3月24日首播,获第21届中国新闻奖评论一等奖)中有这样一段:

女播:企业招不到人的原因何在呢?原本岗位上的农民工又去了哪里呢?在杭州劳动力市场,原来在杭州阿普科技开卡车的安徽人于非刚刚辞职,想找个条件优厚的新工作:

【音响】我才拿1800块钱,还吃自己的。大家住在一起的高低铺,就是这种简铺啦,甚至用电费都要自己出的,始终没给我加工资。像我们驾驶员,一个安全奖都没有。所以说我才不干了呢!

女播:来自四川南充的蔡曦(音)也辞掉了城里的工作:

【音响】搞了10个小时以上,星期天什么都没有。这个人像机器一样的。比如说我们那个车间,搞得乌烟瘴气的,根本排风什么都没有。

女播:据浙江省社科院的最新调查,最近5年,在浙江的农民工,绝大部分年收入只有1

万多一点,并且大多每周工作6天,每天工作10小时。数以亿计的农民工为中国经济发展作出了巨大贡献,可他们却得不到应有的回报。低廉的收入,狭小的蜗居,年年追薪年年欠,医疗和保障无处可寻,身份得不到认同,被看作是边缘人,来自河南商丘的祝领昆(音)谈起打工的遭遇心有不平:

【音响】有的是干的是一样的工作,户口不一样,我们的工资要差很多的,这一点,你太不公平了!

女播:来自山东枣庄的农民工陈文强(音)在杭州打工5年,眼下就面临这样的难题,他不得不考虑辞掉城里的工作:

【音响】现在根本没有能力落户啊,工资只够吃、喝,房子那么贵,连婚也结不起,将来小孩送回家去,当留守儿童了只能,在杭州,现在也是没地方上学,就是有地方上,什么借读费、学费呀,也是出不起的。

女播:省社科院社会学所副所长杨建华教授认为,民工荒的背后,萌发着农民工尊严和维权意识的觉醒,昭示了中国廉价劳动力时代已经结束:

【音响】目前的用工荒、招工难,真正的荒、真正的难,还是我们农民工的社会权利荒,难就难在我们的农民工合理的、相应的社会权利没有得到基本的保障。所以,这次用工荒对我们相应的地方政府,相应的企业都是一个警醒:我们如何来善待农民工?

上例中,通过多名农民工的讲述,从反面论证了农民工待遇中存在的问题;同时,通过专家的讲述,揭示了民工荒问题的本质所在。

再如《扫清雾霾,亟须创建绿色考评体系》(北京台2013年12月29日首播,获第24届中国新闻奖评论类二等奖):

主播:这样"十面霾伏"的景象,对北京人来说,已经不算什么了——在即将过去的2013年,北京污染天数破纪录地占到全年的一半以上。中科院大气物理研究所研究员王跃思介绍,从pm2.5的浓度看,北京的空气质量连年下降。

【音响】前两年都是六七十,今年突然就八九十了。从09、10、11、12、13年,数据每年上升3%—4%,上升挺快的。

主播:这样"十面霾伏"的景象,对中国人来说,也算不上稀奇了——就在今年12月初,全国25个省区市史无前例地同时出现雾霾天气,6亿人无奈地呼吸着浑浊呛人的空气。中科院监测显示,污染已经从东部迅速向西推进。

【音响】天山的北部、东部盆地里全是一家、一家工厂,污染特别严重。关中八百里秦川、成渝地区、兰州地区,污染已经相当严重了。今年连海口都污染了,整个国家污染物的面积变大了,也会变为常态。

这也是用音响从反面列举事实来证明扫清雾霾的重要性和必要性。

还有《办实事还是办政绩?》(天津台2013年4月15日首播,获第24届中国新闻奖评论类二等奖):

主播:据统计显示,老年配餐与社区医疗、专业照护并列为居家养老三大需求。为了解决老年人“吃饭难”，天津市已经连续两年将“老年配餐服务”纳入二十项民心工程。市民政局社会福利处副处长曹阳用一组数据说明，目前，这项工作已经取得显著成果：

【录音】截止到2012年底，建设老年配餐服务设施有210个，我们今年年底应该达到百分之九十的服务的覆盖率。到2015年的时候，城区达到百分之百的覆盖率。

主播：但在实地调查中，记者却发现，实际情况与这些数据相差甚远。家住河东区常州里第二社区的王东润大爷是位独居老人，83岁高龄的他每天都在为一日三餐的事儿犯愁。虽然他已经找社区反映了多次，但至今也没有解决。

【录音】这么大岁数了，煤烛炭火的都得动手，有时菜吃好几天，剩点菜剩点饭自己加加热。要是有配餐咱不就没有担心的事了嘛！

主播：记者到天津市河东、河西、红桥等区的近十个社区随机采访，发现这些社区基本上都没有建起配餐设施，也不能提供老年配餐服务。天津市河东区常州里第二社区居委会主任石崇敏告诉记者，他们周围几个社区加起来有几千名需要配餐服务的老人，社区也想解决大家的吃饭难题，但实在是没有条件。

【录音】我们从2006年就想建一个老年餐厅，可是盖个50平米的地儿都没有，你要是找单元房成本太大了。你像对过欢颜里、常州里第一社区，还有常三社区，还有静态里社区都是没有地方……（压混）

在天津市民政局官员用一组“漂亮”的数据说明工作很有“成效”之后，记者通过音响从反面摆出了事实，说明官员所言不实。

2. 理论论证法

理论论证法的特点就是用那些被实践证明是正确的科学原理、定义、定律以及人尽皆知的常理做证据，来证明自己的观点是正确的。这种方法就是用已知的理论来推未知的问题，从而得出新结论。这种形式的论证方法，从逻辑上说，属于演绎推理，因此也被称为“引证法”或“事理论证法”。广播的特点就是常常借助音响来阐述某种理论。

如《治理好污水也是政绩》：

女播：一段时间以来，一些地方领导在“发展”问题上产生了很大的误区，把“发展是硬道理”片面地理解为“GDP增长率是硬道理”。于是，盲目上项目、办企业、引投资，大搞形象工程，甚至通过各种手段挤占群众利益，给地方发展造成了长期的包袱和隐患。浙江省政府咨询委员会副主任、经济专家朱家良谈到这个问题时认为：

【录音】我们过去的发展观，有些地方把它变成了增长观，就是GDP增长得快，就是发展得快。实际上，发展和增长它是两个概念，发展包括数量、质量、素质、结构，一个完整的概念。就是你增长得快，如果对环境的破坏、资源的消耗都做出了牺牲，这样换来的经济增长，是没有多少好处的。

这是用音响从理论上阐述发展观不等于增长观。而在《扫清雾霾，亟须创建绿色考评体系》中，也有这样一段：

主播：雾霾污染最终成为影响中国社会民生的大问题，与各地官员“重发展，轻治理”的施政观念有很大关系。早在1989年出台的《环境保护法》就明确规定:“地方各级人民政府,应当对本辖区的环境质量负责,采取措施改善环境质量”,但是,为什么二十多年过去,雾霾遮住了大半个中国的天空,却没有几个政府官员被问责呢?背后的深层原因是,各地政府决策者在污染和治理两项活动中都可以得到政绩,而这不合常理的政绩就源于GDP的计算方法,北京智能经济研究院院长季铸说:

【音响】在中国,任何生产活动,不管真的假的,都要计入到GDP。在工业企业制造污染的时候,它生产的东西包括过剩的产品,已经计入到GDP了,进行环境治理的时候,这个治理活动也要计入GDP的。所以我们看到,越污染的地区的GDP可能越大,经济增长越快,污染地区的官员调到中央部门当领导,这都是历史上的一个荒谬。

这是用音响从理论层面分析“唯GDP论”的危害。而在《办实事还是办政绩?》中:

主播:值得警惕的是我们一些干部的工作作风。他们的办事逻辑是:举措即事实。他们认为:为民办实事,落脚点就要放在政府有没有这个举措上面,而对举措能否真正落实不去关心,对百姓有没有得到真正实惠不去过问。面对老人们依然突出的吃饭难题,我们不禁要问,这样的干部、这样的部门到底是在办实事还是办政绩?天津市委党校教授徐中一针见血地指出,这是典型的形式主义和官僚主义,是损害党群干群关系的大问题:

【录音】老年配餐服务本是一项民心工程却不问需于民,这是官僚主义在作怪;而光有举措和数字,不管落实与否,这就是形式主义。官僚作风实质上是利己主义在权力、财富等问题上的一种表现。这就是为什么民政局把民心工程办成政绩工程。官僚主义、形式主义是严重违背我们党的群众路线的,一旦盛行,民心“长城”便会轰然坍塌,严重威胁着我们的执政之基。所以,反对官僚主义、形式主义是我们党和政府面临的一个重大任务。

主播:习近平总书记指出:办实事,就是要求从点滴入手、从具体事做起,力戒形式主义、官僚主义,力戒空谈。办实事注重的是实效,是让百姓真正得到实惠,而不是拿出几个漂亮的数字。办实事更不是办政绩。只有老老实实、真心实意为群众办事情,用实际成效说话,民心工程才能真正得民心。

这段采访录音,从理论上深刻剖析了抓民心工程却不问需于民,这是形式主义和官僚主义表现,并深刻剖析了其危害。

3.类比论证法

古往今来,两种事物之间存在某种共性或本质属性存在某种共同点的,可以说俯拾即是。类比论证法,就是将两个事物之间的相同点进行比较,从已知的一种事物的正确或错误,推断出另一种事物的正确或错误。

如录音评论《决不许亵渎英雄,歪曲历史》:

女播:何祚庥院士认为,那些恶搞英雄和历史的人:

【音响】对我们的老祖宗当时的奋斗了解得太少了,他们享受着现成的、比较富裕的生活,但是没有认真去想一想,这个富裕的生活是怎么到来?自己需要承担什么责任?怎么样做一个现代的人?

女播：他更直斥这种恶搞行为：

【音响】等于是亵渎自己的祖宗啊，亵渎自己的先辈啊！

女播：是的，对于先人的奋斗，对于英雄，对于历史，我们应该常怀敬仰、感恩之心。沈阳军区《前进影视报》前主编刘国斌大校花了大量的心血考证了董存瑞英雄事迹，维护了英雄的尊严。他对记者说：

【音响】任何一个民族啊，都是有道德底线的，真善美、假恶丑历来都是泾渭分明的，圣女贞德是法兰西民族的英雄形象，对她调侃被视为是违反道德的极端行为；在印度，圣雄甘地是一个民族英雄，老百姓对他指手画脚，这是犯法的；在美国，黑人领袖马丁·路德·金是反种族压迫的无畏战士，对他要有不恭敬的言辞，可以受到美国民众的痛斥。我们自己的民族英雄，我们自己一个个把他们全都颠覆了，全都摧毁了，全都歪曲了，全都否定了，这是一个民族的悲哀！

在这一段中，记者借助音响，将恶搞与法、印、美等国家对亵渎民族英雄行为的反响进行类比，说明恶搞红色经典"等于是亵渎自己的祖宗"，认为这样的行为理应受到痛斥。这里，记者采用类比方法，很好地论证了"恶搞红色经典"行为的谬误及其危害。

同样，在录音评论《和平的赛场需要更宽广的民族胸怀》中，记者也采用了类比论证的方法，将足球赛场与奥运赛场相类比，通过列举交战国双方逢奥运休战的惯例，论证了奥运赛场就是和平赛场这一观点，从而论证了观众在赛场上起哄是一种狭隘心理。

4. 因果论证法

事物的发生、发展都有其内在原因或内在联系，有什么原因，就会有什么结果，或反之，有什么结果就会有什么原因。因此，这种顺藤摸瓜，按照事物因果关系进行论证的方法，被称为因果论证法。

如新闻述评《奶源大区求解"奶荒"困局》（内蒙古台 2013 年 12 月 28 日首播，获第 24 届中国新闻奖评论类三等奖）中，有这样一段：

主播：记者从自治区农牧业厅了解到，从今年 5 月，自治区开始出现争抢奶源的现象，日抢奶量达到 260 吨。抢奶主要集中在呼和浩特和呼伦贝尔。到 12 月，奶荒已经成为全国性的问题。全国鲜牛奶平均收购价从今年年初的每公斤三块四上涨到每公斤三块八。为什么今年奶荒情况突然加剧？自治区农牧业厅厅长郭健从内外两方面分析了原因：

【出录音】一是受国际奶粉市场的影响，奶粉进口量减少，引起奶源的紧张。第二是中小户退出奶牛养殖。据统计局统计，2013 年全区荷斯坦奶牛存栏同比减少了 26.35 万头，牛奶产量同比下降了 66 万吨，平均日收奶量下降了 1800 吨。

这是用音响找到"真相"背后的原因。再比如录音述评《警惕土地流转热潮中的"非粮化"隐患》（安徽台 2013 年 12 月 31 日首播，获第 24 届中国新闻奖评论类三等奖），记者先是列举了大量土地流转"非粮化"的事实，后找到了原因：

主播：在"全国粮食生产先进县"霍邱县，今年 7 月份，全县首家名曰"珍珍"的家庭农场成功注册登记。农场主人汪会珍说，他们村的土地 70%以上已流转到大户手里，但种植一麦一稻等传统粮食作物,每亩一年最多有500元的利润,效益不高,而从事种养结合的高附加值农业就很划得来。

【录音】家庭农场,(发展)这个蔬菜大棚、这个养殖,一年多赚个十多万块钱。

主播:珍珍家庭农场坐落在岔路镇、长集镇间,310省道穿境而过,在附近七八公里的路段两旁矗立着十多家涉农公司,一眼望下来,数千亩的耕地上全是“非粮化”企业的地盘。

那么眼下种植经济作物究竟多赚多少钱呢?在一家生态采摘园里,从事农技管理的伍大娟介绍说,他们200亩高密度栽植的葡萄,刨去成本价格将超过种植水稻的十倍。

【录音】十倍是没问题的,那个模式一亩地在四百几十棵嘛,每一株平均产量在20斤,比水稻要好,就生态采摘这块相当于十五倍。

主播:有十倍以上的利益在前,选择似乎已没有任何疑问。有的,也只有“非粮化”威胁到的粮食安全这个问题了。

近年来,国内外一些工商资本通过注册涉农企业参与到土地流转中来,这些企业资本的逐利性进一步加重了耕地非粮化的趋势。据农业部数据显示,目前工商企业流转的耕地面积为2800万亩,而种粮食的企业却只有6%。对此,中国国际经济交流中心区域研究部副研究员马庆斌评价说:

【录音】资本的目的实际上就是为了利润,至于说它收入怎么来,它通过土地流转后,农作物的加工、出口,包括这研究技术、专利费的收取等等,都可以获取很多的利润。

主播:国家推进土地流转的一个重要目的,是旨在通过规模化和集约化经营提高粮食生产效率,切实保障国家粮食安全。而当前出现的“非粮化”苗头,正在成为国家粮食安全的隐患。国务院发展研究中心农村经济研究部研究员徐小青对此谈到:

【录音】我们要保证粮食总产的话,一是靠播种面积,一是靠单产,但是单产提高的速度应该说跟不上需求的,所以耕地是必须要保障的,没有一定的播种面积,是无法保证“三大主粮”安全的。

还有用音响找到假象背后原因的,如天津台的《办实事还是办政绩?》:

主播:有了配餐中心也无法提供正常的配餐服务,配餐覆盖率就没有实际意义,数字和实际就发生了背离。记者由此想到,那么210个已设立的老年配餐服务设施,其中真正能有效运行的有几个?天津市24万80岁以上高龄老人、12万失能老人,他们中又有多少人的吃饭难题还没解决?在记者的一再追问下,天津市民政局社会福利处副处长曹阳这样回答:

【录音】记:天津市目前到底有多少老年人需要这样的服务?咱们到底做没做过调研?

曹:甭管多少人需要,我们有这个服务。这个老年助餐服务不是说过于追求市场,你也不能用量来衡量。

记:我们也到一些社区采访,经营不下去了。

曹:对,这个问题政府不管,因为这个不是政府来做这个事,政府可以补贴它,帮助它建设。这就是一个公益事业,你不是分析在谁盈谁亏上,谁关门谁开张上,多少人参与上,你分析的落脚点应该在我政府有没有这举措。

主播:按照天津市民政局的介绍,老年配餐服务是市政府交给他们的一项重点工作,这项民心工程今年将圆满完成。但事实上,配餐点的运营成本没有补贴,商家很难可持续运转，老人们难享实惠，配餐覆盖率90%也就成了空中楼阁，成为部门对上负责的表面文章，对下不负责任的假话、谎话。

显然，这样的因果论证有相当大的难度：一是真相被假象所掩盖；二是知情者若不被逼到一定程度，绝不会轻易道出真相。因此，记者首先要透过假象发现真相，然后再想方设法找到真相背后的原因。可见，上述"逼出"民政局官员讲政府"只管数字不管落实"的录音就非常难得，它体现了记者的采访功力。

5.比喻论证法

比喻论证法就是用一种或几种人们熟知的具体事物，来对一个比较抽象或深奥的事物或理论进行论证，以便于人们更好地理解。

如录音评论《阻止道德滑坡：需要一脚刹车、三脚油门》（山东台2011年11月20日首播，获第22届中国新闻奖评论类三等奖），作品用踩刹车、踩油门来比喻如何提倡帮扶老人：

主播：其实，大家就像拥挤在一辆列车上的乘客，而列车是从陡坡上急速地下滑。车厢里，有人尖叫、有人抱怨、有人继续围观……而刁娜及时地踩了一脚急刹车。

感谢刁娜，她用美丽的微笑，温暖了无数已经变得冰冷的心。事实上，在她的感召下，现场那些原本围观的行人当时就放下顾虑，加入到救人的队列中来。住院后，又有很多市民、网友以自己的方式向刁娜致敬，表示要向她学习，拒绝冷漠。山东师范大学教授权朝鲁认为，这些都充分说明了蕴藏在民间向善的力量依旧深厚而博大，世上还是好人多！

【录音】不是她一个人，不只反映在龙口的精神，反映了我们山东，反映了我们中国人民、中国的青年高尚的风范、高尚的道德，是摧不垮的。它们是经得起考验的，也是我们中华民族的传统。

主播：感谢刁娜的一脚急刹车！但是要让社会道德的列车不再持续下滑，掉头前行，除了踩一脚刹车，还得加三脚"油门"！

首先要加法律的"油门"。

可以参考欧美国家"撒玛利亚好人法"的范例，让好人免责，用法律手段保护救助者的权益。要发挥法律惩恶扬善的作用，让诬陷好人者付出代价，以明辨是非，弘扬社会正气。

要让社会道德回升，还要猛加社会保障体制的"油门"。

仓廪实才能知礼节。政府要更加关注民生，让最广大的人民享受社会发展最大一块蛋糕。要积极推进医疗和卫生体制改革，让居高不下的医疗费、医药费乖乖低下头，救人者与被救者都没有后顾之忧，民众才会高高昂起有尊严的头！

要让社会道德提升，更要加文化的"油门"。

党的十七届六中全会明确指出，必须把社会主义核心价值体系融入国民教育、精神文明建设和党的建设全过程。要重视精神文明的引导作用，在全社会范围内倡导公平与正义。

唯独如此，才能把我们早已支离破碎的社会价值体系一点点黏合起来，重新构建；唯独如此，才能让我们这辆高速列车，在经济轨道上奔跑的同时，不至于在道德的轨道上脱轨。

【录音】马一：道德就是我们民族内心芬芳的花朵，但是它需要一个良好的水源来灌溉。只有全民努力，各方面努力，才能够解决这个问题，使得中华民族乐于助人的优良的民族传统以及优良的民族道德得以延续。

6. 对比论证法

俗话说,有比较才有鉴别。对比论证法就是把两种对立的事物放在一起进行比较、对照,从而说明某种道理,这种方法被称为"对比论证"。采用这种方法,通常是对一件事物的优劣不好评判,而把两个事物放在一起比较,孰优孰劣,就能一目了然。

对比论证与类比论证有何不同?类比论证是同类相比,两类事物有相同点,而对比论证是两种对立的事物相比,前者是寻找二者的相似点,而后者是二者没有相似点。

如新闻评论《严禁酒驾带给社会的启示》(上海台 2011 年 12 月 26 日播出,获第 22 届中国新闻奖评论类一等奖),将酒驾与食品安全问题放在一起进行了对比论证:

主播:酒驾大幅下降的成效在全国带有普遍性。如此良好的社会效果只是因为法律上加大惩处的缘故吗?社会学家、上海大学教授顾骏认为,重典固然重要,但更重要的是"执法力度的加大"和所有人在法律面前的"同一待遇"。"高晓松案"就是一个典型案例:

【音响】它的严格执法程度从未有过,所有的人都不能幸免,拒绝通融,拒绝具体情况具体分析。法律要发挥作用,必须对一切人有效。如果管不住一部分人,法律就管不住所有的人,再有力度的法律规定都没有了意义。

主播:交警总队勤务处王世杰科长说,现在在查处酒驾方面,不仅对民警执法环节的要求不断提高,对执法者自身的行为要求也比任何时候都严:

【音响】"警务通"一抓到了,这个"警务通"就上传到所有公安系统里了,你连求情的时间都没有,就现场了,我们从各个环节堵住漏洞。酒后驾车是严重违法行为,一律顶格处理。一视同仁的,不管你有什么职务、处于什么岗位,只要你酒后驾车了,必须清理出公安队伍。

主播:"严禁酒驾"的确已在全社会取得良好社会效果,然而法律同样严格"对待"的食品安全问题,依旧和社会其他领域的许多治理一样,面临着"走不出"的困境。市食品安全委员会办公室副主任顾振华介绍:

【音响】上海一年食品安全方面违法案件少说有四五千件,这些查处大部分都是以罚款的形式来进行处罚,上海每年大概有两位数的数字追究刑事责任已经很不错了,酒驾抓到一个就是刑事责任。

主播:多年从事法制研究的上海市社联党组书记沈国明对这一现象也非常感慨:

【音响】刑法修正案八里即规定了醉酒的问题,也规定了食品安全的问题。而且有个共同点,不管有没有压死人、不管有没有吃死人,它是不管后果的,只要你有这个行为,就判刑了。它的力度和醉酒是一样的,但是你看连人家知都不知道。说明执法认真不认真、造势情况如何、宣传怎样都很重要。

主播:不可否认,食品安全的查处难度远远高于醉酒驾车,一件食品安全事件的认定远非像"吹口气"来得那么容易。沈国民认为,食品安全问题,的确复杂,但再复杂的事件也有解决的路径,切断"利益链"让法律做主,很重要:

【音响】如果我这个企业在什么区,我对它 GDP 贡献很大,区里也不希望我垮掉的。地方政府就这种很微妙的态度,在某种程度上,它们都有保护伞,它不是一对一,不知道背后有多少力量。都有部门利益、地方利益,所以大家基于利益这个角度来权衡对法律的态度,这使得很多法律都不能得到很好的执行。

主播:法治社会要求:每个人或每个部门都只对法律负责。严查酒驾的"人人平等",凸显了法律的作用和威严。然而当下，环保、拆违等很多领域在执法时往往强调事物的特殊性……

还有录音评论《小产权房热销揭了谁的底》（甘肃台2011年6月13日首播，获第22届中国新闻奖评论类三等奖），采用的是将大产权和小产权放在一起进行对比论证：

主播：没有产权的房子，为何在市场上还能销售，而且销售火爆呢？和一般意义上的商品房相比，小产权房没有土地出让金，也没有开发商疯狂的利润攫取，所以，价格一般仅是同地区商品房价格的1/3甚至更低。拿七里河区八里镇已经销售一空的梅园小区来说，2010年初的价格只有2000多，是同期兰州房价的三分之一。正因如此，很多城市的夹心层和低收入者才对存在房产证、物业管理等诸多问题的小产权房趋之若鹜。在兰州市八里镇梅园小区购买了小产权房的金先生：

【音响】外面商品房买不起么，只能买这个，便宜么，最主要就是便宜么。

主播：面对不停上涨的房价，不少人明知道小产权房有风险，却不得不铤而走险。还有不少人对政策不甚了解，心存侥幸，期待着小产权房有朝一日"转正"。购买了小产权房的金先生：

【音响】它这个小产权房要这么一片呢，好多楼呢，我想着不可能，不是说拆就拆嘛。可能再过个四五年，国家会有这个小产权房办下来房产证这个政策吧！

主播：小产权房是个怪胎，在我国城乡二元体制下，两块其他条件完全相同的建设用地，若其中一块是国有土地，便可出让、转让、出租和抵押，并得以在交易中体现价值；而另一块集体土地，则基本只有自用的权利而缺少交易的机会。城乡交界处，一方是饥渴的无法忍受高房价之压的老百姓；另一方是眈眈觊觎城市房市利益的乡镇一级政府。于是，国家的法律政策被架空，小产权房横空出世。

7.分层论证法

分层论证法就是围绕一个问题，从多方面进行论证，每个方面为一个层次。采用此论证方法，几个层面的内容可按轻重主次排列，也可任意排列，即几个层面之间的关系是并列的。

如录音述评《津工超市，领跑中国社区商业的启示》（天津台2011年12月29日首播，获第22届中国新闻奖评论类二等奖），就对津工超市为什么能取得成功进行了分层论证：

主播：记者调查采访中发现，津工超市在日常的经营点滴细节当中无不渗透着"一站式服务"的人性化社区商业服务理念。

在天津市和平区南市社区的王女士家里晚上10点多钟突然停电了，可这时电力网点都已经下班：

【出录音】有个好心大姐告诉我，津工超市就能（买电），试一下还真行，这家超市真好。

主播：一年间，这家超市已经为95万个家庭代收电费，占到整个天津市场的50%以上；代卖火车票每天在1万张左右，占到天津预售火车票的30%以上；代收交通违法罚款60多万笔……这些琐碎、繁杂的业务给社区居民带来的是便利，却让津工超市付出了巨大的辛劳，但同时他们也收获了居民百姓的好口碑：

【出录音】这里服务也好，质量也好，价格挺合适的，挺方便的，大家都特别认可。

主播：中国人民大学商学院教授刘向东指出：当前全国商业连锁业态同质化发展严重，天津津工超市打破传统的业态模式，为业态的健康发展找到了一条新路。

【出录音】目前在天津做的便利店（存在着）同质化的（现象），基本上都差不多，津工跟别人有什么不一样，那是一个特别重要的。第一，店面，他们经过测算，150—200平方米，服务社区的产品经过挑选以后，基本上能满足需求；然后还有其他的各类服务，也能够基本满足。对津工来讲，商品的组合是有他们的特色的，老百姓自然把津工当成自己家的社区店。

主播：自己家的社区店，实际上就是突出本土化的服务特色，号准天津市场的消费脉搏，也是津工超市成功的关键。

俗话说，“远亲不如近邻”，这也许更能够表明社区超市存在和发展的价值：居民们往往把大卖场比作亲戚，偶尔去“看望”一次；但社区店却是他们的邻居，天天都要见面。立足本土，择邻而居，正是津工区别于其他超市的独特之处。津工超市董事长卢代盛说：

【出录音】因为我们门店选址的标准，就是这个门店半径300米之内有1000到1500户居民，我们就开一家店，现在我们400家店，居民走出家门10分钟，保证让他找到一家津工超市。现在已经覆盖14个区县，津工超市是具有我们本土特色的社区服务企业。

主播：据天津市商务委进行的市场调查显示，目前全市快速消费品的销售额是每人每天12元钱，其中包括10元钱的食品和2元钱的日用品，1000户到1500户居民每天必定产生24000元到36000元的消费。社区商业的巨大商机，让津工看好了社区这个大市场。

津工超市从2005年创办至今，只在天津发展，只做社区店，门店总数达到400家，覆盖了天津市60%的社区市场，销售收入13.5亿元。在全市零售商业中，门店数量和营业面积排名第一，从2005年300多万元利润起步到今年，7年之内利润增长了10倍。

作为天津唯一一家本土化商业连锁企业，津工超市还承担起平抑物价、保障菜篮子供应的重要职能。居民足不出社区，就能购买到低于市场售价的肉蛋菜商品，这有别于其他连锁大卖场的经营策略，又成为社区商业领先一步的关键。记者走访市场发现，市场上售价十七八元钱一斤的猪肉，津工超市才卖14元7角。在这里，蔬菜同样也是既新鲜，又便宜。津工超市南开区域负责人刘云霄一边张罗着蔬菜上架，一边对记者说：

【出录音】我们基本都是一手价，大部分都（比市场）便宜10%。另外我们是24小时店，你像有的双职工下班，市场关门了，经常也有晚上买菜买水果的。

主播：津工超市平价销售蔬菜和放心肉让老百姓得到了实惠，可他们今年却为此减少了将近1000万元的盈利。但是，津工超市董事长卢代盛却认为，企业要盈利要发展，但更应注重服务民生，这是一个企业培育市场的可持续发展的内在动力：

【出录音】企业的可持续发展是所有干企业的人追求的，我觉得最重要一个问题，就是你得找到一个可以持续开发的市场。这个市场是不能萎缩的，所以我们现在对我们自己特别特别有信心，因为我们的市场不同，目标顾客不同，满足目标顾客的需要不同。

作品从一站式服务、打破传统业态、突出本土化、平抑物价等几个方面，对津工超市为什么能取得成功进行了剖析。这几个层面，先说哪个后说哪个似乎不是很重要，但少说了哪个都不行。这种分层论证的方法，取决于记者对事物宽度的分析与思考。

8. 层进论证法

层进论证法就是围绕中心论点，由浅入深、由表及里一层比一层深入地进行论证。

如录音综述《未来，我们需要怎样的行业协会》（上海台 2012 年 12 月 26 日首播，获第 23 届中国新闻奖评论类二等奖），记者围绕“我们究竟需要怎样的行业协会”这一主题，先是发现为什么行业协会在市场监管上屡屡不作为，原来，行业协会都是由主管部门领导兼任，或主管部门离退休老领导以及行业领头企业的负责人担任，因此，他们“向着自己企业说话也就不足为奇”。接着，记者又深入了一个层次，如何改变这一现状？记者找到的答案是：要想充分发挥行业协会的作用，协会需要抓手，政府必须放权。

主播：当三聚氰胺、瘦肉精、“皮鞋酸奶”的余波尚未消尽之时，“酒鬼酒”“茅台酒”等“涉塑”事件，再次将“行业协会”这一社会组织推到“风口浪尖”。在涉塑事件迅速升温的 11 月中下旬，两家行业协会——中国酒业协会和中国酒类流通协会先后发表声明，力挺白酒行业。即便是面对湖南省质监局报告 50 度酒鬼酒塑化剂超标 247％的事实，中国酒类流通协会秘书长刘员在接受本台采访时还这样表示：

【音响】酒里面塑化剂酒体接触塑料的制品，只可能是微量的存在。记：酒鬼酒中的量有每公斤 1.04 毫克。刘：这个我认为应该还是微量吧。记：卫生部的规定是只能 0.3 毫克每公斤。刘：我不太清楚，质监总局说法嘛，对人体是无害的。记：很明确说无害这两个字？刘：明确说是无害的，是按中国人的平均寿命来计算，每个人每天喝一斤这样的酒，对人体是无害的。记：不是质监总局辟谣了吗？刘：那个就搞不清楚了。

主播：记者在采访后了解到，中国酒类流通协会的会长和常务副会长分别是酒鬼酒企业的董事长和执行董事，向着自己企业说话也就不足为奇了。记者调查了解到，目前中国行业协会的领导大都由主管部门领导兼任，或主管部门离退休老领导以及行业领头企业的负责人担任。比如，中国奶业协会会长是农业部副部长高鸿宾兼任；中国肉类协会会长则是大型国企“中国华孚贸易发展集团公司”副总经理李水龙兼任。协会到底该由谁来管理？怎么管理？业界公认运作较为规范的上海律师行业协会的第八届会长、上海君悦律师事务所主任刘正东认为，完善协会的治理结构是基础。他告诉记者，上海律协已经有四届会长是由选举产生的专职律师担任。

【音响】规范体现在就是它有一个比较完善的治理结构，它的最高权力机构是律师代表大会，日常的事务都是由理事会，另外还有一个监事会，来监督这个理事会和会长会的工作。它有一个专职的、有力的秘书处，形成了这个行业协会比较规范。

主播：说到行业协会，最著名的恐怕就是被诟病了许多年的中国足协，它的身上集中了目前很多行业协会存在的问题。在著名足球记者、《体坛周报》上海站负责人葛爱萍眼里足协是一个怪胎：

【音响】中国足协行使的是个政府部门的职权，但是你却在另一方面你又变成一个市场部门，中国足球联赛、招商、收入也是你管，拿着公章又去收人家市场的钱，是不可以想象的事情。姑息了很多那时候假球、黑哨的行为，最终是造成了假球更大的泛滥。不能因为你出的钱多了，我就听你的，行业协会不是你厂家养的一个小媳妇啊。

主播：的确，行业协会收着会费，担负着为企业服务、沟通、协调的职能，但也肩负着监督、规范、自律、公正的社会责任。在 11 月 19 号中国酒业协会发表的紧急声明中显示：早在

2011年6月行业协会便知道白酒产品中普遍含有塑化剂的“内情”，但秘而不宣。本应制定并执行行业规范和标准、监督产品质量、竞争手段等行为的“行业协会”，如今的重心工作却在“灭火、遮羞”上。本台曾就“破皮鞋变成老酸奶”和“人工豆腐”等事件，采访过相关行业协会，得到的答复是这样的：

【音响A】没有事情去找事情去干什么呢？监管是政府的事，乳品生产的事，我协会没有这个责任。(电话忙音：嘟嘟嘟……)

【音响B】可以有把握地跟你讲，没有发现过这种情况。每个外地发生了，我马上都去看啊？问：那您怎么能保证没有这样情况呢？答：我今天去检查，他明天就作假了，也讲不明白的。

主播：任何行业潜规则丑闻的爆发，行业协会都有不可推卸的责任。仅回顾近几年发生在食品行业的公共事件，从三聚氰胺、蒙牛奶到酒鬼酒，行业协会对企业不是包庇就是纵容，最后丑闻爆发导致的是整个行业的全面沦陷。仅“塑化剂事件”爆发的6个交易日，白酒股市值就蒸发了470亿元。刘正东律师认为，行业协会不是简单去维护行业所有会员的利益，而应是维护整个行业的根本利益，会员出现问题，必须有惩戒职能。

【音响】如果出现一个老鼠会坏了一锅粥的这种事情，我们的行业就给他处分，在行业里面公之于众。很多的行业协会几乎没有惩戒，维权的时候呢是不加青红皂白的，比如像上次乳业的三聚氰胺一样的，像这个呢，你马上就应该向主管部门报告，因为你行业最知道。我们这个东西是不该添加的，做一个行业标准。

主播：塑化剂、三聚氰胺等众多事件，令行业协会“治理结构不合理，缺乏行业自律和监督”的问题暴露无遗。上海社科院社会学研究所原所长、上海市人民政府参事卢汉龙教授呼吁，应尽快出台行业协会方面的法律法规，明确行业协会有哪些职责。

【音响】行业协会一方面要能够代表行业，同时呢要使得这个行业呢要承担社会责任，行业协会呢而且它又是懂行的。就像酒鬼酒，行业协会它在一年多前就知道白酒里面有塑化剂，而且它对这个标准现在没有也知道，当时也没有及时地提出来。行业组织它假如不能够更好地反映这个行业内部的信息，没有很好的社会责任感，这个行业协会它是能力不足的。

主播：行业协会是不是真就不想作为？长期分管协会工作的市司法局副局长刘忠定和上海交大国际与公共事务学院院长胡伟都认为，要想充分发挥行业协会的作用，协会需要抓手，政府必须放权。

【音响】这个问题，归根结底在我们党政机关本身。主要的职能在政府，酒类也差不多，有工商、有技术监督那些部门都在密密麻麻地管着。就怕这些职能放给它们以后，我们会失控，事实上，越是放手给它们，它们越认真对待。根子就在老是害怕说，你把权放给它，它就乱了。放给它，让它自律，你要有相应的法制来管它，相应的责任的追究机制，让它慢慢地成长起来。

主播：塑化剂事件，让我们更加清晰地看到：加强管理、赋予行业协会相关的监督职能，必将是今后政府科学管理的一个重要举措。胡伟分析说，把该由市场和社会发挥作用的方面还给市场和社会，这是改革的方向，但并非一个地方就能解决好，必须在体制上有所突破。

【音响】体制不突破，很多问题解决不了。我们如果不改革，很多东西都没办法来解决，改革是唯一的出路。李克强同志特别强调政府还是要放权，这个是绕不过去的。意识到了很重要，但是光意识到还不行，还得真拿出切实可行的措施来。

同样采用层进论证法的，还有广播评论《群体狂欢背后的社会之痛》(黑龙江台 2012 年 3 月 24 日播出，获第 23 届中国新闻奖评论类二等奖)。评论的第一层，是从一起杀医案入手，即 2012 年 3 月 23 日，哈尔滨医科大学附属第一医院发生一起恶性伤害案件：一名患者持水果刀追砍医护人员，导致 1 死 3 伤；然后记者深入第二层：事发当天，腾讯网转载此事件后，短时间内竟有 4018 人次在网站投票中选择“高兴”，占总投票数的 65%。网易当天新闻留言中，甚至还有“应该举国欢庆啊！鞭炮响起来！小酒喝起来！音乐开起来！”随后记者进入第三层：为什么会出现这样的局面？一种“群体狂欢心态”。社会学家、黑龙江省社科联研究员崔嘉善惊呼：这是对全国医生的第二次伤害！这是比悲剧还要悲剧的悲剧！然后，记者联系两年前的 3 月 23 号，福建南平也发生了一起举国关注的血案，血案造成 8 死 5 伤，受害者都是小学生。记者的第四层分析为：这种扭曲的“群体狂欢”现象，体现了当下中国民众最典型的社会心态——“群体性怨恨”。如何解决？记者的第五层分析是：应着力解决民生问题，这是消解舆情危机和让舆情理性回归的重要途径。

(二)驳论

正论是提出自己的观点，并证明自己的观点是正确的。驳论是提出对方的观点，然后反驳对方，证明其观点是错误的。反驳，作为一种特殊的论证，从逻辑学上讲，是用一个证明去推翻另一个证明。可以说，在评论性文体中，驳论是最常用的论战性文体。

驳论常采用以下三种方法：

1. 反驳对方的论点

要反驳对方的论点，必须抓住对方言论中最主要、最本质的论点，也就是抓住要害。通常有两种具体手法：

(1)直接反驳法

直接反驳——使用证据确凿的事实直接反驳错误论点。其具体形式有二：

第一，直接论证法，用事实直接证明对方的论点是错误的。这里的核心要点一是要用“事实”；二是直接证明对方的“论点”错误。

第二，直接剖析法，就是直接剖析对方的错误论点。

评论《西方一些政要正在充当香港民主道路的绊脚石》，作者就采用了直接剖析法。如在香港特首选举问题上，英国提出“随时准备提供任何支持”，香港的部分反对派也在普选和民主问题上一再提出质疑，等等，作者均借助采访录音对上述论点直接进行了剖析。

主播：接着，英国负责东亚及香港事务的高官施维尔在香港报章上撰文，表示英国对香港 2017 年的特首普选“随时准备提供任何支持”。全国人大代表、香港新界社团联会理事长陈勇：

【音响】这个“任何支持”只会造成灾难。我们看到近代的历史，7 月 1 日前，港督由英国委任，是英国百分百的委任，而且宣誓时候是要对英女王效忠。我们香港真正能够有民主进程是在 1997 年 7 月 1 日以后，由间选、推选产生了我们自己的特首。香港的民主进程是《基本法》里面赋予的，所以根据《基本法》去逐步落实的。

……

主播：香港的部分反对派为什么会在普选、民主的议题上一再质疑？其真正的原因是什么？清华大学法学院院长王振民：

【音响】就是逢中必反的心态，中央提出什么，我都反对，即便是正确我也反对。香港的“泛民”一直是以争民主为他们主要的诉求，实际上这个民主已经是写在《基本法》里，不需要争的，它已经是按照《基本法》规定，全国人大的决定，肯定要在香港实行完全的民主，也就是最终实现双普选。

主播：全国人大代表、经济学家刘佩琼：

【音响】他本身违反了《基本法》，他们的行为破坏了香港的繁荣稳定，破坏了香港有秩序的政治进程。

主播：全国人大法律委员会主任委员乔晓阳谈到香港普选问题时，提出了特首普选的两个前提：一是符合《基本法》和人大决定；二是不允许与中央对抗的人担任特首。清华大学法学院院长王振民：

【音响】作为一个主权国家地方的行政首长，热爱这个国家，热爱这个地方，这是天经地义的。如果一个人举出了旗帜跟这个国家是对立的，我不热爱这个国家，那肯定不能胜选的。

(2)间接反驳法

间接反驳，顾名思义就是不直接反驳，而是采用一种迂回的方法进行反驳。具体讲，是采用“反证法”或“引申论证法”，来证明对方的论点是错误的。

第一，反证法。

反证法就是不直接论证对方的论点，而是提出一个与对方相反的新论点，从而证明对方的结论是站不住脚的。

反证法的例子很多，如录音评论《和平的赛场需要更宽广的胸怀》中，作者就采用了间接反驳法中的反证法。作者在作品中没有直接反驳在球场上发出嘘声到底错在哪儿，而是提出了一个新的观点，即和平的赛场需要更宽广的胸怀，并证明这个观点是正确的。于是，当该论点被证明是正确的之后，在赛场上起哄、发出嘘声的行为，自然就是不正确的了。

第二，引申论证法。

引申论证法就是先假设对方的错误论点是“正确”的，然后把对方的错误论点加以合理引申，导出一个荒谬结论，从而证明对方的论点是错误的。引申论证法又称“归谬法”。

2.反驳对方的论据

反驳论据，就是证明对方的论据是虚假的、错误的。反驳论据，虽然着眼于论据，但其最终目的是反驳对方的论点。由于论据是论点赖以建立的基础，基础是错误的，那么论点自然也就站不住脚了。

例如在录音评论《决不许亵渎英雄，歪曲历史》中，作者就采用了反驳论据法(当然还有其他方法)，对网络恶搞歪曲事实逐一进行了批驳，如当年董存瑞的团长证明，董存瑞的英雄事迹是真实的(不是网上所说的因为双面胶把手黏住才去炸碉堡的)；还有雷锋当年的连长证明，别说雷锋当年没有谈恋爱，就是他这个连长，当年看见女同志都脸红，都没有谈恋爱(证明网络上恶搞的“雷锋的初恋女友”是假的)。

一般而言，反驳对方的论据，可以对对方的论据逐一进行驳斥，也可以只选取对方论据中有代表性的几个进行批驳。如果因为忽略了对方的某一个论据，而给对方以可乘之机，那就必须对对方的论据逐一进行批驳。而如果驳倒了其中几个主要论据，也就驳倒了对方的论点，就可以采取重点批驳的方法。

3. 反驳对方的论证

反驳论证，就是揭露对方在论证过程中出现的逻辑错误，从而证明对方论点的荒谬。这种方法与反驳论据一样，虽然着眼于反驳论证，但最终目的仍然是在反驳论点。

反驳对方的论证，或证明对方的论据和论点之间没有必然的逻辑联系，或揭露对方在论证过程中言论的自相矛盾，或揭穿对方在论证过程中偷换概念，总之手法可以是多样的。

三、用音响做结论

用音响做结论，就是用音响来总结全篇。通常情况下，在结尾采用的音响应具有一定的权威性或高度概括性：

1. 用音响结尾

采用这种方法，很像我们前面在“录音新闻”一章中讲过的“音响结尾法”，即音响后立刻结束，如《治理好污水也是政绩》的结尾。

2. 用音响加记者的话作结

就是在音响后，记者还有一段话（文字）。采用这种方式结尾，要求记者结尾的语言更具概括性。

以上，都是用音响作结论。这样使用音响，有概括全篇、画龙点睛和深化主题的作用，避免了文字性语言的重复和啰嗦。

广播评论的特点有：第一，语言直白简练，适合收听；第二，推理清楚，不弯弯绕，多用摆事实、讲道理的方法；第三，使用采访音响，既丰富了评论，也是一种思想与观点的借力之法。

总之，写好录音评论，应注意把握以下几点：第一，选好论题，抓住论点；第二，事实说话，有理有据；第三，音响典型，有说服力；第四，由浅入深，逻辑性强；第五，力求辩证，避免偏激；第六，论述充分，观点正确。

思考与练习

1. 录音评论、录音综述和录音述评之间有什么异同？
2. 音响评论中，音响发挥了什么作用？
3. 录音专稿中的新闻综述与评论性录音综述有何异同？
4. 在教师的指导下采写一篇带音响的评论性作品。

第十章　连续报道与系列报道

连续报道和系列报道，是广播音响报道中常用到的一种新闻文体或专题文体。

在介绍完广播中所有带音响的新闻(专题)文体之后，才讲连续报道和系列报道，其用意在于：连续报道和系列报道虽是常见文体，但比较特殊，因为它们既有连续的录音新闻，也有连续的现场报道，甚至是连续的现场直播；或者，既有系列的录音专稿，也有系列的特写、系列的专访、系列的评论。换一个角度说，它们既有录播形态的，也有直播形态的——能看到直播方式出现后对这一文体的影响。总之，连续报道和系列报道是一个包罗万象的文体，因此最后介绍。

第一节　连续报道

连续报道是对一个新闻事件发生、发展和结果的分阶段进行的相对完整的报道，它专指用于报道新闻的文体。其特点为：

(1)“点状式”——是分阶段的，只要新闻事件不结束，这种“点状”报道就没有终结。

(2)是对刚刚发生的新闻事件的多篇(阶段性)报道，因此，其新闻性非常强。

(3)不规则。不一定是一天一篇，可能是几天一篇，也可能是一天几篇——根据新闻事件的变化与发展来进行。

(4)均由其他文体“连续”而来，可以是连续的“录音新闻”，也可以是连续的“现场报道”，从现在新的发展趋势看，还可以是连续的“现场直播”和连续的“直播访谈”等。

这里主要介绍四种形式：

一、录音新闻式

录音新闻方式的连续报道，一般较短小，如《紧急救助稀缺血型孕妇纪实》(天津台 2002 年 2 月 27～28 日播出)：

(1)

主持人：听众朋友，现在的时间是 2 月 27 号晚上 10 点 05 分，我们的《三个女人一台戏》节目刚刚开始不久，但现在不得不先暂时停下来。就在 10 多分钟以前，一位静海的听众十万火急地赶到我们的值班室，希望我们能伸出援助之手，挽救一下他婶子的生命！

【录音】患者侄子：我想求您帮助点事，我婶子大出血，需要 RH 阴性 AB 型血，您能不能帮我呼吁一下,挺着急的,家里都快急死了!人家说就是需要血,(因为)流产后大出血,家里人都快急疯了,我看没办法就过来(找您们帮忙)了。

主持人:这位听众的婶子名叫方惟玲(音),今天因为药物流产造成大出血,现正在本市一中心医院抢救,但大量失血已使方惟玲的生命危在旦夕,而最最令医院没有想到的是,经过化验,方惟玲的血型是非常稀有的RH阴性AB型,在AB血型的人群中,其概率只有千分之三左右。目前唯一与方惟玲血型相配的亲属,只有方惟玲的妹妹,但她已经向姐姐贡献了400毫升血液,已达到极限水平。然而,这400毫升鲜血仍不能解决方惟玲严重失血的问题。目前方惟玲已呈缺血性休克状态。另外,据医生说,方惟玲宫腔内填塞的止血纱布只能维持24小时,明天上午必须取出,届时必须有足够的血浆补给,否则病人将会有生命危险。

(2)

主持人:听众朋友,现在是2月28号早晨8点05,昨天晚上10点06分,我们生活台紧急插播的为静海孕妇方惟玲紧急征血的求助信息顷刻间传遍了津城。天津电视台昨晚也插播了这一信息,《每日新报》今晨也在头版头条显著位置报道了生活台的这一爱心救助活动。可以说,从昨晚开始,全市主要媒体联合救助方惟玲的爱心行动即拉开了帷幕。请听本台记者发来的报道:

【录音】

马大爷:我今年53岁了,现在情况特别紧急,我这问题不大,不为了救命嘛!

唐山来津探亲的大娘:我是唐山的家,昨天晚上听了你这个广播以后,我知道我自己是AB型血,不知道患者用得到用不到。

听众甲:如果我适合的话,我没有问题。

听众乙:我可能是……(以下压混)

记者:昨天晚上,我们为静海孕妇方惟玲紧急征血的求助信息刚刚播出,我们开通的征血热线就响个不停。

22点20分,本台记者孟萱赶到一中心医院。

22点23分,中油公司魏镭(音)先生从位于黑牛城道的家中赶来了,他是听到电台广播后前来献血的第一人。他说自己是AB型血,但不知道是不是RH阴性的,也许能用得上。

【录音】魏镭:我听说这个事知道这个产妇挺需要这个血型的,咱们能帮人一下就帮人一下,本身献血这个事在全社会都是应该提倡的。

记者:23点10分,刚刚做完节目的生活台主持人吴静、凡迪和两位嘉宾也紧急赶到一中心医院要求化验血型,为病人献血。此时,一中心医院的血库前已经聚集了不少听到广播后赶来的群众。

23点30分,一中心医院方面表示,医院已费尽周折从外地紧急调集了400毫升RH阴性AB型血液,加上方惟玲妹妹献出的400毫升,已能暂缓急切之需,但仍不能满足需要。截至目前,RH阴性AB型血还没有找到,因此还需要广大市民献出爱心。

一中心医院提醒广大市民:由于医院没有必需的验血设备,所以,请热心帮助方惟玲的朋友们今天早晨到市血液中心去验血。

另外,从昨晚开始,天津电视台、《每日新报》也都先后加入到我们的爱心救助活动中来;从今天早晨开始,天津人民广播电台将在全台的六个频道中滚动插播紧急需求RH阴性AB

型血的信息。

据了解,RH血型是人类红细胞系统中除ABO血型外的另一种重要血型系统,同时,这种血型系统也是红细胞血型中最为复杂的一个血型系。根据有关资料介绍,RH阳性血型在我国AB血型的人中约占大多数,达到99.7%,RH阴性血型在AB血型的人群中只占千分之三。

我们期待着今天能有和方惟玲血型相配的志愿者尽早出现,也衷心希望方惟玲能够在全市人民的爱心救助下转危为安。

有关爱心救助方惟玲的情况,请您继续关注本台的报道。

(3)

主持人:听众朋友,现在是2月28号下午5点。就在半个多小时前,我们从前方记者处获悉,RH阴性AB型血已经找到了。下面请听前方记者发回的报道:

记者:今天下午3点45,一位名叫张家兰(音)的女士赶到市血液中心,她肯定地告诉记者:"我的血型就是RH阴性AB型,我愿意捐献!"

【录音】张家兰:我们儿子一告诉我信儿,我还没敢告诉他,他问,妈妈,你是去吗?我说,我不去。反正我爱人也不知道,我自己就跑来了。当时就想着救人,没有别的想法。

记者:然而,令人意想不到的是,经过化验,张女士的血型虽然和方惟玲一致,但由于多年前张女士在生小孩时曾被输过血,因此她的血液中含有阳性抗体。

【录音】血站医生:她那个RH阴性抗体不行!输过血,产生别的(阳性抗体),她那里面的因子跟阳性因子掺和一块了,怕给阴性病人输了也产生抗体……(以下压混)

记者:这一发现令医生们迟疑起来,是用还是不用?如果用,将会给方惟玲今后的输血配型增加更大难度;而不用,又会眼睁睁看着方惟玲面临危险。最后,血液中心领导果断决定,对张女士捐献的血液作洗血处理。

【录音】血站医生:站长的意思,先给她采,如果病人要用,就给她(献的血)洗(血),尽管少,不也能有点嘛。

记者:下午4点,张女士走进献血大厅。消毒、勒紧橡皮管、抽血,200毫升鲜血缓缓流出,整个过程,张女士始终面带微笑。珍贵的RH阴性AB型血在经过14个小时的紧张征集后终于找到了。

这200毫升血液经过处理后,将会立即输入方惟玲的身体,挽救她的生命。

该连续报道新闻性很强,且无规律,第一天发稿一篇,第二天则是两篇——因为到第二天下午,RH阴性AB型血的寻找工作即告一段落。

在新闻实践中,有的连续报道要持续比较长的时间,如中央台从2003年开始,一直连续跟踪报道有关朝鲜问题的"六方会谈",从第一轮到第五轮,时间跨度长达两年之久,直到2005年9月各方才达成阶段性成果,签署六方《共同声明》。在此期间,中央台共发稿29篇,开了中国广播对国际新闻事件长时间、高密度连续跟踪报道的先河。

二、现场报道式

在当代广播中,连线直播非常方便,因此该方式很常见,如连续报道《霸州"6·4"枪杀案庭审现场报道》(河北台 2000 年 6 月 4 日播出,获 2000 年度中国广播电视新闻奖)。

(1)

主持人:听众朋友,今天上午 8 点 30 分,为社会各界广泛关注的霸州市公安局康仙庄派出所原副所长杜书贵涉嫌故意枪杀该市供电局职工牛亚军一案,将在我省廊坊市中级人民法院开庭审理。交通音乐频道特派记者江虹(音)已到达廊坊,并将对今天的庭审进行全程追踪采访。下面请听江虹从前方发回的现场报道:

【片花】记者目击,正在发生的新闻,现场报道!

记者:各位听众,我是记者江虹。我此刻是站在廊坊市区文明路上的廊坊市中级人民法院门前为您做现场报道。现在的时间是 7 点 37 分,再过不到一小时,也就是今天上午的 8 点 30 分,震惊全国的原霸州市康仙庄乡派出所副所长杜书贵枪杀该市供电局司机牛亚军一案,就将在我身后的廊坊市中院审判庭开庭审理。由于本案影响广泛、重大,30 号开庭的消息传开后,中央电视台、中央人民广播电台、《法制日报》等 30 多家全国各级各类新闻媒体的记者都已经先期抵达廊坊……记者从驻地赶到这里时是早晨的 6 点左右,当时现场已有几十名群众聚集,经询问得知,最早赶来这里的是一位早晨 5 点左右到场的退休老人。现在记者就站在老人身边,我们来采访一下这位老人。

记者:老同志您多大年纪了?

老人:74。

记者:您这是拿着什么证啊?

老人:我拿的是两个证,是领票用的。

记者:是看到公告了,是吗?

老人:昨天听说了。早晨我来看到公告。

记者:您今天想听点什么?您最关注什么呀?

老人:关注——审判的公正吧。

记者:好,谢谢。各位听众,今天的廊坊天气十分晴朗,虽然还是早晨,但已经能够感觉出今天的气温不会低。目前原、被告双方都还没有到达,可现场聚集的群众大约已有上千人。由于法院大门未开,而且门前空地有限,法院门前的文明路上都站满了人,不少人的脸上都冒出了汗珠。人群中几位从杜书贵老家赶来旁听的老乡引起了记者的注意。现在让我们来认识一下其中的一位老人。

记者:你好,老人家!您和杜书贵是同乡吗?

老人:我离着他近,唇齿相连的一个村子,和他的原籍。在我的家乡出现这样的民警,我觉着脸上……

记者:那杜书贵在你们当地是不是很有名啊?

老人:在我们乡里没有知名度,没出这事的话我都不认得他,我都不知道有这么个人。

(这时,远处传来哭喊声)

记者:各位听众,各位听众,现在牛亚军的家属来到了现场,您现在听到的哭声是走在前面的一位青年女子和一位五六十岁的妇人发出的。

(哭喊声……)

记者:有知情者告诉记者,两人分别是牛亚军的妻子和母亲,她们两人怀里分别抱着一张牛亚军生前的照片，照片上的小伙子相貌英俊，脸上甚至还带着淡淡的微笑。

（哭喊声继续：我相信党，我相信政府，我相信政法机关能给我们做主，能给我儿申冤报仇……）

记者：听着这悲愤的哭声，现场围观的很多群众都忍不住流下了同情的泪水。

（现场音响：……这样的事情要是多喽，再发展喽，人民将要遭到更大的苦难……看看他们中院，有没有个公正的界限！）

记者：各位听众，这位慷慨陈词的老人就是刚才记者采访的那位杜书贵的同乡。说这些话的时候，他还举出一条白底黑字的横幅，上面写的是：伸张正义。几乎与此同时，牛亚军的家属在工作人员的簇拥下已从法院的侧门提前走进法庭，此后法院的大门再次关闭。由于人群围拥太多，许多人的衣服已经都给汗湿透了，但是大家还是在执著地等待着开门放行。记者也和周围群众一样在耐心地等待着。稍后我们将再为您继续做现场报道。以上是记者江虹从廊坊发回的报道。

（2）

主持人：听众朋友，在我们今天节目进行的同时，霸州市康仙庄乡派出所副所长杜书贵涉嫌故意枪杀司机牛亚军一案正在廊坊市中级人民法院开庭审理，下面我们再来接通前方记者的热线，了解一下庭审的最新情况。

【片花】记者目击，正在发生的新闻，现场报道！

记者：各位听众，我是记者江虹，现在我是在廊坊市中级人民法院为您做现场报道。我现在是站在法庭侧面出口外的一块空地上。杜书贵涉嫌故意杀人案从今天上午9点15分左右在我身后的这间廊坊市中院最大的审判庭开庭审理，到刚才法庭审判长张铁英(音)宣布第一次休庭，已经审理了三个多小时。法庭审理进展得比较缓慢。今天的庭审开始后，杜书贵一家三口相继被带了上来，作为本案焦点人物的被告杜书贵，身穿一件普通的条纹T恤和一条灰色的裤子，脚穿一双拖鞋，到庭受审，看上去表情木然。公诉人和原告代理人先后在法庭上宣读了刑事和刑事附带民事起诉书。庭审前，记者想方设法拿到了一份起诉书复印件，其中在指控杜书贵等人的主要犯罪事实时，做了如下陈述：……公诉人据此认为，被告人杜书贵目无国法，持枪杀人，情节、后果都特别严重，社会影响极坏，民愤极大，其行为已触犯《中华人民共和国刑法》第232条之规定，构成故意杀人罪。被告人佟建华(音)、杜辉(音)的行为已触犯《中华人民共和国刑法》第310条之规定，构成包庇罪。被告方辩护律师进行了当庭辩护，主要就公诉人的举证程序是否合乎法律规定提出了质疑，认为公诉人一方提供的某些证言、证物不足为凭，原被告双方代理人还都就有关的细节问题，当庭向被告人进行了询问。杜书贵已承认抢枪一幕纯属捏造，并且也承认了案发后毁证的事实，但仍然否认故意杀人的事实，一口咬定是为鸣枪示警。在整个庭审过程中，旁听席上或坐、或站的近千名听众，都听得十分专注。值得一提的是，由于庭内温度很高，法庭又暂时对外封闭，虽然天花板上的十几个电扇一直在不停地飞转，上午10点钟左右，还是有一名法警当庭晕倒了。他的位置很快便由另外一名法警顶了上来，因此并没有对法庭审理造成更大影响。现在记者透过法院大院的围栏看出去，距离记者几十米远的法院门前的文明路上，依然有很多的群众在聚集着，为了消暑解热，许多人都头顶毛巾，手里拿着扇子和纯净水瓶等等一些物品。此刻已经是午饭时间，依然有这么多的人在执著地等候着审判的最新消息。稍后此案的审理还将继续，请关注本台的进一步报道。以上是记者江虹从廊坊发回的报道。

（3）

主持人：听众朋友，现在直播间外的城市已经是华灯初放，许多家庭都已吃过晚饭，正在为饭后的消遣做着准备。而也许此刻，你还在有意无意地收听着我们的节目，还在等待一件事情的结果，那就是霸州枪杀案的最终判决究竟如何了。说实话，我也很想知道。那么，下面就让我们一起来听听前方记者发来的最新报道。

【片花】记者目击，正在发生的新闻，现场报道！

记者：各位听众，我是记者江虹，我现在依然是在廊坊市中级人民法院为您做现场报道。现在是第三次休庭时间。震惊全国的霸州枪杀案今天在廊坊市中级人民法院公开审理，从今天上午 9 点 15 分左右开始到现在，庭审已经进行了 10 多个小时。也许是由于本案案情十分特殊，所以即便是在中午 12 点半和下午 3 点半以及现在的第三次休庭期间，法院大门也不允许随意出入。因此现场的工作人员、本案的涉案人员和广大旁听群众，一直都没有离开过法庭。许多人此刻都已是又渴又饿又累，但是大家自始至终都听得十分认真，法庭秩序良好。而现在，合议庭法官又再次全部回到了这个审判席上，最终的审判结果马上就要一见分晓了，让我们共同来倾听这庄严的宣判。

【现场音响】法官：现在继续开庭。传被告人到庭。继续刚才的法庭审理，经合议庭同意，现在进行宣判！全体起立！（起立声）本院认为，廊坊市人民检察院起诉书中的犯罪成立，被告人杜书贵之行为构成故意杀人罪；被告人杜辉、佟建华的行为构成包庇罪。根据《中华人民共和国刑法》第 232 条、第 310 条、第 57 条第一款、第 65 条第一款、第 25 条、第 26 条、第 36 条第一款之规定，判决如下：一、被告人杜书贵，犯故意杀人罪，判处死刑，剥夺政治权利终身。二、被告人杜辉，犯包庇罪，判处有期徒刑 7 年。三、被告人佟建华，犯包庇罪，判处有期徒刑 5 年。四、被告人杜书贵，赔偿被害人丧葬费 800 元，给付牛德峰（音）赡养费 32000 元，给付牛宾（音）抚养费 28000 元，共计人民币 60800 元。宣判完毕。坐下。

记者：各位听众，刚才您听到的是霸州枪杀案一审的判决结果。判决以后，记者可以看到，三名被告的表情呆板麻木，牛亚军的家属则已经被各媒体的记者迅速地包围采访。十几个小时的法庭审理终于尘埃落定，不知道近千名旁听群众感受如何。记者本人此刻虽然是非常非常地疲乏了，心中却也有说不出的兴奋与轻松，除了在庄严的宣判声中又一次感受到法律所固有的公正之外，此案更为深远的影响也许还要等待时间来检验。今天的一审之后，双方是否上诉，本台还将在今后的节目中继续予以关注，欢迎到时收听。以上是记者江虹从廊坊市中院发回的报道。

该报道发自同一天，前后跨度达十几个小时。由于庭审过程会有许多不确定因素，因此报道难度较大，但记者知难而进，发回的报道现场感非常强，语言也很流畅——语速达到每分钟近 300 字，且表述清楚、语言准确，很好地报道了庭审过程及现场群众的反应。该报道不仅让我们学到连续报道应如何做，也使我们看到一名优秀广播记者应具备的素质。

三、新闻专稿式

采用新闻专稿（录音通讯）方式进行连续报道非常常见，如青岛台的《那一刻我们血脉相连》,从出发、捐献干细胞和返回三方面报道了青岛护士谢振华为素不相识的白血病患者捐献造血干细胞的过程。

(音乐起,压混)

记者:是爱心,更是勇气!

【音响】我想尽快去北京,给他捐上造血干细胞,让他尽快好起来。

记者:美丽天使谢振华北京之行特别报道。

(音乐止)

男播:乍暖还寒的春天,一个普通的名字传遍了这座城市的大街小巷,这就是青岛城阳区第二人民医院的一名普通的护士谢振华。今天她带着一个爱心的故事踏上了列车,远赴千里之外的北京,她要用自己健康、充满力量的造血干细胞去挽救一位身患白血病的、素不相识的小伙子。本台随行记者王丽君此刻就陪在小谢身边。请听她从北京发回的报道。

【音响】谢振华是吧? 我是中华骨髓库的刘静湖,欢迎你啊! 非常感谢你!(以下压混)

记者:听众朋友,现在是晚上9点,火车在一个小时前抵达了北京,我现在的位置是北京大学第一医院第三住院部的部长套间,在这里,谢振华将接受为期三天的造血干细胞动员。

【音响】我现在非常激动。现在准备工作已经做好了,我也把精神调到了最好,而且还要保证一个健康的身体去把最好的血质献给他。

……

记者:让你我的生命在他人身上延伸,这就是爱。在这片爱如潮水的感动中,我们一步步走进了海纳百川的城市理念和追求。小谢说这只是一个开始,青岛市红十字总会已经向她发出担当形象大使的邀请,她也愿意终生为生命而呼喊,为拯救生命而努力。

【音响】我也想通过我的经历来告诉大家,捐献造血干细胞不是一件可怕的事情,相反,这件事还让我受益匪浅,让我懂得了自己存在的意义,而且体会到了幸福的含义。我希望有更多的人能够加入到捐献造血干细胞的行列中来,共同来挽救白血病患者的生命。祝愿天下所有的人都幸福!

这篇通讯式的连续报道音响丰富,节奏紧凑,信息量大,虽冠之以“特别报道”,但形式是连续报道,特点是每篇最后均有提示性回报,以引起听众继续关注,这是典型的连续报道的写作格式。

四、现场直播式

随着广播的发展,特别是直播的发展,连续报道也呈现出更加丰富多彩的样态。2005年10月12日到17日,我国成功发射并返回了“神舟”六号载人宇宙飞船。中央人民广播电台从12号到17号连续6天分八个时段,对“神舟”六号冲天奋飞、在轨运行、太空实验、返回着陆等进行了总长达17小时零10分钟的现场直播,开启了采用连续报道方式进行现场直播的先河,也使广播连续报道增加了新品种。

采用现场访谈和新闻特写方式进行连续报道,在广播实践中不多见。

连续报道的结构框架示意图

1. 导语＋介绍格(请听记者的报道，或请听本台记者采制的连续报道) 2. 新闻主体：解说词＋音响(参照各自文体) 3. 回报(本台将继续跟踪报道，敬请关注)

【注】如是通讯形式，可加题目。

第二节　系列报道

系列报道是对某一问题或某一人物多角度、多层次的报道，或是对不同问题、不同人物的分别报道。

一、录音专稿型

录音专稿型的系列报道最为常见，如中央台的系列报道《好工人许振超》：

男播：新的时代，好工人该是什么样？青岛港一位叫许振超的工人给了人们生动的答案。港口装卸，过去靠的是大吊车，现在靠一种叫“桥吊”的新设备。许振超过去是开桥吊的司机，后来当“桥吊队”的领头人，他带领工人们两次打破桥吊装卸世界纪录，改写了中国港口的实力。从今天开始，中央台播出系列报道《好工人许振超》，今天播出上篇：《干一行，干好一行》。

女播：认识许振超的人都说，老许有两个孩子，一个是女儿小雪，另一个就是码头上那一排高大的桥吊。1991 年 7 月的一天，青岛港仅有的两台桥吊被 12 级台风刮倒了。那天晚上，许振超回到家，妻子发现他铁黑着脸：

【录音】我说你脸色怎么这么不好？他就跟我说，昨晚上刮飓风，把桥吊给刮倒了。他愣愣地看着我，那个眼泪哗哗哗就下来了，心疼啊！最后也没吃饭。说，我得走，我想让它怎么倒下去，怎么叫它站起来。一下子就走了，两天两夜都没回来。

【现场音响】各位听众，我是记者×××。在青岛港前湾集装箱码头，红色的桥吊，红色的集装箱旁，我看见了身穿红色工作服的许振超。今年 54 岁的许振超中等身材，脸上深深的皱纹很有些码头工人饱经风霜的特点，而眉宇间又有几分书卷气。我们乘电梯登上了 50 多米高的桥吊。(风声)这风真大呀！这得有几级风啊？(许：5 级。)走进高空中的桥吊驾驶室，前方是大海，脚下是巨大的轮船和一排排集装箱，桥吊司机正一次次把摞在码头上的集装箱吊起，运到货船上。

【音响】许：你看，我们一次吊两个。

记者：集装箱有多重啊？

许：这两个集装箱，最少 60 吨。

记者：看它就是轻轻地一抓啊！

许：是啊。就是轻轻地一抓。你看，到这个位置，一下就停了。

记者：一下就放准了！

(现场音响止)

女播:桥吊也叫装卸桥,是用来装卸集装箱的、形状像桥一样的起重机,桥吊装卸速度的快慢,直接影响港口的货物通过能力,标志着一个港口的实力。对青岛港的桥吊司机们来说,能开上世界一流的桥吊是件很自豪的事,可从前,他们也有一个不太好听的外号,叫"铁匠"——吊具是铁的,集装箱是铁的,卡车是铁的,一装一卸,铁碰铁叮当响。在震耳欲聋的噪声里,许振超听出了安全隐患,他提出,要无声响操作。工友蒋刚说,当时他们觉得老许的想法简直是天方夜谭:

【音响】我觉得很不可思议,还冷嘲热讽地说,要不你自己试吧。唉,他还真去试了。

女播:许振超平时爱说的一个反问句就是:怎么就不行?

【音响】就是!怎么不行?有什么不行?哪里不行?我来给你解答。都不能干吗?都不干我干。

女播:许振超通过控制小车水平运行速度和吊具垂直升降之间的角度,天天琢磨、天天练,还真的做到了举重若轻。

【音响】他干了一个,还真不错。一下,欸!进去了!不是绝对说没有声音,但是那个声音相当相当小了。

女播:开桥吊怎么算开得好?许振超用了一个很诗意的比喻:行云流水。2003年4月28号晚上,许振超指挥8台桥吊,在一艘外籍货轮边一字排开,做了一次集体的行云流水的亮相。6小时40分钟,装卸3400个集装箱,刷新了桥吊装卸世界纪录。青岛港集团总裁常德传当场以许振超的名字命名"振超效率"。一家国际权威杂志盛赞:一流的工人成就了一流的青岛港。

【音响】(轮船鸣笛声)

女播:如今的青岛港,大型货轮往来穿梭,和世界纪录挂钩的"振超效率",让海内外许多大航运公司都主动寻求与青岛港合作。

【音响】实现中华民族的伟大复兴,怎么做啊?具体讲怎么做工人?你就得把你自己的本职工作干好。也不用唱什么高调,什么赶超一流,这就是超了。当你连这些基础的工作都干不好,你还谈什么赶超一流?

女播:干一行就要干好一行!许振超的职业理念很简单,不是靠说,而是靠做!把小事做好,积累起来就是大事。

【音响】我觉得人一辈子吧,踏踏实实干好每一件小事,可能是这些小事最后摞起来能是个大事吧!我还是那句话,我只是干了我应该做的。

(第二、三篇略)

该报道分别从"干一行,干好一行""从学徒到专家""海一样情怀"三个侧面介绍了许振超的事迹,让我们看到了一个干一行钻一行、爱厂如家、勤学习苦钻研和有丰富情感、有血有肉的新时代知识型工人的形象。

需注意的是,录音专稿型系列报道的写作格式与社教类专稿基本相同,只是介绍格式与普通专稿略有不同。

二、其他类型

在系列报道中，还有采用广播特写、评论和专访等形式的。

例如2000年，中央台为纪念中国人民广播事业诞生60周年，采制了12集特别节目《谁持彩练当空舞》，就是带有特写性质的系列报道：

（片花，压混）

男播：公元1940年12月30日，在陕北延安诞生了中国第一座人民的广播电台，这个日子，也永久地被载入了人民中国的史册。

60年后的今天，中国已经有了295座广播电台和1696套广播节目，平均每天播音17987小时，广播已经成了天空中一道用七彩声音编织而成的绚烂彩虹！为纪念人民广播诞生60年，中央人民广播电台特别制作了12集系列广播节目《谁持彩练当空舞》，从今天开始，在《午间半小时》节目中播出。今天播出开篇《历史的回声》。

【机场广播音响】您乘坐的786航班现在开始登机，请带好您的随身物品，由24号登机口上机，祝您旅途愉快，谢谢！（飞机起飞声）

【音响弱起】（陕北"信天游"歌声……）

【音响揣手叠出】（远处狗吠，近处公鸡打鸣声……压混）

【音响】女声（呼号）：延安，新华广播电台，X，N，C，R，现在开始播音。延安，新华广播电台……（渐弱，揣手出敲击键盘声）

男播：徐瑞璋，原延安新华广播电台播音员。

【音响】我现在回忆起来呀，那已经是60年以前的事了。那个时候，我才18岁，是一个从重庆来的中学生……那个时候播音室特别简单，就是一个小木头桌子，放一个麦克风。现在变化太大了，真是了不起！

【片花】（音乐起，压混）

女播：让久违的声音开启记忆的闸门。

男播：让历史深处的一幕幕，从回声中走来。

女播：让我们再一次感受心中的广播。

男播：让我们一起来倾听历史的回声。

（音乐止）

【音响】延安的新华广播电台的广播，就是鼓舞人民、打击敌人……（敲击键盘声）

女播：沈志伟（音），原新华社驻第三野战军总分社记者。

【音响】我们的（广播的）战报也比较准确，没有造假……而蒋军，广播造假，没有士气呀。

【音响】开国大典，经过中央批准，要转播实况，而且事先通知了所有的地方电台，通通都要转播。我们……（敲击键盘声）

女播：杨兆麟，原延安新华广播电台记者。

【音响】就是那个喇叭呢，扩音喇叭，它小，音量也很小，主席要宣读公告，总司令要宣读命令，要让广场上的几十万群众都能听得到，而且我们的广播要通通都播出去，这怎么解决？这就是……

（以下略）

中央台2000年推出的大型系列报道《创新制胜》、北京台2009年推出的系列报道《探访大学生就业之路》(2009年5月18日首播,获第20届中国新闻奖一等奖),以及中央台2010年推出的《经济转型100问》(2010年7月5日首播,获第21届中国新闻奖二等奖)等采用的均是评论性文体。

系列报道的结构框架示意图

1. 导语+介绍格(从今天开始,在××节目播出系列报道××,今天播出第×篇:××)(总标题下常有子标题) 2. 主体部分(解说词+音响) 3. 回报(明天同一时间请继续收听)

随着广播的发展,也出现了多种文体混合的系列报道,如天津台的系列报道《奥凯的飞天之旅》中,就采用了现场报道、专题报道和录音述评等多种文体;还有上海台的《骗子的自白》(2010年12月8日首播,获第21届中国新闻奖二等奖)也是一篇采用不同文体写成的系列报道。其中第一篇是消息,第二篇则是访谈。而最难得的是,在第二篇中,记者使用各种攻心术与电话诈骗嫌疑犯巧妙周旋,最终在揭穿其骗局的同时,让骗子按照记者的意图透露出许多鲜为人知的骗人手段和细节。该报道被上海市公安局刻成光盘作为教材,下发到社区,借此提高市民的防范意识。

第三节　连续报道与系列报道的异同

连续报道与系列报道既有相同点,也有不同点。

相同点:

二者都是多集(多次)的。

不同点:

(1)连续报道具有很强的新闻性、时效性,而系列报道具有专题性,一般时效性要逊于连续报道。

(2)连续报道的文体多偏向新闻性,常用的体裁有录音新闻、现场报道、新闻专稿、现场直播(连续的新闻特写和新闻访谈理论上存在,但不常见);而系列报道的文体则偏重于专题性,可以是录音专稿,也可以是广播特写、录音评论(述评)、专访等。

(3)连续报道在报道时间(广播时间)上可能是无规律的,是依据新闻的变化或进展而进行的;系列报道在报道时间上(广播时间)的安排一般来讲是比较规律的,通常是一天一集(通常在同一节目中)。

(4)采写难点不同。连续报道关注的是事件,系列报道关注的是问题。前者要求准确、及时;后者则不仅要求准确,还要求记者有丰厚的知识储备,还要善于发现问题(发现好的选题),善于多角度思考、多视点切入、多侧面进行剖析,有时甚至要有预见性或打“提前量”。

如黑龙江台的系列报道《粮安天下》(2010年12月11日首播，获第21届中国新闻奖一等奖)，就是在全省粮食生产实现超亿斤之际推出的大型系列报道，该报道的选题策划和组织采访开始于2008年4月省委提出粮食生产超亿斤规划之时，在长达33个月的采访中，记者掌握了大量生动翔实的第一手素材，有了充分的准备，因此，在12月10日全省粮食生产实现超亿斤后，第二天就推出了该报道。

(5)连续报道有录播形态，也有直播形态；系列报道多为录播形式(只有系列访谈可能是直播形式)。

另外，作为常识，应了解的是，连续报道和系列报道在日常播出时，其播出长度和具体的篇目数量并无特别要求。但报评中国新闻奖时，按规定限报3集，通常是选首、中、尾三篇。还有，在中国新闻奖等国内大奖中，连续报道和系列报道是作为一项进行评比的(称为“广播系列”)，本书从广播人惯常的专业角度将其细化了。

思考与练习

1. 连续报道与系列报道有何不同?
2. 在当代广播中，有哪些广播文体能够做成连续报道或系列报道?
3. 试着寻找选题，写一个系列报道的提纲。

第十一章　音响报道的创新发展

近几年来，广播技术的不断发展为广播人不断创新搭建了平台，广播报道的方式也更加精彩纷呈。这里，我们试对当代广播报道的创新发展做一个阶段性的归纳。

第一节　连线直访

近年来，广播新闻中出现了一种新的报道方式，它不是录音新闻，也不是现场报道；不同于现场直播，也非现场特别节目，但它又的确是一种新闻报道方式。那么，它究竟是怎样一种形式呢？我们先来看下面这个例子：

主持人：听众朋友，听众朋友，现在是9点15分，我们刚刚得到消息：我省九江发生了地震。现在，我们中断正常节目，插播这条消息：今天上午的8点50分左右，九江的瑞昌市附近发生了5.7级地震，目前，省有关方面正在按照紧急预案进行处置。现在，我们也在联系相关地区，了解地震的情况，再有呢地震有没有对交通造成影响。刚才我们直播室也有晃动，现在才明白，是九江发生地震了。现在我们的编辑已经联系上了瑞昌市交警大队丁大队长，我们来听一下电话。

【音响】（电话铃声）

主持人：丁队长，您好！丁队长，您好！听得见吗？（电话忙音）请编辑继续联系丁队长。地震发生以后，很多听众打来电话、发来短信，问到底是怎么回事，是不是发生了地震？现在确定是九江发生了地震。现在我们的记者正在向有关方面了解最新的情况。听众朋友，下面我们连线到九江市交警支队大桥中队的肖队长。（电话接通）肖队长，刚才九江发生了地震，那么现在九江大桥的情况怎么样？

肖：秩序良好，整个路面上的车辆和流量正常得很。

主持人：那么地震发生的时候，桥面上是个什么情况呢？

肖：我们是8点交接班，当时我和同事两个人在整理文件，就感觉一下子房子震动，因为我们值班室正好在桥面的引桥路口上，我们误认为是重型车辆路过，所以我们两人就出去看了一下情况，当时桥面车辆、流量正常，没有一点异动。过了大概5分钟，就接到底下电话，说发生地震了，我们101的总台通知我们所有路面交警上路值勤巡逻，保证秩序。（连线止）

主持人：听众朋友，现在我们再来关注一条消息：记者刚刚从地震局了解到，如果还有余震的话，地震局会通过手机短信通知市民，请大家放心。好，编辑再次接进来瑞昌市交警大队丁大队长的电话。(电话接通)丁队长,您好!

丁:好的。

主持人:我们刚刚知道,九江瑞昌发生了地震,现在情况怎么样?

丁:老百姓有点惊慌,所有的市民全部都从房子里出来,满街都是人,城区的交通秩序比较混乱。

主持人:地震发生的时候,您是在什么地方,当时的情况怎么样?

丁:当时我在路面值勤,在瑞昌到码头去的路上,叫瑞南线,新修的水泥路,一辆桑塔纳从我旁边过,突然间发现水泥块好像跟地面脱层了,晃得很厉害,马上反应过来是地震,这时候紧接着旁边砖瓦厂的工人从里面往外跑,哇呀呀说地震。(连线止)

主持人:丁队长,请稍等一会儿,我们来关注一条即时路况:目前九江市浔阳路烟水亭路段的行人非常多,双向已经拥堵。(电话忙音)这是本台九江四号路况信息员提供的即时路况。在这儿我们也要请司机朋友注意了,现在九江市区很多人都出来了,道路上的行人也比较多,要注意行人安全。好,又有一路电话,这是高速交警三大队周林辉(音)大队长,(电话铃声)来了解昌九高速公路的情况。(电话接通)周队长,地震对高速公路有没有影响?

周:地震对高速公路的行车影响不大,发生地震的时候,我们在高速公路上巡逻,79公桩,往九江方向,高速公路上没有什么感觉,可是我们看到下面村庄的老百姓从家里面往外跑。(连线止)

主持人:听众朋友,今天上午的8点50分,九江瑞昌市附近发生了5.7级地震,通过前面的连线,我们了解到,目前地震对九江长江大桥,还有昌九高速公路一些交通主干道没有造成大的影响。在瑞昌地震中心,人员伤亡的情况我们还不是很清楚,但是城区的交通比较乱,同时,九江市区的交通也有些乱,有关方面正在采取紧急措施,也请大家锁定FM105.4江西交通广播,我们将及时报道。

这是江西台2005年11月26日播出的节目《九江发生5.7级地震,震区主干道交通安全畅通》(获第16届中国新闻奖消息类作品二等奖)。

一档主持人直播节目的片段,竟获得了中国新闻奖消息类作品奖,这很有意思,也很值得思考。它说明中国新闻奖认可了这种新闻报道方式,同时也启发我们,广播新闻可以打破“节目”与“报道”的界限,特别是打破了我们头脑中的条条框框,同时也说明,在广播新闻报道中,要时刻有创新意识。

那么,该报道新在何处呢?很显然,它不是主持人简单念一念新闻稿,不是记者采回的录音新闻,也不是记者发回现场报道,更不是专门意义的现场直播,但它又确确实实是新闻报道,是直播,而且有组织、有策划(是临时策划,从节目中可以感觉出),只是它的新闻采访人不是记者,而是主持人,采访报道地点不是在新闻现场,而是在直播间。这种新闻报道方式,显然不是一种传统的新闻报道样式,在传统的教科书上也找不到先例。

大家知道,传统的新闻报道方式,无论是录音新闻,还是现场报道、现场直播,新闻的获得方式一般都是通过记者——是记者采访后发回电台来的(图11-1)。

图 11-1

如图 11-1 所示,“记者”两侧的箭头,一方指向“新闻”,另一方指向“主持人”,说明记者是连接新闻与广播(主持人)的桥梁,或者说,广播新闻的获得,首先要依靠记者采访,然后再由记者发回报道。但前例中,报道方式显然与常规不同(图 11-2)。

图 11-2

如图 11-2 所示,在上述例子中,主持人越过了记者,直接面对新闻。

如果说,一篇新闻只是因为记者在新闻发生后迅速赶到现场,在第一时间发回新闻,那么,这篇新闻的优点是速度快。而上面这个例子,很显然,它所传递给我们的信息并不简单——它绝不仅仅是一个速度的问题,准确地说,它创造了一种新的广播新闻报道方式。这种新闻报道方式是主持人直播节目出现以前所根本不可能有的,也是常规下的主持人节目所少见的。对此,这里暂且命名为“主持人连线直接采访报道”,简称“连线直访”。

主持人新闻**连线直访是节目主持人在直播节目中,打破常规,越过记者,直接面对新闻当事人和新闻事件的一种新闻采访报道方式。**

这种方式,可以用于突发事件发生后的即时采访与报道,同时,也给我们突破传统、创新广播新闻形式,留下了想象和发展空间。

主持人新闻连线直访的特点是:

(1)快速。可以在突发事件发生后立即开始。

(2)直接。越过记者,主持人直接面对新闻当事人或知情者。

(3)原汁原味。不回避连线的不成功,在非常态情况下,连线不成功本身同样具有特殊的新闻意义。

主持人新闻连线直访的要求主要包括:

(1)节目编播人员(包括主持人、监制、编辑和导播)要时刻保持对新闻的高度敏感,对突发事件具有较强的应变能力。

(2)编播人员对突发事件要有很强的处置、策划和驾驭能力。

(3)编播人员要具有大胆的创新意识。

总之,连线直访,让我们看到了广播在新闻发生后可以发挥出的速度优势,也让我们看到了广播音响报道可以如何活用。从这个角度说,连线直访对我们具有启迪意义。

第二节　录音专稿结构上的创新发展

在第四章第七节中，我们曾讨论了录音专稿的九种结构方式，这些结构方式大部分都是比较传统的。但纵观近几年来广播录音专稿的发展，大家或许会发现，录音专稿正呈现出百花齐放的特点。说得具体一点，就是在录音专稿中，越来越多地融入了多种报道的表现手段，其表现手法或者说结构方法更加丰富多样，更具广播特点。

一、录音专稿与录音专访在结构上的有机结合

录音专稿与录音专访从形式上来讲，它们原本边界清晰，两者并不相似，但近年来，这种清晰的边界被打破，很多写作者有意识地进行了两者的融合。请看《强大了的中国是你的朋友》（青岛台 2002 年 9 月 24 日播出，获第 13 届中国新闻奖二等奖）：

男播：昨天，公元 2002 年 9 月 23 号，青岛军港欢声如潮。

【音响】（敲锣打鼓声）立正！（军乐奏响——士兵欢呼声）首长好！

男播：人们纵情欢呼着，中华民族航海史上的千古壮举——中国海军首次环球航行圆满成功！132 天前，由“青岛号”导弹驱逐舰和“太仓号”综合补给舰组成的舰艇编队从这里解缆，横跨三大洋，远涉五大洲，在蓝色的星球上画出了承载中国人千年梦想的同心圆。这是一段令 506 名海军官兵激情燃烧的日子！这是一条注定要被历史铭记的航线！让我们跟随“青岛舰”舰长李玉杰的回忆，一起重温惊涛骇浪中的艰难历程，一起分享实现梦想时的自豪与快乐！

（专访形式）

记者：李舰长，作为“青岛舰”的舰长，您是完成这次环球航行的重要一员，那么首先想请您为我们介绍一下这次航行的整个航程。

李舰长：我们这次是 5 月 15 日由青岛起航，经过台湾海峡，到达了我们到访的第一站新加坡。在印度洋上，穿越了马尔代夫群岛，经过苏伊士运河，到达了埃及，然后我们到达第三站土耳其。从土耳其我们进入黑海，访问了乌克兰。从乌克兰我们到第五站希腊。离开希腊以后，穿越直布罗陀海峡，到达了葡萄牙的里斯本港。7 月 14 日我们离开葡萄牙，经过 9 天的航行，到达了巴西福塔莱萨港。然后我们通过巴拿马运河进入太平洋，到达厄瓜多尔的瓜尔基尔港，然后我们到达第九站，秘鲁的卡亚俄港。最后一站是法属的帕比提港，访问完毕以后，我们直接返回祖国，回到青岛港。

记者：嗯。一共是十国十港。那李舰长是用了不到两分钟的时间就说完了你们这次航行，可是，通过您的介绍呢，我可以想象到这 132 天的航行绝不是风平浪静的。我刚才数了一下，一共有 6 次要穿越赤道，越过了 15 个海峡水道，经历过印度洋的季风、大西洋的飓风，还有太平洋的台风，那咱们的海军官兵又是如何去面对的呢？

李舰长：在整个航行过程中，我们确实面临了很多困难，特别是海况的影响，也就是高温、高压、高湿和高海情。我们这次航行的航线大多都集中在赤道附近，温度高的时候，就在甲板上打一个鸡蛋，很快就被烤熟了。

记者:那这样的话,温度最高的时候能有多少度呢?

李舰长:我们曾经测过,104、105度。高温高到什么程度呢?早晨一起来,甲板上都一层白花花的盐,用扫把一扫吧,就一小堆儿,盐对装备的影响大家可想而知。还有一个方面呢,就是高海情,就是所谓大风浪。在整个我们100天的海上航行中,4到6米的浪高也是经常遇到的。有时候大浪来了,直接打到了我们的驾驶室,甚至溅到了我们的桅杆上。第一次随我们舰出访的人,好多人都是几天不吃饭。

记者:吃不下去?

李舰长:对,吃不下去,吃了吐,这样他就不愿意吃饭。有的甚至把胆汁都吐出来了。

(专稿形式)

男播:环球航行是一次考验,用全天候的气象,多变的海象,考验了中国海军的能力和意志。环球航行也是一次实践,用全新的形象,大国的气势,实现了军事外交的意义与内涵。整个航程,出访官兵用实际行动履行了他们的诺言——展民族形象,扬国威军威,促和平友谊,创环球壮举!

(音乐——压混)

众所周知,在中国悠久的文明史中,航海史是其中光辉的一页。明代郑和七下西洋,八百巨舰名震天下。但是,在公认的记载中,世界千年环球航海史上,却没有中国人的名字。西风劲吹的1911年,又一次机遇摆在中国人面前,"海圻号"巡洋舰横穿三大洋、四大洲,但终因舰船补给等原因,而与环球航行失之交臂。

(前面舒缓的音乐突然中断,后面激昂的音乐瞬间扬起——压混)

在21世纪之初,中国人民海军不仅完成了中国人的千年梦想,创造了中国海军舰艇编队出访时间最长、航程最远、航行海域最广、访问国家最多等多项纪录,而且,全程保持崭新的舰容舰貌,良好的装备性能和随时能战的技战术状态,在各国军队、各国人民面前,展现了中国海军和今日中国的良好形象!

(专访形式)

记者:环球航行就像是一座桥梁,让中国走向世界,也让世界更加了解中国。李舰长,这个架桥的担子一定是不轻的吧?

李舰长:确实,在这个方面,我们官兵努力地去让我们到访国的朋友们了解我们中国。在秘鲁的时候,曾经出现这么一个令我们震惊的一件事:他们有一个海报,海报的封面就印了一个穿着长马褂、梳着长辫子的中国人,这就是我们清朝时期中国人的一个形象。大家看了以后,也感到很震惊。我想,很重要的一个方面就说明他们对我们国家太不了解。

记者:他们可能也想为中国宣传,但是不知道怎么宣传,因为他们印象中的中国人就是那种形象。

李舰长:是的。这种情况,我们编队都采取了很多办法。一个是,我们利用一切可以交往的时机,向他们介绍我们中国。我们通过一些宣传版画,在他们参观我们军舰的时候,可以一目了然地让他们看到我们中国的变化。另外,像我们青岛送了我们很多宣传画册,当我们送给他们外国人的时候,他们都感到很惊讶。当然,最最主要的还是所有的官兵有这样一种意识,认为他们有这个责任去宣传我们国家。这也是我们这次出访的很重要的任务之一。

(音乐——压混)

(专稿形式)

男播：远航中，舰艇编队所到国家，政府、军方均给予高规格接待，秘鲁国防部长德莫拉、新加坡第二国防部长张志贤、三军总长林全保（音）、希腊国防总参谋长及各国海军主要将领都到舰欢迎、参观。在高层交往中，编队领导利用各种场合赞扬我国与被访问国人民传统的友好关系，宣传中国强大有利于世界和平与稳定。官兵们更是以严整的军容、严明的纪律、文明的举止和周到的接待，受到了各国人民的欢迎。在新加坡樟宜港，一位满头银发的老太太在兴冲冲的参观中一不留神崴掉了鞋跟，副反潜长李爱华赶紧拿来钳子，5 分钟修好了鞋，老人感激地说：中国水兵真好！中国人真好！在巴西福塔莱萨港，等候参观中国军舰的当地市民排起了千米长的队伍。当看到一位残疾人在队伍中后，几位战士将他抱上舰艇参观。分别时，这位残疾朋友说：这是我一生受到的最高礼遇。而秘鲁国防部长在参观过“青岛舰”后，更是伸出大拇指热情地说：

【音响】（原声……压混出翻译声）我觉得中国的军官，他们很称职，他们很职业，他们对于完成自己海军的使命非常地称职！

（专访形式）

记者：应该说呢在这次环球航行的途中，无论是海军的同行，还是当地百姓，对你们都是有着很高的评价。可我知道并不是所有的人一开始都会这么看，比如说，乌克兰的海军总司令叶尔烈（音）上将。

李舰长：我们到乌克兰访问期间，叶尔烈将军应该说是非常重视的，派了他一个海军副司令到码头迎接。但是，在后续的交往中，我们开始看到，他对我们还是有一种咱们平常所讲的瞧不起的一种意识在里边。首先，他来请我们参观他们的指挥舰，展现一下他们的装备，展现他们官兵的素养，上舰以后我们感到不可理解，因为甲板上的油漆都没有了。参观完他们以后，到了我们的军舰。这条军舰是我们国家新一代舰艇的一个代表，所有的武器装备代表了我们国家目前的一个工业水平，一个军事水平，比如说导弹系统、对空防御系统、电子战系统、声呐系统，综合作战能力还是比较强的。那么一对比，叶尔烈将军后来在接受采访的时候就讲了一段话：你们应该为有这样优秀的儿女感到骄傲和自豪！

（以下略）

分析这篇专稿不难发现，其主要结构方式是：一段播报式报道，一段记者专访，两种报道形式有规律地重复，构成一种循环。此类结构方法，过去在专稿中并不多见，其优点是：听觉不断转换，给人以新颖和不易疲倦之感，而且易使故事流动起来（图 11-3）。

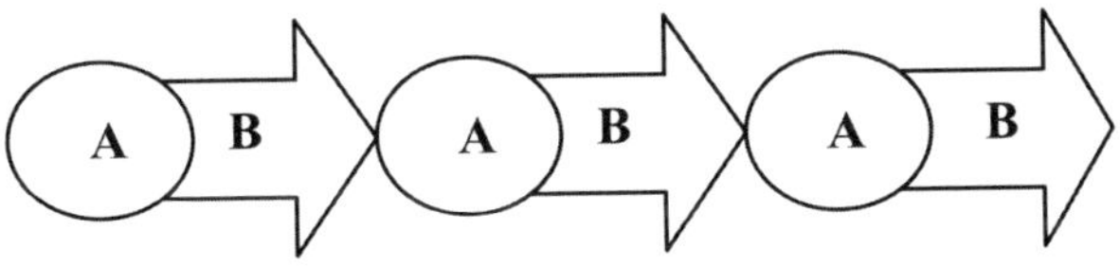

图 11-3

这种采用 AB 一组、AB 一组交替方式所构成的录音专稿，我们可称其为“交替式”。

在录音专稿中引入专访还有一种比较新颖的形式，例如录音专稿《杨利伟，21 小时的太空之旅》（中央台 2003 年 11 月 7 日播出，获第 14 届中国新闻奖二等奖）：

记者:听众朋友,我是记者谭淑惠。2003年10月15号,航天英雄杨利伟承载着中华民族的千年飞天梦想,乘坐着我国自行设计制造的载人飞船,成功遨游太空。作为中华飞天第一人,杨利伟在21个多小时的太空之旅中,有哪些特殊的经历?战胜了怎样的挑战?在太空飞行时的心情如何?这些都是人们关注的焦点。10月底,经过系统医学检查的杨利伟第一次面对媒体接受采访,我有幸第一个近距离地采访了他。在这次节目中,就请听飞天英雄杨利伟讲述他鲜为人知的太空之旅。

【音响】(飞船发射前读秒声)十、九、八、七、六、五、四……(压混)

杨利伟:读秒的时候,我的心里边保持得很冷静,感觉非常稳定,这件事情确实是太大了,作为我来说,没有压力是不可能的……对我个人来说,奋斗了这么多年,在你身上去实现这个梦想,也是很光荣的。这份光荣就代表着大家的努力。那么从十、九、八、七数的时候,我很自然地去给大家敬礼,这完全都是程序以外的东西。当时我听到地面传过来的掌声,非常受鼓舞,当时确实很振奋,也很感谢多年来专家、教练和全国人民对我的培养,让我去执行这个任务。那么我去给大家敬礼,也对大家有个表示,让大家放心,我去完成这个任务,自信地给大家敬礼!

【音响】起飞!(火箭起飞的轰鸣声……压混)

杨利伟:火箭腾空之后,有很大的负荷,好多感觉是在地面训练所无法模拟的。入轨之后,忽然间失重,整个身体飘起来,看到好多束缚带都飘起来了,都立起来了。仓内一些小的灰尘也都飘起来了。景象还是比较壮观的……你不管是横着躺,还是竖着躺,都没问题,像这种错觉更多的是需要你的意志力去对抗,就是你强迫你自己不让它倒着,那么在很短的时间之内,就把这个错觉消失了,这个我感觉是非常耗精力、耗精神的一件事,做起来很困难。那么恢复正常之后,做了很多工作。

【音响】(入轨、测控音响)长江二号跟踪正常,遥外测信号正常……(压混)

杨利伟:大家看到我每一次过站的时候,很老实地在那看程序,在给大家报……整个有200多项操作,一些例行的工作都做了,回来也跟训练部门报,跟主管部门报,给我的反馈信息也告诉我了,没有一次误操作。所有的操作都是按照时间节点做的,没有误差时间。

【音响】杨利伟在太空中向世界问好:和平利用太空,造福全人类……(压混)

杨利伟:刚入轨的时候,我写了一段话,为了人类的和平和进步,中国人来到太空了。当时写这句话的时候,是我摘了手套可以拿笔去写的时候,当时我确实有这种心情,就是一种民族的骄傲,作为中国人或者中华民族,能够在世界民族之林充分体现它的智慧和勇气,想去抒发一种感情,感到确实是为了民族,感到一种骄傲的心理。

【音响】(天地对话)

地面首长:杨利伟同志,你好!

杨利伟:首长好!

地面首长:你辛苦了!你现在感觉怎么样?

杨利伟:我感觉良好,谢谢首长的关心……(压混)

杨利伟:在地面看不到我,那么每一次进站之前,我都会给它束缚好,跟地面去做这种交流,去报告自己的身体和工作情况。那么真正在上面的大部分时间,都是不束缚的,我在里面飘着,非常有意思,自己尽可能多地去体验,空中这种经验,这种经历,包括我上面的日常的一些管理,包括我自己测一些血压、体温呀,这都是自己做。体验了一下失重是怎么回事,也很折腾折腾自己。

【音响】(在太空和妻儿的对话)

杨妻：感觉好吗？

杨利伟：感觉非常好。

杨妻：在太空看地球是不是很美啊？我们都看到你了！都为你感到骄傲！爸爸、妈妈、我和孩子都很好！明天我们迎接你凯旋，到机场去接你。

杨利伟：谢谢你的支持和鼓励！我一定会圆满完成任务的……(压混)

杨利伟：事先不知道。通过这种方式跟我爱人、孩子通话，感到很激动。因为通过这种方式，是一种非常不容易的事情，也很有意义。当时也很受感动，同时也感到首长的关心。作为我自己来说，能够听到家里边我爱人的声音和我孩子的声音，感到特别地亲切。

【音响】(和地面联系)

指挥员发指令声：长江三号双捕完成，长江四号双捕完成……指令已发出，已发出，执行。

杨利伟：神舟五号收到……(压混)

杨利伟：在整个飞行过程的当中，大家从屏幕上看到我的时候，一直是在束缚情况下在那坐着。实际上，在离开测控区之后，我基本上都是在漂浮着……类似这些，都是在工作之余，或是在执行任务的时候发生的，也很好玩，也给当时的工作增加了很多乐趣。

【音响】(返回调整姿态音响)指令声：……自动关机……(压混)

杨利伟：返回比上升更让人难受，因为它重回大气层的时候，进"黑障"的时候，从舷窗外看的时候，通红一片，很壮观，同时也很令人紧张，因为它有好多压迫空气，呼啸声划过的声音，有好多声音，有好多过载冲击，不论是从你的身体上，还是从你的心理上，还有意志品质力上，更考验人。着陆的冲击也还比较大，比较庆幸的是，这次落点非常精确，搜救人员到得非常快……我当时非常放心，说明人已经来了。(笑)

【音响】

杨利伟：报告曹副主席，我乘坐中华人民共和国第一艘载人飞船——神舟五号进入太空，经过14圈的飞行，顺利返航。在太空中，我们的飞行状态和我的感觉都非常好，我为我们的祖国感到骄傲！

首长：你辛苦了！

杨利伟：谢谢首长……(压混)

杨利伟：我感觉，它倾注的不是我一个人在上面转了这么14圈……很多人为了这件事情耗费了一辈子的精力，或者说是几十年为此而奋斗，无论是那些老专家，或者是现在正在从事这项工作的。有时候说起来之后，可能当时我很平静，有时候说起这件事情来自己就确实平静不太下来，有时候有想流泪的感觉。

【音响】杨利伟：(唱)我们是中国航天员，驾驶着神舟号宇宙飞船，在太空漫步……(压混)

杨利伟：作为我个人来说，我现在已经开始参加训练了，我通过这一次这么圆满的成功，对今后的载人航天非常有信心，也非常乐观，我个人可能会马上去调整自己的身体和心理状态，去参加训练，能够为下一步的"神六"，或者是以后的出仓和对接做准备工作。我想，我们整个的载人航天随着这次的成功，后续任务会越来越多，而且会做得一次比一次好！

作品正文中,记者未说一句话,完全由音响与录音讲述构成,但其结构方法显而易见:一段音响对应一段讲述,或引出一段讲述。其实,这里的讲述,就是记者的专访录音,只是没有出现记者的问话而已。这样来结构一篇录音专稿,以前并不多见,同时,也令人思路开阔。

此种方法,像是解读,像是对位,又像是引导,这里姑且称之为“对位法”(图 11-4)。

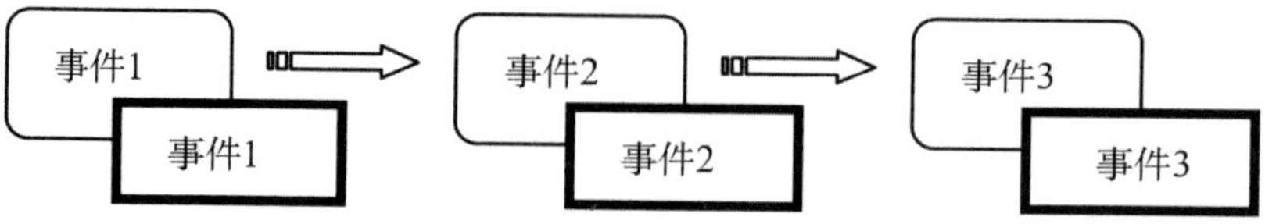

图 11-4

从图中可以看到,无论是事件 1,还是事件 2、事件 3,都是以两种形式来对位展现的。

二、在录音专稿中加入现场报道的元素

在中国当代的广播音响报道中,在录音专稿中加入现场报道的元素,即采用现场报道的一些手段,似乎越来越多。例如录音专稿《追逐太阳的青春》(西藏台和唐山台联合采制,2006 年 11 月 8 日播出,获第 17 届中国新闻奖一等奖):

【音响】(风声)记者现场报道(边喘息边说):各位听众,我是唐山电台的记者程瑞(音),我现在是在西藏海拔 5013 米的米拉山口……向您做报道。这次我要报道的是,1995 年到 1998 年,唐山师范学院 15 名来西藏援教的大学生,他们的援教期限……同为 8 年,到今年的 6 月份,距离最后一批大学生援教,刚好过去了 8 年,也就是说,他们全部援教期满了,而家乡人民,也始终在牵挂着他们,期盼着他们回来。米拉山口……是我采访他们的必经之路。现在我的呼吸非常困难,与我同行的朋友告诉我,我的脸色非常难看,嘴唇和指甲都已经变成了紫黑色,我感觉脑袋好像大了好几圈,而且特别地晕,我的两条腿软绵绵的,已经不听使唤了,不行了,我要回到车里去了。我快要晕倒了。

(关车门的音响,汽车发动、开动的音响……渐弱,叠出西藏民歌声……压混)

男播:悠远的牧歌,连绵的雪山,透明的阳光,然而,我们却无法领略世界屋脊迷人的风光,心率过速,胸闷气短,针扎般的头疼,严重的高原反应,让我们的采访之路异常艰苦。但是,昏沉沉的头脑中,我们的叩问却更加强烈。

女播:十几年前,唐山的就业环境还相当宽松,内地经济的快速发展也给年轻人创造了很多实现人生理想的机会,他们为什么会选择来西藏呢?他们最长的已在这里工作了 11 年!最短的也有 8 年!又是什么力量让他们坚守雪域高原呢?这些年,他们生活得怎么样?他们什么时候回家乡唐山呢?

男播:我们终于翻过了米拉山口。在林芝一中,我们找到了当年唐山师院第一个报名援藏的九五届毕业生周兰云(音),如今,她已是闻名林芝的全国优秀辅导员。

【音响】(学生朗朗的读书声。压混)

记者:兰云,当年为什么会选择来西藏呢?

周兰云:就是想干点事,不想碌碌无为混日子,当时受孔繁森影响比较大,他把生命都献

给了西藏，毕业的时候，我就想到祖国最需要的地方去，哪怕干成一件事，也就心满意足了。

女播：周兰云是一位多情多义的姑娘，入藏前一天，她悄悄来到血站，无偿献了400毫升血。她说，家乡哺育了我20年，没能为家乡做点事就要走了，这点血，就算是对家乡人民的一份报答吧！

告别母校，告别父母，带走了一包故乡的泥土，她说：想家了，就摸摸它，看看它。

男播：然而真的踏上了西藏的土地，他们面临的第一道难关，不是想家，而是强烈的高原反应。周兰云说：

【音响】我反应最重。流鼻血，出不来气儿，在医院打了半个多月的点滴，一到晚上我就搂着那包故乡的土掉眼泪，特别想我妈。但是我并不后悔，既然选择了这条路，就要勇敢地走下去！

女播：周兰云代表援藏的同学们，在给母校的回信中，写下了这样一段话：西藏距家乡很远，却离太阳很近，我们愿以火热的青春追逐太阳，因为，我们从事的是最神圣的事业！

这15名援藏的大学生分别去了拉萨市、曲水县、林芝的八一镇、墨脱县、波密县、山南的泽当镇和扎朗县。如今，他们就像西藏的山一样，稳稳地站在了西藏的雪域高原，为那里的藏族孩子们传播着知识，带去了希望！

……

男播：无论离开的，还是留下的，离开了又再来的，都再也不能释怀那份对西藏深深的爱！而这份爱，就如同火炬传递一样，感染鼓励着他们母校的一批又一批莘莘学子。唐山师院的郑合(音)书记激动地说：

【音响】我们用这15名援藏同学的精神，教育、鼓舞着我们的学生，从1999年到2006年，我们唐山师范学院又有40多名学生奔赴了祖国的西部，为祖国的建设，贡献着自己的力量！

【音响】(音乐起……)

女播：距家乡很远，但他们并不孤单！

男播：离太阳很近，他们用火热的青春追逐着太阳！

【音响】(歌声扬起……)

这篇录音专稿，在开头加入了一段现场报道，使整个报道的现场感一下子增强了，从记者进入高原的艰难中，我们深深体会到了15名大学生援藏8年甚至是10年的艰辛。

再例如录音专稿《珠峰日记》(黑龙江台，获2000年度中国广播电视新闻奖一等奖)：

【音响】(飞机降落声。压混)

播音员：2000年6月9号，哈尔滨太平国际机场。黑龙江电视台攀登珠峰前方报道组记者陈晓刚一下飞机，就被鲜花和闪光灯包围了。就是这名普通的新闻记者，从今年3月2号开始，携带十几公斤的专业设备，跟踪报道了黑龙江人阎庚华只身攀登珠穆朗玛峰的壮举，创下了职业记者在海拔8000米高度实现电视直播的世界纪录。在珠峰的日日夜夜，陈晓刚对着摄像机的话筒，口述了自己的真实经历。请听新闻专题：《珠峰日记》。

【陈晓刚现场讲述音响】(风声，边喘息边说)今天是5月19号，现在是早上7点多钟。我离开7800米营地，往上走，这是一个大冰洞(咳嗽、喘息)，又是一个大坡，脚往上一搭，一出溜,一搭,一出溜。(风声,碎石滚落声,喘息声)风吹在脸上,像刀割似的。冻出来的清鼻涕,总是抹不干净。啊,不行了,张不开嘴了,等会儿再说吧。

播音员:继通过珠峰北坳和大风口之后,今天陈晓刚的目标是:在中午直播阎庚华登上海拔8000米的实况。从海拔7800米到8000米,空气中的含氧量只有平地的20%,气温接近摄氏零下40度。台领导一再叮嘱他要量力而行,但是接受过登山训练的陈晓刚始终被完成直播的信念激励着。

【陈现场讲述】走两步,就喘两分钟。先是一点一点地动,都走不出来。啊!啊!还得往上走,拼了命,也要爬上去!爬!(唱)咱们记者有力量,一定要上8000米!不管那多么艰险,不管那多么艰难,我们一定要上去!(喊)一定要上去!上去!(喘息声)

播音员:12点50分,陈晓刚和阎庚华到达被称为生命禁区的海拔8000米高度,后方演播室准时将电视画面切向珠峰。

【陈现场讲述】(喘息)观众朋友,我现在是在珠峰海拔8000米的地方直播。蓝天下一座座山峰一脉相连,飘舞的白云上下翻腾,在我身边呢,就是近来大家都非常关注的阎庚华。各位观众,实在对不起,我和老阎现在都非常非常地疲惫。老阎!怎么样啊现在?什么感觉?

老阎:感觉今天特别累。如果体力过一会儿缓上来的话,今天就是到8300,如果感觉体力差一点,今天我就在8000米再住一个晚上,明天到达8300,21号突击顶峰!

播音员:珠峰的雄伟,阎庚华的传奇,在这一刻,通过陈晓刚的摄像机,通过"亚洲星诺一号"卫星,传遍天下!

【陈现场讲述】(喘息声)直播结束后,我已经筋疲力尽了。我是爬进这个帐篷里的。歇了半天才有劲儿说话。(咳嗽)老阎又往上走了。从取景器里,我能感受到他那份自信,我有好多、好多、好多的话要跟他说。我的身体还在这里,可我的心已经随老阎向上攀登了。

播音员:晚上9点,陈晓刚把阎庚华到达海拔8300米的消息发回后方,之后,在8000米营地静静地等待着阎庚华登顶的时刻。

【陈现场讲述】今天是5月20号,珠峰的天气说变就变。从凌晨一开始,刮起了暴风雪。刚才,我好不容易才喊通了老阎。我劝他赶紧下来,他只是说知道了,还要观察观察。

播音员:放下对讲机,陈晓刚开始担心起阎庚华来。他想起上山前他俩促膝交谈的那个晚上,阎庚华黑黝黝的脸上,一直洋溢着兴奋。这位世界上第一个徒步跑完长城,第一个徒步从漠河跑到海南岛,去年曾经登上珠峰海拔8000米高度的硬汉,似乎生来就是迎接挑战的。陈晓刚忘不了阎庚华对他说过的话:"咱中国人,不能让只身攀登珠峰的纪录总给外国人把着!"那一晚,在读懂阎庚华的同时,陈晓刚更深刻地了解了自己来到珠峰的涵义。

【音响】(风声,越来越大)

播音员:暴风雪越来越大,陈晓刚的帐篷不停地摇晃着。阎庚华迟迟没有下来,陈晓刚和他失去了联系。

【陈现场讲述】(风声)现在是21号凌晨,暴风雪还没有停。我终于喊通了老阎,可是刚说了一句话,我的对讲机就没电了。

播音员:和外界的所有联系突然中断,陈晓刚的处境更加艰难了。最后一块饼干也被就着雪吃掉了,虚弱的陈晓刚躺在帐篷里,思绪渐渐飘浮起来。

【陈现场讲述】(风声)我不知道能不能下去。离开家的时候,爱人把衣服给我熨好了,放在旅行箱里，她说，你千万别逞强啊，别往太高的地方去，家里有孩子、妈妈，还有她在等着我。刚到珠峰的时候，我对着电话跟她们说，我在这里挺好的，我一定，我一定活蹦乱跳地回到她们身边。我会把珠峰的一切都录下来，回去放给她们听。我那些可爱的战友们，我也不知道，咱们还能不能在一起，我想你们。

播音员：陈晓刚忍受着剧烈的高山反应，把吸氧的时间一再缩短，争取给阎庚华多留一些下山的氧气。与此同时，在海拔5200米，珠峰前方报道组大本营的同事们正焦急地呼叫着陈晓刚。

【陈现场讲述】今天是22号，现在天亮了。山上的风小了许多，我最期待的老阎，还是没有出现。

播音员：上午10点，弹尽粮绝的陈晓刚没有别的选择，他让一直跟随他的藏民向导带着仅剩的一点氧气，上去找阎庚华，自己背起转播设备下撤。

【陈现场讲述】珠穆朗玛峰的峰顶就在眼前，我们将近三个月的努力，还剩最后一点，没能完成。我真的很难受。再见了珠峰！

播音员：由于体力严重透支，一路上，陈晓刚扔掉了登山包，扔掉了睡袋，只把设备牢牢地攥在了手里。下到海拔7500米时，几个下山的藏民向导发现了他，把他夹着拖到了山下的营地。同事们拼命地跑过来，紧紧地抱住陈晓刚！

【现场音响】同事：你挺好的吧？

陈晓刚：没事，还行。没问题，没问题，放心吧。

【现场陈讲述】我终于回到了我的同事们中间。平静了一会儿，赶紧问老阎怎么样了？（抽泣）很难受地张不开嘴。我的眼泪根本就止不住。老阎，你快回来吧！快回来吧！大家劝我，你回拉萨调整一下。我说，我一定要等老阎凯旋。我要拍到他胜利回来的镜头！（叹息）

播音员：从峰顶陆续撤下来的登山者们带来消息，在海拔8848.13米珠峰峰顶，中国的五星红旗格外地抢眼。阎庚华实现了一生的夙愿，却在下山的途中倒下了。

【陈现场讲述】今天是5月28号，晴空万里，我就要跟珠峰告别了，要跟老阎告别了。当地藏民唱起了世代流传下来的歌谣。（歌声弱起）下山前，我朝珠峰磕了三个响头，两句话一下就涌到了嘴边：雪白的哈达呀，你能不能化作天上的白云，飘到珠峰峰顶，再看一眼登顶成功的老阎！香醇的美酒啊，你能不能随风而去，让我们的庚华再痛饮一杯！但我心里知道，我永远无法和珠峰说再见，也永远无法和老阎说再见……

（歌声扬起……）

这篇录音专稿，是记者在攀登珠峰时现场讲述的，其中所运用的直接事实音响——那种缺氧时的喘息以及孤独、思念等真情实感的流露，不仅真实、感人，也令人震撼。

再如新闻专题《玉树地震：无论你在哪里，我都要找到你》（中央台2010年4月15日播出，获第21届中国新闻奖新闻专题一等奖），采用的也是现场报道方式。

可见，在录音专稿中加入“现场报道”的元素，能大大提升录音专稿的现场感和影响力。

三、录音专稿与主持人节目相融合

中国当代广播中的录音专稿，在结构上更是有了新发展——与主持人节目融合到了一起。请看这个例子:《白杨树讲述的故事——留在中国大地的日本人墓园》(中国国际广播电台2005年8月15日播出,获第16届中国新闻奖一等奖)。这本是一套日语节目,为便于大家学习,这里采用的是中文译文。

(开始曲)

(第一部分)

(主持人节目现场)

主持人:每年的8月15日对日本、中国、韩国以及很多的亚洲国家来说都是一个特别的日子。今年是第二次世界大战胜利暨抗日战争胜利60周年,在这样一个特别的日子里,我们想带大家去一个地方,听那里的白杨树讲述一些不为人知的故事。今天我们还请到一位亲身经历过这场战争的嘉宾,他就是原文化部副部长、现任中国对外文化交流协会副会长刘德有先生。刘会长,欢迎您的光临!

刘:听众朋友晚上好!我是刘德有。

主持人:刘会长,您是1964年第一批派驻日本的中国记者之一,此后在日本工作的时间长达15年,是一位地地道道的日本通了。

刘:哪里哪里,我已经好久没机会说日语了,舌头有时候可能不太灵活,还请大家多多关照。

主持人:您太谦虚了。会长您是亲历了那场战争的,对60年前的今天还有印象吗?

刘:当然有了,而且印象还很深刻。那时候我还是个小学生……慢慢才了解到,其实在战争当中,普通的日本国民也是受害者。特别是在战争初期,在日本政府的怂恿下到我国东北来开拓土地的开拓团,这批人在日本战败后大部分没有回到日本,就死在中国的大地上。

主持人:他们都是日本军国主义战争的牺牲品啊。不过,我了解到,1963年,我国政府给这些开拓团的日本平民特别修建了一个公墓,公墓的位置就在现在黑龙江省哈尔滨市郊区的方正县。

刘:是啊。这个公墓就叫做"方正县日本人公墓",是我国唯一的一座日本人公墓。当年是在周恩来总理的特批下建立起来的。即使在"文化大革命"当中,公墓也在当地人的保护之下没有遭到任何破坏。

主持人:会长,其实最近我们刚从那里回来,在公墓所在的白杨树林里听到了一些非常感人的故事。我们一起到现场去感受一下吧!

(第二部分)

(录音报道)

【公墓现场音响】(风声,知了的鸣叫,自然音效)

播音员:这里是中国唯一的一座日本人公墓——方正县日本人公墓,1995年改称为"中日友好园林"。这里除了公墓的墓碑之外,还有纪念馆、和平友好纪念碑等九个建筑物。整个园林占地面积约1500平方米,到处绿树成荫,尤其是1963年公墓建立当初环绕公墓种下的白杨树林,现在已经长成了参天大树。清风吹过,白杨树发出动听的沙沙声,仿佛在对我们讲述着什么。

【现场音响】(风吹过白杨树林的沙沙声)

播音员:带我们来到公墓的方正县外事办公室的王德君(音)主任,给我们一一介绍了公墓里面各种纪念建筑物的来历。

【王主任话声出】(先是汉语,后压混,出日语译音,下同)沿着东西轴而建的都是日本友好团体的纪念物。这个是山梨县出资建立的中日友好往来纪念碑,上面刻的8个字是山梨县知事的亲笔。这个是植树纪念碑,它旁边的是和平友好纪念碑,往西那个大的是“日中友好,世界和平”纪念碑。它的东边种的是哈尔滨市的市花丁香,西边种的是日本的国花樱花。其中的5棵是60年代从日本直接移植过来的,现在都长成大树了。

播音员:另外,关于公墓的来历,王主任还向我们披露了一段鲜为人知的历史。

【王主任话声出】日本战败的1945年,方正县的日本开拓团大都集中在3个地方……他们知道中国人恨日本人,不敢走大路,尽拣险要的山路向大连方向撤离。到达方正县附近的时候正值10月中旬,北方这时候的天气已经相当寒冷,死于严寒、饥饿、疾病以及自杀的日本人大概有5000多人,剩下的大约1万人一半以上都是妇女和孩子。除去在中国政府的帮助下回到日本的一部分人之外,大约有4000人被当地人收留。1962年,在山上开荒的当地人发现了很多尸骨,据留下来的日本人说,这些尸骨都是当年撤退时死在中国的日本平民的遗骨。1963年,在周恩来总理的关怀下,方正县为这些日本人建立了一座公墓,把他们的遗骨收葬在一起。即使在“文化大革命”当中,这座公墓也没有遭到破坏。

(主持人节目现场)

刘:战败18年后,这些日本平民的魂灵终于有了安息之所啊。不过,中日两国的一般老百姓好像还不太知道这个公墓的事情,小王是什么时候知道的?

主持人:我是最近偶然在网上看到设在日本东京的“方正地区支援交流会”发布的消息才了解到这个公墓的。关于公墓的情况我们还电话采访了这个交流会的大类善启(音)局长。

【电话录音】1987年还是1988年,我跟随方正地区支援交流会去了方正县。果然见到了(这座公墓),是一座十分规整漂亮的墓园……这座公墓就是中国这种宽大胸怀的最好说明。尤其在这个时代,特别是日本的政治家们有必要了解这些情况。方正地区支援交流会成立的时间还不长,希望各位听众理解我们的活动,支持我们的活动,加入到我们当中来。

刘:方正地区支援交流会的朋友们,你们辛苦了。

主持人:方正县日本人公墓自从建立到现在已经整整42年了,当年的年轻人现在也都成了古稀老人。就在十几年前,公墓的旁边又起了一个墓碑,那是为收养日本剩留孤儿的养父母们修建的,已经故去的中国养父母们都长眠在那里。我们造访公墓的当天刚好有一位老人的安葬仪式在那里举行,周围的人都亲切地称她为“石妈妈”。

(公墓现场)

【音效】(长笛《送别》)

【日本剩留孤儿代表话出】(女,先是汉语,后压混出日语)石妈妈去了,我特别难过。我也是日本孤儿,和我的日本亲人曾经取得过一次联系,但是后来就音讯皆无了。我一直在中国生活,和石妈妈是在红十字会的活动上认识的,她对我特别好……

记者:那么,石妈妈究竟是一个什么样的人,她又有着什么样的故事呢?请听石妈妈的三儿子给我们的讲述。

【石金凯话出】(先是汉语,然后压混出日语译音)我是老三,老大是妈妈收养的日本孤儿。其实我二哥应该是家里真正的长子,但是按照妈妈的意思,我们从小就叫日本哥哥大哥。我大哥的中国名字叫石金峰(音),有个小名叫来福,他的日本名字叫小林义明。听妈妈说,那年冬天特别冷,一个来家里修理家具的木匠是个日本人,穿得特别少,我妈妈看他冻得厉害就给了他一件棉袄,日本人特别感动。他见我父母当时没有孩子,就说你们愿不愿意收养一个日本孩子?他挺可怜的,快要病死了。其实我父母当时刚结婚,我妈妈才20岁,妈妈没有工作,家里就靠父亲给人修鞋过日子,特别穷。但是,我父母还是收养了这个孩子,当时他才4岁。经过1年多的调养,他的身体才慢慢恢复。

(主持人节目现场)

刘:这两位养父母真是伟大啊!后来怎么样了呢?

主持人:后来,石妈妈生了两个男孩,按照中国的传统,分别给自己的两个亲生孩子依照老大的名字排序,起名为石金民(音)和石金凯(音)。

刘:那石妈妈有了亲生孩子之后,老大石金峰的处境怎么样了呢?

主持人:是啊,大家可能都会担心,这个日本孤儿是不是要开始被冷落了呢。让我们听听石家兄弟的讲述。

(公墓现场)

【老三石金凯话出】大哥和二哥小时候有一次都得了天花。天花是传染病,那个时候很难治好。而且家里没那么多钱,只能送一个孩子去医院。当时,父母商量了一下,决定保大哥,送大哥去医院,而把二哥交给了邻居一个会扎针的阿姨。幸运的是,后来二哥也活过来了。

【老二石金民话出】我是老二石金民。当时我是6岁还是7岁,大哥比我大4岁。当时父母送大哥去医院我也并没有恨大哥,觉得家里穷,这也是没办法。我和大哥从来没打过架,大哥很细心,什么都会干,总是帮家里做事,跟我们周围的孩子关系也都处得特别好。中日关系正常化以后,大哥找到了日本的家人。妈妈心里很难过,舍不得跟大哥分开,但是大哥走之前,我们还是全家人一起给他祝贺、送行。

记者:1982年,石家的长子石金峰,也就是小林义明跟日本的家人取得了联系,带着妻子儿女回到了在日本熊本县的老家。回国以后他一直通过书信与中国的亲人保持联系,还曾经3次接石妈妈去日本团聚。可惜的是,在石妈妈去世之前他始终没有机会回中国来看看。石妈妈生前曾经多次跟两个儿子说,他也很不容易,你们要理解大哥。虽然如此,两个弟弟还是对大哥在母亲去世的时候没能来为她送行感到十分遗憾。

【老二石金民话出】我很想我大哥,我想问问他,怎么不回来看看我们。

【老三石金凯话出】大哥,妈妈去世之前说你是他最好的儿子,是我们最好的大哥,说你很不容易,叫我们理解你。有些误会就让它过去吧……让我们像妈妈期待的那样,永远做好兄弟!

【邻居庞春英话出】我是他们的邻居,我叫庞春英(音)。金峰大哥是看着我长大的。石妈妈是多好的人啊,(哽咽……)她的一生都在为别人着想,从来不考虑自己……金峰大哥,你真应该回来看看,看看石妈妈,(哽咽……)这是我们大家的希望。

【音效】(长笛《送别》)

(主持人节目现场)

主持人:刚才我们听到的是发生在中国黑龙江省方正县的故事。现在我们回到节目现场,请今天的嘉宾,原文化部副部长、现中国对外文化交流协会刘德有副会长谈谈他的感受。

刘：刚才听到了一个感人的故事，认识了一个伟大的母亲石妈妈。中国人有个传统美德就是"以德报怨"，方正县日本人公墓和石妈妈的故事正是中国这种传统美德的具体体现。我相信人做了好的事情必然会得到回报。

主持人：事实正是如此。

（以下略）

可以看到，该作品的新闻视角比较独特，它不同于以往纪念抗战的题材，而是选取了一个建在中国的日本公墓，通过中国政府对它的精心修建和中国老百姓当年对日本留住民的精心照顾，深刻地反映了中国人民"以德报怨"的高尚和宽广胸怀。这一主题，选在抗战胜利60周年之际推出，显得尤为深刻。同时，值得称道的是，作品的结构手法独特，将录音专稿与主持人节目巧妙地融合在一起，构成了一个有机整体，体现出创新意识。中国新闻奖原来规定新闻专稿的时间长度不超过15分钟，后将时长延长至不超过30分钟，这为录音专稿的创新发展提供了广阔天地。

第三节　广播谈话与现场直播的融合

在本书中，我们多次讲到，中国当代广播音响报道中已出现大量的文体间互相融合的现象。这说明，在当代广播的不断发展创新中，文体间的边缘交叉现象日趋明显，文体间的界限越加模糊，同时也说明，由于直播方式的出现，使音响报道的手法越来越丰富多样，我们对它们的分类也越加困难。

这里，我们再来介绍一种音响报道中新出现的形式，请先看下面这个例子：

（《叶文有话要说》节目开始曲）

主持人：欢迎大家收听《叶文有话要说》。咱们今天继续在节目当中谈生活、谈情感、谈婚姻。为什么节目一开始我声音就显得有点急促？因为三线呢我们现在有一部电话在等待。据我们的导播跟我们说，说这位女士现在面临了危险，她说要在临死之前跟叶文通个话。咱们马上把电话接起来。你好这位女士！你好！（热线接通）

女士：（有气无力地）是叶文吗？

主持人：（急切地）是我是我，你怎么啦？

女士：（抽泣声）

主持人：说话。快说话告诉我，我着急呀！你怎么啦？我刚才听导播说，你在家把煤气给打开了？你快告诉我，现在怎么样？（抽泣声）不要光哭，现在有没有危险？

女士：（声音微弱）我就是想和你说几句话。

主持人：你说你说，快说！

女士：我已经怀孕四个月了（抽泣），（主持人：怀孕四个月，然后呢？）我丈夫抛弃了我。（主持人：你的丈夫？）他就在外边找女人，看我挺着大肚子能把他怎么办！（抽泣）

主持人：现在你难道真的是把家里的煤气给打开了吗？是不是？

女士：我不能活下去了。我都已经为他做了第四个孩子。（抽泣）

主持人:你听我说,你听我说,现在你打电话的时候,能不能够到靠近窗口的地方?(忙音:电话突然挂断)电话断掉了。她说话的时候声音在发抖,而且喘得很厉害,怀孕四个月,可能是,这种微弱的呼吸代表她正在危险当中!我不瞒大家说,我现在在直播间里,我的手在发抖!她的手机号码我们已经记下来了,是139××××1938。她姓江,导播告诉我们说,她的电话已经转全球呼了。各位朋友,收音机前有没有她的亲属?或者是朋友?听到我们的节目了吗?如果有听到这个节目的朋友,知道她家庭住址在哪,赶紧报110,或者赶紧冲到她家去,把她的门撞开,她现在情绪很混乱,很容易出危险的。如果这位女士你在收音机前的话,我想对你说几句话:你现在怀孕已经四个月了,别的你可以不看,但是你现在肚子里有一个刚刚成形的小宝宝。难道你愿意带着他跟你一起死吗?那是不是太残忍了?孩子有活下来的权利,请你哪怕看在他的份儿上,你也不要选择这条轻生的道路啊!希望就在你前面,请你走到窗户跟前,你伸手把窗户拉开,马上就可以了,你知道吗,那个男人,他也许现在也在收音机旁,我想告诉他,赶紧回家!因为你的妻子现在面临了危险!你不能够这样折磨她!如果你这样折磨她,让她寻了短见的话,不光是她,还有你未出世的孩子,也会一同命丧黄泉!这对一个男人来讲,你会一辈子良心不安的!不行!我们一定得救救她……导播告诉我说了,江女士的电话刚接通时,我们就把这个突发事件跟我们的领导汇报了,我们的导播间立刻成立由我们的节目总监张新(音)来牵头的临时救援指挥中心。现在咱们有三路记者正在赶往中国移动哈尔滨分公司、120急救中心,以及110指挥中心,还有一路记者在随时待命。同时我们也希望更多的收音机前的朋友们,您能够加入进来,咱们一起把那位轻生的女士找到,把她从死亡线上拽回来!我们的直播间电话是0451—82898800。一线的这位女士你好!

(一线接通):哎,你好!是这样,我觉得这位女士她一定在听广播……我想跟她说几句:人生都有很多挫折,面对挫折的时候,没有过不去的火焰山。你一定珍惜自己的生命……何况你现在还有一个小宝宝!是不是?一定要挺住……你要如果听到了,打开手机,告诉叶文一声:我现在没有事情了。这样,大家会敬佩你,你今后的路大家都会帮你。把我的手机号码留给她,如果有什么事找我,我会帮她,我也是个司法工作者。

主持人:好的,女士,您的声音我听出来了在颤抖。我觉得大家同为女人,而且她怀着身孕,只要是一个女人,是一个母亲,面对她这样的境况,我们就不能再继续保持沉默……好的,谢谢你,再见。江女士,你听到了吗?有好多姐妹会帮助你呀……跟大家说,我们派出来的三路记者已经分别赶往了中国移动的哈尔滨分公司,还有110的指挥中心,还有120的急救中心。他们那边的情况怎么样了呢?导播告诉我说,派往中国移动哈尔滨分公司的记者赵蕾(音),她的电话已经接进来了。我们听一听,她能不能够为我们提供一些营救江女士的有价值的线索。你好赵蕾!(热线接通)

记者:叶文你好!我现在就在去往哈尔滨移动公司的路上。刚才我已经和10086的客服人员沟通过了,希望他们能够告诉我江女士手机登记的一些信息,可是他们说,手机的详细信息是属于个人隐私的,所以没办法向咱们透露。但是我现在已经跟移动公司的10086客服中心的班长台联系了,他们正在向领导请示呢,希望能够特事特办,调出江女士的手机登记信息和联系电话,因为,生命高于一切,再多拖延一分钟时间,江女士可能就会多一分危险了。希望我能够马上得到有价值的线索。叶文,我的报道就是这样,稍后我们再连线。

主持人:好的,希望赵蕾能够带给我们好消息。下面让我们连线去往110指挥中心的记

者崔英(音)。你好崔英！110指挥中心那边的情况怎么样了？(热线接通)

记者：叶文你好！我现在就在110指挥中心，110的领导也在我身边。因为他们不知道具体地址，所以暂时无法出警。不过，110正在制定营救预案，下面请110指挥中心的宋警官介绍一下他们这边的营救方案。

宋警官：你好主持人！(主持人：哎，你好！)你好！我们是从广播里知道这位女士要轻生的消息的，我们的领导都非常重视。我们已经通知了120急救中心，还有，通知了119消防队，我们另外呢，还通过自己的内部网络，通知了全市各地的巡逻警车，如果有意外的一些情况发生，我们马上会得到最新的报告。另外我觉得现在最为关键的就是要知道这位市民的具体居住地址！这样的话，会为我们营救工作争取一些时间。如果你那里有什么最新的消息，我希望能够及时和我们联系。谢谢！

主持人：谢谢您！咱们的110指挥中心反应真的很快。崔英！

记者：哎，叶文。我继续留在110指挥中心等待消息。我这边的情况就是这样。叶文。

主持人：好的崔英，我们稍后再连线。现在大家都在设法找江女士的具体地址。导播告诉我说啊，我们派往移动公司的记者赵蕾，她有最新的消息了！让我们来连线现场记者的电话。赵蕾你好！有消息了吗？(热线接通)

记者：叶文你好！有最新消息了！我现在是在中国移动哈尔滨分公司的经理办公室，刚才我已经向移动客服中心的李经理介绍了江女士的情况，李经理表示，救人要紧，决定特事特办了！现在移动公司的工作人员已经把江女士的个人信息单子打出来了！叶文，我来念给你听，请你记好！(主持人：好的好的！)江女士的手机登记地址是：哈尔滨市呼兰区幸福街，具体的门牌号没有查出来。联系人叫白冰(音)。(主持人：白冰！)对，手机登记的身份证号是：2301211983×××××06X，看来是1983年出生的，年纪只有24岁。移动的工作人员还查到了一个江女士登记时留下的固定电话，请你记好，叶文！电话号码是8859××××。叶文你听到了吗？

主持人：我听到了！8859××××是吧？哈尔滨呼兰区幸福街！那是不是江女士目前的所在地呢？

记者：叶文，希望你能够联系到这个号码！因为看看他知道不知道江女士的住址。我正在设法和移动公司的高层领导联系，争取调出江女士在今天上午的通话记录！我想这对于这次营救是至关重要的！

主持人：现在能够调出来吗？

记者：正在请示，正在联系呢！

主持人：好的好的，稍后再连线。我们先请导播接通8859××××这部电话，看看接电话的人，他知不知道江女士的具体地址。哎，导播提示我说，8859××××现在已经接通了，这位女士她姓尤，希望这位朋友她知道江女士在哪。喂，你好女士！您是8859××××这部电话，是吗？(热线接通)

连线：对对，这是小灵通，好长时间没用了，刚开始用。

主持人：那您认识139××××1938的一位朋友吗？

连线：不认识。刚才我记下这个号了。怎么会出现这个问题呢？

主持人：她在填写什么单子的时候，留的是您的电话。而现在那位朋友她想轻生，我们想看看你是不是认识她，我们想把她找着。

连线:我不认识她,但是我这个电话以前是别人用着的。

主持人:以前那个用这个电话的人,你能不能把他找着?

连线:我刚才问他了,他说我也不认识这个人啊……

主持人:好,谢谢你,救人如救火,请您帮帮忙,再见……现在好多朋友都跟我们反馈说,我们导播间打来电话,说江女士的这个手机仍然是关机状态。真是急死人啊!刚才导播告诉我说,刚才我们接通的那位8859××××的尤女士,又把电话打回来了!让我们来接通。你好!

连线:我是刚才的尤女士……我一下子想起来了,我儿子他不是在移动通信吗,这个女的,她的老公是我儿子的一个朋友,刚才我好容易联系到我儿子……

主持人:你已经把那个女的老公给找到了?!

连线:对,我把电话已经告诉给直播间了……

主持人:哦。你把电话一告诉我们导播间,我们的导播马上就给她丈夫打电话。哎呀,电话已经接通了。先生你好!(电话接通的声音:嘟——嘟——)怎么不接电话呀?(音响:嘟——)没断呀电话!这位先生为什么不接电话?你在不在听收音机?(音响:嘟——)我们大家都在找你呢!电话没人接!(音响:嘟——)让我们再耐心点,看这位先生能不能把电话接起来。(电话音响:对不起,您拨打的电话暂时无人接听,请稍后再拨)听到了吗,各位朋友,这是刚才打来电话的那位江女士,她的丈夫的电话。我们费尽了千辛万苦,费尽了力气,终于把这个人从人群当中给挖出来了。可是他的电话明明通了,他却不接。他也许知道我们的节目正在直播,也许呢,他良心发现,正奔跑在拯救妻子的路上!我们希望,这个情况是后一种。我们更加希望这位先生有勇气接通我们的电话!给收音机前上百万的听众朋友一个交代!你跟你妻子到底是怎么回事?为什么你妻子怀着四个月的身孕,她要去寻短见?而她告诉给我们的原因是,你把她刺激成那个样子!你的婚外恋导致了她的崩溃!为什么不接电话?为什么不接?你是没脸接还是没有勇气接?为什么一个堂堂男儿汉,你不能够给我们一个交代呢?!现在导播告诉我,派往中国移动哈尔滨分公司的记者赵蕾向临时救援指挥中心报告,她又找到了新的线索!我们马上来连线她!你好赵蕾!(热线接通)

记者:你好叶文!我这又有最新的线索了。在移动公司工作人员的配合下,我们已经调出了江女士的话单,今天上午和江女士通过电话的一共有三个号码,第一个电话我已经打过了,关机。第二个电话是:133××××3739,第三个号码是:138××××1237。希望这两个号码能够为我们找到江女士提供帮助。叶文。

主持人:非常感谢你,赵蕾!你提供的这三个号码太关键了!也许这是最后的机会。啊,朋友们!能不能救出江女士就看这几个号码了!我们的导播已经接通了第二个号码,第三个号码也正在联络。我们先来接通电话,看看第二个号码的主人到底能不能够帮助我们找到江女士。你好,四线的先生。(热线接通)

四线:你好。

主持人:您刚才听到我们的节目了吗?

四线:我没听着……

主持人:你没听到节目,我要告诉您,有一位江女士,她上午跟您联络过,她打过您的电话,您认识她吗?

四线:您说的电话我知道。

主持人：那您知道她家的地址吗？具体地址，您知道吗？

四线：好像是煤矿机械厂那个小区吧。

主持人：我告诉你，你一定要把这个地址告诉我，因为那个女人她要死啦！

四线：我一次她家也没去过……

主持人：好吧再见……现在，朋友们，距离江女士给我们打电话已经20分钟了。119、110、120得到通知之后全都在严阵以待。江女士，你现在到底怎么样了？你到底在哪儿啊！我看到，在我们的导播间里，大家都在满头大汗地忙碌，导播告诉我说，因为往电台打电话的听众是特别地多，我们三条热线12部电话全都被占满了。我们的总监啊，导播说正在用自己的电话拨打第三个号码呢！哎，他们好像通上话了！这个人知不知道江女士住在哪儿呢？导播正在往屏幕上打字。导播屏幕上写着：第三个号码是江女士的妈妈！找到江女士的妈妈了！转机出现了！她告诉我们说，江女士的地址是道里区城乡路××××！（重复一遍）这是江女士现在的住址！有没有住在附近的朋友，赶快敲一敲601号的门！看看里边的人有没有遇到危险！人命关天啊！或许，里面有一个怀着四个月身孕的孕妇，她正在轻生！她已经打开了煤气！您跑到楼上看这么一眼，就能够救下两条命，两条命啊朋友们！而且，请我们的导播立刻联络110、120，让他们快点去道里区××××，啊，导播说，已经告诉给他们了！我们的临时救援指挥中心已经在第一时间通知了110指挥中心、120急救中心。现在，请我们的导播把信号切给跟随110指挥中心的记者，120救援中心的两路记者，你好崔英！（热线接通）

记者：（警笛声清晰可闻）叶文你好！警方已经行动了！我们110指挥中心的宋警官现在是在赶往道里区××××的路上。在车上，宋警官已经和当地派出所联系上了，对方已经接到指令了，他们表示马上会赶到那里！时间就是生命！现在，宋警官又给119消防队打电话了。叶文，这次煤气泄漏可能会引发火灾险情，所以刚才我们就已经通知了119，他们也会马上赶到现场。我这边的情况就是这样。叶文。（热线接通）

主持人：好的。希望你们赶快赶到那儿！赵刚（音）你好！120的急救人员出发了没有？

记者：叶文你好！120指挥中心已经发出了指令，通知了离她们家最近的医院，派救护车在第一时间赶到。我也正在赶往××××的路上。我们这是道里区，估计很快就会赶到现场。在路上，我能够听到，很多车里传出的都是叶文你的声音，可以看出来，有无数的听众都在牵挂着江女士的命运！叶文，稍后我会赶到现场，再跟你联系。

主持人：好的赵刚。听众朋友们，接下来再让我们接通四线的电话。你好这位先生。（热线接通）

四线：哎，叶文姐你好！我是一个煤气公司的员工啊，我就想提醒一下收音机前这些听众们，咱现在别再给江女士打电话了，也别摁她家那个门铃，这样容易引起爆炸！尽量不要使用明火！我们几个同事正往这个小区赶呢！稍后我们会赶到现场，采取相关措施吧，把这个问题解决。

主持人：哎，谢谢您，谢谢您！好的再见。好，咱们先来接通一位朋友的电话。你好！（热线接通）

热线：叶文你好！我是你的热心听众，我现在有新的情况要跟你汇报一下。我家就在齿轮厂这住，我现在在江女士她家的楼下呢，现在这有大约四五百人！我刚才看见有五六个男的正往这二楼楼上跑，我现在特别激动，说话都有点哆嗦啦！也不知道江女士她现在怎么样了？我们希望她一切平安吧！

主持人：谢谢，谢谢！女士感谢你，再见……听众朋友们，导播示意我，我们的记者崔英已经赶到了道里区××××，现在现场的情况怎么样了呢？请我们的导播把现场记者的电话切进来。崔英你好！（热线接通）

记者：叶文你好！我已经赶到了××××，我是跟随110警车赶到现场的。我看到现场黑压压的一片全都是人，江女士所住的2单元门口，人群自然地让出一条通道，现在110民警已经冲上楼去了，冲上去了他们。啊，叶文，120急救车也已经赶到了，急救人员已经拿着担架上楼了，有人下来了，我看见有十几个人，把江女士抬下来了！

主持人：太好了，崔英！江女士还活着吗？

记者：江女士脸色现在有点惨白，紧闭着眼睛，不过医生已经给她戴上了氧气罩，120急救人员说，她还有呼吸！

主持人：太好了！

记者：叶文，江女士已经被抬到救护车上了，我也上车了，救护车现在就赶往最近的武警医院。现在，现场情况就是这样！现在医生正在抢救，我不便多说，我们稍后再连线吧。

主持人：好的。刚才听见我们的记者说，江女士还有呼吸，证明她还活着！真是太好了！我在直播间为江女士和她肚子里的孩子默默祈祷！希望她们母子平安！

……

这是黑龙江人民广播电台《叶文有话要说》的一期节目《一次惊心动魄的救援行动》(2007年6月26日播出，获第18届中国新闻奖“新闻现场直播”节目二等奖)。

在中国当代谈话广播中，类似阻止对方轻生的事发生过几例，但像该节目这样，将谈话节目迅速转变成一个有组织、有调动、有采访报道的现场直播的，却并不多见。这是该节目最具创新意义和最值得称道之处。

2008年拍竣的国产高清影片《极限救援》也取材于类似事件：2005年高考的一天，哈尔滨市因突降大雨影响交通，许多考生受阻于途中。冰城出租车司机及广大市民伸出援手，最终将考生们安全、及时地送到考场。该影片对原型故事进行了改编，将考生群体浓缩为一个一岁的婴儿嗓子眼卡了块鸡骨，情况十分危急，在赴医院途中遭遇堵车，接下来通过广播节目主持人、医生、交警、出租车司机以及市民等众多热心人的努力，最终使孩子得救，表现出了高度的人文关怀和崇高的互助精神。电影所表现的是主持人在广播中的作用，而上例则更突出了主持人与前方记者的团队配合，突出了广播在应对突发事件时，迅速、有效的组织策划，因此值得好好总结。

第一，这本是一档女性谈话节目，因一起突发事件，节目形态瞬间改变。分析发现，它是对一起突发的并引起社会关注的新闻事件进行报道，以现场为主，以直播为主，这些均符合现场直播的基本条件。但也有不相符之处，如新闻事件不是预知的，新闻现场也悬而未决。整个现场直播的过程，就是寻找这个新闻现场的过程。因此从某种意义上说，该节目的创新不仅是谈话节目与现场直播的融合，而且也是对现场直播节目原有理论的一次突破。

当然，该节目由一个打进直播间的热线电话引起，与广播有关，这才为编播人员后面的一系列行动提供了可能，故带有一定偶然性，是个特例，但它让我们看到了广播的潜能与优势。

第二,在突发事件面前,彰显了编播人员的处置和应对能力。其中,解救生命的关键是找出江女士的电话单,而找到轻生者的母亲成为事件转折点。正是在正确思路指导下,在有条不紊的组织和调度下,大家才能在有限的节目时间内顺利找到轻生者,解救了两条生命。

第三,该节目最打动人之处,是它扣人心弦,充满悬念。听众不知节目的走向如何,甚至编播人员也不知道。但正是这种勇于挑战的精神,才值得钦佩和学习。

第四,该节目表现出了主持人良好的驾驭节目能力、综合素质和人文情怀。面对突发事件,主持人思维清晰,脉络清楚,安排紧凑有度,语言准确、亲和、周到和富于感染力、震撼力,而且体现出强烈的媒体责任感,把广播特点发挥得淋漓尽致,彰显了主持人与广播的魅力。

第五,该节目也充分体现出社会对传统媒体的信任,调出电话单,特事特办,这些无不彰显了传统媒体的公信力,这也是其能成功并深深吸引听众的根本原因所在。

第四节　音响短评与直播评论

随着广播事业的飞速发展,在短评中插入音响的方式悄然出现。特别是随着直播方式的出现,采用直播方式进行音响短评以及采用主持人直播节目的方式进行评论也成为当代广播中常见的形式。

一、音响短评

音响短评是在新闻后使用音响进行简短评论的一种评论形式。它通常不超过一分钟,目前主要有两种形式:

1. 录音短评

主要方式是:报完新闻后立即插入(播放)一段专家的录音评论。如 2010 年 5 月 13 日中央人民广播电台《新闻纵横》节目中,先是前方记者报道广州连日暴雨引发城市内涝的新闻,接下来播音员播报:下面播送中国人民大学某某教授对此的点评,紧接着播放该教授的电话录音(教授在短评中认为,中国城市的防洪设施存在缺陷是造成内涝的原因之一)。从分类学上说,这样的评论方式既可以属于录音评论的范畴,但又有别于一般的录音评论——论证不求全面,而是就核心问题发表评论,直截了当,言简意赅。这种采用单一论证,形式简短灵活的"录音短评"方式,可以说是录音评论的一个变种,值得大家在学习中注意。

2. 直播短评

所谓直播短评,就是当场电话连线评论嘉宾,实时直播。如在记者的报道之后,马上连线某位专家或学者,请他当场就新闻进行点评。2010 年 5 月 13 日,中央人民广播电台《新闻纵横》节目中,前面是前方记者报道泰国"红衫军"与阿披实政府形成僵局的新闻,报道后马上连线有关专家,当场进行点评。

这样的评论方式有些像前面提到的"录音短评",但不同的是采取了直播方式。

采用这种方式,或许是因时间紧迫,来不及提前录音;或是想突出其时效性。显然,直播方式的点评效果,会优于录音方式。

当然,直播点评也存在一定风险,如连线中断等,因此编辑要提前做好一切准备,请专家不要离开电话,以保证万无一失。

二、直播评论

直播评论,即采用“直播节目”方式,对新闻事件进行评论。最常见的是邀请专家到直播间(包括连线),直接对事件进行评论。如:轰动全国的天津师范大学学生罗彩霞被冒名顶替一案发生之后,天津生活广播《周日论坛》节目请专家对此进行了评论(2009年5月10日)。

(《周日论坛》开始曲)

主持人:《周日论坛》,欢迎各位交流观点,我是泽菡。我相信很多朋友都听说过“狸猫换太子”的故事,没想到前两天就在我们身边真的是发生了一件“狸猫换太子”的事,那就是天津师范大学05级的学生罗彩霞的身份被人冒用了。五年前,湖南某重点高中的学生罗彩霞在高考当中考了514分,却落榜了。而考了335分的她的同班同学王佳俊却考上了贵州师范大学。五年之后呢,第二次参加高考已经考上天津师范大学并即将毕业的罗彩霞偶然发现,她的身份被人顶替了。于是乎一个“狸猫换太子”的事件便浮出了水面。今天,我们就围绕罗彩霞身份被顶替一事来展开讨论,也欢迎大家来发表观点。我们直播间的参与方式有两种:第一种是:直播间的热线电话:2351××××;第二种方式是发短信,我们的短信平台地址是:1062××××911。好了,来介绍一下今天现场请到的嘉宾:一位是中国政法大学法学博士、天津师范大学副教授郝磊,另外一位是天津市可铭律师事务所主任律师苏东红。欢迎两位。在展开讨论之前,我们节目的记者提前采访了罗彩霞本人,咱们先来听听罗彩霞对于事件的来龙去脉她自己是怎么陈述的:

【录音】我叫罗彩霞,是天津师范大学历史文化学院05级旅游管理班的学生。我09年3月1号在建设银行开通网银的时候发现我的身份信息与我本人不符合,经过调查以后发现是我高中同班同学冒名顶替我的身份和我的分数,在04年的时候上了贵州师范大学,并先我一年毕业。因为一个身份证号码只能对应一个教师资格证、学历证书和学位证书,所以我的毕业面临困难。就是因为这件事情,我拿不到学历学位证书、教师资格证书,也开通不了网上银行,也办不了任何一张银行卡。刚开始我们家和他们协调的时候,他们一家愿意注销自己的教师资格证书、学历学位证书。通过一段时间的等待以后,发现他们并没有按照他们所说的做。她可能注销了她的教师资格证书,但是到了学历证书、学位证书的时候,她反而就是说注销不了,然后要求我更改我的身份证号码,这是我不能接受的一个事情。我觉得身份证号码是与生俱来一个神圣的东西,所以我不能接受更改我的身份证号码。然后之前我不能接受的还有一点,就是我不能我一生下来,一个新的身份证号码,就是代表我已经有23岁,我不能是一个没有过去的人。

主持人:刚才我们对这个事件的过程有了一个大致的了解,顶替事件能够如此轻易地完成,不知道两位嘉宾在这方面是怎样思考的?

郝:在这个案件中,也暴露出我们这个招生制度中的问题。我们说,罗彩霞的案件,是我们这个社会关注度比较高的一个事件,同时呢,它可能在我们中国招生制度改革的历史上也会起到非常重要的推动的作用。它暴露出来的一些问题可能对我们今后完善招生制度,也有一定的启示性作用……

主持人:那根源到底在哪呢?

郝:一个是规则本身需要进一步完善的问题,另外一个可能在实施的过程中也有一些实施不到位的问题。今后在招生的过程中，要求网上的录取信息应更加透明。再一个，在实施过程中可能也存在问题。比如教育部已三令五申，录取通知书不能直接发给其他人，但是这一次通知书实际上是被贵州师大的唐教授代领的。这样也为"狸猫换太子"提供了一个可能性。也就是说，在我们反思这个案件的过程中，实际上，既有制度本身需要完善的问题，同时也有实施中没有认真贯彻已有制度的问题……

主持人：04年的时候，罗彩霞的同学王佳俊（以罗的名字）考上了贵州师范大学，但是转年罗彩霞又以她本身的身份考上了天津师范大学，这同一个名字，两次被学校录取，这个允许吗？

郝：这是网上信息不统一、不规范造成的。今后我觉得需要在这个方面更加规范化。

主持人：今天讨论这个话题，也正值高考在即，我想很多家长、学生都特别关注。两位对于高考的制度如何完善，在这个层面上有哪些思考吗？

郝：一是在实施的过程中要严格地把教育部的规定落到实处。再一个我们也希望网上的录取能更加系统、更加科学、更加统一、更加完善，能使学生比较方便地查询他的录取的情况，同时也能够让社会比较方便地了解我们招生的情况。

苏：另外我认为，公安系统的身份证号码与教育系统的和银行系统的是不统一的。按理说，我们不管什么系统，你的这个身份证号码都应该是与公安局全国备案的身份证号码应该是统一的。

主持人：好的，我们来听一听场外听众的想法。三号线听众您好！

（接热线：听众发表意见。略）

主持人：非常感谢您参与节目。其实这位听众也说出了接下来我们要讨论的一个点，那就是，罗彩霞身份的被顶替，我们也知道，绝不是顶替者的父亲一个人可以完成的工程。关于这个方面，两位的看法怎样？

郝：我们在这里需要反思，就是它深层次的原因到底是什么？我觉得刚才这位听众讲得非常好，我觉得也涉及我们对权力的一个制约问题，还一个是权力观念扭曲的问题。我们的公职或者是我们国家的工作人员，不论是我们过去讲的为人民服务也好，还是我们今天的以人为本，这都是对官员的一个要求，但是我们这个案件中暴露出来的官员的思维是什么样的呢？他实际上是把它变成一个谋取个人私利的一个东西了，为他的女儿谋取上学的机会这样一个东西了。而且他这样一个想法也基本上可以畅通无阻，他可以截留人家的通知书，可以更改户籍，可以顺利地办理迁移户口，可以躲过学校对相关档案的审查，也就是我们把自己的权力都用在这个方面了。

主持人：一路绿灯！

郝：对。这是一个深层次的原因。另外一个，就是规则的示范，或者是潜规则的盛行，也是我们这个案件发生的一个温床。就是关系社会，这是一个大家都身在其中都能够感受得到的一个东西。我觉得这些都是需要认真地进行反思的东西……

（片花）

主持人：前面我们针对罗彩霞事件展开了讨论，我们都知道，罗彩霞现在找到了一位律师，这位律师提出，这个案子有两个难点，第一个难点就是案件的受理地的问题。

苏：案件受理地，就是说，在我们法律规定，应该属于一个地域管辖的一般管辖，它的原则呢就是"原告就被告原则"。我们国家在《民事诉讼法》第22条也有明确的规定。就是说，你对公民起诉,就是在被告所在地。如果有经常居住地的呢,经常居住一年以上,应该以经常居住地作为他所在地法院的管辖。如果你要是对法人或是其他组织的诉讼,那么你应该在法人的住所地,去人民法院进行立案。那么它的基本原则,就是原告就被告为主,个别情况下,是有这种以原告所在地作为特殊的这么一个原则。所以这个案子呢,我曾经看过报道,说在我们天津立了三次案,事实上,从侵权行为来讲,侵权行为地和侵权结果地应该说是都有管辖权的,在我们天津也不能说不能立案。毕竟我想,它的这个侵权行为结果发生在我们天津,她的文凭领不下来,各种证件办不下来,包括银行卡都办不下来,应该说这个侵权的行为结果地是发生在天津的,按理说也应该有管辖权。但是我在司法实践中,大凡这种情况,都是立案部门告诉你去到你的被告所在地去立案,事实上这应该说是对当事人有一定好处。为什么这样说呢?我想,它在最初立法主旨上,考虑的首先是有利于这个案件立案,有利于诉讼,有利于调查、取证,包括有利于执行。事实上我觉得在立法这个层面上,当初考虑的就是方便诉讼的一个主旨。今天早晨我出来时我点了一下网上信息,说目前是在我们的西青法院又立上了。

郝:这还有待于再查实。

主持人:我看到给罗彩霞做律师的徐律师,他说,因为是罗彩霞的学位证、毕业证还有教师资格证还没有下发,到7月份才能下发,所以,没有造成侵权结果,在天津市是没有办法受理的。这也是其中的一方面原因吗?

郝:这个我觉得不能这么去看。

苏:我也是这样想。

主持人:好的,咱们再来看她的律师所说的第二个难点:目前的证据显示,王家涉及侵害的是罗彩霞的姓名权和受教育权,但在《民法通则》当中并没有受教育权这一项?

郝:对,您提的这个问题特别好,它涉及问题的实质。即使我们立上案,怎么处理这个案件?应该说侵害姓名权,这是没问题的,而且直接产生了后果。但我们能不能说它侵害了她的受教育权呢?我觉得应按照侵权的一般要件来进行分析了,就是它是否侵害了她受教育的权利?因为这个案件和以往的案件不太一样,因为她后来又考上了天津师范大学。这叫不叫侵害受教育权?我觉得应根据具体情况进行分析。再一个,我觉得,目前来讨论这个受教育权,又面临一个法律上的困境。什么困境?也就是刚才我们提到的那个司法解释,当时是以侵害姓名权、侵害受教育权来判决的。但是现在来讲,这样处理可能又面临一点难度。为什么?因为最高人民法院的司法解释08年12月8日被最高人民法院废止,我们再说它侵害受教育权,这个本来属于宪法中的权利,现在拿到司法中进行处理,这个目前还是面临着很多的困难。我想,受教育权是否能得到保护,我们还需做进一步分析。

主持人:这应该是一个难点。

苏:我想,随着时代的发展,社会的进步,我们的法律也会不断地与它相适应。我想这是未来我们研究的一个课题。

主持人:好的。今天的节目到这里接近尾声。我们来看一下短信平台上,“美丽猫”说了,在这个法制社会,相信法律会还给每一个人公道的,同时也希望作为公民,每一个人都应该以事实为依据,以法律为准绳,还自己一片蓝天。谢谢这么多听众朋友的参与。节目的最后,我想让大家一起来听一听罗彩霞此时此刻她的想法:

【录音】这个事情由于媒体的介入,加速了步伐,然后引起了相关部门的重视,据很多人给我带来了好消息，他说，贵州那边已经把那个学历证书、学位证书都已经同意注销，也已经盖章，他说，国家教育部那边也已经发话了，注销那个假罗彩霞的学历证书学位，证书是指日可待的，它将会很快。我觉得，她愿意承担下来，就是承担最后错误，并且勇敢地站出来，或者说我错了，我不知道对别人有没有意义，但是对她来讲，就是一个心灵的一种超脱吧，因为她以后就可以回到她自己的真实身份。我们中国的姓氏很传统的，也是个很神圣的事情，以后她就可以叫她自己的姓、她自己的名。我觉得对她来讲也是个解脱。就是自始至终，我没有恨过她，也没有谈过什么原谅不原谅的事情，因为同学都知道，我可能会觉得这件事对我不公平，但是，这件事的可操作性不是她自己愿意，就能操作下来的。那就说明后面，就是这个背后，或者这个社会上已经给她提供了一个平台，所以她能够把这件事情办下来。我是不愿意恨一个人的，你恨一个人你心里面是有负担的，一个有负担的人，她无法快乐。我宽容别人也是为我自己快乐地过日子，毫无愧疚地活在这个世界上。我相信所有的人都不会再怪你的。

【音乐起，压混】

主持人：听了罗彩霞这么说我们也替她高兴。我们也相信这件事能够尽快有一个非常好的解决。今天我们说的罗彩霞上大学被冒名顶替一事给我们的思考应该是很多，现在绝对不是罗彩霞一个人的困惑，大家都有理由来要求相关部门能够尽快地查清此事，来公开真相，不止是还罗彩霞一个人公道，更是为了还高考制度应有的严肃纯净，还社会应有的公正和公平。好了，非常感谢我们现场嘉宾以及场外听众朋友一个小时的收听和参与，咱们下周同一时间再会！

【音乐扬起】

上述直播式评论，采用的是主持人直播节目方式，因此易被认作是“访谈”。但若仔细甄别就会发现，其形式是“访谈”，内容却是“评论”。因此，这样的广播样式，虽可以归为“访谈”，但更严格地说是“评论”——直播评论。

目前，电视中的直播评论很多，如央视新闻频道的《新闻1+1》，央视国际频道的《今日关注》等等。广播中的直播评论同样方兴未艾，如北京新闻广播的《议政论坛》、上海电台的《市民与社会》、天津新闻广播的《周末辩论会》、天津生活广播的《周日论坛》、江苏新闻综合广播的《新闻评弹》、福建电台新闻广播的《今天有话说》、辽宁新闻广播的《振兴论坛》和湖南新闻广播的《为民论坛》等等。应该说，广播电视中“直播评论”的出现，是广播电视“直播”方式出现后的必然，同时，也是广播电视评论方式不断发展的必然。

另外，直播评论中也有由主持人直接来进行评论的，如天津生活广播的《点评生活》，这类直播评论在广播中为数不多，因这样的评论方式对主持人的要求更高。

采用直播方式进行评论，需注意以下几点：(1)注意录音材料运用的目的性。(2)提前与评论嘉宾进行沟通，并就主题进行充分研究，尽可能做好案头准备工作。(3)注意在直播过程中把握好评论的走向。

思考与练习

1. 广播在应对突发新闻事件时，突出的优势在哪里？如何运作？
2. 你认为广播新闻的创新还有哪些？
3. 你现在对音响报道构成方式的丰富性和复杂性有何新的认识或感悟？

第十二章　广播语言的特性及技巧

语言是交流的工具，无论在日常交往还是在写作中，语言的作用都十分重要。在写作中，语言具有五大功能：叙述、描绘、抒情、概括、议论，但相比之下，语言在广播新闻中的作用与一般的新闻语言既有一致性，也有其独特性。

第一节　广播语言的特性

大家都知道，广播语言是新闻语言的一种。按照毛泽东主席对语言的要求，新闻语言应具备“准确、鲜明、生动”的特征。但广播语言与一般的新闻语言又有所不同。这是因为，广播具有以下特性：

其一，广播是线性媒体——听众只能按照时间顺序依次收听，不可能打乱这个次序，也不可能在瞬间反复收听。

其二，广播是“伴随收听”。在通常情况下，人们听广播与上课不同，是处在一种随意状态下的，是“伴随收听”。

另外，人的听觉有以下特点：

其一，当听到感兴趣或与自己相关的事情时，才会引起注意；

其二，听后忘前。

那么，针对上述特性，广播语言的本质特征究竟是什么？

有人可能首先会想到“口语化”。这似乎有道理，但并不准确，因为广播新闻中使用的语言风格其实并不一致。比如录音新闻的语言风格是简练，现场报道的语言则最接近口语，而录音专稿的语言更接近书面语，甚至具有一定文学性，富有抒情色彩。因此，仅用“口语化”来概括广播的新闻语言并不全面。

也许有人会认为是“通俗”“易懂”。这没错，但什么样的语言才通俗易懂？这样概括似乎并未说到根本。

也有人会认为是“形象”“生动”。这也有道理，但哪一种媒体所使用的语言不“形象”、不“生动”？

应该说，**广播语言是一种最符合人的听觉习惯和人的思维特性的语言。**这是广播语言最重要的特性。

我们都知道，人的听觉与思维是紧密相连的，换句话说，人的思维是以语言为基础的，而人的思维又是有一定逻辑的。由于广播只有听觉这一条传播途径，而且不能瞬间反复，因此，广播语言应当与人的思维逻辑一致，这一条尤为重要。

什么是人的思维逻辑？举一个简单的现象，当你说："他来了。"这时，听到的人就会自然而然地产生疑问："谁来了？"当你回答了这个问题之后，听者又可能会产生新的疑问："他干什么来了？"等等。这一现象说明，听众在听一件事情的时候，实际上是一个不断地将听觉语言转换成思维语言的过程，也是一个随着听觉语言的不断堆砌而不断产生疑问和不断消除疑问的过程。只有在没有疑问或者在所有的疑问都消除的情况下，他才会感到"听清了"，"听明白了"。反之，他就会感觉没听清，或没听懂。所以从根本上说，广播语言应该是一个最佳的不断消除疑问的过程，而不是与思维拧着或疑问不断积累而得不到解答的过程。**只有当广播语言与人的听觉习惯和人的思维活动相一致的时候，这样的广播语言才是最好的。**

那么，如何使广播语言与人的听觉习惯和人的思维活动相一致？一般来说，有两种情况要特别注意：一是要注意避免因某个词汇没听清而影响后面或整体的收听；二是要注意避免因某个句式不符合人的思维逻辑，或者让人听后忘前而导致没有听懂，或者没有听明白。

这实际上是说，无论是广播中的词汇、句子还是句群，都应该努力适应广播的这一特性，努力与人的思维逻辑相一致。而我们所说的"口语化""生动形象"和"通俗易懂"，则应该是建立在"与人的思维逻辑相一致"这个重要基础之上的。

第二节　广播新闻中词汇的使用

前面我们讲了，听众听广播的过程，实际上是一个在头脑中不断地产生疑问和不断地消除疑问的过程。但是，如果这个过程只是不断地停留在词汇上，或者说，听众在听广播的时候，因为一个又一个词汇没有听清或没有听懂，而不断地产生疑问，那情况就很不妙。因此说，能听清词汇，这是听懂句子的重要前提。

因此在广播新闻中，要多使用双音节词汇，慎用单音节词汇——单音词不易听清；多使用现代词汇，慎用古代词汇；多用通俗易懂的词汇，慎用生僻、拗口、谐音（易造成误解）的词汇。

一、多用双音词，慎用单音词

例如：

现一现在　今一今天　昨一昨天　已一已经

逾一超过　将一将要　时一时候　可一可以

我们来看一个例子：

沪市A股静态市盈率逾60倍。

——《今晚报》2007年9月10日

这个例子中，"逾"是典型的报纸上的用法——为了省版面。如果广播中也照着念的话，会有相当多的人听不明白。

我们再来看下面这个例子:

辽宁阜新一中学,因学生大便后未及时冲厕所或在厕所内吐痰,而劝5名学生退学。该校校长称:学生行为违反了其在入学时与校方签订的《学生承诺书》里的规定,是不能原谅的。

——《辽沈晚报》2007年8月15日

这条消息中,连续使用了大量的单音词:因、未、冲、或、内、该、称、其、时等,如果在广播新闻中也这样使用,显然有些问题。

那么,碰到像上面这样的"报纸新闻",广播编辑该怎么办呢?没别的办法,只有改:

辽宁阜新一所中学,最近有5名学生,因大便后没有及时放水冲刷大便池,或者因为在厕所里吐痰,结果被学校劝退。这所学校的校长表示:这些学生违反了《学生承诺书》里的相关规定,因此是不能原谅的。据了解,这个《学生承诺书》是学生在入学时与校方签订的。

修改后,很多单音词成了双音词,像未—没有,冲—冲刷,或—或者,该—这所,称—表示。但细心者会发现,其中仍保留了部分单音词,比如第一个"因",还有"时""与"等,这些为什么没有改?这就是前面所说的原则:要看是否能听清,如果不妨碍,就可以保留,这就是前面所说的"慎用"。

再来看本书中的一个例子:

枣庄援京80单位……

——《北京,请下达命令》

这里的"援京",是两个单音词。通常情况下,这样用不易听清,除非前面出现过"支援北京",否则这里就不能这样用。

再例如:

唐山的援藏大学生,大部分都已经在西藏成家,其中的8名女性都已经做了母亲,他们的爱人几乎都是来自全国各地的援藏教师。由于双方老人都在内地,加上气候的原因,她们只能回去生孩子,产假休完了,只能把不满周岁的孩子丢在内地,回西藏时,几乎是走一路,哭一路。奶水还未退去,初为人母,经验不足,医疗条件又十分有限,结果有的人得了乳疮,留下了做女人的终生遗憾。

——《追逐太阳的青春》

一句"奶水还未退去,初为人母",记者使用了"未""初""为""母"等单音词,但即使这样使用,我们不仅能听清,还会感觉到有一种语言的庄重色彩在其中——有时,古汉语的确会给人以端庄之感。所以能听清,就是好的语言,能给人一种语言的魅力,就更好。

二、慎用书面语

例如：

日—号　时—点　不谙—不熟悉　不啻—不止　不虞—意料不到　诟病—指责

宜于—适合　嗟叹—叹息　何谓—什么叫做　分赴—分头到

这些词汇，虽然都是双音节词汇，但属于书面语——仍旧有一个不易听清的问题，所以在使用上也要慎重。例如：

李时珍在书中说："今古异制，古之一两，今用一钱可也"……经过以上的演变，我们现在便把古代处方中的一两，统统当作一钱，也就是 3 克。然而问题恰恰就出在李时珍这句被后世至今奉为圭臬的话。

——《从李时珍一直错到中国药典》(《今晚报》2007 年 12 月 14 日)

这段话中，前面是古人的原话，这没有办法，只能照念。但后面的"奉为圭臬"是一句成语，平常并不常用，如果在广播中使用，恐怕能听明白的人不多。

再比如：

他们浩浩荡荡的车队遵守交通规则了吗？如果遵守了，那么，再长的车队，再炫的表演都是合法的，无需别人置喙。

——杂文《他们炫，我们看》(《今晚报》2007 年 12 月 19 日)

这是一段评论性的文字，是说目前中国的富人越来越多，炫富表演也越来越多了。那么怎么看待这种现象？作者觉得应该换换思维了，于是写了上述这段话。其中，作者用了"置喙"(意为"插嘴")这么一个文词儿，在报纸上用可以，但如果在广播中照搬，恐怕就会引起很多人的困惑。

2011 年 2 月 24 日晚，央视国际频道播出了一条"日本丰田公司将召回问题车"的新闻。电视屏幕上打出的字幕有"丰田公司称"和"此次召回"等字样。但播音员实际读的是"丰田公司声称"和"这次召回"。显然，将单音节的"称"处理成双音节词，将书面语的"此"改成口语化的"这"是正确的。

三、慎用文言词

例如：

甫—刚　鲜—少　咸—全　皆—都　拊—拍　缄—闭　浣—洗　盍—何不　曷—怎么

焉—语气　俟—等待　其—代词　乎—语气　且—连词

我们来看一个例子：

当年陪同甫自苏联归国的蒋经国夫妇晋见蒋介石的杭州市长周象贤，抗战结束之后，又重做冯妇，回锅当杭州市市长。

——《情爱红尘中的蒋经国》(《作家文摘》2007 年 10 月 16 日)

这里选了报纸上的一句话。其中的“甫”“自”,是很典型的古汉语用法,而且还使用了“冯妇”的典故,如在广播中这样使用,必然会令听众一头雾水。

但有的文言虚词并不妨碍收听和理解。如:

所以这些国家博物馆主观上并不希望归还其收藏的中国文物,甚至对参观、拍照都严格限制,使得政府出面交涉异常困难。

——《离家百年,钟回故里》

这段话中的文言虚词“其”,非但不会妨碍人们的收听,而且也和前面那句“奶水还未退去,初为人母”一样,使语言带有了一种庄重的色彩。可见,文言虚词并非一概不能用,而是要看怎么用,是否妨碍人们的思维。我们的要求是“慎用”,而非“禁用”。

四、注意避免音同义不同的谐音词

大家都知道,汉语中存在大量的谐音词,在很多文学作品中,人们常常会利用它们来增强语言的表现力。例如唐代诗人刘禹锡的《竹枝词》:“东边日出西边雨,道是无晴却有晴”,诗中的“晴”与“情”谐音。还有李商隐的《无题》:“春蚕到死丝方尽,蜡炬成灰泪始干”,诗中“丝”与“思”谐音。这些都是借谐音增加诗的寓意,还有借谐音讽喻调侃的。相传苏轼与和尚佛印乘船同游,苏轼出上联“狗啃河上骨”,佛印立即反唇相讥,对出下联“水流东坡诗”。上联“河上”与“和尚”谐音,下联“诗”与“尸”谐音。但在广播新闻中,使用谐音要慎重,尤其是容易造成思维混乱和误解的谐音要格外小心。如:

我市—我是　全部—全不　走进—走近　致病—治病　纪委—计委　期中—期终

事例—视力—示例—势力　注明—著名　水道—水稻　食油—石油　室友—世友

居留—拘留　切记—切忌　诟病—购并　神祇—神奇　置喙—智慧　逾—余

上述这些词汇,在听觉上都可以找到一个谐音,但词义完全不同,所以很容易造成误解,因此在使用上要非常谨慎。

如何避免理解上的偏差和混乱?请看下面两个例子:

此时焦急地等在门外的父母、亲戚、学生家长全都围了上来。

——《我不能让我的孩子流血》

4月24号一大早,菏泽、枣庄的采血车全都开了出去。

——《北京,请下达命令》

不说“全部”,而说“全都”,为的就是避免谐音“全不”。

当然,有的谐音就不太好办。例如:

日本媒体7日报道说,日本法务大臣长势甚远去年曾从一个接收外籍研修生的团体处非法收受政治献金。长势本人当天也承认收受献金,但坚称已经退还所有献金。

——《日法务大臣被曝献金丑闻》(《今晚报》2007年8月8日)

“献金”和“现金”谐音，但含义不同。这里的“献金”，只能与“政治”连用才能表达准确。再例如：

……是汽车未避让火车所致。

这是中央电视台《新闻联播》中的一个例子，是说印度的一辆大巴与火车相撞，造成了很大损失。这句话中，记者用了一个比较“文”的双音词——所致，但这没关系，因为它并未妨碍听众的理解。出现问题的是前面那个“未”字，听众可能以为是“汽车为避让什么所致”。显然，记者在写这句话时，忽略了“未”与“为”谐音，而且两个词在这里都能用，但意思却大相径庭。可见，有时记者的一个小疏忽，就会给听众的理解造成麻烦。

2008 年 4 月 19 日，很多媒体都转载或播报了新华社 4 月 18 日的一则电讯，题目是：《京沪高铁全线开工》。应该说，这样的标题登在报纸上没问题，但广播照播就有些欠考虑——“全线开工”与“全线开通”字音相近，但意思却不同。若将“全线开工”改成“全线动工”，就能避免这种听觉上的误会。

五、注意指代不清

在广播中应注意代词的使用，如“他”和“她”，防止指代不清。如：

他叫苏生。她叫殷若兰。

他来自一个偏远的县城的一个偏远的乡下小村子。她来自中国北方最大的一个大都市。他和她或许并不是一条线上两个人，只是突然的交叉，或者说暂时的相遇，纯属偶然而已。

在她出现之前，他还是个匆忙的孩子。从家里赶到学校还有几十里的山路。然后为学习忙碌，还有同学。他是班长，班里大大小小的事他都一一照应着。

——摘自《他和她的爱情故事》

很显然，这段话写出来看可以，听绝对会有问题。

六、慎用简称

主要指那些在小范围使用、不被社会所认知和了解的简称（词）要慎用。例如 2007 年 8 月 6 日《每日新报》上刊载的一条消息：《肇逃 300 天，路边乘凉被擒》：

“想不到，你们竟能抓着我。”昨天，肇事逃逸 296 天的嫌犯郑浩被抓获时如是说。至此，交管部门成功侦破了“集中侦破肇逃案行动”开始以来的第一案。

这里的“肇逃”是个简称，广播如照播就不易让人听懂。

还有《每日新报》2008 年 5 月 4 日有一则消息：《法院适用新〈民诉法〉，执结首例欠款案》：

日前,在执行两家公司的纠纷案中,因被执行人存在报告虚假的财产情况,河东法院依照4月1日起正式施行的新《民事诉讼法》第217条的规定,对其法定代表人依法予以司法拘留,执结首例欠款案件。

例中的“执结”不易听懂。还有“节日刑案同比大幅下降”中的“刑案”,是“刑事案件”的简称,但平常人们并不这么说,所以在广播中要慎用。

再如《渤海早报》2011年3月27日第2版一则新华社的消息:《“运7—100”飞机谢幕,新舟600投入使用》,其中有这样一段:

……也是在第8届珠海航展上,新舟600飞机着中国民用航空飞行学院的彩装,表演了大坡度转弯与单发停车等难度较高的动作,吸引了公众的目光。

这段文字中使用了术语“单发”。所谓“单发停车”,即“单发动机停车”,广播中如照搬,能听明白者一定有限。

当然,随着社会发展,简称的使用也在发生变化,一些过去生僻的词汇随着使用的增多,会被社会所熟悉,像“非典”“GDP”以及“节能减排”等;但有些简称,特别是使用范围很小的,或听起来容易产生误解的,就要小心,在报纸上用没问题,在广播中就要慎重。

七、表达不准确和句式随意不易理解

比如,有记者在新闻稿中这样介绍国外的矿泉水:

几百年来,苦味矿泉水一直被欧洲贵族所钟爱,成为高端群体宠物饮料。

这里,名词“宠物”被错用作形容词(应改为“宠爱的”),故极易造成听众的误解。

还有,汉语中有一些词汇比较有意思,放在一起会产生多种组合效果。例如:

新华社北京8月25日电 外交部发言人姜瑜25日就日本首相安倍会见远东国际军事法庭印度法官后人事答记者问。

这条消息中的两个词可以有多种组合:“后”可与前面的词组合,也可与后面的词组合;而“人”也既能与前面的词组合,也能与后面的词组合。于是问题产生了,这句话该怎么理解?这样的句子,读都读不懂,怎么让人听呢?

原来,该消息的背景是:当年(抗战胜利后),在远东国际军事法庭上,只有印度法官反对处死日本战犯。所以,60多年过去后,安倍会见了该法官的后代——后人,中国政府就此发表看法。

遇到这样的问题,广播语言只能老老实实地按照听众的听觉习惯和思维特点去写,不能任意为之而令人费解:

日本首相安倍日前会见了远东国际军事法庭印度法官的后人,25号,外交部发言人姜瑜就此事回答了记者提问。

2008年9月12日《老年时报》头版刊登了一则消息，主标题是《机构养老距家“一碗饭”》，该消息说的是，如果养老院建在小区里，子女在家里做好了饭，送到老人住的养老院也不会凉。按说，这条消息的内容不错，但倘若用于广播就不妥，何为“机构养老”？何为“距家”（是“距家”还是“俱佳”）？“一碗饭”指的是什么？如此省略，恐会引起听众的思维混乱。显然，这种由省略语组合起来的句子极易造成听众理解困难，因此在广播中应慎用。

第三节　广播新闻中句子的运用

在广播新闻中，能够听清词汇还远远不够，因为语言是在词汇组成句子之后才能完整表达意思。所以，句子如何使用，这也是相当重要的。

一、适当重复

广播中为了让听众听清，适当的重复是必要的。请看下面这个例子：

当地时间8月4日深夜，美国新泽西州纽华克市发生了一起枪击案，一伙歹徒枪杀了四名美国特拉华州立大学的大学生，四人全都头部中枪。其中三人当场死亡，另外一人身受重伤。这起血腥枪击案震惊了整个美国。

——《今晚报》2007年8月6日

这是一条报纸新闻。但其中，“美国”一词出现了3次，“枪”出现了2次，“四名”或“四人”出现了2次。像这样对新闻要素做适当的重复，对报社记者来说可能是无意识的，但是对广播记者来说却是非常重要的，这样表述，有利于听众听清。

二、写短句子

在消息中，要注意写短句子，特别是在一般情况下，要多把长句子改成短句子。这一点在广播中很重要——不过，需要说明的是：这里所谓的长句子，是那种意思“弯弯绕”、句群关系复杂、不易听懂的长句子，它与我们所说的具有韵律美的长句子性质不同。例如：

新华社华盛顿8月10日电　美国白宫副发言人佩里诺10日说，布什总统11日在缅因州肯纳邦克波特其父亲、前美国总统老布什的庄园会见法国总统萨科齐及其夫人塞西莉亚时，宾主双方将在“轻松的午餐”中讨论各种问题。

——《今晚报》2007年8月11日

该消息虽仅一句话，但如让播音员读，会喘不过气来——很多记者在写新闻稿时，可能考虑不到播音员的呼吸问题。但现在有一个不争的事实：越来越多的广播新闻和电视新闻源自平面媒体记者之手，很多通讯社或报纸记者的新闻稿都有可能会“上”广播、“上”电视，所以,这个问题平面媒体记者也要注意。

前面这条消息倘若换个写法,效果可能会很不一样:

美国白宫副发言人佩里诺10号说,布什总统11号将在肯纳邦克波特庄园会见法国总统萨科齐,双方将在"轻松的午餐"中讨论各种问题。肯纳邦克波特庄园是布什总统的父亲、前美国总统老布什现在的住所,位于缅因州。

换个写法,并未增加多少字,但让念的人和听的人轻松多了。

三、避免两句话合并成一句话

如果把两句话合并成一句话来说,很容易造成理解困难。如:

温家宝在回答记者问:有些媒体称"中国同非洲国家发展关系就是为了石油,攫取非洲的能源,搞所谓的新殖民主义"的问题时说:……

——《温家宝驳斥所谓中国在非洲搞新殖民主义论调》

这句话应改成:"有些媒体称……对此,温家宝说……"

四、避免使用倒装句

倒装句是报纸上经常使用的一种写法,广播中则要避免,因为它不符合人们的听觉习惯和思维逻辑。我们经常看到报纸上先写谁说了什么"话",再说"这是谁说的"。广播中则不能这样用,第一,听后忘前,听众很难想到前面是哪个人说的话;第二,报纸上有引号,可以看出哪是他说的,广播中却难以进行区分。如:

"嫦娥一号"卫星在绕月飞行的一年时间里,可能会两次遭遇月食。"月食将是'嫦娥'绕月的黑暗时光,卫星不仅因此无法得到太阳能电池充电,而且还将遭受温度急剧下降的考验。""嫦娥一号"总体设计师饶伟在接受记者采访时说。

——《今晚报》2007年10月28日

这样的内容,在广播中只能这样来写:

"嫦娥一号"卫星在绕月飞行的一年时间里,可能会两次遭遇月食。"嫦娥一号"总体设计师饶伟在接受记者采访时就表示:"月食将是'嫦娥'绕月的黑暗时光,卫星不仅因此无法得到太阳能电池充电,而且还将遭受温度急剧下降的考验。"

第四节　广播新闻中的语序问题

前面讨论了广播新闻中的词汇、句子问题,或许有人会说,有了上面这些知识,广播新闻的写作应该没有问题了，其实未必。

大家或许会发现广播中有这样的语言现象，当引起听众注意、想知道某一内容时，该内容已介绍完了。比如在报纸上常会看到这样的信息：

6月14日21点至6月15日11点，河西区隆昌路以东、洞庭路以西、大沽南路以南、郁江道以北区域停气。

6月15日20点30分至6月16日6点，和平区南京路、营口道、西康路、贵州路、河沿路、马场道区域停气。

6月15日21点至6月16日8点，河北区胜利路与金纬路交口，新开路地道至建国道（胜利路两侧）、胜利路至狮子林大街（金纬路两侧）停水。

——《渤海早报》2011年6月14日

这样的信息，若直接拿到广播中来播，是会出现问题的。因为先说停水时间，再说停水地点，当听众听到停气、停水时间与自己相关，引起注意时，停气、停水时间早已说完。

细想一下，这就是广播的传播特点和听众收听时的思维逻辑在起作用。首先，读者看报纸时可反复阅读，但广播是线性传播，只能依次收听。其次，人有听后忘前的特点。再者，听众听广播时注意力可能并不集中（即伴随状态）。因此，我们要根据广播的传播特点，在广播的语序上动脑筋、想办法，要与其他媒介的语言有所区别。其中，很重要的一点就是，在说重要内容之前，要先“叫醒”听众的耳朵，引起他们的注意。比如前例中，有多少地点，就应“叫醒”多少地点听众的耳朵，等“有关地区”的听众都注意了，然后再说时间，这样介绍，效果就会大大好于前者。

广播中，这种先“叫醒”耳朵再“传达”的语言方式可称之为“**先惊后达**”。这一点，与广播新闻写作有密切关系。

比如有人在洗漱间洗漱，一边有意无意地“听”着电视。忽听电视中说：有几位外国游客“不幸坠崖”。他闻听后赶紧从洗漱间跑出来，想听下文，但重要的“新闻要素”都已在前面说过了：他们是那个国家的？怎么会坠崖？在哪儿坠的崖？等等，最终不得而知。

电视也是线性传播，所以也存在类似问题。但电视有画面，可以“飞字幕”，故情况要稍好一些。广播则不同，声音是广播的唯一媒介，如果广播记者写出的稿子不考虑接收效果，如果心中没有听众，那么效果就不会好。例如：

应新加坡总理李显龙、南非副总统卡莱马·莫特兰蒂、安哥拉副总统费尔南多·多斯桑托斯和博茨瓦纳副总统蒙帕蒂·梅拉费的邀请，中国国家副主席习近平将于11月14日至24日对上述四国进行正式访问。

——2010年11月15日央视《新闻联播》

上述新闻，先说出访国，再说“应上述四国邀请出访”，这样的表述方式，即使听众是在很认真地收听，当听到“上述四国”时，能记住是哪四国的一定不会很多。因此，广播人必须研究最佳的语言传播方式，即应与人的思维方式相一致，应尽量弥补线性传播和听后忘前的不足。

在广播和电视甚至是报纸上，只要稍加留意就能发现，有些消息的表达方式就不完全适合广播。如：

世界最长寿的人、居住于日本九州岛福冈县福智町的老人皆川米子于13日在当地养老院中寿终正寝，享年114岁。

——《今晚报》2007年8月14日

该消息中，虽然前面"世界最长寿的人"具有一定的"醒耳"作用，但它只是一个概念，意思并不完整，而且离关键词"寿终正寝"太远。由于听众的注意力有限，此时未必能引起他们的注意，而当关键词"寿终正寝"("寿终正寝"也不口语)出现时，后面的新闻要素已所剩无几。但若改成这样，效果可能会有所不同：

世界上最长寿的老人13号去世。这位老人名叫吉川米子，居住在日本九州岛福冈县福智町，享年114岁。据悉，她是在当地一家老人院中去世的。

这样改更符合人的思维逻辑，先引起注意，再说谁、住哪、多大年纪，等等，这样表达"线路"不仅顺畅，而且符合人的思维逻辑，更易听清和记住。再如：

印度中央邦莫勒纳地区一辆公共汽车6日发生爆炸起火，造成至少15人死亡，25人受伤。

——《今晚报》2008年2月7日

这条消息很短，没有不好懂的词汇，按说听众会很容易记住。但如果听众先前是处于一种随意状态，当他听到"爆炸起火"，引起注意时，剩下的"新闻要素"还有什么呢？

而媒体中符合线性传播特点和人的思维特点的也不乏其例。如：

今天，成都火车站出现了一支特殊的队伍，集体进站的民工手持一张"大票"就可以上车……这是成都火车站为方便民工集体乘车采取的一项服务举措。

——央视《新闻联播》

"特殊的队伍"，多醒耳啊！如果听众这个时候才引起注意，没问题，后面的内容依然可以"尽收耳底"。再如：

我国基因工程研究又获三项重要成果，它们是中国科学院研究的"乙型肝炎重组痘苗病毒疫苗""青霉素酰化酶基因工程菌"和"K88抗原工程菌试验性菌苗"。在最近召开的成果鉴定会上，有关专家认为，这些成果均达到或接近国外同类工作的先进水平。

这条新闻有很多专业词汇，倘若把握不好，很容易使听众听不清或听不明白。但显然，该消息的语序非常恰当——"重要成果"叫醒了听众的耳朵，后面的新闻要素也依次道来，顺序井然。再来看一条报纸新闻：

英国伦敦的贫困者日前得到一个好消息：以后乘坐公共汽车可以享受半价了！而给他们慷慨"埋单"的，则是委内瑞拉总统查韦斯。

这虽然是一条报纸新闻，但很符合人的思维特点。再如：

埃及一艘渡轮3日在红海倾覆沉没，事发时间估计为当地时间2日午夜至3日凌晨2时之间，渡轮上载有1400多名乘客和船员。埃及出动舰船和直升机，冒着大风大浪前往出事海域搜索营救，英国也派出军舰。

这条报纸消息也很符合广播的传播特点——"倾覆沉没"之后，大部分的新闻要素都依然能够听到。

综上所述，我们可以这样总结：平面媒体的新闻语言可以比较自由，倒叙、插叙、缩略、很长的修饰成分等等，尽可自由发挥，不受什么约束。但广播不行，广播必须依据自身的传播特点，只能老老实实地按照一定顺序进行表达，其最佳表达方式，就是所谓"先惊后达"，即要符合人的语言思维逻辑。如何做到"先惊后达"，有以下几种方法：

(1)**适当重复法。**根据"先惊后达"的原则，将重要的元素适当重复(但不是啰嗦)，这样，有利于听众听清和记住。

(2)**关键词提早出现法。**

(3)**先疑后答法。**

前两种方法，前文已讲过。第三种方法，请看下例：

由于连降暴雨导致救援船只紧张，在个别地方甚至发生抢船和抢粮事件，印度政府8月31日宣布，将印度北部地区的所有私人船只收归政府统一调配。

——**央视国际频道** 2008 **年** 9 **月** 1 **日**

该消息的前半部分只是说事，一直说到"抢船和抢粮"，都未提时间、地点等新闻要素。估计听众在听了前半部分后一定会产生疑问：新闻说的这是哪儿？怎么回事？于是产生期待，急于想了解详情。其实这正是广播的最佳语序，也是最佳的表达效果。消息的后半部分回答了所有疑问。这样的写作手法，听众从产生疑问到消除疑问，恰恰是顺应了人的听觉特点和思维逻辑特点，这样的"信息传递线路"，效果是最理想的。

明白了上述道理后，相信大家在使用广播语言时就不会"天马行空"，而会有意识地按照广播的传播特性，特别是按照人的思维逻辑特点，写出更符合广播特点的新闻稿。

第五节 广播新闻中数字的使用

广播新闻中使用数字要慎重，也要遵循广播规律。

1. 将小数变成整数

如18.54亿元,应读为十八亿五千四百万元,这易于听众的理解和记忆。

2. 将带小数点的数变成近似值

除股市行情、汇率等必须准确播报之外,一些表示收入、产值的数字,例如23.98万元,可采用近似值"约二十四万元"或"二十三万九千多元"。小数点后的数字如果太多,听众不易记住。

3. 数字交叉连用时需分别对应

报纸上常有这样使用数字的情况:

据统计,目前沪市的静态市盈率(以2006年数据计算)、真实市盈率(以2007年6月30日前一年数据计算)和动态市盈率(以上半年数据翻倍计算)分别为60.4倍、43.81倍和36.89倍,较5月29日的水平分别提高32.39%、26.83%和26.50%。

——摘自《今晚报》2007年9月10日

报纸上这样用是为节省版面,但广播如照搬就会造成听觉混乱,故必须修改:

据统计,目前沪市的静态市盈率为60.4倍,与今年5月29号相比,提高了约32%;真实市盈率为43倍多,比5月29号提高了近27%;动态市盈率为36倍多,比5月29号提高了约26%。

4. 数字过多时需慎重

当新闻中出现很多数字时,尤其是数字与某些特定的概念连在一起的时候,数字的使用要慎重,因为连续使用的数字,再加上一些陌生的概念,听众很难记住。请看下例:

从市环保局获悉,本市今年将加快生态市建设与污染减排工作,今年重点推动完成28项烟气脱硫工程和35项水污染防治工作。

据了解,到2010年,国家允许本市排放二氧化硫24万吨,化学需氧量13.2万吨。若按照全市年均经济增长12%计算,相当于单位生产总值污染物排放量必须削减48.5%。同时,2007年,本市主要污染物排放总量削减的年度工作目标是2.1%。全市近几年经济增长在14%左右,特别是滨海新区的开发开放,天津经济还将会保持高速发展势头,第二产业的比例有增加趋势,污染物减排任务非常艰巨。

——《今晚报》2007年6月3日

上例中数字较多,并且是和"二氧化碳""化学需氧量""污染排放量"等概念放在一起,而且还有百分比,播着费劲,听着更费劲。此类消息就不适合广播。如用,编辑要在数字和概念的简化上下些功夫。

总之,在广播中,特别是在广播新闻中使用数字,要尽量清楚、简化,要以能让听众听清和理解为度。

第六节　广播新闻中的语言美

如果说前面研究的是广播新闻对语言的最低要求的话——能够听清，那么下面探讨的就是广播新闻语言的最高境界了。

一个老道的广播记者，会根据不同内容、不同文体以及不同感情色彩的需要，有意识地采用略有不同的表达方式。但无论怎样表达，追求语言美是最高目标。

一、韵律之美

韵律之美是一种内在的语言美，简单说，就是追求一种韵律，一种长短搭配的语言节奏感，一种响亮的字音和一种丰富的内涵表达。

例如，录音专稿《追逐太阳的青春》中有这样一段语言：

悠远的牧歌，连绵的雪山，透明的阳光，然而，我们却无法领略世界屋脊迷人的风光。心率过速，胸闷气短，针扎般的头疼，严重的高原反应，让我们的采访之路异常艰苦。但是，昏沉沉的头脑中，我们的叩问却更加强烈！

在这段描写中，记者有意识地使用了同样的句式——字数相等的三个短句(短句有铿锵之美)，同样的偏正结构(“的”字结构)，然后是一个长句(请注意，这里的长句子和前面所说的意思缠绕不清、能“憋死人”的长句子有天壤之别。意思清晰、朗朗上口的长句子，会给人以韵律之美)，接着是相连的四个字一组的短句，然后又是一个长句子。这样的句式，很像是一个对偶句，而且每个字的读音都很响亮，读起来很有节奏感，也很有诗一般的韵味。

无论离开的，还是留下的，离开了又再来的，都再也不能释怀那份对西藏深深的爱！而这份爱，就如同火炬传递一样，感染鼓励着他们母校的一批又一批莘莘学子。

这一句中，作者不仅在句式的长短搭配上下功夫，而且还在语言之间的关联上找感觉，“无论……还是……又……都……”在词语的重复中体现出了一种美感。“感染鼓励着”“一批又一批”，这些既是一种语气，体现出作者对某一事物的强调，同时也把语言的魅力充分展现了出来。

……车灯与船灯辉映，雨水与泪水交织。那一刻，血脉相通的热流温暖了岸上、舰上每一个华夏儿女的心！

——《强大了的中国是你的朋友》

这段语言富有诗一般的韵味。

两个相邻的手术室，两台同时进行的手术，两个血脉相连的生命，传递着爱的轮回。

——《爱心编织的谎言》

同样的句型,甚至是同样的数量词,却传递着丰厚的内涵,使语言在唯美的境界中达到了思想的高度。

二、力量之美

好的广播新闻语言,不光读起来感觉美,还能产生一种气势,给人以力量。

在如雨般的拍照声中,胡锦涛和连战互致问候。胡锦涛热情欢迎连战来访。

这是历史性的时刻!这是跨过了那道浅浅海峡的握手,这是穿过了半个多世纪纷纭历史的握手。

这是新闻特写《历史性的握手》中的一段话。记者在描述这个重要的历史瞬间时,采用了排比句式,将历史定格在恢宏之中。

竞争是残酷的,转型是痛苦的,但抓住了自主创新这一核心竞争点,决心作为,耐心培育,辽宁经济就能成功转入科学发展的良性轨道。这,正是老工业基地振兴的希望和动力所在。

这是录音述评《旗舰遇坚冰,"大显"陷入困境的启示》的最后一段话。作者从两个判断句开始,紧接着突然一个转折,又是两个短句式,再写出一个条件复句,然后,突然一顿:"这",随后用一个判断句作结。语言干净利落,而且非常有力。

在语言中体现出一种力量的美,这也是我们应该追求的。

三、思辨之美

好的广播新闻语言,还应该具有思想的内涵,蕴含丰富的哲理。请看这个例子。

海尔诞生在中国,却成长在世界。已经跨越1000亿门槛的海尔又站在新的起点上,继续它的世界名牌之路。

——《20年,1000亿,世界的海尔》

"诞生在中国,却成长在世界",多精练的句子!一个"却"字,连接了两个意思完全不同的句子,言简意赅,且颇有辩证味道,给人以启迪,令人回味不已。

四、真情之美

好的广播新闻语言,还应该是真情实感的流露,应该富有极为浓郁的情感色彩。请看:

他要捐献自己的肾脏去挽救母亲,用自己的身体去燃亮母亲那微弱的生命之火……母亲,为了挽救您的生命,我只能面带微笑地去欺骗您。

——《爱心编制的谎言》

舰艇缓缓前行，华侨们开着车灯，随着舰艇缓缓前行。车灯与船灯辉映，雨水与泪水交织。那一刻，血脉相通的热流温暖了岸上、舰上每一个华夏儿女的心！

——《强大了的中国是你的朋友》

这几个句子，语言无不充满深情。

如何知道语言是否流畅和具有美感，建议大家在写好稿子之后，自己应读一读，看看是否朗朗上口，否则就应修改。广播语言只有经过反复锤炼、反复推敲，才会逐渐完美。

总之，广播语言的"清规戒律"不是绝对的，使用得当与否要看用在何处，以及怎么用，用得好，就是正确的。有些广播记者不太注意"别字"，甚至也不太注意语法，这是不应该的。说得好，写得准，这是广播记者的天职，它从一个重要侧面反映了广播记者的综合素质，是不应忽视的。

第七节　广播与电视听觉符号系统的差异性比较

众所周知，广播是纯听媒体，只有听觉符号(有声语言)传播系统，这决定了广播媒体只能听而不能看。而电视则是视、听相结合的媒体，有视觉(影像语言)和听觉(有声语言)两套符号系统。这决定了电视不仅可以听到有声语言，还可以看到屏幕上的文字、图表和画面(看到屏幕上的人形、表情、服饰，看到事发现场，看到物体的形状、大小、高低、色彩，看到很多用语言无法表达的内容)。所以，电视比广播具有更大的优势。

那么该如何认识广播与电视的这种差异性呢？

一、电视的双符号传播决定其单一符号影响力小于理论数值

有专家指出，听觉的影响力在生活中约占30%，而视觉的影响力最大，约占70%。也有专家认为："只有声音的世界和只有图像画面的世界都是残缺不全的。"上述专家为什么会做出如此表述？显然是因为，在他们看来，只有视与听相结合的电视媒体才是最完美的，因为它克服了只有视或只有听的不完美，实现了信息传播的百分之百。

但是，电视传播尽管有视与听两条途径，却有一个现象可能是许多理论工作者忽略的，即当电视作为一种视听相结合的媒体，视与听均存在时，二者之间会产生一种互补性，这时，如果视觉信息能够满足传播要求，听觉就会有意识地省略；而只有当视觉不能满足需要时，听觉才会充当主角。众所周知，电视顾名思义是以视觉为主的媒体，因此，电视在传播时往往会视觉优先，听觉常常处于辅助地位，也就是说，在电视中，视觉已说清而听觉不必再说的现象比比皆是。因此，在这种情况下，电视的听觉要素往往是相对简略的。假如抽掉电视中的视觉要素，人们就会发现一个现象，即真的会像前述专家所论述的那样，其听觉的影响力可能只占30%，甚至不到30%。

这是一个很值得重视的现象，因为电视尽管传播途径丰富，但从理论上说，其有声语言所传递的信息只是视觉的一个附属物，而视觉优先的结果是从相当程度上限制了有声语言的信息量。

对比之下,广播的传播途径尽管单一,但从某种意义上反倒极大地调动与发挥了有声语言的传播潜能,广播的有声符号在传播时会尽可能做到信息的最大化。因此,广播有声语言符号系统的影响力会尽力接近甚至超过30%。而实践也充分证明,有声语言完全能担负起信息充分交流的重任。

二、广播与电视听觉符号的差异性比较

以往,电视人比较关注或纠结的是电视的内部问题,即究竟是先有"画"还是先有"话"——是"画"优先,还是"话"优先,而很少横向研究两个"有声"媒体,即电视的"话"与广播的"话"究竟有何不同?

我们认为,电视与广播的有声语言符号系统存在以下差异:

1. 从纯听觉角度讲,广播所传达的听觉语言符号,信息要素是相对完整的,而电视传达的听觉语言符号,信息要素则是有缺失的

所谓信息要素,常常指的就是新闻要素,如时间、地点、人物、事件、原因、结果。广播因为只有听觉符号系统,因此,它要求写作者必须将所有的信息要素交代完整;而电视因为有视觉符号系统做依托,因此其有声语言的要素交代就可以简化,甚至省略。

例如,2014年6月22日中央电视台的《新闻联播》:

主播:接下来让我们认识一位英雄:生前他是湖北省宜都市公安局陆城派出所一名普通民警。在抓捕歹徒的过程中他身中7刀仍毫不退缩,献出了年仅41岁的生命,这位英雄的名字叫胡钦春。

画外音:3月29号晚,鹿市某烧烤店内发生一起伤人事件,接到报警后,刚处置完一起抢夺案的胡钦春和同事朱太林迅速赶往现场,发现有3名嫌疑人。正在他们盘查的时候,其中一名男子突然冲了出去。

【采访画面1】他说我去把他追来,你就招呼这两个。

画外音:马路上的监控录像显示,胡钦春追赶嫌疑人,拐进了一条小巷。大约两分钟后,胡钦春摇摇晃晃地从小巷出来,他的手里仍然紧紧地握着警棍。

【采访画面2】就听到喊"抓坏人,抓坏人!"我出来以后就看到一滩血。

【采访画面3】他当时的伤势已经非常严重,走路都是歪歪扭扭的,(他很)坚强吧,就是用意志支撑他走回来。

画外音:胡钦春准备返回寻找同事支援,最终因伤势过重,不幸殉职。经检查,他身中7刀,颈部静脉被割断,肝脏被刺穿。犯罪嫌疑人鄢某第二天落网。

【采访画面4】他所受的7处刀伤,全部是在面前。这充分说明我们民警在搏斗受伤的过程中,全部都是跟歹徒面对面进行搏斗,没有说是畏惧。

画外音:1996年,胡钦春通过公开招考成为一名人民警察。从警18年,他当过交警、经侦民警、治安警,参与办理了600多起治安案件,80多起刑事案件,是宜都市的十佳破案能手。

【采访画面5】他每次总是冲在前头,他这人办事相当较真,特别是对违法犯罪,他是疾恶如仇。

胡钦春走了,他的父母在悲痛中也为有这样的儿子感到骄傲。

【采访画面6】他选择了这份工作，不能说危险他就不干了，国家、政府教育了他这么多年，要有回报。

这条电视新闻，如果单从听觉的角度来分析，会发现至少有三方面信息是“听”不到的：

一是：栏目信息听不到——通过字幕，观众获悉该新闻是放在《时代先锋》中播发的。

二是：消息来源听不到——通过字幕，观众知道该消息是中央电视台记者和湖北台、宜昌台记者联合采制的。

三是：所有被采访人身份信息均听不到，即不通过有声语言介绍讲话人是谁。这是电视新闻与广播新闻最大的不同，也是最重要的区别。

很显然，电视新闻在使用有声语言时有意简化了，即有意将一部分信息传播交给了视觉——不是有声语言表达不清，而是有意识地“让位”了。这从某种意义上造成了电视声画传播的“三七开”，甚至是“二八开”。当然，这无疑会使电视的声音信息量打了折扣。

我们来看看广播是如何报道这一新闻的：

女播：湖北省宜都市公安局民警胡钦春在执行任务过程中与歹徒搏斗，不幸牺牲，引发数千市民自发悼念。请听中央台记者张晶、湖北之声记者邓斌、宜昌台记者陈灿的报道：

记者：今年3月29号的晚上，湖北省宜都市陆城派出所值班民警胡钦春和另一名同事朱太林接到出警任务：陆城西正街一家诊所的医生被人用砖头砸伤。在处置过程中，一名犯罪嫌疑人突然逃走，胡钦春紧追不舍。在小巷内，胡钦春和持刀的歹徒进行了搏斗。身中7刀的胡钦春伤势过重，不幸殉职。胡钦春妻子：

【采访音响】很多次我就在想，他在那一刻想到了我和孩子没有。但是我想在那一刻他别无选择，因为这是他的职责，他做的是他自己应该做的。我们虽然很伤心，但是我跟孩子也是这样说的，我们会以他为骄傲。

记者：今年4月4号，数千宜都市民自发地来到胡钦春的追悼会现场，为这位“英雄民警”送行。胡钦春1996年从警，2002年6月入党，参与办理600余起治安案件、180余起刑事案件，是宜都市响当当的“十佳破案能手”。在战友眼中，胡钦春的一言一行，践行的是一个共产党员的根本宗旨。宜都市公安局陆城派出所所长黄志华：

【采访音响】遇到有什么案件，重大的刑事案件，和我们的疑难的纠纷当中，都主动请缨，要求他来处理这些事情，和主动外出追逃、办案。

记者：宜都市委追授胡钦春“优秀共产党员”称号；宜昌市总工会授予胡钦春“五一劳动奖章”；5月27号，湖北省政府追认胡钦春为烈士。

上例广播新闻中，若抛开记者的采访角度，仅从有声语言信息的传播角度来看，可以发现，广播新闻中，听众虽看不到画面，但消息来源、被采访者身份等等都是很清楚的。因此，从纯听角度衡量，广播新闻中的听觉信息是相对完整的。

可见，广播与电视因媒体功能不同，导致了信息传播理念及方法的不尽相同。

这样的例子可以说是俯拾即是。如，2014年7月24日，央视在《新闻联播》中播出了“系列报道”《中国经济新亮点之一：国际机构纷纷调高中国经济增速预期》：

面对不断加大的下行压力,国家一方面出台棚户区改造、中西部铁路建设等投资拉动政策,另一方面力推简政放权,释放市场活力,打破垄断,激发民间投资热情,国家定向"降准",在资金上支持"三农"和小微企业,同时进一步对小微企业实行税收优惠,创造良好的经济发展环境。

"今年是更加重视定向调控,精准发力,应该说是既利于当前,又利于长远。从长期来看,有利于促进经济持续健康平稳地发展。"

随着一系列政策措施的落地,趋冷的实体经济逐渐开始转暖,本月初公布的六月份制造业采购经理人指数连续第四个月回升,这一反映制造业景气状况的指标创下了今年新高点。

其中,除了讲话人的身份信息无法从听觉中知晓(国家统计局综合司司长盛来运)之外,六月份"制造业采购经理人指数"的具体数据在听觉信息中也是缺失的:

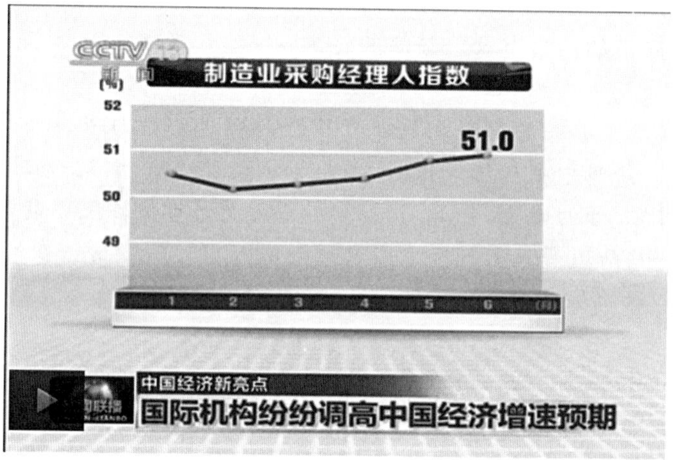

图 12-1

而广播新闻由于没有视觉做依托,因此不会出现这样的简略现象。

必须指出的是,由于电视是视与听相结合的媒体,其中的"视"与"听"各司其职,相辅相成,这决定了电视中的"听觉"符号没必要重复"视觉"符号。因此,所谓电视听觉信息"缺失",其实恰恰是电视"视"与"听"相结合后产生的最佳结果。而倘若硬将电视中的"听觉"信息充实到广播语言信息量的程度,那反而会适得其反,其电视传播效果会因信息量过剩而显得"缀余"。因此,"电视"可听,但不可能以"听"为主,自然,"听电视"也不可能成为电视传播方式的首选,而只能成为"看"的补充。

2. 从纯听觉角度讲,广播语言更注重宜听性,而电视有声语言则不必特别关注宜听性

电视中的听觉语言,由于有字幕做帮助,因此,即使是不宜听甚至听不懂的语言,也照样可以使用,无需有所顾忌。

例如,央视《国宝档案》中播出的电视专题片《满城汉墓》,其中在介绍一件出土文物时是这样解说的:

鎏银骑兽人物博山炉,底盘内有一骑兽勇士,勇士左手撑兽颈,右手托炉身,怪兽昂首,张口欲噬……

从声音符号角度说，倘若不看画面（字幕），恐怕能听懂的人不会超过50%，因为其中“鋈银”“骑兽”（与“奇兽”谐音）“博山”（不知所言为地名还是什么）“昂首”“欲噬”等词汇实在是太生僻拗口和晦涩难懂了。另外，像“内”“有一”“撑兽颈”等单音词或单音词连用，也增加了有声语言难懂的程度。

在电视新闻片或专题片中，大量使用单音词、书面语或直接播送古文等可以说比比皆是。之所以会出现这样的情况，显然是因为电视有视觉符号做依托的缘故。这使得电视不必十分顾忌观众听不懂。

例如，央视国际频道《中国新闻》中曾播发过这样一条国际新闻：

主播：据韩国媒体报道，22岁的韩军士兵林某21号晚在东部前线一哨所向战友扫射，造成5死7伤后携武器逃跑，韩军方随即在林某潜逃区域发布了应对局部挑衅的安全警报——“珍岛选”一级指令，并投入了9个大队及兵力，全力展开搜捕工作。22号下午，林某曾与军方展开枪战，之后军方彻夜和林某展开对峙。23号上午，韩国军方针对林某展开全面拘捕行动，林某要求与父亲通话。其父兄抵达现场后，与军方一起对其进行劝说。在过程中，感到不安的林某开枪自杀未遂，最终被抓获。

其中，“携”（武器）“其”（父兄）（对）“其”“对峙”“未遂”等，这种表达方式几乎与阅读性媒体——报纸无异。

而广播新闻中，一个词、一个句子都必须仔细斟酌，生怕会给听众的收听造成麻烦。例如，在表现山东人民支援北京抗击“非典”的广播专题《北京，请下达命令》中有这样一段解说：

2月4号一大早，菏泽、枣庄的采血车全都开了出去……

短短一句话，却透露出广播语言传播方式的重要特征。例如，不说“日”，说“号”；不说“晨”，说“一大早”；不说“全部”，说“全都”（因为“全部”与“全不”谐音，其意思却截然相反）。这些，都将广播传播注重宜听的特性表现得淋漓尽致。

3. 从纯听角度讲，广播新闻要素是直接表达，而电视新闻要素则常采用“指代性”的表达方式，与画面联系紧密

这里所说的新闻要素，即时间、地点、人物、原因、何事、何因、何果等。广播新闻或广播专题在表达上述新闻要素时，往往是直接介绍，如直接说某人或某地，而在电视新闻或电视专题中，为表现与画面的贴合性，电视往往会采取一种“指示性”或“指代性”的语言方式，尤其是在介绍“何人”“何地”“何物”时。如：

“画面上这个英俊的小伙子名叫……”
“这条路名叫……”
“这是一个师的简单比较”（见前例）。

央视专题片《寻找他乡的故事：乌克兰·绝望的死国》中有这样一段声音文字：

每一间丢空的房子都只有往日的影子和我们今天的足迹。这家人匆匆撤走之前,可能正在煮一顿丰富的晚饭。这个钢琴的主人会不会很后悔没想尽一切办法将这钢琴带走呢?

短短70多个字中,指示代词“这”出现了三次,尤其是后两个“这”——“这个钢琴”“这钢琴”,显然指的是画面上的钢琴。这种带有指示性的表达方式,与广播明显不同。

再如,央视《国宝档案》2014年7月5日一期节目《探秘红楼珍玩——贾母的古董》中,以贾母房中一件名叫“腊油冻佛手”的宝贝为由头,介绍了清代皇家对“佛手”的喜爱,其中一段为:

佛手因佛与福谐音,在中国清朝常被当作时尚的吉祥物,与桃、石榴一起被称为三多,即多福、多寿、多子。

清代皇帝就对佛手为造型的房中陈设情有独钟。

这是清宫旧藏的黄玉花插,佛手的造型栩栩如生;

这件玛瑙佛手盆景,花瓣以白玉制成,花盆是以玛瑙石雕刻的佛手;

像这种缀满了珠宝的盆景,经常出现在皇帝庆寿或者大婚之时的贺礼中。

据《宫中进单》记载,这件清玉洗式盆水仙盆景,就是清朝乾隆皇帝的生日贺礼。

在短短的文字中,作者使用了“这”“这件”“这种”等指示词,语句也是围绕代词“这”,显然指的是画面上出现的物品。可见,这样的文字具有鲜明的指示作用,是画面的重要补充。而倘若离开了画面,这样的文字介绍就会令听者很不满足,感觉信息量严重缺乏。

更为典型的是央视《东方时空》1999年拍摄的专题片《大阅兵》。其中有这样一段:

旁白:1999年10月1日,新中国最大的一次阅兵仪式将在这个广场举行。

字幕:北京沙河机场。

旁白:1999年3月,参加阅兵的官兵就来到了这里开始训练。

字幕:张小丁,26岁

旁白:26岁的张小丁一直认为:军人在和平年代能够走进这个行列就是荣誉。

字幕:张竭城,83岁

旁白:他是小丁的爷爷,40年前他曾参加过新中国十周年的阅兵式,那个时候他还是一名将军。

字幕:张翠英,76岁

旁白:她是小丁的奶奶。爷爷的家庭可以说是个军人大家庭……

在上述片段中,所有的地点、人物姓名、年龄均用字幕体现,而有声文字不是指示代词“这个”“这里”,就是代词“他”或“她”。

可见,由于有画面做依托,电视有声语言只需一个代词就足够,而无需再做具体描绘。这样的表达方式,说明文字与画面的联系异常紧密,而由此产生的结果是,会对观众产生一种心理诱导,使听者产生要看画面的强烈心理冲动——而此时若强行抽掉画面,让观众只听声音，就不仅会使听者感觉到信息的严重匮乏，甚至会从心理感受上加重信息的不完整程度。

三、结论

通过上述分析，可以证明以下几点：

第一，由于电视媒体是以画面为主，声音为辅，这决定了电视的有声语言符号系统可以是简化的、有缺失的，甚至是不完整的。但需要特别指出的是，电视有声信息传播的这种简化、缺失或不完整，并非缺点，而只能说是由其特性使然。

第二，电视是看与听相结合的媒体，因此只有在看与听相结合的情况下，信息传递才最佳。如果硬要抽掉视觉内容，将电视变成只听媒体，那么，听者会对这种画面依赖感严重的语言表达方式产生严重的逆反心理，从而加重信息缺失程度。同时，从听觉的“伴随性”来说，电视也并非最佳。

第三，电视虽是有声媒体，但不是“宜听”媒体，因此广播不必担心电视会抢夺其听众市场。

思考与练习

1. 你认为广播语言的特性是什么？
2. 做一些将报纸新闻改写成广播新闻的练习。

第十三章　采访机的使用方法与音频编辑技术

今天广播记者的工作，从前期采访，到文案写作，再到素材剪裁、解说词录音、制作合成，甚至片花、片头制作等，可谓是一条龙。因此，学会使用数字采访机和掌握数字音频编辑技术早已成为当代广播记者的基本功，成为音响报道这门学科中的重要组成部分。

第一节　数字采访机的使用方法

现在数字采访机型号多样，但大多操作简单。具体方法如图：

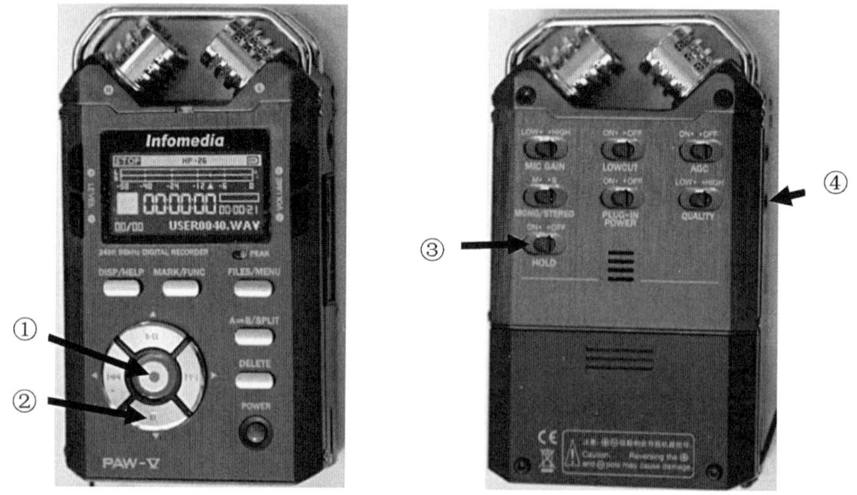

图 13-1

（1）按右下角的红色按钮 POWER 键，开机。

（2）按录音键①开始录音。

（3）按停止键②录音结束。

（4）录音结束后按 POWER 键关机。

（5）拨锁定键 HOLD③至 ON 位置，将采访机所有按钮锁定。

（6）需音频输出时，将音频线插入 LINE－IN 插孔④（在采访机侧面），同时，另一端连接电脑或音频工作站。打开采访机，电脑上即会显示。将所需音频文件拷贝或直接调过去，即可在音频工作站中进行编辑。

第二节　音频编辑技术

一、数字音频编辑设备简介

目前，国内电台使用较多的音频编辑软件有英夫美迪、杭州联汇等。这些软件除能用于电台的数字音频工艺系统之外，还可装入笔记本电脑，便于广播记者在任何地方进行编辑。

本书主要介绍英夫美迪音频编辑软件的使用方法(图 13-2)：

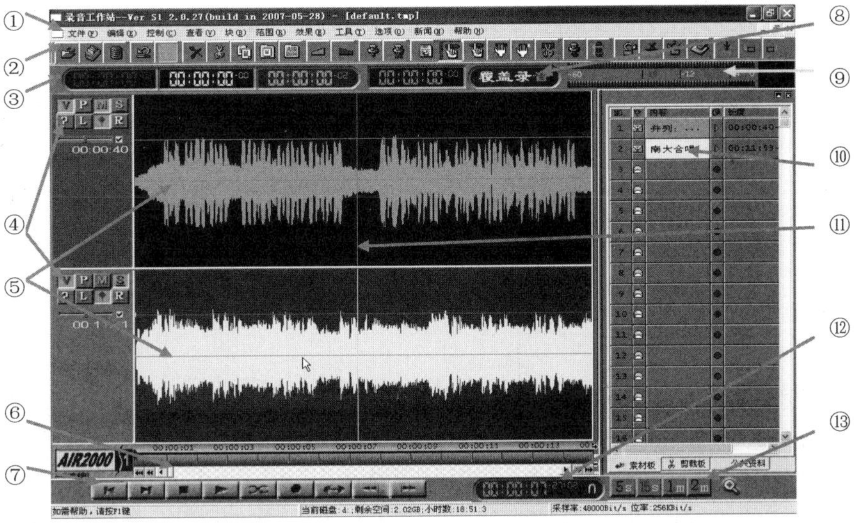

图 13-2

①“菜单”栏。其中有“文件”“编辑”“控制”“查看”“块”“范围”“效果”“工具”“选项”“新闻”和“帮助”等选项。

②“快捷工具条”。这是非常方便快捷的使用工具，其中的主要功能后面将作介绍。

③选择区域时间提示。

④音轨前各一组音轨快捷按钮。

⑤两条音轨(箭头所示处为“音轨中线”)。

⑥音轨长度滑块和缩放音轨按钮。录音或播放时，滑块上的标尺会随之移动。

⑦一组播放按钮。

⑧“覆盖录音”或“插入录音”按钮。两种录音模式每点击一次，即交替变换一次。所谓“插入录音”，就是在该状态下，新补入的录音是插入到现有音频之中的，不会覆盖现有录音；而在“覆盖录音”状态下进行录音，系统会覆盖现有录音。需注意的是，在何处插入或覆盖录音，要先选好磁头线位置(见⑪)。

⑨左右两个声道的电平显示。在录音状态和播放状态下，该电平中会有音量显示在不断伸缩闪动。一般来讲，电平显示应控制在绿色和黄色区域。

⑩“素材板”“剪裁板”和“公共资料库”。这是暂存音频资料的区域。

⑪磁头线。当点下“播放键”进行播放后，或点下“录音键”进行录音时，该磁头线会随着

播放或录音迅速向右移动(与波形信号同步移动)。

⑫磁头线当前位置的时间显示,即“已播放时间”。

⑬时间轴按钮。该按钮可将音轨上的波形信号拉开或缩紧,这是为更精确剪裁而设。

音频编辑时,最常使用的是“快捷工具条”(图13-2②)、“音轨快捷按钮”(图13-2④)和“播放按钮”(图13-2⑦),有时也会使用“菜单”栏(图13-2①)。

二、几种简单的音频编辑方法

1. 选中编辑对象

在每一条音轨的中间,都有一条横线(图13-2⑤所示),我们称其为“音轨中线”。用鼠标左键点在“音轨中线”的上方和下方,具有不同的作用。如果点在其上方,按住左键并向右滑动鼠标,会将滑过的声音信号“涂黑”(这就是“选中音频块”),通常选中音频块是为了对这部分“音频块”进行必要的操作,如删除、移动等。这是广播编辑、记者对录音素材进行剪裁时最常用到的方法之一。

如果用鼠标点击“音轨中线”的下方,这时,随着操作者的点击,磁头线就会出现在鼠标点击的位置上。这样,就可以进行剪开、移动、粘贴等操作了(在磁头线位置加入内容)。

2. 剪裁

我们的采访音响是不可能全部使用的,必须适当剪裁后才能使用。一般剪裁方法有两种,一是“剪切”,二是“删除”。

①剪切。将鼠标点至于音轨中线上方,按左键并横向拖动,即可将音频涂色(选中“音频快”),然后单击“快捷工具条”中的“剪切按钮”( ),这时系统会弹出一个对话框,点“确定”后,“音频块”会被剪下来,并被自动放入“剪裁板”中。

②删除。先选中要删除的一段音频块,然后单击“快捷工具条”上的“删除按钮”( ),这时,选中的“音频块”就会被删除。如发现删除有误,可单击“快捷工作条”上的“恢复按钮”来补救(或 ,即向前或向后恢复原状)。

3. 粘贴

剪裁录音时,常会将音频的前后次序做一些调整,或者是将其他地方的音频挪过来,这时就需用到“粘贴”技术。具体方法是:先将所要挪动的音频“剪切”下来,放在“剪裁板”上,然后用鼠标点出(即选择磁头线的位置)所要粘贴的位置,再单击“快捷工具条”中的“粘贴”按钮( ),这时,想要粘贴的音频就会粘贴到指定的(即磁头线)位置上。还有一种方法,就是用鼠标点住剪裁板上的内容,然后将其拖至指定的位置,松开鼠标,“剪裁板”上的内容就粘贴过来了。

4. 另存音频文件

当完成录音素材的剪裁,或将音响报道制作完成之后,都需要将音频文件保存在电脑中,这时,就需要用到该功能。具体步骤为:单击“快捷工具条”中的“另存音频文件”按钮( ),然后系统会出现一个对话框,操作者需在“对话框”中“文件名”一栏内敲入新文件名,然后单击“保存”;这时系统又会出现一个“对话框”(图13-3),这是问操作者要保存哪条音轨上的内容(可分别保存,也可合成保存),选择方法是在相应的方框内挑“勾”,然后点“开始”。这时,音频文件就能保存在指定的文件夹中了。需注意的是,只有挑勾的音轨才会被保存成新文件。若将两条音轨同时挑勾,那么两条音轨上的内容就会被合成保存——采用多轨方式制作的片头常采用此保存方法。

图 13-3

5. 调入音频文件

将制作好的音频文件存入电脑后，怎样将其调出？具体方法为：单击“快捷工具条”中的“调入音频文件”按钮( )，然后在弹出的对话框内选中要调出的文件名（用左键单击该文件），该文件名便会出现在“文件名”一栏中，再单击“打开”，文件就会被调出并放到“当前轨”（选中的音轨）上。

6. 制作工程文件

我们在编辑制作音响报道（尤其是一些比较复杂的专稿或片头）时，常常会使用很多音响，它们此起彼伏，就像一首交响乐，例如现场直播《穿越青藏高原》的片头中那些丰富的音响，就需要利用多轨来制作合成。而有时，我们为了便于今后多次修改，在保存这些文件时，并不将它们合成保存，而是分轨保存，这时就要用到该方法。所谓工程文件，即“分轨保存”的文件，通常以 dav 为后缀，存放在\davlab 目录下。制作工程文件的具体方法是：在编辑前先在\davlab 目录下建立一个工程文件子项目文件，从此刻开始，任何操作都会自动保存在该项目文件中，即使突然断电，之前的所有操作都不会丢失。编辑剪裁完成后，不点击“另存音频文件”按钮，而是直接点“退出”，这时系统会出一个对话框，问操作者需要保存该音频文件吗？点击“保存”，这样生成的也是“工程文件”。该保存方式对于保存重要音频文件和今后进一步修改有利。

7. 更精确剪裁

假如要剪掉的波形信号过于细微，用简单的“选中音频块”方法很难精确选择的话，即可以采用“音频拉抻窗口”（图 13-2⑬）进行精确剪裁。具体方法和步骤为：

（1）点击屏幕右下角的“时间轴”按钮( )，这时音轨上的波形信号会被抻开，剪裁就能做到更精确。

（2）如感觉仍无法精确剪裁的话，还可点击“放大镜”按钮 ，这时会出现一个对话框，其中有“2s”“5s”“7s”“15s”“1Min”“2Min”“5Min”“10Min”“全部”“自定义”“选中范围”等选项，点击其中的“2s” ，波形信号就会更进一步拉开。

8. 用“淡出”“淡入”控制声音

（1）所谓“淡入”，就是声音的渐强进入，即由弱到强。具体方法是：先选中要“淡入”的“音频块”，然后单击“快捷工具条”上的“淡入”键 ，这时，音轨上的波形信号就会出现由弱到强的变化。

(2)"淡出"就是声音的由强渐弱。具体方法是:先选中要"淡出"的"音频块",然后单击该键,波形信号就会由强到弱。

另外,在每一条音轨中,都有一条"电平线"。如果用鼠标直接点击电平线,可出现一个白色的"标记点",如果向上或向下拖动这个标记点,同样可以抬高或降低电平线,这样也可以达到提高或降低音频的目的。

9. 剪开、移动和插入音频

在进行音频编辑时,常会遇到这样的情况:需要把一段音响剪开,在其中加入另外一段音响,比如掌声、笑声或者音乐等,而这段新接入的音响往往需要采取淡入淡出的方法。这该如何操作呢?

(1)用鼠标点中要"插入"或"移动"的位置,即选中磁头线。

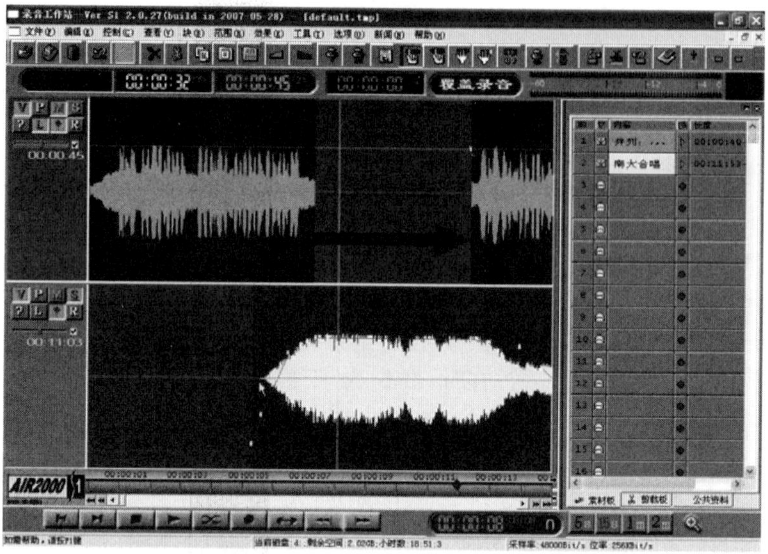

图 13-4

(2)单击"音轨快捷按钮"中的"锁定"按钮(标"L"字样)(图 13-2④)。

(3)单击"快捷工具条"中的"剪开"按钮(✂),表示将两段音频剪开。

(4)这时,鼠标的光标会变成一只"手"。将"手"放在磁头线右侧的区域(要移动的区域),按住鼠标左键,向右横向拖动鼠标,这时,磁头线以右的音频就会向右移动,与前面的音频分开,如图 13-4 箭头所示。

(5)移开后,就可以进行后面的操作了,如在空档处加一段音效等。如果是采取"揣手"(淡入淡出)方式,就将音频加在另一条音轨上,如示意图 13-4 所示。

音频编辑的方法还有很多,限于篇幅,其余部分只能有赖于大家在课后实践了。

思考与练习

1. 用 MD 做录音采访练习,并将 MD 上的录音复制到录音工作站或笔记本电脑中。
2. 在"英夫美迪"上做各种音频连接练习,直至熟练。

参考资料

书刊资料

1. 张舒.音响报道教程(修订版)[M].中国广播电视出版社,2001.
2. 周小普.广播新闻与音响报道[M].中国人民大学出版社,2001.
3. 北京广播学院等13所大学编写.应用广播学[M].新华出版社,1988.
4. 刘明华,徐泓,张征.新闻写作教程[M].中国人民大学出版社,2002.
5. 王振业,胡平.新闻评论写作教程[M].中国广播电视出版社,1995.
6. 阎玉.中国广播电视学[M].中国广播电视出版社,1990.
7. 洪天国.现代新闻写作技巧[M].中国新闻出版社,1987.
8. 王振业.广播电视新闻评论[M].北京广播学院出版社,1997.
9. 宋银章.天津广播改革之路[M].天津社会科学院出版社,1995.
10. 刘玉峻.整体效应论[M].中国广播电视出版社,1994.
11. 危羚.一个广播人的多维思考[M].天津社会科学院出版社,2005.
12. 布雷迪.采访技巧[M].新华出版社,1986.
13. 怀特,默本,扬格.广播电视新闻报道写作与制作[M].中国广播电视出版社,1987.
14. 采编播英语手册[M].天津科技翻译出版公司,2002.
15. 电影理论文选[M].中国电影出版社,1990.
16. 张立阳.现代广播技术[M].中国广播电视出版社,2005.
17. 李扬.迎接数字广播新时代[J].数码,2008,(1).
18. 危羚.实施"大广播"战略——新闻广播改革之我见[J].中国广播,2000,(3).
19. 从听广播到"看"广播,数字音频广播彰显威力[J].传媒,2005,(7).
20. 天津人民广播电台.编播人员技术操作手册[J].
21. 王强.广播面临的挑战与思考[J].天津广播电视技术,2010,(4).
22. 李鸿桐,曹阳.浅议"网络广播"为传统广播提供新的发展空间[J].天津广播电视技术,2010,(4).
23. 尚家勇.广播电台语言录制技巧[J].天津广播电视技术,2010,(4).
24. 王萍.广播节目中语言音乐音响的声音设计[J].天津广播电视技术,2010,(4).

电子文献

1. 中华新闻传媒网(中国记协网)http://www.xinhuanet.com.
2. 听,北京的声音,2008秒[EB/OL].北京广播网 http://www.bjradio.com.cn.
3. 胡培奋.真实,广播特写的生命——广播特写《一场特殊的音乐会》创作体会[EB/OL].中央人民广播网 http://www.cnr.cn.
4. 中央台国际广播特写研讨班开讲[EB/OL].http://www.cnr.cn,2007－1－23.
5. 广播[EB/OL].http://www.bjkw.gov.cn.

6. 青海人民广播电台录音制作技术发展60年[EB/OL]. http://www.qhradio.com.
7. 上海人民广播电台广播发展史[EB/OL]. http://www.shtong.gov.cn,广播爱好者论坛 http://bbs.leowood.net.
8. 广播技术设施[EB/OL]. http://www.gd-info.gov.cn.
9. 漫漫发展史,音频的革命性技术大盘点[EB/OL]. http://www.pchome.net/.
10. 数字潮流DAB,数字音频广播详细分析[EB/OL]. http://digi.163.com/06/1214/09/329U2A9D001618VO.html,2006-12-14.

三版后记

新版教材，着重在以下方面充实了内容：

一是充实、完善了广播诞生与发展的背景知识；

二是新增了广播新闻标题、广播新闻导语的写作方法；

三是增添与充实了广播特写的特征辨识、标题特点、写作方法；

四是充实了广播评论的写作方法。

这次出版，不仅在内容上得到了充实与完善，而且调整了教材系列。希望新版教材能进一步满足教学需要，同时，进一步加深学生对广播新闻的认知，丰富知识层次与视野。

衷心感谢辛勤工作在教学一线的各位老师，是您们的辛苦付出，换来了广播的后继有人。同时也衷心感谢每一位莘莘学子，因为有你们，中国的广播大有希望！

作者

2017 年 10 月

危羚，原天津广播电视台高级编辑、业务指导，第五届全国广播电视“百优理论人才”获得者，中宣部、教育部“千人培养计划”交流学者，现为薇电台总编辑。

1955 年 9 月生，1982 年 2 月毕业于天津师范大学，1989 年考入天津电台，历任记者、编辑、节目监制、频道副总监，有多篇新闻作品获中国新闻奖或天津市好新闻奖，多篇论文或专著获奖并产生影响。2007 年起，受聘多所高校，讲授“广播音响与报道”“广播编辑与节目制作”等课程，受到欢迎与好评。

新闻学与传播学“十三五”规划教材·案例型系列教材

史论类

媒体道德与伦理·案例教学
媒体法
传播学概论
中国新闻史
世界新闻史

新闻实务类

财经新闻报道
新闻编辑
新闻采访与写作
新闻评论
深度报道实务
新闻图片编辑
新闻摄影
内容营销
公共外交·案例教学

广电类

广播音响报道实用教程(第3版)
广播电视概论
广播电视新闻采访
影视制作·案例教学
节目创意与执行

新媒体类

全媒体新闻编辑·案例教学
融合报道
互联网与新媒体实务
数据新闻
移动媒体概论